学校教育行政における政策変容

川北 泰伸 著

晃洋書房

は し が き

　日本の教育がより良くなるためにはどうすればいいのだろうか．誰もが願う日常的な課題であり，シンプルな問いであるのだが，この問いに応えてくれる納得感のある答えに出会うことはなかなか難しい．文献調査を進めてみると，学術的な議論に限定したとしても様々な議論を確認することができる．日本では，戦争への反省や日教組との激しい対立の歴史をもつため，また，55 年体制の余韻がまだ続いているようで，研究をレビューすると，政治的イデオロギーを明確に，または，どことなく感じる主張や議論が多く，どこかしっくりこない感覚に見舞われる．また，教育に関する定量的な研究成果からも多くの示唆を得られるが，研究の蓄積は日本ではまだ途上のように思われる．

　政策研究の立場から，社会における様々な課題や問題を見つめ直してみると，多様なステークホルダーの存在に改めて気づかされるとともに，ステークホルダー間の関わりは状況に応じたグラデーションがあることが見えてくる．そして，各ステークホルダーは，それぞれの立場に応じた思惑を持ち，利害関係を有していることもわかる．行政学の立場から教育を見つめてみると，教育は様々な行政分野の 1 つとして捉えることとなる．中央省庁や自治体の組織図を見れば一目瞭然なことであり，当たり前すぎることでもある．教育は行政組織上，政治的中立性という制度上の特性はあるものの，何か特権的なことを与えられているわけではなく，反対に，他の行政分野よりも特別に弱い立場にあるわけでもない．大きな意味合いとしては（細かい実態はいったん保留するとして），他の行政分野と並列な関係，もしくは相対的な関係の中に位置していることに気づく．よって，教育政策の担い手である文部科学省は，特別な存在ではないのであり，行政として仕事をしている現実から目を背けるべきではないのである．

　つまり，政策として教育が行われることに関して，1 つの視点で分析をすることでは，全体像を捉えたり，実態に迫り切れないのである．各ステークホルダーの立場を理解し，各ステークホルダーの目線で考えながら，全体像を俯瞰するという，柔軟さとバランス感覚が重要となるのである．

　教育政策というと教育を扱うので，教育学や教育行政学の知見が重要となってくる．しかし，教育学や教育行政学においても，まだまだ政策の立案，実施，評価への関心や，他の学問分野との交流は発展途上といえる．また，政治学の中では，教育に対する政治的な関わりへ関心が向けられるので，教育をめぐる政治と行政との関係を論じるためにはやはり発展途上といえる．教育に対する政治の介入とか，文

部科学省による教育の統制に関する議論は注目を集めるテーマであるが，当然ながら，教育政策を理解するアプローチはこれらに限るものではない．

　以上のことから，教育は重要な政策テーマであるにも関わらず，より良い政策を，立案，実施，評価していくための研究の蓄積は十分でない．むしろ，限られた分野やテーマの下でしか研究が行われていない現状がある．このような問題関心のもと，本研究では，文部科学省に着目する．従来までの研究では，文部科学省における権力・権限や文部科学省が民主的に教育を展開していくことに関心が強かった．しかし，言うまでもなく，文部科学省は中央省庁を構成する行政の一部である．よって，教育分野特有の事情を抱えると同時に，他省庁と共通するような行政としての機能と役割を当然担っている．また，日本の教育政策を考える場合，文部科学省は，自治体の教育委員会や各学校現場に対して，陰に陽に非常に大きな影響力をもっており，文部科学省は政策を実施する主体の１つでもある．政策実施の大きな部分を行政が担っているので，文部科学省は一行政として，何に悩み，何を考えて立ち振る舞っているのかを理解することは，教育政策の現状を理解するために必要不可欠となる．

　文部科学省が政策を展開する特徴を明らかにするために，本研究では「学校評価制度」を事例に取り上げる．学校評価制度は，1998年の中央教育審議会の答申を契機として，制度化されたものである．教育活動などの成果を検証し，学校運営の改善と発展を目指すための取組みとされ，法制化されたものであることから，学校評価制度の影響力は小さくない．学校評価制度が対象とする学校とは小学校と中学校を含むので，日本の教育政策の最も重要な部分に，学校評価制度は直接影響を与えるものとなる．文部科学省の政策においても，学校教育は最も重要な分野の１つであり，また歴史的背景の積み重ねもある分野である．よって，文部科学省の政策の特徴が最も現れる分野の１つといえる．

　また，学校評価制度は，戦後日本の教育政策の歴史としては新しいものであり，55年体制以降に制度化されている．55年体制下では，激しい政治的イデオロギーの対立が生じていたこともあり，教育政策は特殊な政策環境にさらされていた．しかし，55年体制以降では，そのような特殊な政策環境は落ち着き，通常想定されている政治と行政との関係になっている．したがって，文部科学省の政策の特徴を明らかにできることが期待できるのである．

　日本の教育をより良くするための言説は無数に存在している．しかし，現状を正しく理解すること無しに，教育政策の課題やあるべき姿を検討したとしても，的外れな結論を導きかねない．本研究では，教育政策における文部科学省の特徴を行政学の観点から政策実施研究として解明しようとする試みなのである．

目　　次

はしがき

序　章　文部科学省における政策の特徴とは何か ……………………… *1*

第1章　政策実施研究と分析枠組み ……………………………………… *10*
　　1　政策過程における政策実施　　*(10)*
　　2　政策実施研究の意義　　*(11)*
　　3　これまでの政策実施研究　　*(13)*
　　4　政策実施過程の複雑さ　　*(21)*
　　5　政策変容と政策の修正　　*(24)*
　　6　本研究における分析枠組み　　*(26)*

第2章　学校評価制度 ……………………………………………………… *31*
　　1　学校評価制度の概要　　*(34)*
　　2　評価と管理　　*(39)*
　　3　アメリカとイギリスの学校評価制度　　*(44)*

第3章　日本の教育政策の歴史的展開 …………………………………… *55*
　　1　分析の視点　　*(55)*
　　2　終戦から1960年　　*(57)*
　　3　1960年から1980年　　*(66)*
　　4　1980年から1996年　　*(75)*
　　5　1996年から2001年　　*(79)*
　　6　2001年から2019年　　*(86)*
　　7　考　　察　　*(98)*

第4章　教育政策における政策形成の主体 ……………………………… *105*
　　1　政策形成主体の検討　　*(105)*
　　2　文部科学省　　*(106)*

iv

　　3　自　民　党　*(114)*

　　4　政策形成主体としての特徴　*(132)*

第5章　政策の検討 ………………………………………………… *141*

第6章　学校評価の制度化の過程 …………………………………… *149*

　　1　中央教育審議会答申「今後の地方教育行政の在り方について」　*(150)*

　　2　教育改革国民会議「教育を変える 17 の提案」　*(155)*

　　3　中央教育審議会答申「新しい時代の義務教育を創造する」　*(159)*

　　4　考　　察　*(171)*

第7章　学校評価制度の実質化の過程 ……………………………… *180*

　　1　問 題 関 心　*(180)*

　　2　学校評価システム研究会　*(181)*

　　3　学校評価の推進に関する調査研究協力者会議　*(188)*

　　4　学校の第三者評価のガイドラインの策定等に関する調査研究協力者会
　　　議　*(197)*

　　5　学校評価の在り方に関するワーキンググループ　*(199)*

　　6　学校の第三者評価の評価手法等に関する調査研究　*(203)*

　　7　考　　察　*(215)*

第8章　事 例 研 究 ………………………………………………… *221*

　　1　三重県における取組み　*(222)*

　　2　四日市市における取組み　*(231)*

　　3　羽津小学校の取組み　*(243)*

　　4　ま　と　め　*(248)*

第9章　政策変容による政策の修正 ………………………………… *252*

終　章　学校教育行政における政策実施過程 ……………………… *263*

あ と が き　*(269)*

参考文献および URL リスト　*(271)*

索　　引　*(285)*

序　章

文部科学省における政策の特徴とは何か

　本研究の目的は，戦後日本の教育政策の実施過程における変容の実態を捉え，文部科学省の政策の特徴を明らかにすることにある．

　戦後日本の教育政策を考える際に，政策実施段階に着目し，政策の実態を明らかにしていくことは，誰のどのような意図で，またどのような背景や理由の下で政策が展開するのかを知る上で重要になる．学校教育に関する教育政策の場合，理想とする教育の姿に関する提言や，教育政策に関する様々な制度の理解，実務に役立つ実践事例の蓄積，また，全国的な傾向を知るための量的把握は，研究としても多くの関心が寄せられてきた．他方で，立案した政策をどのようにして実現していくのかという点については，様々な主体の相互作用や関係性が大きく影響するものの，これらの実態解明は未だ十分ではない．政策を実現するためには，いかにして政策を実施していくのかが重要となる．この問いに応えるものが政策実施研究である．政策を実施していくことは，概念的で抽象度の高い政策を具体的な政策へ翻訳していくことであり，政策の効果が実際に生じるためにはこの翻訳のプロセスを経ることとなる．

　戦後日本の教育政策は時代が進むとともに，教育政策における論点は広がりを見せており，例えば「社会人の学び直し」は今日的なテーマである．他方で，時代が変わったとしても変わらずに重要なテーマもあり，学校教育がまさにそれである．学校教育は社会の根幹を支えるものであり，学校教育が社会に及ぼす影響は非常に大きいことから，教育政策の中では最も重要なテーマの1つである．

　教育政策を実施するにあたっては，文科省が重要な役割を担っている．なぜならば，学校教育の分野では，文科省が出す方針やガイドラインに基づいて教育委員会を含む学校現場は動いていくからである．学校現場にとっても，文科省の方針と異なる対応をとることははばかられるため，学校現場に対する文科省の影響力は非常に強く大きい．文科省にとっては，教育政策を実施するにあたり，次の3つの状況に直面することとなる．第1に，政治または首相官邸の意向を取り入れなければならない．政治と行政の関係に鑑みれば当たり前のことであるが，民主主義体制を採ることから政治の要請に行政は応え，政策に反映していかなければならない．また，

行政組織として官邸の意向に文科省は従わなければならない．政治や官邸の意向を捉える際は，時の首相や政治状況によって，政治的な関心や対応しなければならない政治的または政策的な課題は変わっていき，それらの優先順位も変わっていくという不安定な状況がある．そこで文科省は，常に政権の動向を注視しながら行政運営を行うこととなる．1990年代以降は政権運営を政治主導で行うことが強化されたため，行政運営にとっては首相や官邸の影響が大きくなり，むしろ，政治主導を実現するために行政はどのように立ち振る舞うべきなのかが重要になった．ただし，教育の政治的中立性を確保しなければならないことから[1]，政治の側では抑制的であるべきであるが，行政としても政治の意向をどの程度まで取り入れるのか慎重な対応を要する．また，首相や官邸の意向は必ずしも教育的であるとは限らない．したがって，学校現場が混乱する事態を回避するために，首相や官邸と学校現場との間で文科省は行政として難しい調整役を担うこととなる．政治主導が進めば今まで以上に政治の意向を重視することとなるため，文科省の調整役という役割の重要性はいっそう増すこととなる．

　第2に，文科省は行政としての機能や役割を果たさなければならない．文科省は行政として教育政策に関わるわけであるが，教育分野に特化した関わりと，他の政策分野と共通する関わりとの2つの側面を持ち合わせている．ここでは，一般的な行政の機能や役割を捉えたいので，後者に着目する．このとき，行政の特徴である制度や管理という側面を確認することができる．行政は制度を扱うので，文科省は政策を実現していくために制度を設計したり，制度の不備や欠陥を取り除くように整備したりしなければならない．また，管理の側面では，政策を円滑に実施していくための資源配分や効率的な行政運営を実現していかなければならない．行政は組織を通じて政策を実施していくことから，管理の対象は資源に留まらず組織形態や組織の在りよう，また裁量や権限，組織を動かすための制度など，組織が機能するために必要な組織運営に関する様々なものも対象となってくる．これらの制度設計や管理を含めた一般的な行政の機能や役割は，行政の独断で行ったり担ったりすることはなく，常に，政治の動向と足並みを合わせることとなる．なぜならば，政治が示した方向性や指針を具現化していくことが行政の役割だからである．ただし，該当する政策分野に関する情報は政治よりも行政が優位であるので，政治が認識していなくても行政の方が先に政策としての課題を発見している場合もある．当然ながら，首相や官邸の意向をうまく取り込み，利用することで，行政が重要だと考える課題を政策とつなげることもあり得る．そして，行政にとっての大きな課題は正当性を確保することである．基本的な構造として，政治が決めたことを実行し実現していくことが行政の役割であり，政治を超える裁量は行政にはない．つまり，行

政が機能し様々な役割を担うためには政治的支持が必要なのである．

第3に，学校現場への関与の難しさがある．教育政策を実施しようとした場合に，コントロールが容易ではない事態に直面することとなる．政策を具現化していく際に，都道府県教育委員会や市町村教育委員会，学校は，文科省の意向通りに動くとは限らないのである．これは，他の政策分野と異なる教育政策が持つ特殊性に由来し，行政委員会制を採っていること，学校現場が存在していること，という2つの事情に整理することができる．

まず，行政委員会制度を採っている点である．行政委員会は，政治的中立性や利害調整を強く求められる行政分野におかれる，合議制の意思決定機関である（阿部ほか 2005）．教育政策の場合は，教育委員会が行政委員会となる．したがって，教育委員会は政治的中立性を求められること，また首長部局からも独立した地位を有することとなる．この場合，〈文部科学省―都道府県教育委員会―市町村教育委員会―学校〉という文部科学省を頂点とする縦の関係があるものの，他の政策分野よりも中央政府の意向は末端の政策現場へ伝わりにくくなる．なぜならば，教育委員会や学校は文科省直轄の出先機関ではなく，さらに教育委員会や学校は政治的中立性と民主制を確保することが制度的に求められているためである．したがって，文科省の指揮命令系統の中に位置しているのではなく，文科省の意向を受けて主体的かつ自律的に動くことが教育委員会に求められているのである．²⁾

次に，学校現場の存在である．政策分野によっては，中央省庁直轄の機関が政策実施段階を直接担ったり，政策実施段階まで中央省庁の強い統制が効いているが，教育政策の場合は，教育委員会制度を踏まえた上で，学校現場には中央省庁の意向を理解してもらい，政策実施の担い手として協力してもらわなければならないという大きな違いがある．つまり，教育政策を実施するためには，学校現場が主体的かつ自律的に動くための様々な配慮が必要になる．配慮すべき学校現場の特徴は，一般的な行政組織と異なる文化や考え方（または論理）に基づいている．注目すべきものとして次の3点を挙げることができる．

第1に，学校現場には教育の論理がある．学校現場には子どもの安心と安全を守り，心身ともに健やかに子どもが成長していくために，子どもへの様々な配慮が行われており，いわゆる教育の論理が存在する．この教育の論理は，社会の感覚と乖離してしまうこともあり批判の対象となる場合もあるが，基本的には学校関係者が一丸となって子どもを第一に考えて子どもを大切に育んでいこうとする姿勢に由来する．これは，政治や利益集団，または世論や社会との日常的な相互作用の中で行政組織を通じて政策を実施していかなければならない行政の文化や価値観と大きく異なるものとなる．したがって，学校現場に対して，行政としての文科省の論理を

用いても，学校現場から必ずしも納得を得ることはできないのである．

　第2に，教員の専門職としての立場である．教員の専門職論については多くの研究者によって議論が深められているが，ここでは学問的に専門職論を論じることが目的ではないので一般的な意味での専門職という理解を採用しておく．教員は，教育に関する専門知識を求められ専門知識を生かして教育に従事することから，一定の専門性を必要とする職である．また，教員は専門性に対する理念や信念を持ち，専門性を担保にして専門的な意思決定を行うための一定の裁量を制度的にも社会的にも認められている．しかも教育の場合，あるべき教育の姿は思想的かつ哲学的であり，合意された1つの姿は存在せず，むしろ，教員一人ひとりの個人的思想信条と専門性への理念・信念とが連関しているため，非常に多様である．しかし，教育政策としては，全ての教員に1つの方向性をもった行動を求めることになる．特に公教育の場合は，専門職として考える理想の教育に加え，公教育として実現しなければならない教育の姿があり，教員の専門性を発揮するだけでは不十分であるだけでなく，教員の理想や信念と公教育が求めることが必ずしも一致するとは限らないのである．さらに，教育政策として捉えようとした場合，政策には国民の民意を含んだ政治の意向が当然反映されるものである．政治の意向には，イデオロギーや利益団体の声など様々な利害が含まれているものであるが，それらが民主政治の手続きを経て教育政策となった際には，学校現場は政策の意向に応えなければならない．当然，教員も政策の意向に応えなければならないが，教員の理想や信念と政策の意向は必ずしも一致するとは限らない．教育政策には政治的意向が反映されたものとなるため，純粋に教育を追究するという訳にはいかなくなってしまうのである．この時，専門職である教員にとっては，専門性を発揮するという専門性に対する純粋な姿勢を維持することが容易ではなくなるのである．

　もっとも，公立学校の教員であれば，教育への理想や信念を抱きながらも，政府の方針と足並みをそろえなければならない事情に全く理解がない訳でもない．文部省と日教組との対立の歴史があるものの，教育が日本という国の未来を支えていること（ゆえに政策課題であること）に異論はないのである．政策と専門職としての理想や信念とが不一致となった場合，学校現場や専門職としての教員の意向をできるだけくみ取り政策へ反映させていく努力が必要であることと同時に，教員の側でも政策を理解し歩み寄る努力が必要となる．つまり，相互理解が不可欠なのである．

　第3に，教育委員会や学校現場は，急な方針変更を避け教育の安定性を確保したいという意向がある．その主たる要因は，教育の安定性と資源不足にある．教育における子どもへの影響力は，子どもの将来の人生を左右してしまうほど大きい．ゆえに，時の権力者の意向や社会的要請などに振り回されることで，本人の意思に関

係なく子どもの人生に負の影響が及ぶことに最大の懸念がある．公平性という観点からも，子どもの年代によって受けた教育の内容にばらつきが生じることは望ましくない．また，教育は年齢に応じて段階的に行われていくため，方針や内容が頻繁に変更してしまうと，段階的な学びを担保しなければならない学校現場は混乱してしまうという運用上の問題もでてくる．良い教育を行うために学校現場が必要とする人・物・金といった資源は非常に乏しく，学校現場の創意工夫によって必要最小限の資源でやりくりをしている状況にある．したがって，急な変化に対応するためにはある程度の資源の余裕が必要となるが，資源に余裕のない状況で教育が行われているため，そのような準備ができるほどの余裕を学校現場は持ち合わせていないのである．

　教育政策を実施しようとすれば，以上のような状況に文科省は直面することとなる．このとき，教育政策はどのように実施され，その実施過程を通じてどのように修正されているのだろうか．この問いに対する手がかりを得るために，以下では2つの事例を確認してみたい．

　1つめの事例は，職員会議の法制化である．職員会議は法的性格をめぐって論争となっていた．すなわち，① 職員会議は校長の指揮監督の下で校長の意思決定を補助し，それ自体の権限をもたない（補助機関としての捉え方），② 教職の専門職性の観点から，それにかかわる事項は職員会議で協議することが望ましいが，その結果は校長の意思決定を拘束できず，また協議の必要性は校長が判断する（諮問機関としての捉え方），③ 教育に関する学校としての判断は職員会議のなかで自治的に形成されるべきであり，そこでの結論は校長の意思決定を拘束する（議決機関としての捉え方），という3つの考え方が対立していた．職員会議が論争となり始める時期は1950年代後半まで遡るという．戦後直後では，校長のリーダーシップと裁量性を残しながらも，職員会議を教職員参加による学校運営における重要かつ中心的な組織と文部省は考えた．そのため，最終的には校長の権威と責任で物事を判断することが望ましいが，職員会議で協議し，そこでの結論を尊重するべきだとされた．そのような意向を受け，実際の学校運営では事実上の議決機関となっていた．しかし，1956年に地方教育行政の組織及び運営に関する法律（以下，地教行法）の制定によって，校長による管理を強化する動きへと変わっていく．こうした動向に対して，日教組による運動と研究者からは，職員会議は議決機関か，それに類似するものであると反対の声があがった．1971年に中教審答申「今後における学校教育の総合的な拡充整備のための基本的施策について」が出され，教頭職の法制化や主任職の制度化によって，校長を頂点とする職制の確立が進んだことを受け，職員会議を議決機関と考える反対意見は盛り上がることとなった．1998年の中教審答申

「今後の地方教育行政の在り方について」では，法令上の根拠が不明確であることが原因で職員会議が本来の機能を発揮できておらず，形骸化している事例も確認されていることを問題視した．そこで，職員会議は，校長の職務の円滑な執行に資するために教職員で意見交換を行うことが提言された．この答申を受け，2000年に学校教育法施行規則が改正され，中教審の提言の通り，校長の職務の円滑な執行に資するものとなった．つまり，議決機関ではないことが法規として明確化されたのである．

　2つめの事例は，教頭・副校長の法制化と主任の省令化である．これらについては，連続性をもった事象ではなく，個々の事情から別々に動きがあったものである．しかし，学校内部の管理運営体制を強化していくという点では共通しているため，1つの事例として取り上げる．

　まず，教頭・副校長の法制化についてである．教頭は，戦前と異なり戦後は法令上の位置づけがなされていないものの，学校には教頭が置かれていた．しかし，校長を助ける教頭の役割の重要性が認識され，その法的地位の確立が課題となっていた．1957年に学校教委法施行規則の一部改正により，管理職ではなく教諭として教頭を置くことと，職務として校長を助けて校務を整理することが規定された．この規定では，教諭に教頭という特別の職務を付加する形式を採ったことから教諭とは独立していないため，教頭としての身分の安定が期待できず，課題となっていた．そこで，教諭とは別の独立した職として法律上明確に位置づけようと法制化が検討された．与野党の対決法案となったため，約6年かかり1974年に法案が成立する．また，2007年の学校教育法改正では，教頭は必置の職になるとともに，新しい管理職として副校長を置くことができるようになった．副校長は，各学校の判断で校長と教頭の間に置くことができ，権限は教頭よりも強い．職務は校長を助け，命を受けて校務をつかさどることとされた．次に，主任の省令化についてである．1971年の中教審答申「今後における学校教育の総合的な拡充整備のための基本的施策について」において，校務を分担する必要な職制，すなわち，教頭，教務主任，学年主任，教科主任，生徒指導主任などの管理上，指導上の職制を確立しなければならないと述べられた．1975年に「学校教育法施行規則の一部を改正する省令」が公布され，翌年3月から施行された．この主任の省令化に当たっては，学校運営の中に上命下服の命令体制を持ち込むものであると日教組などの一部の教職員団体は反対闘争を展開した．また，省令化が施行されて以降も，主任制への反対から主任手当の拠出問題が生じたが，1981年に区切りを迎えることとなる．

　以上の2つの事例を参考に，日本の教育政策における文科省の特徴として，次のような仮説を考えられる．政策をあえて曖昧にし，その政策を実施する過程で生じ

る政策変容を分析したり利用したりして，時間をかけて政策を修正していった．その結果として，政策を成熟させるとともに，文科省による管理体制を強化した．2つの事例では，制度的な根拠があるわけではないが，実態として存在している学校現場における様々な取組みについて，制度を整備することで明確化し，それらの存在を明確に根拠づけた．実態として存在していることを認識しながら，また，様々な意見が出されて論争になっていることを文科省は認識をしながら，直ぐに対応するのではなく，時間をかけて対応をしていった．具体的には，1つめの事例の職員会議の法制化では約40年，2つめの事例の教頭・副校長の法制化と主任の省令化は約20〜50年の歳月を費やしている．また曖昧に取組んだことについては，2つの事例ではどちらも論争にまで発展していたにも関わらず，直ぐに制度の修正をするわけでもなく，徐々に修正を加えていった．様々な意見がある中，制度変更によって意図や解釈が明確化されるまでの期間は，あるべき姿を公式に文科省が示しているわけではないため，多様な考え方は文科省からの支持は無いものの否定されているわけではなかった．つまり，制度の曖昧さを文科省は黙認していたといえる．

　時間をかけることについては，数年または数十年かけて政策を実施していくのであるが，3つのポイントに整理できる．第1に，学校現場へ政策を浸透させることである．上述した通り，学校現場は行政と異なる価値観の中で動いており，変化に対して消極的である．そのため，時間をかけて政策に対する理解を学校現場に広め，できるだけ学校現場のペースを大きく乱さないように変化を促していく必要がある．第2に，学校現場の反応をみることである．時間をかけて政策を浸透させていくために，短い期間で一気に物事を進めようとするのではなく，学校現場の反応を確認しながら，学校現場での受け入れ可能な形を模索していく必要がある．第3に，政治的支持を得るためのタイミングを見計らうことである．政治の意向に沿って行政を進めなければならないが，新しく制度を構築する場合や制度を変更するような場合は，様々なステークホルダーに影響が及ぶため広く支持を集められるのかが重要となる．そのため，政治的支持があることは，ステークホルダーから支持を得るための大きな力となるのである．

　曖昧に実施することについては，4つのポイントに整理できる．第1に，学校現場の主体性を引き出すことである．日本の教育政策は文科省が制度を構築し，その制度の中で学校現場は動いていくこととなる．このとき，文科省が制度設計する際に，詳細まで決めてしまうと，学校現場は決められた制度の通りに動くしかなく受身になってしまう．学校現場では，学校や教員の裁量が大きく，この裁量を子どものために主体的に最大限活用することが教育の質を高めることへつながる．よって，制度を細部まで決めてしまうのではなく，解釈の幅が広いことを認めることで，学

校現場が主体的に関わる余地が生まれてくるのである．また，学校現場が地域事情に応じた学校運営が必要になってくるので，そのような状況にも対応することができる．

　第2に，学校現場の反応をみることである．政策の実施を曖昧にしたときに，学校現場は具体化するために自ら考える必要性に迫られる．このときに，積極的な取組みや消極的な取組みなど学校現場の取組み具合が表れてくるので，学校現場からどの程度の支持を得ているのか，学校現場から反発がでる可能性について，文科省は見通しを立てることができる．また，様々な取組み事例が表れてくるので，広く共有することで全国の学校現場の応援材料となる．それと同時に，優良事例に学ぶことで，政策実施の幅を広げ政策の可能性を大きくすることができる．

　第3に，ステークホルダーから合意を調達しやすくなる．まず，教育政策の要である文科省は，政治や官邸から合意を調達しやすくなる．政治や官邸からの意向に文科省は応えなければならないが，必ずしも学校現場が受け入れる内容とは限らないので，全面的に受け入れるわけにもいかず，学校現場との間で文科省はジレンマに陥る．この時，細部まで具体化せず曖昧にすることで，官邸と文科省との間で合意点を作りやすくなるのである．また，文科省は学校現場から合意を調達しやすくなる．学校現場は急な変化を避けたいので，文科省による新しい制度設計や制度変更には消極的になりやすい．しかし，制度の運用について学校現場が自らの判断で決められる余地があれば，自らの都合に合わせた対応が学校現場はできるので，文科省は合意を得やすくなるのである．このことは，政策の実現可能性を高めることにもつながる．

　第4に，政治や官邸からの要請や意向に応えやすくなる．上述の通り，官邸からの意向に文科省は応えなければならないのだが，文科省は常に政権の動向を注視しているものの，いつ，どのような内容が官邸から発せられるのかについては，見通せない場合も当然ある．この場合，従来まで行ってきた教育政策を踏まえた上での政権の意向であれば文科省も対応しやすい．しかし，タイミングが官邸の都合によるものであったり，従来の教育行政の考え方と異なる新しいアイディアや発想によるものであったり，または，パラダイムを転換するようなものである場合，官邸の意向通りに文科省が動いてしまうと学校現場に混乱が生じ，政策への反発につながる可能性もある．そのため，中長期的な視野で政策を実施していくこととし，政策を初めから具体的に作り込まずに，ある程度曖昧にし，官邸の意向に応えるための余白を予め用意しておく．そうすることで，行政や政策の継続性を保ちながら，様々な政治状況や時の政権の意向に対応することができるのである．

　以上の通り，時間をかけて，曖昧に政策を実施してきた．これらは，必然的に行

われたのではなく，政治的，行政的，政策的な意図を明確にもって行われた．すなわち，政治状況に対応しながら，行政としての役割を確実に果たすとともに，政策課題を現実的に解決していくことを意図していた．そして，時間をかけて曖昧に政策を実施する過程で生じる政策変容を利用して，政策を変更・追加・削除しながら政策を修正し，時間をかけて政策を成熟させていった．

　また，少しずつ具体化していった政策の内容では，明確な規定はないものの実態として一定の運用がなされているものや，政策の内容が曖昧であるために課題が生じているものに関して，改めて制度として整備し，制度への見解を統一化すべく解釈の幅が生じないようにした．つまり制度が規定した意味や解釈から逸脱することは許されなくなった．当然ながら上述の通り，政策を修正しながら制度は整備された．このような政策を実施する上で曖昧だった部分を制度上明確化したことは，文科省の管理体制強化を意味する．この管理体制の強化に対する評価に関しては，つまり，望ましいことなのか否かについては，それだけで大きな検討課題となり本研究の射程を超えてしまう．そこで，本研究では文科省は学校現場に対する管理体制の強化を実現したという帰結に着目することに留めて，検討を進めることとする．

　なお，本書の第2章は川北（2018a），第3章と第6章は川北（2017）が元となっているが，大幅な加筆を行っている．

注
　1）根拠法としては，教育基本法第14条第2項と，義務教育諸学校における教育の政治的中立の確保に関する臨時措置法第3条となる．
　2）実態としても教育委員会の考えは尊重されている．

第1章

政策実施研究と分析枠組み

　政策実施研究は，政策は決定された通りに実施されるとは限らないという認識の下，決められた政策がどのように実施されていくのかについて関心がある．政策実施研究によって，政策実施過程の実態をより明らかにすることができるので，教育の取組みについて，「教育」を「教育政策の実施活動」として捉えなおし，政策として教育が行われていく実態を明らかにすることができる．実施過程の実態が明らかにできれば，政策の有効性を高めるためのヒントを得ることができ，このことはより政策決定主体の望む「良い教育」を展開することにつながる．政策の決定が絵に描いた餅で終わらないための知見を政策実施研究は提供してくれるのである．

　1973年にPressman and Wildavskyの『インプリメンテーション』(*Implementation*)が出版され1970年代から80年代にかけて政策実施研究は発展した．それ以来，40年以上が経過した．この間，政策実施研究の在り方や価値が問われ続けてきた．または，政策実施研究の価値は，研究者によって一定程度認められてきたものの，体系化に向けた模索が続けられてきたともいえる．ただし，同じ政策実施過程を対象として研究していたとしても，研究する立場が異なれば問題関心も異なるため，研究する立場によって，抽出される含意が異なってくる．これは，政策実施研究を進める上では留意すべき背景である．

1　政策過程における政策実施

　政策実施研究は政策を実施することに関心があるのだが，政策を実施することの前提として，政策過程における位置づけを少し確認しておく．政策実施研究は，政策過程において政策決定以降が研究対象だと一般的に考えられているが，政策実施過程だけに関心があるのではない．政策を作る過程と実施する過程との関係や(Vancoppenolle, Sætren and Hupe 2015 ; Froestand et al. 2015)，政策実施の実態を規定する政策そのものや，政策実施の結果としての成果や効果にも関心を寄せる（真山1998；大橋2010）．政策実施を捉える上では，政策過程をどのように見るのかという点も関わってくる．一般的な捉え方としては，政策過程を「政策決定」−「政策実

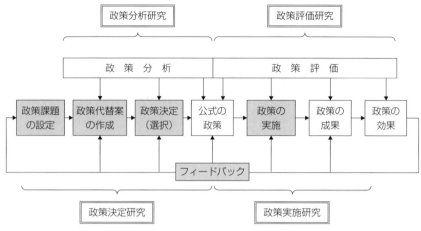

図1-1 政策研究の全体像
(出所) 真山 (1998：36) を引用．

施」-「政策評価」という連鎖構造と捉えている (真山 1998)．さらに，政策の過程は一回限りの一方向の流れではなく，ある1つの政策の実施や評価が，次に生まれる政策に影響を与えたり，次の政策の前提条件を作ったりしていることから政策過程における「フィードバック」の存在も認められている (大橋 2010；新川 2013；大橋 2010；高橋 2021)．また，政策実施の結果への関心から，政策の失敗についても議論がある (McConnell 2015；Zittoun 2015；Peters 2015；May 2015；Bali and Ramesh 2015；Steen et al. 2015；Newman and Head 2015)．政策過程と政策研究の関係の整理の仕方について，大まかな部分は研究者間で共有されているが，細かい部分は論者によって表現の仕方が異なっている．例えば，真山 (1998) は図1-1のように整理している．

2 政策実施研究の意義

政策実施研究の意義について，真山 (2016) は次のようにまとめている．政策実施に関係する研究が1970年代までなかったわけではなかった．政治過程や政策過程，官僚制に関する研究は，程度の差はあるものの政策実施に関わっており，組織論や行政研究では政策実施過程に関わる研究が古くから蓄積されてきた．ただし，政策実施研究そのものを主たる研究テーマとしない研究者にとっては，政策実施研究の特色や価値を明らかにすることは，重要な問題ではなかった．高橋 (2021) によると，1980年代には研究として政策実施は意識されなくなっていったと同時に，

日本においては組織論や地方自治論と関連させた研究が志向され政策実施の応用的展開がなされていった．また，政策実施研究とは表明しないものの行政法を実施する段階に研究関心を寄せ，法律はどのように執行されていくのかという実態を明らかにする行政法学からの優れた研究も今日現れている（大橋 2010；平田 2017）．他方で，政策実施過程への関心は，政策分野ごとで一様ではない（Rykkja, Neby and Hope 2014）．著しい研究成果が次々に出ている訳ではないが（Hupe 2014；Sætren 2005; 2014），政策実施研究の社会的，学術的意義は認められており，重要性は薄らいでいないのである（上田 2010；高橋 2014；真山 2016；西岡 2017；伊藤 2020；Peters 2014）．[1]

　さて，高橋（2021）によると政策実施研究に対しては，曖昧ではっきりと示されていない様々な期待があり，交錯している状況もある．政策実施に関する用語のニュアンスが明確ではないことが原因となっている．少なくとも政策実施研究には，① 政策をつくる全工程における実施工程を管理すること，② 実施中の政策に何が起きているのかという経過・変化を理解すること，③ ある活動を進めるための手順・手続き，という 3 つのニュアンスを含んでいるという．

　この点，真山（2016）は次のように整理している．政策実施過程とは，政策決定という形で明示された政府や政治権力の意図を実効性あるものに変換する過程であるといえる．したがって，政策実施研究は，現実社会の中でどのような政治的，経済的価値が，どのように追及されているかを解明することにつながる．また，政治権力（統治者）が非権力者（一般市民）を支配，コントロールする在り方の解明にもつながる．これらを通して，統治の実態や支配のメカニズムを知ることができ，少なくとも，以下の 4 点が重要となる．

　第 1 は，具体的な統治活動の担い手である行政機構（官僚制）について，その行動や意思決定の特徴を，より実態的に解明することにつながった．

　第 2 に，行政組織における政策実施過程をよりミクロに観察することによって，注目されてこなかった第一線職員への関心が高まった．第一線や現場に注目することは，統治や支配の全体像を明らかにしたり，政策過程に関わる制度設計や行政組織の管理を実態的に検討したりする上で重要となる．

　第 3 に，政策デリバリーへの関心を高めた．1980 年代以降の政府機能の民間化が推進されたことによって，民間委託，民営化，指定管理者制度，PFI などの手法が多用されはじめ，政府組織，民間非営利組織，営利組織などは，複雑に組み合わされながら政策デリバリーの担い手となった．このような複雑な構造とその動態を解明し，あるべき政策デリバリーのシステムの検討にとって，政策実施研究は大きな貢献を果たしている．

第1章　政策実施研究と分析枠組み　　*13*

　第4に，中央・地方関係を検討する上で重要となる．中央・地方関係は制度に関する議論や検討が多い．しかし，真の意味での地方自治の実態を明らかにするためには，制度運用のダイナミクスを明らかにする必要があり，政策実施研究の関心と重なる．

　以上のことから，政策実施研究の意義は変わらず認められている．しかし，政策実施研究の意義は多面的でもあり，研究における問題関心を確認しながら検討していくことが必要といえる．

3　これまでの政策実施研究

(1)　政策実施過程への様々なアプローチ

　政策実施研究は，1973年に『インプリメンテーション』が出版されてから40年以上の歴史を重ねることとなった．しかし，歴史の長さに比例して学術的に発展してきた訳ではなかった．ブームの到来や研究の停滞といった，関心が集まったり離れたりしながら今日に至っている．他方で，体系化されるほど研究は成熟していないものの，様々な議論が存在しており，事例研究や国際比較による研究など（Hupe and Sætren 2015；Baker and Stoker 2015；Helgøy and Homme 2015），研究方法も様々に試みられている．一定の積み上げのある議論もあることから，政策実施研究の学説史をまとめることは今日においては重要な研究課題であろう．これらの歴史や学説史を詳細かつ分析的に検討を加えていくことは，本研究の目的から外れてしまうので，政策実施研究の歴史的，理論的な流れと概要を把握するとともに，本研究にとっての示唆が期待できる代表的な理論を確認することに留める．これらを通して，政策実施研究における本研究の位置づけを確認し，本研究における分析枠組みを検討したい．

　これまでの政策実施研究の流れについては，真山（1986; 1991）の整理が網羅的であるので以下で概観する．上述の通り，政策実施研究のきっかけを作った研究は，プレスマンとウィルダフスキーの共著である．また，理論研究として，Van Meter and Van Horn（1975）によって1975年に発表された概念モデルが良く知られている．この概念モデルでは，政策実施過程を政策とその成果（パフォーマンス）をつなぐプロセスだと考え，そこで影響を与える要素が整理されている．様々に行われてきた政策実施過程に関する研究を整理統合する必要を示した．

　政策分析の立場では，1975年に，Hargrove（1975）が，政策分析の中で実施過程に対する関心が欠如していることを指摘し，政策実施という概念を政策分析にも取り入れることを主張した．「The missing link（見失われた環）」というこの論文の

タイトルは，その後，政策実施過程の代名詞となった．

　政策実施過程を概念的に整理する試みとしては，1977 年に，Bardach（1977）は，実施過程の 6 種類の捉え方を示した．すなわち，圧力政治としての実施過程，合意形成としての実施過程，行政管理過程としての実施過程，政府間交渉としての実施過程，ゲームのシステムとしての実施過程の 6 つである．1978 年には，Berman（1978）が，政策実施過程をマクロレベルとミクロレベルにわけて捉える視点を提起している．公式に決定された政策がより具体的な実施プログラムに翻訳される過程をマクロに捉える一方で，政策が地方レベルや第一線の現場レベルで変容されたり，逆に政策がそれらの組織を変化させたりする過程をミクロに分析するべきだという視点である．

　1970 年代には，政策実施過程をどのように理解するか，あるいは定義についての議論が多くなされたが，いくつかの概念を整理したり統合したりする試みは行われなかったという．1980 年代に入ると，それまでの研究を統合して分析モデルを作る試みがなされ始めた．その中の代表的なモデルが，Sabtier and Mazmanian（1980）のモデルである．それまでの政策実施研究におけるモデルが，概念モデルであったのに対して，彼らのモデルは，政策実施過程に影響を与える要因を具体的に示し，それらの要因が従属変数である実施過程の各段階に与える影響を明らかにしたり分析したりする，記述モデルであり分析モデルであった．また，彼らのモデルは，政策の失敗の原因を解明するだけではなく，政策の失敗を制御することまで踏み込んだものであった．このことは，政策実施過程を枠づける政策の役割に注目しており，あまり重視されてこなかった部分だという．この年代の政策実施の研究者たちは，第 2 世代と呼ばれた．

　また，政策実施研究の特徴について，アメリカとイギリスでは異なるという．アメリカでは政策研究の中から登場した．したがって，政策が中心となり，政策実施過程を構成する様々な要素の 1 つとして行政（組織）を位置づけた．イギリスでは，行政や官僚制との関わりの中で政策実施過程の把握を目指し，行政の実施過程における役割を研究の中心においた．また，主としてヨーロッパ大陸では，特定の政策課題から研究を開始したり，比較分析として，ヨーロッパ各国の国際比較が多く行われたりした．

　これらの違いを踏まえて，アメリカでのアプローチの多くを「トップダウン」アプローチと呼んだ．政策決定や，それに深く関わっている中央の政策管理者の側から，地方や末端の実施組織や対象を分析しようとした．また，ヨーロッパでのアプローチの多くを「ボトムアップ」アプローチと呼んだ．行政や政策の現場や第一線といわれる政策実施の末端から研究対象を定めようとした．そして，ヨーロッパの

政策実施研究の中から,「トップダウン」アプローチに対する批判が加えられるようになったことをきっかけに，1983 年ごろから 1980 年代半ばにかけて，「トップダウン」アプローチと「ボトムアップ」アプローチに関する論争が起こった．

(2) 「トップダウン」アプローチと「ボトムアップ」アプローチ

トップダウン・アプローチでは，政策決定者の視点から分析を行うものであり，政治家が政策を決定し，行政機関が政策を実施すると明確に区別がなされる．そして，政策が政策決定者の意図どおりに実施されているのかを問う．また，実務界からの関心も強く，どのように実施過程で資源配分，統制，制度設計すればよいのか提言を求めていた（秋吉・伊藤・北山 2010）．このような実施研究の代表は，Sabatier たちである．Sabatier たちは，政策の目標に実施関係者の行動を一致させ，目標と一致した結果を生み出すための変数を探し求めた．そして，政治過程をインプットとアウトプットの関係で捉え直す政治システム論の影響を受けながら，実施過程での失敗をある程度抑制できるような研究を求めた（高橋 2014）．

ボトムアップ・アプローチでは，トップダウン・アプローチで考えられていた前提を疑い，現実の政策過程はより複雑で，様々な利害関係者への関わりや配慮・調整などによって，妥協や修正がなされると考えた．そのため，実施過程に関わる多様なアクターのネットワークを特定しようとしたのである（秋吉・伊藤・北山 2010）．ヨーロッパ大陸の政策実施研究にこのようなアプローチを採る傾向が強く，Barrett（1981）はその代表だという（真山 1991；高橋 2014；Hill and Hupe 2009）．

「トップダウン」アプローチと「ボトムアップ」アプローチの論争について，アプローチの違いは，政策実施過程の把握の仕方や，分析目的の違いによるという（真山 1986；高橋 2021）．また，2 つのアプローチで共通する点は，政策実施過程を理解するための最も現実的な方法に関心があったことである．しかし，規範的な議論の解決は容易ではなく（Hill and Hupe 2009），また，両者には認識の食い違いもあったという（高橋 2021）．しかし，早い段階で論争は対立を回避するようになり，鍵となるアイディアを拾い上げながら両アプローチを統合することが試みられた．複数のアクターが参加する政策過程の構造上，政策の意図や目的と実施の結果とは必然的にギャップが生じるという認識が共有されたためである（秋吉・伊藤・北山 2010）．この動向について，政策実施過程を通じて政策が変化していく「政策変化」への関心を確認できる（今村 1997）．同時に，政策実施過程の把握方法や政策実施研究は何を解明しようとしているのかといった，改めて政策実施過程を検討するための基本的な事柄を検討することの重要性を示すこととなった（真山 1991）．

(3) 理論研究

 政策実施研究の理論研究について，やはり，政策実施研究の目的や，政策実施を検討するための学問的より所や立場によって，理論研究の取扱いは一様ではなくなってくる．本研究では行政学に依拠しながら日本の教育政策の実施過程を分析しようとしている．このことを踏まえて，次の3つの代表的な理論研究を確認することとする．

Van Meter and Van Horn の研究

 Hill and Hupe（2009）は Van Meter and Van Horn（1975）の理論研究を次のように整理している．Pressman and Wildavsky を含め，事例研究はなされていたものの，理論研究が不在であることに着目し，Van Meter and Van Horn は理論枠組みを開発した（図1-2）．この理論枠組みは，3つの背景に支えられており，1つめは組織論，2つめは法的決定，3つめは組織間関係である．政策実施は政策決定から始まる過程として捉え，政策において定められた目標達成に向けた，公的及び私的な個人（または集団）の活動を包含すると考えた．よって，図1-2で示されている矢印は一方向を示し戻ることはない．また，彼らの理論枠組みは，政策実施において求められる変化と合意のレベルを考慮する必要性を提起するものでもあった．政策実施過程を研究するスタート地点として，役に立つ明快なモデルを示したといえる．また，政策立案者に処方箋を提供するというよりも，政策実施研究に直接的な関心を向けることをこのモデルは目的とした．

Berman の研究

 真山（1986）は，Berman（1978）の理論研究を次のように整理している．Berman

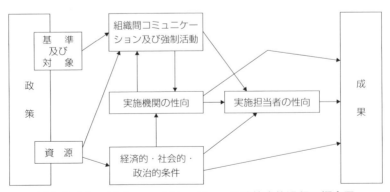

図1-2　Van Meter and Van Horn の政策実施過程の概念図
(出所) Van Meter and Van Horn（1975：463）を筆者改編．

の研究では，政策実施研究における政府間関係について，理論研究にも関心を向け概念化を試みた．そこで，マクロ（マクロ・インプリテーション）とミクロ（ミクロ・インプリテーション）という概念を用いた．そして，抽象的で曖昧な政策を，関係者の合意を得ながらより具体的で実際的なプログラムやガイドラインに翻訳していく過程と，一応の基準や手続きが明確にされた上で，それに従って具体的なモノやサービスを提供する活動からなる過程とを明確に区別したのである．

　まず，政策実施過程は，"if　P, then　O" という関係で表現でき，ある政策（P）が作られると，ある結果（O）が生じ，PとOを結びつけているものが政策実施過程であると整理した．図式的には次のように表現した．

（1）If　P, then　G　（政策Pにより，政府プログラムGが引き出される）
（2）If　G, then　A　（政府プログラムが，地方のプロジェクトAを引き出す）
（3）If　A, then　I　（地方のプロジェクトに基づき，実施活動Iが行われる）
（4）If　I, then　O　（実施活動により，ある結果Oが生じる）

　次に，マクロ・インプリテーションとミクロ・インプリテーションについて次のように捉えた．

（マクロ・インプリメンテーション）
　マクロ・インプリメンテーションを構成するアクターは，レベルの異なる政府の行政機関やその他の公的・私的な諸組織からなる．そして，この多元的なアクターらは，結合の弱い構造を形成している．つまり，① 各々の組織は，その固有の構造や文化を反映した独自の問題，視点，目的を持っており，② 各々の組織は，程度の差はあるにしても自律して行動する，という特徴をもつ．そして，相互に独立性の高い組織間の問題や政府間関係を取り上げ，政策をより具体的に翻訳してプログラムやプロジェクトを決定する過程に着目した．これらの過程の中には，連邦と地方とで利害の一致が得にくい場合に，どのように対処していくのかという問題も含まれている．

（ミクロ・インプリメンテーション）
　一般に連邦プログラムは，地方の組織に何らかの変更を要求している．しかし，地方組織は，連邦プログラムの要求通りに，プロジェクトに合わせて自らを変えているばかりではなく，プロジェクトを組織に適応するように変えてしまうことも多い．このことが，ミクロ・インプリメンテーション分析の主たる関心である．そのため，地方の実施担当組織における組織均衡の問題や，組織の末端において現実の組織のアウトプットを生み出す組織メンバーの行動が注目された．

Sabatier and Mazmanian の研究

実施過程に影響を与える変数として，独立変数と従属変数とを示し，図1-3の分析モデルを提示した．独立変数として，① 問題自体の扱いやすさ，② 実施過程を構造化する法規の能力，③ 法規の外在的な要因，という3点を挙げた．また，従属変数として実施過程の諸段階を5つの段階に区別した．5つとは，① 実施担当機関の政策アウトプットが算出され，② それらに対して対象集団が服従し，③ その結果何らかのインパクトが現実に生じ，④ 政策の効果が認識され，⑤ 当該法律の改廃につながるというフィードバック・ループであると考えられた．

高橋（2021）は Sabatier and Mazmanian（1980）の理論研究を次のように整理した．初期の政策実施研究は事例研究を増やしていたが，原因と結果の関係を説明するものではなく，事例間の比較も容易ではなかった．そこで，一般化できる実証的な一般的枠組みづくりを提唱した．もし，実施過程での一般的失敗要因を明らかにできれば，実務者にも有益となる．背景には，政治システム論の影響もあった．また，Sabatier and Mazmanian は実施過程の法的構造に焦点をあて，実施部門が誤解や困惑を防ぐためになすべき事を法令で規定するべきだと考えた．しかし，法令のどのような変数によって実施過程の失敗を防げるのかという議論に発展すること

図1-3 Sabatier and Mazmanian の政策実施過程の分析モデル

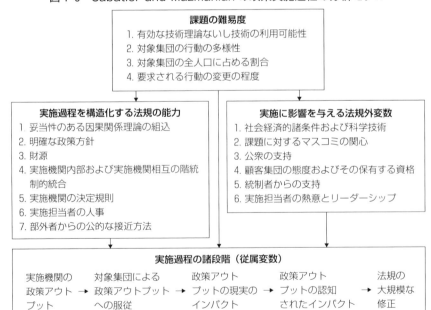

（出所）Sabatier and Mazmanian（1980：542）を筆者改編.

はなく，実施部門を強制的に制約するという発想が受け入れられず，実施過程の法的構造について批判が集まることとなった．

真山（1986）は彼らが法律の能力に注意を向けたことの重要性を指摘する．なぜならば，日本の政策実施過程を分析する際に，政治学や行政学では，法律が規定する行政手段や制裁の内容・程度などを分析してこなかった．しかし，日本の行政実務では，条文の一字一句について，その解釈や適用範囲について通達がだされるため，実施過程でも法律の規定は重要な意味をもつためである．

(4) 日本における政策実施研究

以上が，政策実施研究の流れと，代表的な3つの理論研究の概略である．これらは，アメリカやヨーロッパで検討されてきたものである．そこで次に，日本における政策実施研究の言説を概観する．

村上（2003）は政治学の視点から政策実施を検討している．村上によると，Pressman and Wildavsky による政策実施研究の誕生以前にも，学問的課題であったことについて，〈政府活動と法の支配の一致〉や〈政府活動への民主的統制〉，さらに組織，特に〈制度研究〉は，学問的課題の代表例であるという．とりわけ，〈政府活動と法の支配の一致〉や〈政府活動への民主的統制〉に関しては，近代国民国家おける政府活動の拡大と，市民社会における政府活動への統制という国家事項の文脈で検討され，公共政策の発展そのものの中に実施のルーツが見いだされる．そして，政府活動が発展し，公共政策の範囲が広がるほど，政策実施は複雑化したという．このような背景をもつ，政策実施研究は，政策や事業がいかに実施されるか，その結果に対して政治的・経済的・組織的・態度的な要因がいかに影響を及ぼしているのかに関心があてられるようになったという．

また，1990年代前後における政策実施研究について，次のように整理した．トップダウン・アプローチとボトムアップ・アプローチを総合化する動きとして，まず，ニューパブリックマネジメント（以後，NPM）の潮流に着目した．NPMの台頭によって，実施の一部終始を「代理人」が管理し，政策決定者である「主人」が予想される出力を明確にする契約を代理人と結ぶようになった．この潮流によって，実施は収縮し，政策実施研究は政治学や行政学の優位な研究課題ではなくなるとともに，さらに1990年代に向けて，ネットワークという新テーマが大きな流れになったという．これらの動向について，政策実施は，〈行政→公共管理→ガバナンス〉へとパラダイム転換したと整理した．ガバナンス概念の魅力は，その幅広い範囲にあり，同時に，ガバナンス概念の幅広さは，実施行動，実施過程，政策出力，政策結果に関する重要な変数を増やすという問題にもつながる[2]．政策実施研究の理

論や研究の将来は，政策過程の総合的な理論を目指して，発展の余地を残しているという．

伊藤（2010）によると，政策実施研究は 1990 年代以降は廃れたものの，政策実施研究の重要性は失われていないという．1990 年代は，「NPM」や「ガバナンス」が注目され，政策過程における政府の役割に変化が生じ，政策実施もこれを反映した．また，ガバナンスは，政策決定過程にも政府以外の多様な主体の参加を想定することから，政策実施研究が前提とする一元的な政治的決定者の存在が曖昧になり，政策決定者の意図と実施の結果とのギャップを考察することは成立しなくなる．しかし，現実問題として，様々な問題が，政策実施過程で発生していることから，政策実施研究の重要性は失われていない．また，因果推論の研究方法論を用いて，仮説検証型の実証研究にも取組んだ．政策実施研究は研究者が共有できる問いを見失っていることから，政策失敗に原因探究へ回帰することを提起している（伊藤 2020）．

高橋（2014）は，これまでの政策実施研究は発想や論理の違いが整理されずに論議されてきたことに着目し，政策実施研究における基本文献を再検討し，これまでの政策実施研究を問い直すことを試みた（高橋 2014; 2020）．政策実施論には，少なくとも 40 年ほどの過去があるにも関わらず，次の 3 点はあまり議論が進んでいないという．第 1 に，政策実施論とは，政治学の領域であるにも関わらず，政治的対立ではなく，技術的トラブルなど，日常的要因が大きいこと．第 2 に，政策実施論は，政府と対象の社会集団との相互作用を捉えようとしてきたが，対面的な交渉を可能にする社会秩序の成立ちを検討すること．第 3 に，中央地方関係における政府の階層制を捉えることと，政府における垂直的作用（行政機関の法的強制力など）と，水平的作用（現場の裁量や対象集団の交渉力など）とを一体的に捉えること．また，政策実施研究の混乱は続いており，政策実施研究における研究上の曖昧さは克服されていないという．

最後に，政策実施研究は政策研究の一種であるが，組織研究をより積極的に取り込んでいるという真山（1991）の指摘は注目すべきであろう．政策実施過程の中で中心的な役割を演じているアクターの 1 つが行政組織である．行政は，政策の立案や実施を担っているため，政策を取り巻く政治事象と密接不可分であるが，他方で，厳格な組織を通じて活動するという点で，政治の世界一般とは異なる組織の論理が重要となるからである．この点，西尾（1974：81）は行政を「統治過程における階統型組織による集団作業」と定義しており，行政は組織を通じて活動することを示している．そして，現代国家における行政は，政策を実施し，政策の具体的な効果を社会に生み出す活動を行っているのである（田口 1980；真山 1991）．

4 政策実施過程の複雑さ

　政策実施研究の流れと理論研究を概観してきた．トップダウン・アプローチとボトムアップ・アプローチに関しては論争が起きていたが，政策実施研究としての体系化には未だ至っていない．その要因は，政策実施過程は様々な要素が関係していることにあろう．安易に変数を捉えてしまうと，実施過程から得られる意味やニュアンス，物事の程度などといった実態や複雑さを読み解くことができなくなってしまい，政策実施研究の良さや長所を失いかねないのである．しかし，政策実施過程を読み解くためのポイントは色々と提起されてきた．上述した3つの理論研究がそれである．

　Van Meter and Van Horn の理論研究では，政策実施過程とは何かについて，その基礎として，「政策実施は，政策において定められた目標の達成に向けてとられる，公的及び私的な個人の活動を包含する」と，政策目的の実現にむけて活動する様々なアクターを分析対象にした．この点は非常に重要だと考える．政策実施過程の担い手は政府であるという前提が一般的に置かれている．政策を決定，実施する主体を政府であると考えれば，政策実施過程の担い手は政府であると単純に理解することができる．この前提としては，社会における問題解決の主体は政府であり，または，社会（または国民）を管理・統制する存在は政府であるという，政治学的な理解がある．そして，政府とは，権力を持っているが故に，国民の自由や権利を脅かす可能性もあるという理解がある．しかし，1980年代以降，民間のアクターが政策の決定，実施に関わったり，担い手となったりすることが増えてくると，政策実施過程の担い手は政府だけに限定できなくなってくる．また，政策研究の関心である，社会の問題を解決する（または，社会をより良くしていく）という観点から考えると，政策の決定，実施の主体を政府に限定する必要はなくなる．実際に，予算や権限を多く有する政府が政策決定，実施の主体となることが多いが，政府よりも民間のアクターの方が社会の問題解決にとって適切なことは当然あり得る．社会の問題解決のために，様々なアクターがそれぞれの役割を担いながら，社会の問題を解決していくことが重要となるため，政府は政府の役割を担いながら，社会の問題を解決していくこととなる．

　Berman が政府間関係を念頭に，抽象的で曖昧な政策を，関係者の合意を得ながらより具体的で実際的なプログラムやガイドラインに翻訳していく過程と，一応の基準や手続きが明確にされた上で，それに従って具体的なモノやサービスを提供する活動からなる過程とを明確に区別して，前者をマクロ・インプリテーション，後

者をミクロ・インプリテーションと区別したことも重要である．国レベルでの政策を検討する際に，多くの場合では中央地方関係が関わっている．日本の場合では，都道府県や市町村における政策を検討する場合であっても，国からの関与を完全に排除することは不可能である．また，地方分権が推進されている今日においては，Berman が指摘したマクロ・インプリメンテーションとミクロ・インプリメンテーションを区別して政策，施策，事業を展開することは，むしろ常識となっている．

　Sabatier らは法律に着目しながら，政策実施段階における，政策や法律の目的達成に影響を与える要因を提起し，それらの要因を事前に把握することを目指した．真山によると，政策実施研究の対象が，それまではサービス政策が中心であったため，法律に着目したことは大きな特徴だという．たしかに，具体的な法律の規定によって，行政や公務員，また第一線職員の行動は規定され，行動の根拠となるため，政策実施段階における影響力は大きい．他方で，社会の問題や，それへの対応によっては，法律が制定されることによって政策が生まれることになるが，政策が決定し，その具体化として法律がつくられる場合もある．そのため，政策における法律の位置づけや，政策が期待する法律の役割が重要となる．したがって，法律の執行や運用を政策実施であると単純に理解するべきではない．また，政策実施過程は，当該法律の改廃につながるフィードバック・ループであると捉えたことも大きな特徴である．多くの政策実施研究では，政策を実施すること，または政策の意図通りに実施されたのかどうか，という点に関心が寄せられることが多い．しかし，政策実施研究の初期に Sabatier らはフィードバック・ループと捉えることで，政策実施過程において政策を修正することまで視野に入れていたのである．法律のように公式に明文化されたものであっても，執行や運用で知り得た課題や改善すべき点は修正や変更を行っていくものであり，必要性そのものが失われていけば大きな改廃にもつながっていく．しかし，法律の場合，法律を修正・変更するためには法改正が必要となるが，それには時間と労力がかかってしまい，課題や状況の変化に迅速かつ柔軟に対応することが困難となる．今日の日本では，法律では理念的なことや目的などの大枠を示すことに留め，規則やガイドラインなどで具体的なことを示すという方法が採られることが一般的となっている．つまり，政策実施過程において政策を修正することを予め想定しているのである．

　また，日本における政策実施研究でも，政策実施研究の意義は認められている．トップダウン・アプローチとボトムアップ・アプローチの論争以後の研究動向として，政府部門へ民間アクターが関わり始め，時には民間アクターが政府部門に取って代わることも一般的になったと認識されている．このことを前提とした，政策実施研究の在り方が模索されているのである．そして昨今では，政策実施研究を再評

価する動きが現れている．この再評価の動きがどこまで活性化するのかは見通すことはできないが，社会におけるあるべき政府部門の在り方は，時代とともに変化している．また，国によって，政府部門の形態や役割，機能，さらには政府部門の組織文化や国民からの期待などは異なる．政策実施過程において政府部門は大きな役割を果たすことから，海外での政策実施研究は日本でどれほど妥当なものなのか，また，日本の行政の実態を反映した政策実施研究に取組むことが重要となる．

　以上は各先行研究から得られる示唆である．各先行研究を踏まえて政策実施研究を捉え直してみると，政策実施研究の中で，決定された政策が期待通り実施されない点を取り上げている場合，政策の意図された目的と実施の結果の間に生じる乖離は，望ましくないものとして理解される傾向にある．しかし，そのような乖離が政策実施段階で生じることは，政策立案・決定主体や政策実施主体では実務を考慮してしばしば事前に想定されており，むしろ，効率的，効果的に政策を実行していくための，または，政策の実現可能性を高めるための，1つの技術であり手法ともなっている．したがって，政策に込められた目的と実施の結果の間に生じる乖離を，政策の失敗という前提で理解するべきではない．むしろ，一定の抽象度をもって（ときには理念的に）政策を決定し，政策実施過程で政策の目的や内容が変化していくことについて，事前に想定されていたり，意図的に行われていたりする実態は無視することができない．

　そして，これらのような政策実施段階での変化をどのように捉え理解すればよいのかについては，政策実施過程は政策決定からの影響を受けていることを踏まえ，政策決定に関して少なくとも次の点に注目しなければならない．第1に，政策を決定するまでの過程を理解する必要がある．どのような議論や経過をたどって政策が決定されたのか，どのようなアクターが関わったのか，という点が重要になる．第2に，政策決定過程を政治と行政の視点から捉える必要がある．政策を決定することは，関係するアクターにとっては様々な利害が関係してくる．また，政策実施の実務・実態を考えると，実施過程の現実（実施を促進する側面もあれば，阻害する側面もある）をも政策は受け入れていかなければならない．これらが様々に関係し，1つの結論として政策が決定されるのである．第3に，決定された政策の内容や目的などを把握しなければならない．決定された政策を実施する場合，決定された「政策」とはそもそも何かが重要になる．しかし，政策といっても形式や内容は多種多様である．抽象度が高いものもあれば，具体的なものもある．また，公式に明文化されている場合もあれば，公式なものとしてはっきり示されていない場合もある．以上の3点については，政策を実施する際の前提となるものであることから，少なくとも理解しておかなければならない．反対に，これらの政策実施における前提が

いかなるものなのかによって，政策実施の在り方や理解の仕方が変わってくるのであり，政策実施段階での変化をどのように受け止めるべきなのかが変わってくるのである．しかしながら，先行研究では，これらの点を政策実施と関連づけることについて関心を向けてこなかった．

　また，初期の政策実施研究から今日の政策実施研究まで一貫して関心が寄せられている点は，政策の意図された目的と実施の結果にギャップが生じる要因を特定することや，ギャップが生じるパターンを特定することである．しかし，政策実施過程の多様さからパターンなどを特定することは容易ではなく（原田 2016），第一線職員の存在など，研究すべき対象の特定に留まっている．他方で，より良い政策の決定や実施のための事前情報を得るという政策実務からの要請も相まって，政策の意図された目的と実施の結果のギャップを明らかにすることや，その要因を特定することは注目されるものの，いつ，どのようにしてギャップが生じていくのかというプロセスへの関心は高くない．政策実施過程の中で，何かの要因を受けて，大きく変化するものもあれば，決定された政策が実施されるまでの過程の中で様々な要因を受けながら小さな変化を積み重ねていくことで変化するものもある．これらの実態を確認していくことで，政策の目的や内容が変化することは想定されたことなのか，政策的に望ましいことなのか，などの含意を得ることができるのである．

5　政策変容と政策の修正

　以上のような政策実施過程で政策の目的や内容が変わることを「政策変容（もしくは変容）」と捉えることができる．政策変容については，真山（1994）は次のように整理している．

　政策には，政府や政権政党の基本方針を示した概念的な政策から，特定の財・サービスの内容とそれらの提供の方法や経路を定めた具体的な政策まで，さまざまなレベルの政策が存在する．政策実施という概念は，このような概念的な政策が徐々に具体化されて，実際に政策の効果が生じるまでのプロセス全体を指す．しかし，多くの政策実施研究では，概念的な政策の実施という視点はみられない．たとえば，政権政党の政策綱領が時の政府の政策（典型的には法律）に具体化されていく過程は，これまで政策決定過程として把握されてきた．

　一般に政策実施という場合は，目的や対象が示され，それを実現するための一連の手段と資源の組み合わせを提供するような，具体化された政策を実施していく過程を念頭に置いていることが多い．つまり，法律・条例，予算あるいは計画など，公式の制度のもとで公式の手続きを経て生まれた決定を政策と考え，その決定が実

行に移される側面を政策実施と捉えているのである．法律や予算などが実施される
ためには，政令，規則，要綱などの下位レベルの政策が策定される必要があるし，
多くの法令は，地方自治体での条例や計画の策定を必要とする．よって，政策実施
過程は，規制活動やサービスの提供という具体的な執行活動だけでなく，抽象度の
高い政策をより具体的な政策へ翻訳する活動をも含む．翻訳である以上，多かれ少
なかれ訳者の解釈，誤解あるいは選好が含まれることになる．そのため，何段階も
の具体化を経た政策は，最初の政策と比べてかなりの変容を受けることになる．さ
らに，具体的な現場レベルでの執行活動においても，抽象的・一般的な政策を具体
的・個別的な現実に適用するために個々の実施担当者による政策の解釈が行われ，
ここでも政策の実質的変容が生じている．

　政策変容の要因とメリット・デメリットについて政策学の観点から真山（1994;
2013）は次の3点挙げている．政策変容の要因については，第1に，空間的要因が
ある．地域ごとに，社会的，経済的状況，気候風土や文化などが異なるため，これ
らの地理的，空間的な違いから地域事情に政策を合わせて変化していくのである．
そのため，国が政策を策定し地方で実施する場合，国の対応は3つのパターンに分
類できるという．まず，国は汎用性が高い政策をつくり，具体化は地方に任せるこ
とである．次に，国がつくった政策の趣旨，目的，手段，方法の全てにおいて，国
の定めた内容を地方に忠実に実行させるというやり方である．最後に，国の政策を
実施している地方ごとに，実はズレや違いがあるのだが，それを国が黙認ないし是
認することである．第2に，時間的要因である．政策を取り巻く社会や経済の環境
は時間とともに変化する．ライフサイクルの長い政策の場合は，時間の経過ととも
に実施される環境が大きく変わる可能性が高い．第3に，裁量による要因である．
第一線職員が活動することで，実際の政策の効果が生まれる．しかし，第一線職員
は各々が独自の価値観や選好をもっており，また，彼らが仕事で直面する現場の状
況は時と場所によって異なるため，常に同じ基準，同じ方法で対応することは現実
的に不可能である．このため，現場では常に「裁量」がある．ただし，政策実施過
程はきわめて政治的性格を有するため，政治的要因も存在している．

　そして，政策実施過程での政策変容には，メリットとデメリットがある．メリッ
トとしては，複雑多様な現実に政策を柔軟に適応させることが可能となる．デメ
リットとしては，政策を柔軟に適応させることで，一貫性や公平性が失われる危険
性が生じることや，個々の裁量に対するチェックが届きにくいことなどから，政策
の具体化の部分を担う実施段階の不備や不正が生じる可能性がある．そこで，政策
実施過程での，政策変容をマネジメントすることが重要であるという．

　政策変容をどのようにマネジメントしていくのかについては，Sabatier らが政策

実施過程におけるフィードバック・ループに着目し，政策実施過程の中で政策を修正していくことを捉えようとしていたことは１つの手がかりとなる．本研究では，政策変容を利用して政策を修正しようとすることに着目したい．

政策決定は往々にして曖昧なことが多い．政策変容に対して，トップダウン・アプローチからは変容を押さえようとすると考えることが多いが，ボトムアップ・アプローチでは変容によって実質的な政策が形づくられると考えられてきた．実際には政策決定者が常に変容を認めないわけではなく，変容を黙認したり，むしろ前提にしていたりする．多くの場合は，政策形成について曖昧な政策として決定しておき，実施過程で一定の変容を容認し，これらを踏まえて実施過程の中で政策修正をしているのである．

6 本研究における分析枠組み

以上のことから，政策実施の検討については，次の３点がいえる．第１に，政策実施過程だけを分析対象とするのではなく，政策実施の研究は政策実施の実態を規定する政策そのものに関心を持つことから，政策決定や政策形成過程との関連性も検討の視野に入れなければならないこと（真山 1998）．第２に，政策を実施することは，具体的に明示された政策を実施するだけではなく，抽象的に示された政策（または，曖昧に示された政策）を具体化していくことでもある．第３に，政策を具体化していく過程で，政策の内容や目的は変化しやすいものであり，変化することを予め認めて，政策を修正している．以上の３点を踏まえて，**図 1-4** のような分析枠組みが考えられる．

まず，政策実施段階で生じる変化を政策変容として捉える．そして，政策変容には，政策立案や決定の段階で，意図された政策変容と意図されない政策変容がある．意図された政策変容では，政策の実現可能性を高めるために，政策決定の段階ですでに政策が変容することを想定している．または，政策実施段階で変容することを期待した政策が立案・決定される場合や，政策変容が事前に想定されているが政策を立案・決定する段階で，そのことを意図的に無視する場合もある．もしくは，政策変容することを期待したが，期待と異なる変容が生じる場合もある．さらに，意図されない政策変容では，政策を立案，決定する段階では政策変容を想定していない場合である．政策変容が想定されない要因は様々に考えられるため，全てを指摘することはできないが，大きな要因としては結果の予測の失敗が挙げられる．この場合でも，十分に検討した結果として予測できなかったのか（最善は尽くされていた），何らかの理由で適切な検討を行うことができなかったのかなど，慎重な検討

図1-4 分析枠組み

政策形成の段階（政策形成過程）
① 問題発見に問題がある ↓ ② 政策を立案するプロセスに問題がある ↓ ③ 政策を決めるプロセスに問題がある

決定された政策を実施するための具体化の段階

政策の具体化で決められたことの実行の段階

意図された政策変容	意図されない政策変容
① 実現可能性を高めるために，決定段階で既に想定している． ② 実施段階で，変容することを期待している． ③ 政策変容が事前に想定されているが政策立案・決定の段階で意図的に無視している． ④ 政策変容を期待したが，期待と異なる変容が生じる．	① 政策を立案，決定する段階では政策変容を想定していない

（出所）筆者作成．

を要する．

次に，政策過程を土台に，どのように政策が変容していくのかを明らかにする．なぜ決定された政策が期待通り実施されないのかを考える際に，従来の政策実施研究では，政策決定後の政策実施過程で起きる事象に限定していることが多かった．しかし，あらためて政策過程を踏まえて政策変容が生じる要因とタイミングを考えてみると，政策変容が生じる要因は政策実施過程内に留まらない．決定された政策そのものに要因がある場合がある．そこで，政策を決定し実施していくまでの一連の過程を次の3つの段階に捉えて検討していくこととする．

第1に，政策形成の段階である．これは政策形成過程に問題がある場合，政策を実施する以前のところで問題を抱えていることになる．この点は，政策実施過程だけに着目していては発見することはできない．政策形成の段階での問題には，以下

の3種類の事柄が重要である.

　1つめは,問題発見における問題である.社会における問題を解決するために政策は立案される.この時,解決策である政策の内容に関心が集まるが,解決しようとする問題を的確に捉えていること,または問題の本質を捉えていることが重要になる.決定された政策がねらい通りに実施されない要因は,決定された政策が解決しようとする問題や課題を的確に捉えていないことにある.そこで,なぜ,問題を的確に捉えることができなかったのかを問う必要がある.この要因としては,例えば,何かの事情で時間的制約に見舞われ,問題を検討するための十分な時間を得ることができないことや,問題を発見したり検討したりするために必要な能力が,当事者に不足していることもある.または,政治家の強い意向が働いた課題設定の場合,それは問題解決のために必要な課題設定であるとは限らないのである.

　2つめは,政策を立案するプロセスにおける問題である.的確に問題が発見されたとしても,その問題や課題を解決,改善するための政策を立案する際に,どのような方法やプロセスを経て政策が立案されたのかが問題となる.この段階においても,政策実施過程に影響を与える要因は非常に多く,しかも,非常に多様である.例えば,前提条件が異なるにも関わらず類似事例を安易に採用した場合や,様々な検討を行ったものの政策を立案する能力が当事者に不足していることから政策が問題解決につながらない場合などが挙げられる.また,特定の学問分野に基づいて政策が立案されることで,問題の捉え方が一面的となり,創造的な問題解決が阻害されてしまう場合がある.今日では特に,社会の問題は複雑化しており,事象に対して総合的にアプローチしていかなければ,問題解決につなげることはできない.

　実務の世界では,この政策立案プロセスにおいて,政策を実施することを考慮して政策立案されることが一般的である.立案した政策が,実施段階や実施主体で受容されなければ政策は実現されないことを政策立案主体は理解しているからである.さらに昨今では,政策に対する支持をステークホルダーからより調達するために,この立案のプロセスからステークホルダーが参加・参画することも重要となっている.または,問題解決に必要な知見を広く社会から調達するために,多様なアクターが関わることは注目されている.

　3つめは,政策を公式に決定するプロセスにおける問題である.誰が,どのような方法で政策を決定するのかも重要である.政策立案プロセスではなく,この段階でステークホルダーから支持を調達することは,立案した政策に正当性を与えることができるのである.もっとも,手続き上は,公式な手続きをもって政策が決定されたとしても,それ以前の段階で実質的に決定されていれば,単に形式を満たした形式的決定にすぎない.また,ステークホルダーなどからの支持を調達できていな

い場合は（さらには，実質的な合意形成を先送りするような場合は），実質的には政策を決定したといえないことになる．

第2に，決定された政策を実施するための具体化のプロセスの段階である．上述したBermanは政府間関係を念頭に，抽象的で曖昧な政策を具体的なプログラムへ翻訳し，具体的なモノやサービスを提供していくさまを指摘したが，政府間関係の有無に限らず，抽象的な政策を政策実施過程で具体化することは一般的な技術・手法である．この時，この具体化のプロセスでは様々な要因で政策変容が生じやすい．なぜならば，政策決定主体と具体化の主体は異なることが多く，その際，具体化を担う主体の裁量によって具体化の内容を決めていくことを，政策決定主体が一定程度まで容認する（あるいは，容認せざるをえない）ためである．そして，決定された政策はこの具体化プロセスにおいて，政策変容をどの程度認めているのかが重要となる．

第3に，政策の具体化で決められたことを実行する段階である．上述した具体化のプロセスで定められた基準や手続きについて，基準や手続きが要求している通りに実行されているのかが問題となる．ここでは，主として第一線職員がどのようにしてモノやサービスを提供していくのかが重要となる．ただし，第一線職員の行動を捉え読み解いていくことは容易ではなく，慎重な検討が必要である．なぜならば，第一線職員の個人的な事情によるものから，第一線職員が所属する組織の文化的，または構造的な事情，さらには，第一線職員や所属組織がさらされている組織の外側に広がる社会的な状況によるものまで，第一線職員の行動を規定する要因は多岐に渡るためである．

以上の3つの段階に分けて政策過程を念頭に政策実施を理解する必要がある．そして，この3つの段階を通じて政策変容は生じる．政策が実施されるまでに，様々な出来事にさらされてしまう．このとき，決定された政策が期待された通りに実施されるためには，相当に強力な強制力を以て，細部にまで規定していくことが想起されるかもしれない．だが，そこまで厳密に規定し運用していくことは，様々な状況の変化に対応することができないため，実施する上での柔軟性がなくなり非現実的である．そこで，政策変容が生じることを前提に，政策変容をいかにマネジメントするのかが重要となる．そして，この3つの段階で生じる政策変容を各段階で1つずつ確認し，変容の有無や変容の内容を検討することで，政策修正の有無やどのように修正がなされているのかを知ることができる．

最後に，政策実施と政策評価の関係について触れておきたい．上述の通り，政策過程を念頭に政策実施を理解する必要性を指摘したので，政策過程の最後を担う政策評価と政策実施の関係も重要な検討すべき課題となる（Hupe, Hill and Nangia

2014）．本研究は，概念的で抽象度の高い政策を具体的な政策へ翻訳していく部分に着目しており，政策を実施した結果や成果を政策評価はどのように受け止めていくのかという段階までは研究対象としていない．そのため，政策実施と政策評価の関係までを分析対象としないこととする．

注
1）真山（2016）は，政策実施研究に関心を持つ研究者らによってまとめられている．
2）NPMとの違いは，第1に，より依存関係へ注目していること，第2に，市場では測りきれない価値（正義，公正さ）があること，第3に，階統制的統治モデルへの可能性があることという．

第2章

学校評価制度

　教育を政策として捉えて考える時，いくつかの厄介な問題にしばしば直面する．第1に，全てに近い国民が学校教育を受けており，全ての国民は教育に関係していることから，誰もがあるべき教育の姿について，自分なりの意見を持っている．そして，たいていの場合，彼ら・彼女らの教育論は個人的体験に基づいている．民主主義の観点で考えると，社会のイシューに国民が関心を寄せることは良いことである．しかし，専業のプロフェッショナルとして政策形成に関わる人々の場合は事情が異なり，市井のレベルと同じ意識であると困った事態となる．社会の問題を的確に，効果的に，効率よく，また合理的に解決したり改善したりすることができなくなるからである．残念ながら，日本の政治レベルでは国民の個人的経験に基づく教育論と変わらない状況が続いているといわざるをえない．行政レベルでは，学校という実際の現場を持っていることから，教育現場への一定の配慮と理解が働いているものの，または，教育を専門とする研究者たちから助言を得ながら，各種施策や事業を展開しているものの，それらは政策として機能し社会の問題や課題の解決に寄与しているのかについては定かではない．昨今，ようやくエビデンスに基づいた政策形成に関心が向き始めたばかりである．

　第2に，自由民主党（以下，自民党）の主義主張も時として厄介な問題となる．一時は民主党政権になったものの，戦後日本の政権与党は主として自民党である．自民党が教育政策に関わる際に，政治的イデオロギーと教育政策はしばしば一体的に捉えられる．なぜならば，今日の教育制度は戦後に構築されたものであり，日本国憲法を前提としているためである．現行の憲法を是としない自民党にとっては，現行憲法下で設計された戦後の教育制度もまた是としないのである．また，自民党は大企業の声にしばしば耳を傾ける．教育政策においては，教育の論理よりも企業の論理が優先される場合も散見される．さらに，教育政策を考える場合，国レベル，都道府県レベル，市町村レベル，各学校レベルというように，各段階があることを前提に検討をする必要がある．なぜならば，焦点を当てる対象によって，前提条件がかなり変わってくるため，同じ前提条件であることを念頭に検討や議論を行えば全く意味のないものとなってしまうからである．

以上のような複雑な状況があるため，単に教育の取組みだけに着目するだけでは，教育をめぐる政策を理解することは困難となる．しかし，教育や教育政策をテーマにした研究の多くは特定の教育課題を取り上げ，理想とする教育の姿に関する教育論が論議されているにすぎない．これでは，教育の問題や課題の解決・改善につながるかもしれないが，社会的問題や課題の解決・改善にはつなげきれない．したがって，政策として教育の取組みを捉えて検討してくことが必要となる．

さて，本研究の目的は，戦後日本の教育政策の実施過程における変容の実態を捉え，文科省の政策の特徴を明らかにすることにある．そこで，本研究では学校評価制度に着目したい．学校評価制度は，1998 年の中央教育審議会（以下，中教審）の答申を契機として，制度化されたものである．教育活動などの成果を検証し，学校運営の改善と発展を目指すための取組みとされているが，制度としては法制化されていることから，学校評価制度の影響力は小さくない．また，学校評価制度が対象とする学校とは義務教育である小学校と中学校を含むものである．したがって，日本の教育政策の最も重要な部分である学校教育の根幹である小学校と中学校に，直接影響を与えるものとなる．文科省の政策においても，学校教育は最も重要な分野の１つであり，また，歴史的背景の積み重ねもある分野である．よって，教育政策として学校評価制度は重要なものであり，文科省の政策の特徴が最も現れる分野の１つといえる．

また，学校評価制度は，戦後日本の教育政策の歴史としては新しいものであり，55 年体制以降に制度化されている．55 年体制下では，様々な政治的な要因に教育政策はさらされるだけでなく，激しい政治的イデオロギーの対立に巻き込まれていたこともあり，教育政策としてある意味での特殊な政策環境であったともいえる．しかし，55 年体制以降では，そのような特殊な政策環境は落ち着き，通常想定されている政治と行政との関係になっている．したがって，事例研究として学校評価制度を取り上げ，戦後日本の教育政策を顧みながら検討することで，文科省の政策の特徴の解明を期待できるのである．

次に，教育政策において学校評価制度とはどのようなものなのかについて，以下では概観していく．様々な教育政策の中で注目を集めやすいものはいくつかある．例えば，学校を運営するにあたっての環境や条件に関するもので，授業時間や科目数に関すること，教員定数や施設・設備に関することなどが挙げられる．または，教育の領域や内容や指導方法に関するもので，例えば，英語教育やプログラミング教育の導入に関すること，アクティブラーニングや探求的な学びに関することなどが挙げられる．前者の場合では，基準や条件が定められれば，自治体や学校は定められた基準や条件に従う以外に余地はない．後者の場合では，教員が実際に教育を

行うことに対して直接的に働きかけるものである．教員が教育を行う際，教員の裁量の余地が必ず生まれるのだが，裁量の範囲はあくまで定められた事項の範囲内に限定される．例えば，小学校で英語教育が導入されれば，教員に与えられる裁量は英語教育の具体的な内容や方法といった効果的な英語教育の在り方の部分であり，英語教育を実施するという条件を破ることは許されない[1]．さらに，教員が教育を行うことは，教員の仕事そのものであるから，定められた事項にたとえ納得を得ていなくても，定められたことには従うしかない．また，教員が教育を行うことは，すなわち，教員が直接子どもに働きかけることであり，教員であれば程度の差はあれ一般的に，より良い教育を行うことで子どものより良い成長を教員は願っている．したがって，定められた事項にたとえ納得を得ていなくても，子どもに対して不作為が起こることは一般的にはない（もちろん例外は否定しないし，教員の様々な不祥事や不適格教員の問題は看過できないものである）．

　しかし，学校評価は，教育の取組みとしては間接的な性格をもつ．学校評価を行うことは義務化されているものの，取組む内容や方法はかなりの程度各学校に委ねられている．また，学校評価は学校や教育活動を改善していくものであるため，改善することを教員に直接働きかけるものの，児童や生徒に対する特定の関わり方を要求するものではない．改善するという非常に曖昧で多義的なことを学校現場に求めているのであり，従来までの教育の取組みとはやや異なる性格を有する．また，学校評価の制度自体も曖昧な部分が大きいため，判然としない事柄が少なくない．

　学校評価が重要であることは実務家や研究者の間で認識されているので，学校評価に関する研究報告は実践報告を含めて多数ある（木岡 2000; 2001; 2004；梶田・武 2001；西村・天笠・堀井 2004；善野 2004；金子 2005；一ノ瀬 2014；窪田・木岡 2014；松本 2014；石村 2015；静屋・長友 2015；森 2015；前原 2016）．しかし，関心が寄せられているにも関わらず，何を目的として行われているのか，政策的意義は何なのかについて，やはり判然としないのである．学校評価は，何かしらの課題や問題を解決・改善するために制度設計されたはずであるのだが，学校評価の意図が曖昧であれば期待された効果も成果も得ることができない．効果も成果も得ることができなければ，学校評価を実施する意味はない．そうなれば，教員にとって学校評価は追加的業務となるため単に学校現場にいる教員を疲弊させるだけとなる．学校評価は学校教育法によって実施することが義務化されているため，日本の全ての小学校，中学校，高等学校は必ず学校評価を行わなければならない．ゆえに，学校評価の学校現場への影響力，さらには社会的影響力は小さくない．学校評価はそれなりの影響力をもつ制度であるからこそ，制度として有効に機能する必要がある．

　これらのことから，学校現場がより良く学校評価に取組むための専門的知見を探

求することに留まらず，改めて学校評価制度を問い直し，政策としての在りようを検討することが重要となる．

　日本で現在行われている学校評価は 2002 年に小学校設置基準が制定され，学校の自己評価の実施が努力義務として初めて規定されたことに由来する．その後の制度改正の結果，自己評価の実施とその結果の公表は法律上の義務となったのだが，学校評価の歴史は奥が深い．その源流をたどれば，20 世紀初頭にアメリカで活発化した科学的教育測定運動と，それに影響を受けて始まった「学校調査」に行き着く．そして，アメリカで発達したアクレディテーションと関わり，外部機関による学校評価が発達した．このアメリカの「学校評価」がもととなり，戦後改革期の日本で学校評価は導入された（木岡 2000）．しかし，日本では繰り返し「学校評価」の必要性が示され，奨励され，実践的な試みがなされてきたが，学校評価は多様に理解され，定着してこなかった（木岡 2001）．学校評価を根源的かつ厳密に理解するためには，起源となるアメリカにおける学校調査まで歴史をさかのぼる必要がでてくる．さらに，アメリカで発達したアクレディテーションとも関わっていることから，アメリカにおけるアクレディテーションの歴史までさかのぼる必要がでてくるのだが，アメリカのアクレディテーションは 100 年ほどの歴史をもっている（浜田 2014）[2]．さらに，学校評価が日本に導入された時期は戦後改革期であることから，日本の学校評価を理解することに限定したとしても，当時の導入過程までさかのぼる必要がでてくる．これらを明らかにするだけでも相当程度に極めて膨大な研究となってしまう．他方で，日本における今日の学校評価について，直接的な検討の始まりは，1998 年 9 月の中央教育審議会（以下，中教審）答申「今後の地方教育行政の在り方について」である．そこで，まずは今日の学校評価の現状から確認することとする．

1　学校評価制度の概要

(1)　根拠規定

　現在，学校評価は，学校教育法と学校教育法施行規則に規定がある．2007 年 6 月に学校教育法が改正され，第 42 条では学校評価に関する根拠となる規定が，第 43 条では学校の積極的な情報提供についての規定が設けられた．条文は次の通りである．

　　〈学校教育法[3]〉
　　　第 42 条　小学校は，文部科学大臣の定めるところにより当該小学校の教育

活動その他の学校運営の状況について評価を行い，その結果に基づき学校運営の改善を図るため必要な措置を講ずることにより，その教育水準の向上に努めなければならない．

　　第43条　小学校は，当該小学校に関する保護者及び地域住民その他の関係者の理解を深めるとともに，これらの者との連携及び協力の推進に資するため，当該小学校の教育活動その他の学校運営の状況に関する情報を積極的に提供するものとする．

　また，上記の学校教育法第42条の規定を受けて，学校教育法施行規則が2007年10月に改正され，自己評価の実施・公表（第66条），保護者など学校関係者による評価の実施・公表（第67条），それらの評価結果の設置者への報告（第68条）について，規定された．条文は次の通りである．

〈学校教育法施行規則〉[4]
　　第66条　小学校は，当該小学校の教育活動その他の学校運営の状況について，自ら評価を行い，その結果を公表するものとする．
　　第66条2項　前項の評価を行うに当たっては，小学校は，その実情に応じ，適切な項目を設定して行うものとする．
　　第67条　小学校は，前条第1項の規定による評価の結果を踏まえた当該小学校の児童の保護者その他の当該小学校の関係者（当該小学校の職員を除く．）による評価を行い，その結果を公表するよう努めるものとする．
　　第68条　小学校は，第66条第1項の規定による評価の結果及び前条の規定により評価を行った場合はその結果を，当該小学校の設置者に報告するものとする．

　以上のことから，小学校，中学校，高等学校は法令上，次の3点が必要となる（URL1）．

（1）教職員による自己評価を行い，その結果を公表すること．
（2）保護者などの学校の関係者による評価（「学校関係者評価」）を行うとともにその結果を公表するよう努めること．
（3）自己評価の結果・学校関係者評価の結果を設置者に報告すること．

　法律の規定と合わせて，文科省はガイドラインを作成した（URL1）．このガイドラインは，法令で示したことをより具体的に示したものである．学校評価は，子どもたちがより良い教育を享受できるよう，その教育活動等の成果を検証し，学校運

営の改善と発展を目指すための取組みだと文部科学省はホームページ上で示している．このガイドラインの取り扱いについては，各学校や設置者が学校評価の取組みの参考に資するように，その目安となる事項を示すものであり，ガイドラインの内容に従うことを求める性質のものではないとされた．むしろ，各々の創意工夫により進めてきた学校評価の取組みの中に，ガイドラインに示された内容を適宜取り込むことで，各々の学校評価が一層改善されることを各学校や設置者に対して期待した．また，ガイドラインは継続的に見直されるものであり，関係者からの積極的な提言を期待した．以上のような性格のガイドラインの中で，まず，学校評価の必要性について次のように示した（URL1）．

　学校の裁量が拡大し，自主性・自律性が高まる上で，その教育活動等の成果を検証し，必要な支援・改善を行うことにより，児童生徒がより良い教育活動等を享受できるよう学校運営の改善と発展を目指し，教育の水準の向上と保証を図ることが重要である．また，学校運営の質に対する保護者等の関心が高まる中で，学校が適切に説明責任を果たすとともに，学校の状況に関する共通理解を持つことにより相互の連携協力の促進が図られることが期待される．

　そして，これらの必要性に応えるために，学校評価の目的を具体的に3点示している（URL1）．

（1）各学校が，自らの教育活動その他の学校運営について，目指すべき目標を設定し，その達成状況や達成に向けた取組みの適切さ等について評価することにより，学校として組織的・継続的な改善を図ること．

（2）各学校が，自己評価及び保護者など学校関係者等による評価の実施とその結果の公表・説明により，適切に説明責任を果たすとともに，保護者，地域住民等から理解と参画を得て，学校・家庭・地域の連携協力による学校づくりを進めること．

（3）各学校の設置者等が，学校評価の結果に応じて，学校に対する支援や条件整備等の改善措置を講じることにより，一定水準の教育の質を保証し，その向上を図ること．

　さらに，ガイドラインの中では上記の法令を踏まえて，学校評価における3つの実施手法を示した（URL1）．

（1）自己評価：各学校の教職員が行う評価である．学校評価の最も基本となるものであり，校長のリーダーシップの下で，当該学校の全教職員が参

加し，設定した目標や具体的計画等に照らして，その達成状況や達成に向けた取組みの適切さ等について評価を行うものである．

（2）学校関係者評価：学校関係者評価は，保護者，学校評議員，地域住民，青少年健全育成関係団体の関係者，接続する学校（小学校に接続する中学校など）の教職員その他の学校関係者などにより構成された委員会等が，その学校の教育活動の観察や意見交換等を通じて，自己評価の結果について評価することを基本として行うものである．また，教職員による自己評価と保護者等による学校関係者評価は，学校運営の改善を図る上で不可欠のものとして，有機的・一体的に位置付けるべきものである．

（3）第三者評価：学校とその設置者が実施者となり，学校運営に関する外部の専門家を中心とした評価者により，自己評価や学校関係者評価の実施状況も踏まえつつ，教育活動その他の学校運営の状況について，専門的視点から評価を行うものである．また，実施者の責任の下で，第三者評価が必要であると判断した場合に行うものであり，法令上，実施義務や実施の努力義務を課すものではない．

（2）学校評価の実施状況

文部科学省が行った「学校評価等実施状況調査（平成26年度間）結果概要」では，学校評価の効果について報告されている（URL2）．学校評価の効果に関する学校の認識を把握するために，① 児童生徒の学力向上，② 児童生徒の生活態度の改善，③ 学校運営の組織的・継続的改善，④ 保護者や地域住民等との連携協力，⑤ 設置者による支援や条件整備等，⑥ 教職員の意識改革，という6つの項目にわけて調査された．その結果，「学校運営の組織的・継続的改善」において，効果があったと回答した学校は，自己評価では94.4%，学校関係者評価では91.6%であった．一方で，このうち「大いに効果があった」との回答は自己評価では20.2%，学校関係者評価では13.7%という結果で，学校評価の実効性を高めることが重要であると指摘されている．

また，「学校評価等実施状況調査（平成23年度間調査結果）」を踏まえて（URL3），「学校運営の改善の在り方等に関する調査研究協力者会議」（以下，「協力者会議」）に，学校評価の在り方について集中的な検討を行うため，「学校評価の在り方に関するワーキンググループ」（以下，「学校評価WG」）が設けられた[5]．この学校評価WGでは，（1）学校評価の実施に伴う負担感の軽減，（2）学校評価の結果に基づく学校運営改善への教育委員会の支援，（3）その他学校評価の実質化のために必要とな

る事項，以上の３点が検討事項とされ，報告書「地域とともにある学校づくりと実効性の高い学校評価の推進について」が作成された．当報告書では，学校評価の実効性を高めるにあたり，学校の課題について様々な指摘がなされた．例えば以下の点がある（URL4）.

　　・学校評価における目標が抽象的である.
　　・教職員同士の認識に違いがあり，組織的に動いていない.
　　・評価結果を検討する時間的余裕が確保できない.
　　・評価結果の活用と効果について，設置者も学校の管理職も理解が不十分.

（3）　小括

　学校教育法第42条は学校評価の根拠規定となっており，学校における教育活動や学校運営の状況を評価することと，評価結果に基づいて学校運営改善のために必要な措置を行うことを規定し，教育水準の向上を期待した．また，学校教育法第43条は，学校の積極的な情報提供に関して規定した．そして，学校教育法施行規則第66条では，自己評価の実施・公表，第67条では，保護者など学校関係者による評価の実施・公表，第68条では，それらの評価結果の設置者へ報告することを規定した．さらに，学校教育法では「教育水準の向上」と曖昧に示された方向性と，明確な定義がなかった学校評価の実施手法について，学校評価ガイドラインでは学校評価の目的と実施手法を具体的に示した．ここでの特徴は，学校教育法は，学校評価の大枠を示すことに留め，施行規則やガイドラインなどで内容を具体化したことである．学校教育法における学校評価の規定は，法解釈によって運用していくというよりも，法的根拠としての役割が大きい．そのため，実務の現場がスムーズに法律に対応できるように，制度の趣旨や具体的な事項が示されたガイドラインが重要となる．したがって，学校評価の実質的な内容はガイドラインによって示されているといえる.

　ガイドラインでは，学校評価が必要である背景として，学校の裁量が拡大し学校の自主性・自律性が高まっていることと，学校運営の質に対する保護者等の関心が高まっていることを示した．そして，これらの背景への対応として，成果検証と改善による教育水準の向上と保証，学校が説明責任を果たすこと，学校と保護者の連携協力促進を挙げた．そこで，具体的な目的として，（1）自己評価を行うことで学校は組織的・継続的に改善すること，（2）自己評価と学校関係者評価の結果を公表することで説明責任を果たし，学校・家庭・地域の連携協力による学校づくりを進めること，（3）各学校の設置者等が学校に対する支援や改善措置を講じるこ

とで，教育の質を保証することである．3つめの目的に関しては，（評価結果を設置者へ報告することは学校教育法で規定されているが）学校教育法にも学校教育法施行規則にも記されていない事項であり，ガイドラインの中で初めて示されたものである．

さらに，具体的な実施手法として，自己評価，学校関係者評価，第三者評価の3つがガイドラインで示された．自己評価では，全教職員が参加することを求め，目標達成のための取組みの適切さ（目標を達成したかどうかではなく）を評価することを求めている．学校関係者評価では，学校関係者が自己評価を評価するもので，学校運営を改善するためには不可欠なものとされた．第三者評価では，自己評価と学校関係者評価の結果を踏まえながら専門家が専門的見地から学校の取組みを評価する．これらは，先の3つの目的を達成するための手段であるが，3つの目的と3つの手段が対応関係にあるわけではない．

学校評価の実施状況では，全国の小学校・中学校・高等学校で学校評価が行われているが，その実施については課題が残されている．特に，学校評価の実効性を高めることが中心的な課題となっており，学校評価を実施することが目的化している状況も垣間見える．

以上の通り，学校評価の目的と手法は示され，課題もおおよそのところは明らかにされている．ただし，法規やガイドラインで示されている内容はその通りなのだが，示された学校評価の目的と手法について，それらの意味するところや根底にある論理の構造はいかなるものがあるのだろうか．そこで，以下では評価と管理の観点から検討してみたい．

2 評価と管理

(1) 「評価」の検討

学校評価とは，上述の通り，各学校自らの教育活動やその他の学校運営について評価をすることと示されているが，そもそも評価とは何であろうか．まず，評価の目的を確認していく．三好によると評価の目的は2つあるという（三好 2008）．第1に，行政活動の内容と結果をより良く知ることにより行政活動を改善することであり，学習である．学習とは，評価で得られた教訓を行政活動などの運営全般や将来の活動に反映させるものである．第2に，利害関係者に評価結果を報告・公表することであり，アカウンタビリティである．アカウンタビリティとは，政策，施策，事業の計画者や実施者の役割を明確にするために，資源が意図した通りに効果的に使用されたかの結果について，利害関係者に説明報告する義務のことである．

また山谷によると評価の目的は3つあるという（山谷 2012; 2013）．第1に，政府

のアカウンタビリティを追求することである．政府とは広い範囲での政府を指しており，行政機関や立法機関，中央政府や地方政府（都道府県や市町村）を対象としている．政府活動の結果の有効性や，目的の達成度を知るために評価される．第2に，専門分野への知的貢献である．各専門分野で課題等を検討するために行われる，データ収集・データ分析の作業を評価と呼んでいる．第3に，マネジメントへの貢献である．政策や事業を実施している組織（行政・NGO・NPO・民間企業・国際機関・独立行政法人など）の活動の効率性や生産性の改善を目指している．Rossi も評価の目的として，プログラムの改良，アカウンタビリティ，知識生成の3つを挙げている（Rossi 2003＝2005）．他方で，正当性を欠く理由によって評価が開始される可能性を考えておくことは，現実社会における評価の実態を捉える上では重要である（Weiss 1997＝2014）

アカウンタビリティについては7つのタイプがあり（山谷 2006），タイプに応じて，アカウンタビリティを確保する方法は色々あり，**表2-1** の通り整理されている．そのため，まず，アカウンタビリティの種類を特定する必要がある．そして，① 誰が，② 何について，③ どのような基準で，④ どのような方法を使ってアカウンタビリティを実現するのか，について確定させる必要がある．

専門分野への知的貢献については，主な関心は政策やプログラムを実施した結果として発生する効果に向いている．そのため，政策やプログラムの実施主体になっている行政組織の活動方法や，行政制度の見直し，行政改革に直接関心はなく，さ

表2-1　アカウンタビリティの7タイプ

Political accountability （政治のアカウンタビリティ）	政治責任．Political review
Constitutional accountability （統治機構のアカウンタビリティ）	統治制度の適切さ institutional analysis, administrative analysis
Legal accountability （法令のアカウンタビリティ）	合法性，合規性，準拠性，デュー・プロセス．裁判，会計検査，行政監察
Administrative accountability （行政運営のアカウンタビリティ）	手続の妥当性，適切性，行政監察，inspection
Professional accountability （専門職のアカウンタビリティ）	専門職，研究職の能力．Program evaluation
Management accountability （マネジメントのアカウンタビリティ）	業績指標の達成． Performance measurement, management review
Policy accountability （政策のアカウンタビリティ）	政策の結果，成果に対する責任． Policy evaluation, policy review

（出所）山谷（2006：233）を引用．

まざまな政策分野を横断して研究を行う「政策研究」に役立てるという目的もない．さらに，実施体制やマネジメントに関心もない．

これらの3つの評価の目的のどれを選択するのかによって，評価活動の進め方に大きな影響を与えることとなる．アカウンタビリティを追求する場合，その関心は有効性にあり，評価の視点は外部の第三者的で，評価手法の客観性が重要になる．政策内容に関わる専門分野への知的貢献では，関心は評価の視点や評価手法の専門性になる．マネジメントへの貢献では，現場の管理者が政策の進捗状況や政策効果の発現状況，または政策効果の発現を邪魔する外部要因を知ることが主たる目的であるため，評価の視点の第三者性や評価手法の客観性は求めない．そして，これらは制度設計上，3つの評価目的にしたがってそれぞれ評価組織を別に立ち上げることが望ましいとされている．

(2) 組織の任務と評価の関係

学校評価は学校における各種取組みを評価する活動であり，学校は教育を目的とした組織である（河野 2000）．ゆえに，学校評価は，組織の活動を評価することとなる．そこで，評価と組織の関係について検討したい．組織活動とは，「組織の目的と目的実施のための行為が外部者によって受け入れられることを目指す活動」であり，「環境変化に適応するための革新活動」と「ルーティンの活動」があると村松（2001：197）は整理している．他方で組織の任務に着目すると，評価との関係について図2-1の通り整理することができる（山谷 1997）．組織の第1の任務は，組織目標の達成であり，責務（＝responsibility）がある．公共部門の組織では，組織目標が政策目標や施策目標であることが多いのであるが，目標達成度を明らかにし任務を果たしていることを証明，説明する責任（＝accountability）を組織は負うこととなる．この場合，各状況を説明するというよりもむしろ，目標達成度を評価した資料によって説明しなければならない．この任務に対して行われる評価は，政策評価となる．[6]

組織の第2の任務は，目標達成を支援することである．この任務は，組織目標を

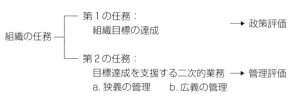

図2-1　組織の2つの任務とそれに対応する評価
(出所) 山谷 (1997：28) を引用．

達成するための直接的活動ではなく，その直接的活動を効果的に行うための二次的業務であり，目標達成を側面から支援する間接的活動である．したがって，組織を管理する活動といえる．この任務に対して行われる評価は，管理評価という．

(3)　管理とはなにか

学校評価は，学校という組織の活動を評価することとなるが，組織の存在が前提となれば，組織の在り方が組織の成果に大きな影響力をもつため，組織の管理が問題となる．そこで，管理とは何かについて検討したい．岡部（1967）によると，管理という言葉の多義性により定義することは困難な作業である一方で，社会生活の様々な分野で普遍的に存在し，具体化されていることから意味は捉えやすいという．そして，管理とは，組織および分業と同時に発生し，これを発展させる力である，と捉えられた．組織と分業は，人間社会に関する限り，自然に発生するものではない．一定の目的を定め，この目的を実現するために，人と人との協力・分担の関係を作り出すところに，この分業と組織を生み出し，これを維持，発展させる意識的な働きが管理である．ゆえに，組織と分業と管理は，三位一体の関係にあり，今日のような大組織と精緻な分業の時代では，管理の重要性は増している．また，田中（1976：221）は，管理とは「多数人の組織的集団にあって人びととの結合と協働により所定の業務を効果的に遂行する機能」であり，管理の真義は現状の改善と向上を図ることだという．

西尾も管理の概念規定を行う重要性を説き，基幹的管理制度の下における狭義の管理と，広義の管理の2つに整理している（西尾 1976a：1-2）．まず，管理とは協働体系としての「『組織』が，その第1次的業務というべき目的活動を効率的能率的に達成できるようにするために，組織態勢そのものの維持発展をはかる組織の第2次的業務」であるといい，「基幹的な管理制度の確立と運用」だという．基幹的な管理制度とは，この第1次的業務と第2次的業務を前提に，組織態勢の維持発展を図るための組織における諸資源の調達・配分・活用方法等に関する制度である．この時，基幹的な管理制度の運用を専門的に担当する中央管理機関が組織上分化し，公式な制度として確立すると，不可避的な帰結として，制度の運用方法まで制度化され，管理活動のルーティン化が進み始める．これは基幹的管理制度の特徴である．

そして，基幹的な管理制度の運用の大枠の中に，「狭義の管理」があるという．狭義の管理とは，「中間および末端の管理者層が基幹的な管理制度の運用の枠内で日常的に行う管理機能」であり，日常的かつ非公式に，組織態勢の効率化と能率化を目指している．狭義の管理の具体的な事例としては，中央管理機関と各省庁の双方に能率専門官を配置し，各省に事務改善計画の立案と報告，およびその成果の報

告とを義務づける O&M（Organization & Method）制度がある．

　基幹的な管理と狭義の管理には共通した特徴がある．ひとたび管理制度が確立され，その運用がルーティン化していくと，管理活動の硬直化，または自己目的化という現象が生じるのである．この時，「管理」は，一種の概念矛盾を抱えることとなる．管理とは，組織の目的活動の変動に即応して，たえず組織態勢を見直し再編成していく機能であるにも関わらず，管理活動の硬直化や自己目的化が生じてしまうためである．そこで，管理制度とその運用についても，独自の評価作業とこれにもとづく改善が必要になる．このような活動が管理評価と管理改善である．言い換えると，管理評価と管理改善とは，管理の態勢と方式そのものの作動状況を評価し改善することである[7]．加藤は管理評価とは「単位組織に達成目標と責任が明確に配分され，達成可能として同意した業務成果の基準の設定，業績基準に照らして業績を評価し，改善を検討する」ことだと定義している（加藤1985：67）．

　また，管理は，組織の目的活動に寄与するための活動であることに着目すると（狭義の管理では，組織の第2次的業務に着目してきたが），管理の新しい任務として「広義の管理」を確認することができる．広義の管理とは，組織目的に関する企画・情報・評価の活動が管理の前提としてありながら，「組織目的に関する企画・情報・評価の活動を促進するような組織形態を整えるという，高次元の管理機能」である．時代とともに，管理の概念が拡張していることを受け，管理の新しい任務として位置付けられている[8]．

（4）　小括

　以上の評価と管理の検討から，学校評価を改めて捉えなおしてみる．まず，評価の目的には，アカウンタビリティの追求，専門分野への貢献，マネジメントへの貢献の3つがあった．この時，法規やガイドラインの内容から学校評価はこれらの3つの目的を含んでいることがわかる．まず，ガイドラインの中では，学校が説明責任を果たしていくことが示されているので，アカウンタビリティを追求することは目的といえる．ただし，上述の通り，アカウンタビリティを追求する場合，山谷の整理を用いるとアカウンタビリティには7つのタイプに分類できる．しかし，学校評価では，どのタイプのアカウンタビリティを追求しようとしているのかは定かではない．次に，目標を設定し，目標を達成するために組織的・継続的に改善することが示されているので，マネジメントへ貢献することは目的といえる．また，教育活動の見直しと改善を行うことで教育の質を向上させることを目指しているので，専門分野へ貢献することも目的といえる．他方で，学校は教育を目的とした組織であることから，学校評価は組織の活動を評価する，という観点で捉えると，組織目

標の達成を目指しているのか，目標達成を支援することを目指しているのか，判然としない.

　これらのことから，学校評価における意味やその根底にある論理を読み取ろうとした時に，学校評価は極めて曖昧であることがわかる．意味内容や論理が曖昧なだけでなく，性格の異なるものを1つに束ねている状況にあり，混同しているともいえる．このような状況を前提に考えると，そもそも学校評価は何を目指そうとしているのか，学校評価の真の目的とは何なのかは不明瞭であり，また，それらを明らかにすることは重要な問いとなってくる．そしてさらに，学校評価は何かしらの課題，もしくは政策的課題を解決するために行われているのであるから，学校評価を単に教育の取組みとして捉えるのではなく，政策研究の観点から捉えた場合に，政策に込められた意図は何であるのか，どのように政策を実施しようとしているのか，といったことを明らかにしていくことも重要となる.

3　アメリカとイギリスの学校評価制度

　ここでは，アメリカとイギリスの学校評価制度を簡単に確認しておきたい．結論を先に述べてしまうと，日本の学校評価とアメリカやイギリスの学校評価は似て非なるものだといえる．学校評価制度の形式は類似しているものの，ねらいや位置づけは異なる．したがって，類似する制度として単純に比較することができないのである.

（1）　アメリカの学校評価制度

　アメリカの学校評価を概観することについて，その全体像を捉えることは，非常に大きな研究テーマになってしまう．なぜならば，アメリカでは，教育に関する法的権限は州にあり，各州がそれぞれ多様な教育行政を展開しており，各州の諸相は大きく異なるからである．また，アメリカの学校評価の取組み状況を解明する研究の蓄積も十分ではない．以上の全体像を捉えにくいという状況について関心を寄せた浜田らの研究成果があるので（浜田 2014），この研究成果を手がかりに，アメリカの学校評価の概観を試みたい.

　アメリカの学校評価制度の特徴は，アクレディテーション（accreditation）の取組みにある．アクレディテーションとは，認証評価や学校認証評価などと訳されており，所要の基準を満たしていることを所定の機関が公式に承認・認定することを意味する（浜田 2014：10）．日本の教育界では，高等教育改革に関する重要な用語として関心が寄せられ，国の審議会でも参照されてきた歴史を持つ．アメリカのアクレ

ディテーションは，中等学校に対して，大学での学びに適切な準備を行っているという信頼に足るものであるかについて認定することが始まりとされている．アクレディテーションは長い歴史をもつ．ゆえに，アクレディテーション自体も変化の積み重ねで今日に至っているのだが，基本的な特徴は3点あるという（Kenneth 1983）．第1に，ボランタリズムである．政府によって行われるのではなく，ボランタリーで非政府な活動として行われてきた．第2に，自己規制である．自己規制とは，アメリカの本質をよく表しており，アメリカの歴史的ルーツだという．また，どのような外部による規制よりも自己規制の方が長期的な運営においては効果的だと考えられている．第3に，エバリュエーションである．アクレディテーションの機能は，活動や機能を正常化するための規制的な過程というよりも，エバリュエーションの過程なのである．つまり，学校や教育プログラムのアセスメントを行い，情報を収集，体系化，分析を行い，学校が様々な意思決定を行うために役立つ情報を提供していくことなのである．第4に，質である．アクレディテーションの特質として，教育の質は定義できないことから始まる．そして，アクレディテーションの歴史において，教育の質を前進させる過程の中で試行錯誤を含むものなのである．

　今日のアメリカでは初等中等学校までアクレディテーションは広く普及している．この初等中等学校への広がりにおいて，一定の存在感と役割を果たしてきたのが，アメリカを6つの地域に分け，草の根的な活動の発展過程をたどってきた地域別学校認証評価協会の活動である．（表2-2を参照）[9] 地域別学校認証評価協会は，各地の学校関係者のボランタリーな相互協力と互恵的連携を土台に，定期的に学校の教育水準の質を評価・認証してきた．また，地域別学校認証評価協会の発展の過程で，1969年に学校基準の共同研究を行う機関として全米学校評価研究所（National Study of School Evaluation: NSSE）が設立された．2006年からはさらなる発展として，組織改編によりNSSEは消滅し，AdvancED（アドバンス・エド）を新たな共同機関とし

表2-2　全米6地域協会の概要

地域別協会		管轄州等
ニューイングランド	（NEASC）	マサチューセッツ州，他5州など
ミドルステーツ	（MSACS）	ペンシルバニア州，他4州など
西部	（WASC）	カリフォルニア州，他1州など
北西部	（NWAC）	アイダホ州，他6州など
北中部	（NCA）	アリゾナ州，他18州など
南部	（SACS）	ジョージア州，他10州など

（出所）浜田（2014：7）を筆者改編．

て設立することとなった．この AdvancED は，継続的な改善を促進・支援するための活動をより強化していく指向性をもつこととなった．さらに，AdvancED は 2019 年に Cognia へと組織改編を行った．本研究では，今日的動向を把握するという目的から，Cognia について概観することとする．

アメリカ教育省

Cognia を概観する前に，中央政府であるアメリカ教育省の役割を簡単に確認しておく[10]．アメリカにおいて，教育は，第一義的に州や地区に責任がある．したがって，学校や大学の設立，カリキュラム開発，入学や卒業の要件設定を行う部門は，アメリカ教育省にない．また，州の教育基準を決定したり，州が教育基準を満たしているのかを測定するためのテスト開発や実施を行ったりする部門もない．これらは，アメリカ教育省ではなく，各州や地区，および様々な種類の公的・私的組織が担うものとされている．アメリカの教育財政の構造において，国と，州や地区との役割が反映されているのである．特に，初等中等教育レベルでは，アメリカ国内で費やされる資金の約 92%が連邦政府以外から資金を調達している．つまり，初等中等教育に対する連邦政府の貢献は約 8 ％なのである[11]．このような役割分担は，教育における連邦政府の役割の歴史的発展を反映しているという．

アメリカ教育省の使命は，教育の卓越性を促進し，平等なアクセスを確保することにより，学生の成熟とグローバル競争力への準備を促進することにある．アメリカ教育省は，1980 年の教育省組織法によって設立したが，教育省の使命は法律の中でも示されている[12]．

Cognia[13]

Cognia はミッション，ビジョン，バリューについて，次のように示している．ミッションは，学びを進めることにおいて，信頼できるパートナーとしての役割を果たすこと．ビジョンは，全ての学習者の成功への道を前進させ実現するために，教育の担い手に影響と刺激を与えること．バリューは，包括的であること，誠実に関わること，勇気を持って追求することである．

提供しているサービスは 4 点にまとめることができる．第 1 に，アクレディテーションとサティフィケイトである．継続的な改善のために，学校の強みを活用することを支援することである．第 2 に，アセスメントである．学校のニーズに基づいて，あらゆる側面に対応したバランスの取れた評価システムのために，アセスメントのリソースとソリューションを設計する．また，意味ある結果を得て，教育に情報を提供したり，生徒の状況を把握したり，学校の将来のために決定を行う．第 3 に，専門的な学習である．ワークショップや会議に参加したり，オンラインコース

を体験したり，直ぐに役立つベストプラクティスや刺激的なアイディアを学ぶことができる．第4に，改善のためのソリューションである．アセスメントデータをより有効に活用する必要がある場合や，効果的な改善計画を作成する必要がある場合や，すべての学習者を魅了する教育を活性化する必要がある場合などでも，学校の教職員の能力を高めるプログラムを，学校事情に合わせながら学校と協力して作成する．

　これらのサービスは，Cognia のスタッフとボランティアが提供し，学校と生徒のパフォーマンスを向上させる成功した実践と戦略的アイディアを学校は得ることができる．同時に，次のような特徴をもつ．まず，学校のニーズが Cognia の方向性を設定する．すべての学校と組織は固有の特徴を有するため，個々の学校の特徴を前提に，様々なリソースとサービスを提供して，学校の優先順位を特定して対処し，成功体験を次の取組みにつなげていく．したがって，学校の優先順位は Cognia の優先順位であり，学習者に焦点を当て，学習者の声に応えていく．Coginia は非営利団体であることから，収益を目指していくものではないのである．また，Cognia は教員と同じ教育者であり，教育システムや学校現場を理解している．ゆえに，Cognia は学校を取り巻く環境を理解し，学校のニーズに対応できるスタッフが在籍している．さらに，世界中の教育者と Cognia は協力し，効果的な教育実践を特定していく．実証済みの実践と革新的アイディアによって，学習をより高いレベルへと引き上げること目指している．よって，専門知識を世界中から蓄積しているのである．

　また，パフォーマンスの基準について，5年に1度の改訂を行っており 2022 年に改訂している．2022 年の改定での新しいコンセプトは，次の3点である．第1に，学習者が中心である．学習者の学びの過程と実践，さらに学習者の声に注目し，学校の取組みに反映していかなければならない．第2に，公平性の確保である．学校の全ての面において，全ての学習者にとって公平であることを強調するものである．公平性は，学校の文化や，ダイバーシティが反映されたカリキュラムやなどにおいて現れる．第3に，学習者の幸福である．学ぶことはより多くの熟練した教育を頼りにしているため，学校は，あらゆる学習者の状況や環境に注意を向けなければならない．

　また，Cognia のパフォーマンス基準を効果的に発揮するためには，重要な4つの特徴があるという．第1に，学びの文化である．チャレンジすることや楽しさ，学習機会，学校のミッションやビジョンの一貫性に学校は焦点をあてることとなる．第2に，リーダーシップである．学校の責任は，前向きに，学校のあらゆる面で，影響をあたえるリーダーであることである．第3に，学習への関与である．全ての

学習者を対象に，学びのプロセスや，自信を育てること，学ぶことを好きになることを含むものである．第4に，学びにおける成長である．学校が提供する教育プログラムやカリキュラムの中で成長することであり，学校の導きによって次のレベルの学びにうまく移行することができるのである．

以上がCogniaの特徴であるが，具体的なアクレディテーションの方法や手順については公開されていない．そこで，地域別学校認証評価協会の1つである，西部のWASCにおける認証プロセスを事例に取り上げ，アメリカにおけるアクレディテーションのおおよその流れをつかみたい（URL16）．

まず，最初の訪問プロセスがある．2人のチームで，1日または2日間の学校訪問を行い，WASCが定める基準と学校の説明に基づいて，学校の目的やプログラム，運営を理解する．そして，最初のアクレディテーションを行う場合，または認定候補者として認められた場合，訪問チームの報告書で推奨された事項に学校は取組み，3年目の終わりまでに最初の完全な自己改善（self-study）に学校は取組む．

次に，自己改善プロセスと完全な学校訪問である．まず，自己改善プロセスに対して，全ての利害関係者が関与し，学校の目的を明確にしたり，学習者の成果について，学校全体の事項として明確化していく．そして，学校が提供する学生へのプログラムや，WASC基準に関する学生の学習への影響をアセスメントする．特定された改善領域については，対処するための全校的な行動計画を作成する．次に，認定基準，自己改善，および訪問結果に基づいて，訪問委員会は検証と強化改善を行う．学校訪問は2人チームで，1日または2日間で行われ，WASCが定める基準と学校の説明に基づいて，学校の目的やプログラム，運営を理解する．最初のアクレディテーションで認定した場合，または認定候補者として認めた場合，訪問委員会の報告書にある推奨事項に学校は取組み，3年目の終わりまでに最初の完全な自己改善を完了する．同時に，学校全体の行動計画をサポートするための専門職文化（professional cultures）を構築していくこととなる．最後に，フォローアッププロセスである．アクションプランの進捗状況の年次アセスメントと，必要に応じたプランの改善を行っていく．

(2) イギリスの学校評価制度

アメリカにおける学校評価と同様に，イギリスの学校評価を概観することについても，その全体像を捉えることは，非常に大きな研究テーマになってしまう（木岡2019）．なぜならば，イギリスの教育事情や教育政策の大まかな動きについては，日本では関心がよせられているものの（佐貫2002），イギリスの学校評価の取組み状況を解明する研究の蓄積は十分ではないからである（沖2003）．本書の目的も，

イギリスの学校評価の取組み状況を解明することではないので，概要を捉えることに留めたい.

今日のイギリスでの学校評価の特徴は，Ofsted の存在とインスペクション（inspection）である．Ofsted とは教育水準局といわれ，メージャー保守党政権の下，1992 年に大臣を置かない官庁として創設された．Office for Standards in Education として設置されたが，現在では，Office for Standards in Education, Children's Services and Skills と変更し，名称は変わらず Ofsted と称されている．いわゆる学校を評価するための第三者機関である．インスペクションとは，査察や監査，監察などと訳されている．本書ではインスペクションの意味や内容を議論することが目的ではないため，そのままインスペクションと表記し，必要な場合は監査と訳することとする．これらは外部機関による立ち入り検査を含む学校評価といえ，アセスメントに近い（佐貫 2002）．この Ofsted とインスペクションは，イギリスの視学官制度を背景にもち，1839 年以来の歴史を持つ.

Ofsted は制度として次の特徴がある（ウィルショー 2019）．まず，巨大な監査機関であることから，常勤の勅任監査官を中核とし，多数の非常勤監査官によって成り立っている．また，勅任首席監査官（Her Majesty's Chief Inspector, 略して HMCI）は教育大臣が任命する．政府の圧力を受けず自由で公平な監査を期待されているため，政府から独立して議会に対して責任を負う．勅任首席監査官は，OFSTED のインスペクション結果に基づいて，年に一度，教育に関する全国的な水準状況を報告する．また，評価方法は定期的に見直されるものであり，重点課題に対応することや，教育制度を改善し国際的競争力を高めていくことが期待されている．今日では，リーダーシップの質，成績向上の状況と成果，生徒の行動や成長，授業の質という 4 つの領域に注目している．インスペクションの頻度は，直近のインスペクション結果と最新のパフォーマンスデータによって決まり，良い評価を得ればインスペクションの頻度は緩やかになる．学校が自力で教育改善に対応できない場合は，政府が介入し他の学校への統合，閉校，経営統合などが指示される．校長は，インスペクションの後，速やかに報告書の指摘を精査し，学校改善に着手し，次のインスペクションに備えなければならない．厳正な評価を下すという意味では高い尊厳を集めていると同時に恐れられる存在でもある.

以上の制度的特徴をもつため，Ofsted のインスペクションは改善点を洗い出すためのものであり，インスペクションの判断に妥協や躊躇はない．さらに，インスペクション結果は学校やリーダーや学校ガバナンスに大きな影響を及ぼすため，インスペクションの内容は高度に信頼でき公正なものでなければならない．ゆえに，監査官は適切な資格と経験を有することは必須となる.

Ofsted とインスペクションにより，イギリスの教育水準に関するパニックはおおよそ収束し，学校は格段に良くなった．学校の改善は今日も続いているという．しかし，残された課題も少なくない．教育の質については，未だに欧州の最高規制基準に届いておらず国内の地域間格差問題も解決していない．学力底辺層問題も根が深く，貧困層の低学力傾向は OECD の中でも深刻なままである．また，成績重視の文化が教師や学校管理職に過重負担を生み，多大なストレスとプレッシャーをかけている．これらが原因で，教員の確保が困難になっており，定着率も問題を抱えている．さらに，へき地や教育困難地域における有能な教員とリーダーの不足が深刻となっている．

これらの課題について，Ofsted は様々に批判されており，現状に対して変化を求める声が高まっている．前教育水準局勅任首席監査官によると（ウィルショー2019），政府の改善的介入に抵抗する現在の闘争的なやり方から，より共同的な学校改善モデルに移行するべきで，教育制度の再検証をすべき時期に来ているという．

Ofsted は，年次報告書を毎年発行しているのだが，2011 年から 2016 年における戦略計画を発行している．この戦略計画は，必要とされる Ofsted の取組みが記されており，Ofsted の特徴を改めて概観することができるので以下でレビューする（URL17；URL18）．

Ofsted の価値とは，次の 4 点にまとめられる．第 1 に，子どもや学習者が優先される．個々の子どもや，若者や，全ての年代の学習者に関心をもっており，学習者のバックグラウンドが何であれ，脆弱で不利な状況に対抗するためのアウトカムに特に焦点をおく．第 2 に，優れた状態を達成することである．どのようにすれば，水準を上げたり，アウトカムを改善したりすることができるのかについて焦点をおく．第 3 に，誠実に行動することである．望ましくない見込みや好意的な態度を持たず，インスペクションやエビデンスに基づいて仕事をする．また，インスペクトや規制の方法や内容についての声には耳を傾け，応答していく．第 4 に，人々や人々の違いに価値をおく．改善を最も必要としているところへ確かな支援をするために，平等な機会と取組みを促進していく．

Ofsted の規範については，次の通りである．まず，公平に情報を知らせ，権威のある，専門的な判断をするために，直接観察したことに基づいたエビデンスを収集する．エビデンスについては，統計的分析，詳細な調査，特別な分野に沿ったインスペクションを含めた，異なる方法で収集していく．良い実践や教育の提供者が改善する必要があることは，明確でアクセスできる方法で報告する．また，利用者が選択することを支援したり，政府のアカウンタビリティを支援したりするために，個々の教育の提供者や，地方や，全国標準の質に関する，率直で総合的な情報を提

出していく．例えば，事例を出版したり，セミナーやカンファレンスで共有を行う．

2014年から2016年の計画における優先事項はより良いアウトカムを実現していくことである．特に，より良いインスペクションと規制，より良い住民参加，より良い方法という3点を挙げた．

木岡（2019）によると，Ofstedは進化を続けてきた．2005年にOfstedは，自己評価フォーム（self evaluation form）に基づくインスペクションを導入した．これは，インスペクターが事前に学校からの自己評価フォームを確認し，学校の改善能力をあらかじめ判断した上で，インスペクションを行うものである．評価観点としては，「教育の質」「教育の標準（成績）」「リーダーシップとマネジメントの質」「児童生徒の精神的・道徳的・社会的・文化的発達」「児童生徒の満足」という項目を設け，個々に評価した．2012年からは，授業観察を重視するとともに，授業改善へのアドバイスを盛り込むこととなった[14]．2015年からはcommon inspection frameworkという，全ての学校を同一枠組みでインスペクションすることとなった．また，評価観点はかなり教授学習に焦点化することとなり，「子どもおよび学習者の学習成果」「評価の質」「児童生徒の個人的発達，行動，福祉」「効果的なリーダーシップとマネジメント」と改められていった．また，Stones and Glazzard（2020）は2019年での新しいInspection Frameworkを解説している．到達したアウトカムに焦点をおいたそれまでのInspection Frameworkは，テストで点数を取るための授業となったり，生徒の自信を失くしたり，教員にストレスを与えたり，有害な影響をもたらした．新しいInspection Frameworkでは，学校がカリキュラムや質の高い教授法を改善する機会を提供するものとされた．したがって，インスペクターはテストの結果よりも，カリキュラムの質に注意を向け，各科目のカリキュラム群の深さをみることとなる．そして，カリキュラムは野心的で学習者に文化的資本を提供するものであるか，また，学校の文脈やコミュニティとつながる学習者のニーズをカリキュラムが満たすものであるかをエバリュエーションすることとなる．十分に組み立てられ，広く，豊かで，意味深いカリキュラムは，良い教育のアウトカムを生み出すのであり，カリキュラムの意図や実施や影響をインスペクターはエバリュエーションする．そこで，「教育の質」「行動と態度」「個人の開発」「リーダーシップとマネジメント」という4つの側面に注目するのである．

日本にOfstedが存在しない原因の1つは，日本の学校はイギリスの学校のような独立性を持った1つの経営体になっていないことだと，前川（2019）は指摘する．イギリスの学校のような独立性を持った1つの経営体ではなく，自律性に乏しい．なぜならば，文科省，都道府県教育委員会，市町村教育委員会，学校という4層構

造の中に，小中学校は存在し，学校経営の権限と責任はこの4層構造の中で分散している からである．

　以上，アメリカとイギリスの学校評価制度を概観してみると，学校を評価しようとしていることは共通しているが，評価の意味は異なる．アメリカの特徴はアクレディテーションにあり，学校として存在するための条件を満たしているのかどうかを確認し，条件を満たしていれば学校として認められる（認証を得る）という意味があった．そして，中央集権的に国の基準に個々の学校が従うのではなく，専門家同士によるピアレビューによってアクレディテーションを行い，学校の質を担保しようとしていた．このことは，単に，社会が分権的であるというだけではなく，背景として，社会が文化の多様性を受け入れていることにある．文化が多様であるならば，当然，様々な価値観や形態をもつ学校が存在することとなる．他方で，学校の多様性を認めると共通した基準を設けにくいことから，教育の質がどれだけ担保されているのかが判別しにくくなってしまう．そこで，ピアレビューを通したアクレディテーションを行うことで自己規制し，教育の質が一定の基準を満たしていることを認証することとなった．これらの動向は，政治が動くことによって成しえたものではないことも特徴といえる．

　イギリスの特徴は，Ofstedとインスペクションにあった．国が定めた基準は必ず満たさなければならないものであり，国が主導して基準を満たしているのかを確認していくという意味があった．イギリスにはもともと視学官制度があり歴史もあるのだが，この視学官制度を土台に，また，政治や行政におけるNPMの潮流の影響も受け，Ofstedが設置された．そして，民間企業が会計監査を受けるように，学校はインスペクションを受けることとなった．重要な教育改革の1つとしてOfstedを設置したのであるが，背景としてはイギリスが抱える様々な社会的な問題があり，特にイギリス経済の衰退に端を発する（大田2010）．つまり，産業や経済をより良くし，さらに福祉を向上させるために，教育の質を高めていく必要があったのである．したがって，政治の動きや時の政権の動向と学校を評価する取組みとが関連していることも特徴といえる．

　また，アメリカとイギリスの学校評価では共通する部分もみられた．どちらも，学校を改善していくことに関心が向けられ，そのために学校を支援しようという意向がみられた．制度が発足した時点では，学校を支援していく発想がどの程度だったのかは定かではないが，今日においては，学校と協力しながら教育の質を高めていくことを志向している．また，設けられた基準を学校に当てはめていくというスタンスではなく，学校自らが目標や計画を立て，学校自らが振返り改善していくことを中心におこうとしている．学校の自主性を尊重し，自律性を高めていくことを

志向しており，そうすることの方が教育の質は高まると考えられているのである．

注

1）教員の裁量を最大限利用して，英語教育を行うことについて実質的に応じないこともあり得る点は，もちろん政策実施研究の知見として明らかになっている．

2）大学におけるアクレディテーションを紹介するものとしては，喜多村（1993），前田（2003），森（2005; 2010; 2012; 2016），稲垣（2006），Kells（1988＝1998）が参考になる．

3）これらの規定は，幼稚園（第28条），中学校（第49条），高等学校（第62条），中等教育学校（第70条），特別支援学校（第82条），専修学校（第133条）及び各種学校（第134条第2項）に，それぞれ準用する．

4）これらの規定は，幼稚園（第39条），中学校（第79条），高等学校（第104条），中等教育学校（第113条），特別支援学校（第135条），専修学校（第189条），各種学校（第190条）に，それぞれ準用する．

5）WGの活動期間は，2011年7月27日〜2012年3月31日．

6）政策評価については山谷の研究以外に，宇野（2007），佐藤（1991），真山（1992; 1998）を参考にしている．

7）行政改革は，この管理評価と管理改善の一つの特殊な方式である（西尾 1976a）．

8）管理評価の主な方法として，マネジメント・レビュー（management review）と業績評価がある（伊藤 1979；大森 1979；山谷 1997）．

9）この情報は2009年時点のものである．地域別協会は統廃合などが行われており，2020年時点では，やや様相が異なる．しかし，地域別に学校認証評価協会を設置してアクレディテーションに取組んでいたことを示すことが目的であるため，それをわかりやすく示している2009年時点の情報を用いた．

10）以下ではアメリカ教育省のホームページ（https://www.ed.gov/）を参照している（URL5；URL6；URL7）．

11）この8％の中には，教育省以外の省による子どもへの支援プログラムが含まれている．

12）内容は次の通りである（URL8）．

・全ての個人に対して，平等な教育機会へのアクセスを連邦政府が保証することを強化する．

・州や地区の制度など，民間部門，公立および私立の非営利教育研究機関，地域社会を基盤とする組織，保護者，学生が，教育の質を向上させるための努力を補足したり補完する．

・連邦政府による教育プログラムへの市民，保護者，学生の関与の増加を奨励する．

・連邦政府が支援する調査，評価，情報共有を通して，教育の質と有用性の向上を促進する．

・連邦政府による教育プログラムを調整し改善する．

・連邦政府による教育活動の管理を改善する．

・大統領，議会，市民に対する連邦政府による教育プログラムの説明責任を強化する．

13）以下では，Cogniaのホームページを参照している（URL9；URL10；URL11；URL12；

URL13；URL14；URL15）.

14）例えば，Beere（2010）は Ofated の基準に対して教員はいかに対応していくべきなの
かを知る上で参考になる.

第3章

日本の教育政策の歴史的展開

　文科省の政策の特徴を明らかにするために，戦後日本における教育政策の歴史的展開から手がかりを見つけていきたい．そもそも，教育政策とは何かについて，学術的に整理が進んでいるわけではなく，教育に関する政策のことを，広く一般的に教育政策と呼んでいるに過ぎない．各ディシプリンから各々が「教育という事象，または営み」を分析していることが現状である．本書においても教育政策を定義したり，体系を示したりすることは重要な研究課題であるという認識に留め，教育に関する政策のことを教育政策と捉えて検討を行う．

　検討対象については，文科省の政策の特徴を明らかにすることに本研究の目的があるので，中央政府レベルの教育政策とする．中央政府レベル以外にも，当然，様々なレベルがあるのだが，文科省の政策によって日本の教育全体は方向づけられており，主として中央政府で文科省の政策形成は行われている．中央政府では，文科省を中心とした政府や，総理官邸，自民党文教族のような国会議員らが関係している．戦後日本の教育政策をまとめた研究や文献はいくつか挙げることができる[1]．しかし，これらは教育政策の論点や，各時代のトピックを網羅的に扱っている，または歴史研究の立場から整理されている．ゆえに，文科省の政策の特徴を把握するためには，既存の成果を踏まえて改めて整理を行う必要がある．

1　分析の視点

　日本の教育政策の歴史的展開を捉えるために，どのような視点から捉えればよいのだろうか．中央政府における政策形成は様々な利害関係に，常に，時に激しく，さらされている．最も重要なものとして，政治的関心や政治的影響力に着目する必要がある．政府部門における政策は，政治と行政の関係から，何よりも政治的支持を得られなければ，そもそも成り立たない．政治的支持や政治的決定に基づいて，さまざまな施策や事業などが具体化されていくのである．この点，政策過程の分析モデルとして，キングダンの政策の窓モデルが知られており，しばしば用いられてきた（今村ほか 1999）．政策の窓モデルでは，政治，政策，問題の流れがあり，この

３つの流れが合流するときに政策の窓が開き，アジェンダ設定されるという．ただし，政治的支持を獲得している場合でも，大きな政治イシューとして政治的争点になる場合もあれば，手続き上は政治的支持を得ているが政治的争点になるほどの政治イシューとして関心が寄せられていない場合もある．これらの状況は，政治の影響力を見定める場合に示唆を与えてくれる．これらのことから，文科省の政策の特徴を知るためには，政策そのものを理解するとともに，解決しようとしている問題が何であるのかを捉えなければならない．さらに，政策だけに着目することは不十分で，政治の動きを注視しなければならないのである．

　また，本研究では管理統制の強化を文科省の政策の特徴として仮説を立てた．したがって，文科省の管理の側面に着目する．この点，西尾（2001）が示した行政学における，制度，管理，政策の３つの視点が参考になる．行政国家現象に着目する場合は「制度」に視点を据え，職能国家現象に着目する場合は「管理」に視点を据え，福祉国家現象に着目する場合は「政策」に視点をおくという．また，行政活動を研究対象とする際に，政府の特定領域の行政活動について研究が専門分化した管理学があり（例えば，教育行政学・保健管理学），あるいは，特定領域の公共政策について研究が専門分化した政策学がある（例えば，応用経済学・都市計画学）．これらの特定領域ごとの管理や政策の研究は，行政府の所掌事務に対応しており，いわば縦割りになっている．他方で，行政学は行政府（または中央省庁全体）の総括管理機能を担う官房系統組織に対応する，いわば横割りとなる．特定領域ごとに縦割りの管理や政策の研究の場合，各専門領域に関する政策・行政サービスの拡充発展を志向し，政策に傾斜する．横割りの特徴をもつ行政学は，行政資源の膨張抑制と適正配分を志向し，管理に傾斜する．つまり，文科省の管理の側面とは，行政が一般的に持ち合わせている性質であり役割なのである．

　教育を研究する視点としては，小川（2002）の整理が参考になる．教育行政や教育制度の研究では，多くが法制度の創設目的や成立過程，仕組みの説明・解釈等を扱う法解釈学的な法制度研究であったという．また教育政策研究の多くは，政策の立案・決定に対して，「文部省－対－日教組」という二項対立的な分析枠組みを軸に，〈文部省－教育委員会－学校〉を主に対象とした教育行政機関内部に限定した分析であったという．そして，法解釈学的法制度研究と二項対立的分析枠組みによる教育政策研究は相互に無関係に研究が行われてきたことも特徴であると整理している．

　以上のことから，戦後日本の教育政策の歴史的展開を把握し整理するために，次の３つの視点を設けたい．第１に，政治イシューである．中央政府における政策形成では政治の影響力は大きく，政策に対して直接的に関係してくる．また，戦後日

本の教育政策はたびたび，政治的関心が向けられ，政治的判断によって教育政策を大きく展開してきた．ゆえに，政治イシューの動向を捉える必要がある．第2に，問題である．戦後の日本を概観すると様々な教育政策が展開されてきたが，政治的イデオロギーが持ち込まれ，政争の具となったことも少なくない．それらの政策は必ずしも社会の問題を解決することを純粋に目指してきたわけではないものの，政治的イデオロギーだけで政策が作られることはない．少なくとも，その時々で生じた何かしらの社会的事象（社会における問題や課題）に対応しようとしてきた．そこで，教育政策は何に対応しようとしていたのかに着目し，その時に生じていた問題を捉えることとする．第3に，管理である．行政は，何を，どのような方法で管理をしようとしているのかを確認していくことで，管理の方向性を確認することができる．本研究における管理への視角は，例えば教育行政学からのアプローチ，すなわち特定領域の行政活動に関する専門分化した管理の姿を捉えようとするものではない．あくまで行政学からのアプローチ，すなわち横割りとなるような，各領域の行政活動に対する共通する管理の在り方を捉えることとする．ただし，各省庁によって置かれている政治環境や政策環境は異なり，ステークホルダーとの関係や行政の対象も異なる．ゆえに，文科省の政策の特徴を知るためには，文科省がおかれている様々な状況への配慮は留意しなければならない．以上の3つの視点をもって，戦後日本の教育政策の歴史的展開を捉えていく．

2 終戦から 1960 年

(1) GHQ による民主化（1945 年～1946 年）

　終戦直後における教育政策としては，GHQ による民主化政策の中でも教育改革は大きな柱の1つであった．1945年8月の終戦によって，日本は連合国軍の占領下に置かれることとなり，1952年のサンフランシスコ講和条約発効までの期間は，国政はすべて占領行政の下に行われた．したがって，特殊な状況下で民主化政策が展開された．連合国軍最高司令官総司令部（以下，GHQ）は対日占領政策の実施機関であったのだが，日本政府に対して GHQ は占領政策における強力な権限を有しており，GHQ の方針に反する日本政府の取組みは認められなかった．そのような中での終戦直後の教育改革では，政党とはほとんど無関係に進められた（山崎1986）．日本側で改革の具体策策定の担い手は，学者，文化人を中心に構成された教育刷新委員会であり，その答申にもとづいて，戦後教育の骨格を定めた「教育基本法」や「学校教育法」「教育委員会法」が制定された．

58

（4 大改革指令）

　1945 年 10 月から 12 月にかけて，GHQ は 4 つの教育に関する指令を出し，速やかに実施することを要請していた．文部省は占領政策をうけ戦時教育体制を根本から改めるとともに，戦後の新教育建設について積極的な改革の諸方策を立てるために省内で協議を進め，具体的な改革の方針も立てようとしていた（読売新聞戦後史班編 1982）．

　（1）1945 年 10 月 22 日に「日本教育制度に対する管理政策」が出された．教育内容，教職員，及び教科目・教材の検討・改訂についての包括的な指示と，文部省に GHQ との連絡機関の設置と報告義務とを課したものである．教育内容では，軍国主義的イデオロギーや，極端な国家主義的イデオロギーの普及を禁止し，軍事教育の学科や教練を廃止することが指示された．また，基本的人権思想に合致する諸概念を教授したり実践したりすることを奨励すべきだと指示した．教職員には，軍国主義者や極端な国家主義者を罷免したり，自由討議を奨励したりした．教科や教材については，軍国主義的なものや極端な国家主義的なものを削除し，新しい教材や参考書を準備すること，また，初等教育の正常な実施や教員養成を優先することが指示された．

　（2）1945 年 10 月 30 日には「教員及び教育関係者の調査，除外，認可」に関する指令が出された．軍国主義的，極端な国家主義思想を持つ者の教職からの排除することを指示したもので，これによっていわゆる教職追放が行われることとなる．

　（3）1945 年 12 月 15 日には「国家神道，神社神道に対する政府の保証，支援，保全，監督並びに弘布の廃止」に関する指令がだされた．いわゆる神道指令である．信教の自由を確保するとともに，国家と宗教とを分離することや宗教の政治的目的による利用禁止，公教育の場での宗教教育の禁止を求めた．また，公文書において，国家神道や軍国主義，過激な国家主義を連想させる用語を禁止したり，政府や自治体が宗教儀式を行うことを禁止したり，役所や学校などで国家神道の象徴となるものの設置を禁止した．

　（4）1945 年 12 月 31 日には「修身，日本歴史及び地理の停止」に関する指令がだされた．これは，修身，日本歴史および地理のすべての授業をただちに中止し，教科書，教師用書の回収，代行教育計画実施案および新教科書の改定案の提出を指示している．

（米国教育使節団報告書）

　1946 年 3 月 5 日に，米国教育使節団が来日し日本国内視察も行い，1946 年 3 月 30 日に報告書をまとめた[3]．報告書では，従来の日本の教育上の問題点を鋭く指摘，

批判し，民主主義，自由主義の立場から教育の在り方について述べている．GHQ
は 1946 年 4 月 7 日に報告書の全文を公表した．マッカーサーは声明で，同報告書
が，日本教育制度の近代化に，重要な指針となる勧告であることを明示した[4]．実際
に，戦後日本の教育改革では『第 1 次米国教育使節団報告書』が示した構図に沿っ
て行われることとなり，日本近現代教育史において，改革の立案・実施に大きな影
響を与えたと評価されている（土持 1993；文科省 1972）．

　報告書の内容は，（1）日本の教育の目的および内容，（2）言語改革，（3）初
等学校および中等学校における教育行政，（4）教授法および教師養成教育，（5）
成人教育，（6）高等教育について述べられている．報告書の作成経緯や目的・主
旨については，報告書は征服者の精神で書かれたものではなく，経験ある教育者と
して，日本人自らの教育再建を専門的に援助するために勧告したものであることが
強調されている．

　教育再建の基本原則として，日本の教育制度は，中央集権的な教育制度で，官僚
独善的な教育行政，特権者のための学校組織，画一的な詰め込み主義など 19 世紀
型の古い教育制度に基づいており，近代の教育理念にもとづいて改革しなければな
らないと強調している．また，教育再建の方向性として，個人を出発点とし，民主
主義の生活に適応した教育制度は「個人の価値と尊厳」を認識し，各人の能力と適
正に応じて，教育の機会を与えるよう組織され，個人のもつ力を最大限に伸ばすこ
とが基本であると明示した．教育行政については 2 つの勧告を出した．第 1 に，極
端な中央集権から地方分権を進めることである．第 2 に，教育行政を一般行政から
独立させるために，都道府県および市町村に公選による独立した教育委員会を新た
に設けることで文部省の権限を大幅に削除することである（土持 1993）．

（教育刷新委員会）

　1946 年 8 月 10 日に内閣に教育刷新委員会が設置された[5]．発足当初の委員長は安
倍能成，副委員長は南原繁である．安倍能力はヨーロッパへ留学経験もあり自由主
義者，南原繁はキリスト教信仰者であり，民主主義と自由主義を支持するメンバー
がそろった．教育刷新委員会の前身は，米国教育使節団をサポートすることを目的
に，GHQ の要請によって設置された日本側教育家委員会であり（文部省 1972），後
身は現在の中央教育審議会となる[6]．日本側教育家委員会の設置を指示した GHQ の
覚書では，「日本教育の革新につき文部省に建言すべき常任委員会」で「使節団の
退去後，問題の研究を継続」することを求めており，これに応える改組であった
（読売新聞戦後史班 1982）．戦後教育改革の基本となった諸方策は，教育刷新委員会の
審議を経て決定されており，重要な役割を果たした（読売新聞戦後史班 1982；文部省

1972).

　教育刷新委員会の発足には，GHQ の民間情報教育局（以下，CIE）が関与した．
CIE は教育刷新委員会が文部省の影響を受けないように，委員に文部省職員を 1 人
も入れないことを求め，また，文部省から管轄を外すために総理大臣直属の機関に
なったのである[7]．

　1946 年 9 月 7 日に第 1 回総会が開かれた．吉田内閣総理大臣代理の幣原国務大
臣は，敗戦の原因はつき詰めると教育の誤りにあったと述べ，戦後の日本には教育
刷新が必要で国政の優先的努力を教育問題に集結するために内閣に教育刷新委員会
を設置したと力説した．また，GHQ の覚書に基づいていること，委員には教育の
各分野の権威者を網羅したこと，官僚的要素を含まないこと，という教育刷新委員
会の 3 つの特徴を田中耕太郎文部大臣は挙げ，委員会の自主的な審議検討を要望し
た（読売新聞戦後史班 1982：文部省 1972）．そのため，単に諮問に応じて答申するだ
けでなく，積極的に「教育に関する重要事項を調査審議」し，その結果を内閣総理
大臣に建議することも任務とした（読売新聞戦後史班 1982）．

（教育基本法）

　戦後の民主的教育体制の確立と教育改革の実現にとって一番の基本は「日本国憲
法」の制定である．そして，日本国憲法制定を受けて「教育基本法」が制定され，
教育勅語は廃止された[8]．旧憲法には教育に関する条項はなく勅令によって定められ
ていたが，国民主権を掲げる新憲法では法律によって規定することとなった[9]．教育
基本法の特性は 3 つあるという．第 1 に教育に関する基本的な理念および原則を国
民代表によって構成する国会で法律によって定めたこと，第 2 に憲法の理念をふま
えて教育の理念を宣言するものとして異例な前文を付していること，第 3 に今後制
定すべき各種教育法の理念と原則を規定していることである（文部省 1972）．第一
条教育の目的および第二条教育の方針はすでに「米国教育使節団報告書」，「新教育
指針」および教育刷新委員会の建議に示されている新しい教育の基本的な考え方を
述べたものである．基本的な教育基本法制定過程は表 3-1 の通りである（川北
2017：URL19）．教育基本法の構想については，田中耕太郎文部大臣，教育刷新委員
会，GHQ がそれぞれの立場から各々が問題関心を有していた．教育刷新委員会に
おける審議と調整によって原案が作られ，「教育基本法案要綱（2 月 28 日案）」とし
て教育刷新委員会第 25 回総会で承認され，教育基本法案が 1947 年 3 月 4 日に閣議
決定された．閣議や議会においても激しい審議が行われ，法案は 1947 年 3 月 12 日
に成立した[10]．

第3章　日本の教育政策の歴史的展開　　*61*

表 3-1　教育基本法の制定過程

1945 年 9 月 15 日	文部省は，戦後の新しい教育の根本方針として「新日本建設の教育方針」を発表.
1945 年 10 月 22 日	GHQ は「日本教育制度に対する管理政策」を指令，教育内容，教育関係者，教科目・教材等の在り方について指示.
1946 年 3 月 5 日	GHQ が日本に民主的な教育制度を確立するための具体的方策を求めるために米本国に派遣を要請した米国教育使節団（第一次）が来日. 日本教育家の委員会（GHQ の求めにより設置）と協力して，1946 年 3 月 30 日に報告書をとりまとめ，4 月 7 日に公表.
1946 年 3 月 7 日	同報告書は，日本の教育の目的や内容をはじめ，実施すべき多くの事項を提案しており，教育組織の根本的変更を必要とする内容のもの. 教育勅語については，儀式等におけるその取扱いが問題とされたが，教育基本法のごとき法律を定めようとするような内容は含まれていなかった.
1946 年 6 月 27 日	第 90 回帝国議会において帝国憲法改正案が審議された際，田中耕太郎文部大臣は，教育根本法ともいうべきものを早急に立案して議会の協賛を得たい旨を答弁.
1946 年 7 月 3 日	
1946 年 8 月 10 日	教育に関する重要事項を調査審議するために，内閣総理大臣の所管下に教育刷新委員会を設置. 同委員会では，総会の他に，教育の基本理念に関する事項を検討するため第一特別委員会を設置し，2 カ月余の間に 12 回にわたり検討を重ね，11 月 29 日，教育基本法制定の必要性と，その内容となるべき基本的な教育理念等について，総会において決議，12 月 27 日に内閣総理大臣あて報告.
1947 年 3 月 4 日	教育基本法案を閣議決定.
1947 年 3 月 12 日	政府案に若干の字句訂正を行い，枢密院会議において可決.
1947 年 3 月 12 日	第 92 回帝国議会で原案どおり可決・成立.
1947 年 3 月 31 日	教育基本法は公布・施行.

（出所）川北（2017：91）を引用.

(2)　吉田茂内閣（1946 年 5 月 22 日～1954 年 12 月 10 日）

　第 3 次吉田茂内閣の頃から，日教組との対立が深くなった. サンフランシスコ講和条約の締結や選挙における日教組の集票力の強さが要因である. そのため，自民党による日教組対策が行われていく.

　1950 年 6 月 25 日に朝鮮戦争が勃発し，1951 年 9 月 8 日にサンフランシスコ講和条約の単独講和として締結（1952 年 4 月 28 日発効）と日米安全保障条約を締結した. 朝鮮戦争を契機に GHQ の要請で 1950 年 8 月 10 日に警察予備隊が創設され，1952 年 10 月 15 日に保安隊，1954 年 7 月 1 日に自衛隊へと改編されていった. こうした政治の動きに対して，日教組の活動は政治性を強め，平和，基地反対，全面講和など体制との対決姿勢を鮮明にしたのである. それとともに，日教組は選挙で強さを見せた（山崎 1986）. そのため，1946 年 1 月 13 日より学者が文部大臣を歴任して

きたが，[12]吉田茂内閣の 1952 年 8 月 12 日には政治家である岡野清豪が（在職期間：1952 年 8 月 12 日～1953 年 5 月 21 日），1953 年 5 月 21 日には元内務官僚である大達茂雄党人が（在職期間：1953 年 5 月 21 日～1954 年 12 月 10 日）文部大臣を担うこととなり，[13]教育政策の目的は日教組対策を中心に，日教組との対立姿勢を強めていった（読売新聞戦後史班 1982）．

　そこで，2 つの法律が制定された．「義務教育諸学校における教育の政治的中立の確保に関する臨時措置法」と「教育公務員特例法の一部を改正する法律」である．この 2 つの法律は教育界では「教育二法」と呼ばれており，教育基本法の精神に基づき，義務教育諸学校における教育を党派的勢力の不当な影響または支配から守ることを目的として，1954 年に激論の末に，1954 年 6 月 3 日に公布，1954 年 6 月 13 日に施行された．制定にあたっては，中央教育審議会が 1954 年 1 月 18 日に答申を出している．この答申では，日本教職員組合（以下，日教組）が作成した活動の基本方針を示した資料（日教組が資料提供）を具体的に取り上げて，結成の自由を認めながらも日教組の活動が政治的活動であること，さらに主張については一意見として認めながらも一方に偏向していることを，資料中の文言を示しながら問題視し，立法措置を要請した．なお，本答申に対しては，審議会委員の中からも東京大学学長の矢内原忠雄委員，元文部大臣の天野貞祐委員，同じく前田多門委員が反対したとされる．[14]

　「義務教育諸学校における教育の政治的中立の確保に関する臨時措置法（中確法）」では，児童又は生徒に対して，特定の政党等を支持させ，またはこれに反対する教育を行うことを教唆し，又は扇動したものは一年以下の懲役または 3 万円以下の罰金に処する，とされた．また，「教育公務員特例法の一部を改正する法律（教特法）」では，教師の政治活動を国家公務員なみに規制するものとなった．

(3)　鳩山一郎内閣（1954 年 12 月 10 日～1956 年 12 月 23 日）[15]

　吉田内閣が退陣したあと，鳩山一郎内閣が誕生する．吉田茂の官僚的，高圧的な政治手法と長期政権には国民の支持は離れていた．そのため新政権は支持され，いわゆる鳩山ブームが起きた．戦後教育政策について，吉田内閣では日教組対策が中心であったが，鳩山内閣では平和と民主主義，教育の機会均等，教育行政の地方分権などを根幹とする戦後教育そのものを議論の俎上に乗せようとした．憲法改正，再軍備，自主外交，それらと一体となり教育改革が目指された．[16]

　鳩山内閣では，戦後教育の根幹にかかわる 3 つの法案が提出された．教育制度全般にわたる改革のために内閣直属の審議会を設置するための「臨時教育制度審議会設置法案」，教科書検定を強化するための「教科書法案」，教育委員会制度を公選制

から任命制へ変更するための「地方教育行政の組織及び運営に関する法律案」である．地方教育行政の組織及び運営に関する法律だけが成立した．[17]

　1948 年 7 月 15 日に教育委員会法が公布・施行された．アメリカの制度をモデルに戦後の民主化政策の一環として導入された．これは，米国教育使節団報告書の勧告をうけ，教育刷新委員会が建議を内閣総理大臣に提出し，文部省が法案を作成して議会に提出されたものである．当時，地方教育行政改革の方針として 3 点あった．第 1 に，教育の地方分権として，権限上，一般行政機関から独立した教育委員会を設置し，地域の教育に責任をもつ行政機関とすること．第 2 に，教育委員会の委員の選任方法を一般公選として，地方住民の教育に対する意思を公正に反映させ，教育行政の民主化を徹底すること．第 3 に，教育が不当な支配に服さないために，その行政機関の自主性を保てるよう制度的保障をすることが目指された．[18]　具体的には次の通りである．

　都道府県に都道府県委員会，市町村に地方委員会を設置した．地方委員会は町村によって構成される一部事務組合に設置することができる．都道府県教育委員会に 7 名，地方委員会に 5 名の委員をおき，1 名は議会の議員から議会で選挙し残りは公選する．公選の委員の任期は 4 年（議会議員の委員は任期中）．教育委員会は首長に対して教育関係予算の原案を提出することができる．基本的理念としてはレイマン（layman）コントロールにあり，一般人の常識をもとに合議し，地域の教育の基本的な枠組みや方針を決める．その上で，学校の管理運営や教育行政の執行は専門家の手に委ねられた．これらにより，時の権力の影響から教育の独立性を保とうとした．しかし，結果は異なり，戦後間もない時代の尖鋭的なイデオロギー対立が教育委員会に持ち込まれ，政治闘争の場になってしまったり，首長と教育委員会が同等の権限を持つため，双方の予算案が議会に提出され混乱が生じたりした（前川 2006）．具体的には 5 点挙げられる（安田 2007）．

　　　第 1 に，選挙が政党基盤に行われがちになり，政治的確執が教育委員会運営に持ち込まれる恐れがあった．
　　　第 2 に，強力な推薦母体をもつ人が当選しやすく，支持基盤の団体が教育行政に対して影響力を持ち始めた（現職教員も大量に送り込まれた）．
　　　第 3 に，住民の関心が薄く，棄権率が高く，公選制の意義が生かされなかった．
　　　第 4 に，小規模市町村にまで教育委員会を設置することの非効率性．
　　　第 5 に，地方公共団体における統一的な予算編成の阻害．

このような中，1955 年 11 月に発足した自由民主党は，「教育に関する国の責任

と監督の強化」を掲げ、教育委員会制度の改廃を緊急政策とした（朝日新聞 1955）。1956 年 6 月、第 3 次鳩山内閣において、地方公共団体における教育行政と一般行政との調和、教育の政治的中立と教育行政の安定の確保とともに、国・都道府県・市町村一体としての教育行政制度確立を目的として、1956 年 9 月 30 日に教育委員会法が廃止され、現行の教育委員会制度を規定する「地方教育行政の組織及び運営に関する法律」が制定した（安田 2007）。

　教育委員会法でうたわれた基本原則である「民主化」「地方分権」「一般行政からの独立」から、「教育の政治的中立と教育行政の安定」「国、都道府県、市町村を一体とした教育行政制度の樹立」「教育行政と一般行政との調和」への修正・転換となった。そこで、① 教育委員の選出方法を公選制から任命制に変更、② 地方公共団体の長と教育委員会の関係を修正し、教育委員会がもつ予算案・条例案の「原案送付権」を廃止、③ 国（文部省）の権限を拡大強化し、文部大臣による教育長承認権や地方教育行政の是正措置要求権など設定、といった 3 つの修正・変更が行われた。[22]

(4)　岸信介内閣（1957 年 2 月 25 日〜1960 年 7 月 19 日）

　岸信介内閣では、1957 年から 1959 年にかけて、勤務評定反対闘争が起きた（山崎 1986）。地方公務員法に規定のある勤務評定を実施することに対して、各都道府県教職員組合、日本教職員組合等が猛烈に反対した。1956 年 11 月に愛媛県教育委員会が、当時の県財政の悪化を解消するために、教職員の昇給を、勤務評定を根拠に実施する計画を立てたことがきっかけとなった。1958 年には、全国的な勤務評定反対の運動が広がっていた。各都道府県教職員組合や教職員組合は選挙の際には強力な政治勢力となるため、自民党を脅かす存在であった。そのため、自民党の労働族といわれる議員らが中心となって、これらの反対運動を阻止することが進められた。自民党労働族の動きに遅れながら、文部省は勤務評定の実施の方針を出し続け、勤務評定の実施が全国に広がっていった。勤務評定の評定書をもとにして昇給に差をつけることは、実際には行われず形骸化していったのであるが、自民党の狙い通り、日教組対策として大きな効果をあげた。愛媛、徳島などで日教組が崩壊したり、多くの県で校長が組合から離れたりしたのである。

(5)　小括

（政治イシュー）

　終戦直後では、GHQ による民主化政策が行われ、民主化のための最重要政策として民主主義と自由主義の具現化を目指した教育改革が行われた時代であった。そ

して，民主化政策という一大政治イシューと教育政策が一致したといえる．1952年にサンフランシスコ講和条約が発効されるまでは，終戦直後で，GHQ の管理の下で教育改革が行われるという特殊な状況があった．そのような状況の中，政治的にも実質的にも GHQ が力をもっていた．日本政府に対して，GHQ は占領政策における大きな権力を有しており，教育政策の明確な方向性を GHQ は示していた．ただし，日本政府は GHQ に完全に従属していたわけではなかった．「新日本建設の教育方針」にみられた通り，GHQ の関与に関係なく，そもそも日本政府は軍国主義を反省し，平和国家の建設を掲げ，民主的・文化的国家を目指そうとしていた．また，GHQ は教育刷新委員会をつくることを認め，日本政府が自主性を発揮し独自に考える体制も整備した[23]．教育刷新員会を内閣に設置し，文部省と距離をとった経緯から，教育政策に関わるアクターとして，GHQ，教育刷新委員会，文部省という 3 者構造があった．教育刷新委員会では，自由主義者や国際経験が豊富な人物，キリスト教信仰者などが登用されており，民主主義と自由主義を支持するメンバーがそろい，GHQ が目指している方向性とおおよそ足並みをそろえられるメンバーであった．文部省では，文部大臣と文部省官僚の主張が常に一致していた訳でなく，文部大臣の担い手次第で文部省のスタンスは大きく左右された．さらに，文部大臣や事務次官には元内務官僚経験者が就くこともあり，内務官僚経験者であるのか否かについても重要な要因となった．

　吉田内閣以降では，重要な政治イシューは日教組対策であった．政府の政治的な動きに対して，日教組の活動が政治性を強めたこと，また日教組の選挙の強さが，自民党と日教組との対立構造を深刻にした．吉田内閣の 1950 年頃では具体的な日教組対策として，「義務教育諸学校における教育の政治的中立の確保に関する臨時措置法」と「教育公務員特例法の一部を改正する法律」が制定された．鳩山内閣の 1955 年前後では，「地方教育行政の組織及び運営に関する法律」が成立し，教育委員会の委員は公選制から任命制に変更された．これによって，教育行政の中央集権化が確立され，自民党の意向が教育行政に広く貫徹する体制が制度的に整った．岸内閣では，1957 年から 1959 年にかけて，勤務評定反対闘争が起こった．きっかけは愛媛県の財政事情という地方政治事情であったが，日教組対策として自民党が全国での勤務評定実施に力を入れ，日教組の組織を弱体化させていった．

（問題）

　終戦直後では，平和国家の建設を目指して，日本という国が具体的にどのように進んでいくべきなのか，または現実問題としてどのように進んでいくことができるのか，という点が社会にとって大きな問題であったといえる．日本は GHQ の占領

下におかれるという特殊な状況があったものの，民主化を進めた GHQ においても重大な関心事であったといえる．

吉田，鳩山，岸内閣においては，日教組の政治的過激さは社会における問題の 1 つといえる．子ども達が落ち着いて学校で学ぶためには，学びの環境を整える必要がある．さらに，教員は労働者であるかどうかはともかく，教員とは子どもと関わる職業であることに由来する，相応の最低限の立振舞いや職業的姿勢はやはり必要となる．日教組の活動が政治的に過激になれば，これらの環境が脅かされかねない．子ども達がより良く学べるように大人や社会が支えていくことが，一般的に社会から求められていることに鑑みれば，日教組の政治的過激さは社会全体にとっても望ましい状況とはいえない．

また，鳩山内閣における教育委員会制度改革をめぐっては，1948 年に施行した教育委員会制度は，制度設計上の理想とは異なり，実態として様々な課題が発生し，機能不全に陥っていた．民主的な教育制度の運営を目指すとしても，その手法を見直し，実態としても機能するような制度に修正する必要性に迫られていた．

（管理）

終戦直後では，GHQ による民主化政策が行われ，民主主義と自由主義の具現化が目指されたが，戦前の日本にあった軍国主義，または軍国主義につながるものを一掃するという問題関心の下で取組みが行われた．米国教育使節団報告書やその後に導入される教育委員会制度など，中央集権的な教育制度を批判し，教育制度の地方分権を進めた．しかし，吉田，鳩山，岸内閣では，日教組対策を理由に，制度上の管理の在り方は厳格化される．具体的には，吉田内閣では中確法と教特法，鳩山内閣では教育委員会制度改革，岸内閣では勤務評定の全国実施がなされた．これらの法律制定や制度設計により，制度上は，直接的に教育や教員を統制できるようになった．

3　1960 年から 1980 年

（1）　池田勇人内閣（1960 年 7 月 19 日～1964 年 11 月 9 日）

池田内閣では，政治の季節から経済の季節への転換ともいわれ（山崎 1986），経済政策に重点を置き，1960 年 12 月 27 日に「国民所得倍増計画」が閣議決定された．外貨を獲得するために輸出を伸ばし，国民生産を倍増させて，社会資本（道路・港湾・住宅等）の拡充と失業解消や社会保障・社会福祉の向上等を実現する目標を掲げた．また，経済成長を支える人に着目し，経済政策の一環として，技術者を

量的・質的に確保し，科学技術の振興を目指した．具体的には，工業高校と理工学系大学の定員増加や設置の検討が指摘された．1962年11月1日に文部省は，教育白書「日本の成長と教育」をまとめた．これは，アメリカの経済学者 T. W. シュルツの『教育と経済成長』(1961年) を下敷きにして，投資の観点から教育を捉えた．したがって，人間の能力を広く開発することは経済成長を促すことに関心をよせた．

　文部省は1956年以来，毎年，小中学の最高学年について学力の抽出調査を行ってきたが，悉皆の学力調査が行われることとなった．1960年の「文部時報（11月号）」において「当面する文教政策の重要課題」として，国民所得倍増計画では広く人材を開発することが必要だと記した．そして，優れた人材を早期に発見し，その者に対する適切な教育訓練を施すことが大切であり，義務教育の終了期において生徒の能力，適性を見いだし，その進路を指導していくことが必要であると示した．テストの目的の第一に「能力適性に応じて進学させ，教育をうけさせるための客観的資料とする」ことを挙げていた（山崎 1986）．1961年には，文部省は4月に，教育課程編成への活用と，また学力と学習環境の関係を明らかにすることを目的に，全国共通で悉皆の学力調査を行うと発表した[24]．これに対して，日教組は反対し[25]，国や都道府県と激しく対立した．成績結果を意識するあまり，テスト対策に偏った準備教育が行われるなど，弊害も指摘され，学校に混乱をもたらした．この学力調査は，1965年に悉皆調査から抽出調査に代わり，1966年には調査自体が取りやめになった．

　また，学校教育法の一部が改正，公布され，高等専門学校（高専）が法制化された．中堅エンジニアを求める産業界の要請に応じ，中学校卒業者を入学資格とし，5年一貫で工業教育を施し，4年生大学よりも早く人材を送り出す教育機関として構想された．1956年と1959年には国会に上程されたが廃案となっている[26]．1961年3月に「五年制専門教育機関設置要綱」がつくられ，1962年4月には19校の工業高等専門学校が誕生する．戦後の単線型学校体系を崩す重要な制度改正であるが，日本経営者団体連盟（日経連）などが求める中級技術者養成に応えるもので，中教審での議論も全くないまま実施に移された（山崎 1986）．

　この時期は，第1次ベビーブーム世代の「高校進学」問題があり，都道府県は対応に追われることとなった．高校への進学者数や進学率の上昇という量的拡大と，生徒の能力・適性・進路等の多様化などの教育の質的変化へ，どのように対応すべきなのかが問題になったのである．1962年には，本格的な高校生急増対策がみられるようになり，全国知事会が首相に対して高校生急増対策を陳情したり，保護者や教員団体を中心に高校全入運動も広がった[27]．都道府県は国からの援助を受けても

なお，公立高校を増設したり，学級数を増やしたりする費用の確保に苦労していた．

1963 年 6 月 24 日には，文部省は中教審に「後期中等教育の拡充整備について」諮問した．科学技術の革新を基軸とする経済の高度成長とこれに伴う社会の複雑高度化および国民生活の向上は，各種の人材に対する国家社会の需要を生んでおり，青少年の能力をあまねく開発して国家社会の人材需要に応えることが必要だと指摘した．検討すべき問題点として，期待される人間像と後期中等教育の在り方の 2 点が挙げられた．この答申は 1966 年に出され，答申の中で提示されるのだが（内容は後述する），所得倍増計画で示された優れた人材を早期に発見し育てていくと同時に，義務教育終了段階で，能力・適性に応じた教育を行うことの具体化として，高校を多様化していくことが，諮問の背景に置かれていた．

(2) 佐藤栄作内閣（1964 年 11 月 9 日〜1972 年 7 月 7 日）

この当時の時代背景について，山下（2016）によると，階層上昇の手段という攻めの意味でも，また，職や収入の確保という守りの意味でも，学歴主義は個人の豊かさを実現する手段として大いに期待されていた．また，経済発展には産業構造の変容・複雑化等に対応する人材育成が必要であるにもかかわらず，大衆の教育要求や進学意識は一般性・汎用性を志向する傾向にあり，同等・均質を求めた．そのため，高校受験では普通科が志向され，皆が，大学などの上級学校を目指すような状況だった．この時，政界や財界はこの動向に懸念を抱き，多様な職へ労働力を確保する観点からも，また，職階等に応じて水準別に能力を開発する観点からも，このような傾向は「効率的」人材養成という社会的要請と合致しなかった．あるいは，個人の多様な行動様式が国民国家・民族としての一体性を損ない，社会秩序の維持が困難になるのではないかという懸念があったという．

さて，1966 年には，中教審が答申「後期中等教育の拡充整備について」を出した．先述した通り，期待される人間像と後期中等教育の在り方について諮問され，審議されたものである．まず，後期中等教育の拡充整備の必要性について 3 つの現状があるという．第 1 に，義務教育終了者のうち，約 40％は勤労に従事しており，その約半数は定時制高等学校など教育訓練の機会をもっているものの，他の半数は職業や生活に必要な知識・技能・教養を身につけることを希望しながら，様々な事情でその機会に恵まれていなかった．第 2 に，義務教育終了者の約 70％を受け入れている全日制，定時制，通信制の高等学校では，様々な生徒の適性・能力と将来の進路に応じた教育が十分ではなく，教育課程の未消化や職業意識の未成熟という課題があった．第 3 に，社会の要請も多様で，技術教育を要求されながら技能教育も求められていた．

第3章　日本の教育政策の歴史的展開　　*69*

　これらの現状に対応するためには，教育界と一般社会における考え方の偏りを改める必要があるという．すなわち，学校中心の教育観に捉われず，社会の諸領域における一生を通じての教育観へ改めることや，形式的な資格に捉われずに学歴偏重を改めること，知的能力を重視し技能的職業を低く見るような職業的偏見を改めること．また，上級学校への進学を重視するあまり，個人の適性・能力の自由な発現を妨げて教育の画一化をまねくことを改めなければならない．そこで，具体的な方策として高等学校の形態や教育内容を含めて多様化することを提起したのである．

　「期待される人間像」では，まず，当面する日本人の課題を3点指摘した．第1に，産業技術が発展した反面，人間性が失われ，利己主義や享楽主義に陥っていること，第2に，（日本の敗戦により，日本の歴史や国民性が無視されてきたので）日本の長所を伸ばすことと，世界で役割を果たすための強さやたくましさを育むこと，第3に，自我の確立や秩序・自発的奉仕の重視による民主主義を確立することが課題であると提起した．次に，日本人に期待されることが，個人，家庭人，社会人，国民という4つの観点から示された．第1に個人として，自由と責任の両立，個性の尊重・育成，享楽・怠惰の否定，強い意志，畏敬の念を持つこと．第2に家庭人として，家庭を愛の場，憩いの場，教育の場，開かれた場とすること．第3に社会人として，仕事への専念，社会連帯と社会奉仕，創造性，社会規範の重視すること．第4に国民として，正しい愛国心，国民統合の象徴としての天皇への敬愛，日本人の伝統的な愛情・寛容・勤勉努力等を伸ばすこと，である[28]．

　この答申以降，高等学校多様化の方針を具現化するために，具体的な制度改編への動きが始まっていく．例えば，1967年，1968年には，文部省の理科教育及び産業教育審議会が「高等学校における職業教育の多様化について」（第一次・第二次），「高等学校における理科・数学に関する学科の設置について」の答申をとりまとめ，新たな学科が設置された[29]．

　1968年から1970年にかけて，全国で大学紛争が起きていた．また，1968年は小学校において学習指導要領改訂が告示された．改訂の特徴は「教育内容の現代化」が挙げられる．教科の内容について「科学技術の発展」に応じるために系統化と向上（高度化・現代化）が図られた．また，「期待される人間像」を反映し，小学校社会科に神話教育が復活したり，小学校道徳では国を愛し国家の発展に尽くすことが掲げられた．

　1969年には教科書の無償給与が完成する．1963年以来，「義務教育諸学校の教科用図書の無償措置に関する法律」に基づき，小学校第1学年からの学年進行によって教科書の無償給与が進められていた．教科書無償問題は，自民党文教族が1950年から熱心に取組んでいた（山崎 1986）．教科書無償問題について大蔵省は財政負

担となるため常に慎重姿勢（または反対）をとっていた．この問題は様々な政治的背景をもつという．1つには，池田首相の選挙対策である．もう1つは，荒木文相を含めた自民党は教科書の国定化を進め，教科書統制による国家統制の強化を意図していた．文部省内では賛否があり，無償化が給食などの他の領域へ広がることによる将来の財政負担への懸念があった．

1971年では，中教審答申「今後における学校教育の総合的な拡充整備のための基本的施策について」（以下，四六答申）が出された．明治の学制，戦後教育改革に次ぐ「第三の教育改革」であると掲げ，学校教育制度の大幅な改編を提起した．この答申を出すために，審議は4年間行われた．答申の背景として，技術革新の急速な進展と国内外における急激な変化に対応するために，長期的見通しを立てようとした．

この答申では，人間形成の根本問題を指摘し，教育体系の総合的再検討と学校教育の役割を見直すことを述べた．教育体系を総合的に再検討することは，生涯教育の立場から発せられた．また，学校教育の役割は，教育活動との相互関係として，家庭教育と社会教育に期待すべきことを記した．そして，人間形成に関して，学校教育は多面的・総合的発達を重視すること，中等教育段階では一定の年齢層に限らない柔軟な学びを認めるべきだと述べた．

具体的な内容は，初等・中等教育と高等教育とで，さまざまな提案が行われた．初等・中等教育では，敗戦という特殊な事情のもとに学制改革を急激に推し進めたことによる混乱やひずみを指摘しながら，自主的に充実した生活を営む能力，実践的な社会性と創造的な課題解決の能力，健康とたくましさを求めた．豊かな個性を伸ばすことを重視し，人間の発達過程に応じた学校体系を形成し（例えば中高一貫教育），発達段階や個人の特性に応じた教育を提案した（例えば高等学校の普通科におけるコース制の導入）．また，学校内の管理組織と教育行政体制の整備として，校長の指導と責任の下で活発な教育活動を組織的に展開するために，公務を分担する必要な職制を定め，校内管理組織の確立を提言した．教育の具体的な活動を営む主体は個々の教員であり，その自発性と創意を正しく生かすことが重要であり，そのためには，学校全体の教育方針と教育計画を確立し，その実現に向かって教育各個人が積極的に連携協力できる態勢を作りあげることが必要だと述べた．

(3) 田中角栄内閣 （1972年7月7日～1974年12月9日）

四六答申の評価は様々であるが，基本的な特徴は次の点であろう．諮問が行われた時と，答申を出した時とでは，社会的・経済的に世の中が大きく変化していたため，その実効性については大きな課題を抱えていた．他方で，四六答申が出される

以前では，中教審が出す答申は個別のテーマに関するものであった．四六答申では，初めての総合的な教育改革プランであったという画期的な一面も有していた．そして，総合的な教育改革プランであったものの，四六答申の中で，中教審が審議に時間をかけ最も重視し，さらに，自民党も着目していたテーマが教員政策であった．この教員政策は田中内閣で，大きな政治イシューとなる．

1972 年 7 月 1 日，自民党政務調査会の文教制度調査会と文教部会は合同会議を開き，教育改革第一次試案として「教員の養成，再教育並びに身分・待遇の根本的改革について—中間報告」を決定した．その内容は，四六答申と重なるものが多かったが[31]，特に，① 新しい教員養成大学および大学院の創設，② 教員研修の充実強化，③ 教員の身分の確立および待遇の改善が示された．実現に向けた各省間の調整は難航したが，70 年代の自民党の教育政策は，ほとんどがこの中間報告を軸にして展開された．1972 年 6 月 17 日に辞任表明をした佐藤栄作首相の後継をめぐり，田中角栄と福田赳夫とが激しい政争を繰り広げていた最中に，この中間報告はまとめられた．そのため，政争とは無関係な教育政策であり，中間報告であったことから注目されなかった．ただし，派閥を超えて文教関係の議員が集まることで，この中間報告はまとめられていった（山崎 1986）．

この背景として，自民党の教育政策を担う主体は，第二世代の文教族に移行していたという[32]．それまでの自民党文教部会は，文教予算の獲得が最大の仕事で，予算の概算要求の段階から文部省と協議を重ね，党側の要求を盛り込んだうえ，文部省と大蔵省との折衝を側面から応援した．また，文部省関係の法案が出ると，成立のために国会内を調整して回った．しかし，第二世代の文教族は，この文教部会の政策立案への関わり方を変え，政策を作る集団へ変化させた．具体的には，部会内に「教職員」「高等教育」「私学」「教育内容」「給食」「文化」などのプロジェクト・チームをつくり，部会全員がどれかのチームに加わった．ほとんど毎週会議を開き，討議結果は次々と政策化された[33]．このような政策立案の動きの中で「教員の養成，再教育並びに身分・待遇の根本的改革について—中間報告」が出された．この時，文部省も教員給与改善の必要性を感じており，1972 年 8 月 7 日に教員等待遇改善研究調査会を発足させ，検討を始めた（1971 年 6 月の中教審答申「四六答申」でも「教職への人材誘致の見地から優遇措置が必要」と指摘されていた（URL20））．しかし，文部省の取組みを全く無視して，自民党文教族は動いていた．教員給与改善の動向については，日教組も警戒していた．なぜならば，教員の待遇改善は，多年要求してきたことだったが，今回の教員給与改善は自民党による日教組対策ではないかと日教組は疑っていたためである（朝日新聞 1973；山崎 1986）．

給与改善予算は，予算内示において大蔵省は認めなかった．教員だけ給与を上げ

る根拠が薄く，従来の公務員給与制度を崩すためである．しかし，自民党文教部会が激しく動き，大蔵省は妥協し，一律に25％アップする提案は「一律10％相当額」に，「大学から幼稚園までのすべての教員」という提案は，義務教育教員に妥協した．結果として，135億円の給与改善費を大蔵省は認めた．ただし，この135億円は法的な裏付けのない予算であり，また人事院との調整も残されていた．

そこで，自民党文教制度調査会と文教部会は，1973年1月29日に合同会議で「教育職員の給与改善に関する臨時措置法案」の成立を目指すことを決めた．法案は，① 計画的な給与の抜本的改善，② 初年度の10％引き上げ，③ 法案に基づく人事院の改善勧告の実施，以上の3点が盛り込まれた[34]．この法案に対して，政府部内から強い反対が出た．警察官などの他の職種とのアンバランスや，人事院に勧告を義務づける条文にも批判が集中した．この時，自民党文教族が調整に動き，さらに法案提出の見送りを裁断した田中首相からも国会提出の了承を得るのであった．1973年2月20日の閣議で「学校教育の水準の維持向上のための義務教育諸学校の教育職員の人材確保に関する特別措置法案」という法案を決定し，第71特別国会へ提出した．この国会では，重要法案が山積みしており，会期を2回延長して通算280日という長期国会になった．人確法案は継続審議となり，1974年2月2日に成立することとなる．

以上の人格法案提出までの経過として，予算を獲得した後に，裏付けのための法律を作ることや，その法律で人事院に勧告を義務づけることは，官僚の常識からは異例づくめであった．これらを成しえた要因は自民党文教族の第二世代たちの強引さと執念によるものであった[35]．

(4) 三木武夫内閣から大平正芳内閣 (1974年12月9日〜1980年6月12日)

人確法と連動して，主任制問題がある．戦後日本の教育政策の流れを捉える上では，大きな特徴や流れをもたらしたものではないが，教育界においては大きな出来事であった．また，文部省，日教組，自民党の3者が激しく対立したことから，教育政策における政治的側面を捉えるためには意味がある．そこで，本章でも概要を確認することとする（山田 1979：山崎 1986）．

主任制導入の構想が公的に登場したのは，1971年の中教審答申（四六答申）であった．それから4年後の1975年に脚光を浴びるようになった．「主任」という肩書は，もともと各学校が必要に応じて自然発生的に設けたもので，慣行的なものであった．そのため，名称や役割も定まったものはなかった．人確法との連動については，人確法が成立したことがきっかけで主任制を制度する動きがでてきたためである．

第3章　日本の教育政策の歴史的展開　73

　人材確保法による教師の待遇について，他の職種とのバランスを取るために，文部省は人事院に対して，文部省が主任に関する規定を整備し，人事院が手当支給の勧告を出すことを要望していた．そこで，文部省は「省令（学校教育法施行規則）を改正し，小，中，高校に教務，生活，健康の三部長（主任）を置くことにする」構想をまとめていた．この構想の実現に向けて，文部省はまず日教組に内々で打診を行っていたところ，日教組は記者会見を開き反対の旨を主張してしまう．このことに対して，自民党文教部会から猛反発が起きる．なぜならば，自民党文教部会に相談することなく主任制度化が進んでいたためである[36]．もともと，自民党文教部会には早くから第三次給与改善の際，小，中，高校の教務主任，学年主任などの地位を制度的に明確にし，手当を支給しようという考えがあった．そこで，日教組の反対表明の後，自民党文教部会は文部省に強く働きかけながら主任制は省令化され，1975年12月26日に公布される．主任制制度化の前後には，日教組は半日ストライキを行ったり，主任制の制度化の後は「手当拠出闘争」が起きたりと中央政府レベルでは文部省と日教組との激しい対立が生じていた[37]．また，制度化にあたり，都道府県や市町村が制度化を進める際も，組合交渉や校長会との意見調査などの場面で大なり小なりの混乱が生じていた．このような政争に関連した混乱を経て制度化と制度の定着が進んだのである[38]．

　主任制に関すること以外に，1976年に専修学校制度が発足した．各種学校の一部を「専修学校」に昇格させることにより新たな選択肢を設けた．また，1977年には，国立大学入試改革が行われ，大学入試センターが設置される．本来的には大学の自治の範囲内であるはずの入学試験だが，大学入試センターに関わる必要な事項は文部省令で定めるとされ，国立大学の入学試験は文部省に主導権が移行していった．1978年には新構想大学の設置として，上越教育大学と兵庫教育大学が発足した．大学と行政は，それぞれ養成と採用・研修を分離して担っていたが，養成から研修までを一貫して大学が行政と協力・連携して提供するという体系性が生まれた．また，三木内閣に次ぐ，福田内閣，大平内閣の時代である1970年代後半は，教育関係で与野党が対決するようなことはなく平穏に時が過ぎていった．

（5）　小括

（政治イシュー）

　1950年代はイデオロギーの対立が表面化し深刻化したが，この時代では，イデオロギーの対立は解消されずに残りながら，経済成長を目指した時代といえる．池田内閣では，経済政策に重点を置き，国民所得倍増計画を閣議決定した．1950年代後半から高度成長が始まっていたことを捉えて，経済成長を政策とした．その結

果，経済成長が促進され，政府の役人をはじめ企業の経営者や労働者たちの気持ちを経済成長へ向けていった．それに伴って国民生活の激変に対応するため，社会福祉の増進や農業保護にかなりの予算を振り向けた（石川・山口 2010）．経済成長のための科学技術振興に着目し，技術者の量的・質的確保を目指した．経済成長を支えるための人の確保については，財界から強く求められていた．

佐藤内閣以降は，政治イシューが教育に傾注することはなかった．佐藤内閣では，日韓基本条約の批准，沖縄返還，日米安全保障条約の延長，非核三原則[39]，公害への対応，日米繊維問題，ニクソン・ショックなど，重要な政治的案件にいくつも取組んだ．田中内閣では，首相在任中に教育問題について様々な発言をしたものの（山崎 1986），日中国交回復と日本列島改造が大きな政治イシューであった．1970 年代後半では，三木内閣，福田内閣，大平内閣では，様々な政局はあったものの大きな政治イシューはなかった．

（問題）

1 つには，1956 年に出された経済白書で「もはや戦後ではない」と述べられたように，科学技術の振興と，科学技術を支える人材育成が大きな課題の 1 つであった．経済発展による人手不足を解消することや，経済発展に伴う産業構造の変容と複雑化・多様化へ対応することが課題となっていた．また，他方では 1960 年代中頃より急激な都市化や工業化による様々な弊害が都市問題として生じ，人間関係の希薄化など，農村社会にある相互に助け合い支えあうような精神性にも変化が生じていた．

（管理）

まずは，学力調査の実施と中止がある．政府として学力を把握するという取組みが，経済成長を目指す政府の方針や日教組と文部省との対立などの文脈から，学力調査の実施について反対が各所から沸き起こってしまい，さらには実施段階において学校現場による偏った準備教育の実施という弊害も生じてしまい，結局，調査自体が中止となってしまった．学力の実態を把握するという試みは失敗に終わったのである．

次に，学校体系に変更を加える制度変更として工業高等専門学校が誕生した．この学校は，中学校卒業者を収容し，5 年間の一貫教育を行う技術者養成のための高等専門学校である．戦後に教育の機会均等理念の実現のために単線型学校教育制度を日本は採用していたが，産業社会の要請に応えるために，後期中等教育進学者の多様な能力と適正に応じるかたちとなった．しかし，戦後の単線型学校体系を崩す制度改正であるにも関わらず，中教審での議論が全くなされない中で制度化された．

さらに，1966 年の中教審の答申「後期中等教育拡充整備について」では，高等学校の形態や教育内容を含めて多様化していくことが提起されている．また，1971年の文部省の「我が国の教育水準」によると，学校系統を，児童・生徒の発達過程から再検討することが要請された．また，1976 年には，専修学校制度が発足し，高等学校卒業後の進路として新たな選択肢が設けられた．学校体系が少し緩和されたといえる．

また，上述の「後期中等教育拡充整備について」では，「期待される人間像」が示された．答申の中では，教育者や人間形成の仕事に携わる者のための参考であり，取り扱いは各人に委ねると述べながら，理想とする人間の在り方を示した．公的な存在が 1 つの規範を示したという意味では，日本国憲法第 19 条の「思想及び良心の自由」や，教育基本法第 14 条の教育の政治的中立性との兼ね合いもあるため，この規定の評価は容易ではない．ただし，政府として一定の方向性を示そうと試みたものであるといえる．

最後に，田中内閣の時に，人格法の成立と主任制の制度化があった．人格法は教師に特別の処遇をすることで，教師は特別の仕事であり，聖職だということを教師自身に意識させようとした．さらに，人格法に連動して主任制が制度化された．主任制は，もともと各学校で自然発生的に設けられていたものだが，文部省の省令で定められることとなった．これによって，学校運営に関する制度上の管理体制は少し厳格化された．

4 1980 年から 1996 年

(1) 鈴木善幸内閣（1980 年 7 月 17 日〜1982 年 11 月 27 日）

自民党の文教族が活発に動き，教育界が騒然となるのは，1980 年 6 月の衆議院，参議院同時選挙で再び自民党が安定多数を獲得したことによる．そして，自民党文教族が取り上げたテーマは教科書であった．自民党は役員会で教科書法を制定する方針を固めており，教科書問題の改革案として，① 文部省は検定を厳正に行うこと，② 学習指導要領の見直し，③ 検定を担う教科書調査官の増員，④ 教科書採択地域の広域化，⑤ 教科書法の制定検討を固めていた．教科書法の制定に向けては，自民党内の同じ文教族から異論や慎重論がでていた．また，文部省内は消極的意見が強かった．しかし，これらの慎重論を自民党は押し切り，文部省は中教審に「時代の変化に対応する初等中等教育の教育内容などの基本的在り方について」諮問することで，教科書制度の見直しを諮問し，答申を待つこととなった．ところが，1982 年 6 月 25 日に文部省が教科書の検定結果を発表すると，歴史の記述が外交問

題となってしまう．「批判に十分に耳を傾け，政府の責任において是正する」との政府見解を宮澤喜一官房長官が談話の形で発表したことで，なんとか結着する．1983年6月30日の中教審答申「教科書の在り方について」では，検定基準の明確化，採択地区の広域化など自民党の改革案とほとんど変わらない内容だったが，教科書法については触れなかった．

(2)　中曽根康弘内閣（1982年11月27日～1987年11月6日）

中曽根内閣では，1984年に成立した臨時教育審議会設置法を根拠に，内閣総理大臣の諮問機関として臨時教育審議会を設置した．この設置は，中曽根首相の教育改革に対する強い意欲を背景にしており[40]，内閣総理大臣のもとで教育制度が審議されることは，戦後の教育制度設計を行った教育刷新委員（審議）会（1946年～1952年）以来であった（日本児童教育振興財団編 2016）．

諮問は「我が国における社会の変化及び文化の発展に対応する教育の実現を期して各般にわたる施策に関し必要な改革を図るための基本的方策について」という包括的な課題の下に行われた（文部省 1992）．審議に当たっては，運営委員会と4部会が設置され，第1部会では「21世紀を展望した教育の在り方」，第2部会では「社会の教育諸機能の活性化」，第3部会では「初等中等教育の改革」，第4部会では「高等教育の改革」を審議事項とした．審議の中で教育の自由化について，自由化に賛同する第1部会と自由化に反対する第3部会とで論争となり，自由化賛成の中曽根と反対の文教族・文部省との代理戦争のようになってしまう（山崎 1986）．臨時教育審議会の4次にわたる答申は，文部省の各種審議会等で検討されてきたものを集約したものであると同時に，第三者的立場から多岐にわたる課題を審議し，集大成したものである．また，臨教審は総理府に設置され，内閣総理大臣の諮問機関であったことから，出される答申は内閣全体として責任を持って対応することとなり，予算編成にも影響を与えた．

答申内容は，1985年6月の第1次答申は，教育改革の基本方向と審議会の主要課題を検討し，当面の具体的改革として，① 学歴社会の弊害の是正，② 大学入学者選抜制度の改革，③ 大学入学資格の自由化・弾力化，④ 六年制中等学校の設置，⑤ 単位制高等学校の設置について提言した．1986年4月の第2次答申は，教育改革の全体像を明らかにしたものであり，① 生涯学習体系への移行，② 初等中等教育の改革（徳育の充実，基礎・基本の徹底，学習指導要領の大綱化，初任者研修制度の導入，教員免許制度の弾力化），③ 高等教育の改革（大学教育の充実と個性化のための大学設置基準の大綱化・簡素化等，高等教育機関の多様化と連携，大学院の飛躍的充実と改革，ユニバーシティ・カウンシルの創設），④ 教育行財政の改革（国の基準・認可制度の見直し，教育

長の任期制・専任制の導入など教育委員会の活性化）などを提言している．1987年4月の第3次答申は，第2次答申で残された重要課題を取り上げたものであり，① 生涯学習体系への移行のための基盤整備，② 教科書制度の改革，③ 高校入試の改善，④ 高等教育機関の組織・運営の改革，⑤ スポーツと教育，⑥ 教育費・教育財政の在り方などについて提言している．

1987年8月の第4次答申は，① 文部省の機構改革（生涯学習を担当する局の設置等），② 秋季入学制を提言した．さらに，これまでの3次にわたる答申の総括を行い，改革を進める視点として，次の3点を示した．第1は，個性重視の原則である．審議会発足当初は教育の自由化について論争が起きたが個性重視という表現に固まった．そして答申では，画一性，硬直性，閉鎖性を打破して，個人の尊厳，自由・規律，自己責任の原則，すなわち「個性重視の原則」の確立を提起した．第2は生涯学習体系への移行である．学校中心の考え方を改め，生涯学習体系への移行を主軸とする教育体系の総合的再編成を提起した．学校教育の自己完結的な考え方から脱却し，人間の評価が形式的な学歴に偏っている状況を改め，これからの学習は，学校教育の基盤の上に各人の責任において自由に選択し，生涯を通じて行われるべきものである，と述べた．第3は変化への対応である．教育が直面している最も重要な課題は国際化並びに情報化への対応であることを指摘した．

(3)　竹下登内閣から村山富市内閣（1987年11月6日～1996年1月11日）

まず，初任者研修制度が導入された．臨教審第2次答申が1986年に提出された後に，1987年に教育職員養成審議会が「教員の資質能力の向上方策等について」（答申）において，その在り方を示していた．これを受け，教育公務員特例法と地方教育行政の組織及び運営に関する法律が改正されることとなった．

また，文部省に生涯学習局が設置された．「生涯学習体系への移行」だけでなく，第4次答申に記載された，文部省の政策形成機能の強化を背景としている．第4次答申提出後，「教育改革に関する当面の具体的方策について―教育改革推進大綱」が1987年に閣議決定され，文部省組織令の一部を改正する政令が1988年6月に閣議決定された．その改正において，政策形成機能の強化として，調査統計課の調査統計企画課への改組，体育・スポーツの振興として生涯スポーツ課の設置，国際化・情報化への対応として海外子女教育課の設置なども行われた．また，生涯学習局は，機構上，筆頭局と位置づけられた．そして，臨教審の提言に基づき，社会と個人の学歴偏重を是正し，生涯に渡り学び成長していくことを基本理念とする社会に導くために，教育体系の総合的再編成を促進することを目指した．

竹下内閣の次である宇野宗佑内閣から村山富市内閣については，55年体制の崩

壊や阪神淡路大震災の発生，その他の大きな政治的な出来事や教育論としての出来
事はあったものの，日本の教育政策の歴史的展開として，本研究で着目すべき出来
事は見受けられなかった．

（4）　小括

（政治イシュー）

　中曽根内閣では，戦後政治の総決算を掲げるとともに，小さな政府を志向し，
トップダウン型の政治を行った．1つには行財政改革であり，日本電電公社，日本
専売公社，日本国有鉄道の民営化を実現させた．もう1つとして教育改革も中曽根
首相にとっては重大な政治イシューであった．中曽根首相は，戦後に作られた教育
基本法に強い不満を抱いており，特に，日本の伝統や文化といった要素が入ってい
ないことを問題視していた．そこで，教育改革は文部省だけの問題ではなく，広い
視野をもって，内閣レベルで教育改革を考えることが必要だと考えていた（中曽根
2017）．貝塚（2018）によると，臨教審答申は，市場原理の自由化・競争・民営化を
導入することで教育の活性化を図るという新自由主義的考え方と，伝統文化とナ
ショナリズムを強調して国家への帰属意識を高めようとする新保守主義的な考え方
を基調としていたという．また，中曽根首相自身は後に，教育改革の哲学・思想が
ひ弱で柱となる基本方針がはっきりせず，本質論の弱い技術論が中心の寄せ集めの
結論となり，中途半端に終わったと臨教審を評価している（中曽根1998）．中曽根
内閣以降では，冷戦終結や選挙制度改革，PKO協力法の成立や平成の始まり，さ
らには55年体制の終焉など時代の動きや政治の動きはあったものの教育に関する
ことが政治イシューになることはなかった．

（問題）

　教育における解決すべき社会的に大きく目立った問題は特にない時代であった．
ただし，中曽根内閣が臨時教育審議会を設置して教育政策を進めようとしていたこ
とについて，教育政策にとって，いかにして臨時教育審議会がだす答申に対して関
係アクターが対応をしていくのか，という問題はあった．中教審を中心とした従来
の教育政策の進め方と，全く異なる性格を臨教審はもっていた．中曽根首相の主義
主張は教育政策にどのように反映されるのか，特に，新自由主義的な思想や伝統文
化やナショナリズムを強調するような考え方がどのように教育政策に反映されるの
かについて，関心を集めた．また，臨教審は，生涯学習を推進していくという新し
い概念を社会に提起したことから，既存の教育政策は何が，どのように変化するの
かは重要な論点であった．

（管理）

　この時代では，大きな制度変更がなされたというよりも，戦後の日本の教育の姿に対して，規制緩和をするような答申を臨教審が行った．答申内容は，1966 年の中教審答申「後期中等教育の拡充整備について」や，1971 年の中教審答申である四六答申で提言されていることと重複する部分が多く，学校体系や学校の種類については多様化するような内容が盛り込まれている．また，生涯学習社会への移行を提起したことについては，学校教育の自己完結的な考え方から抜け出し，形式的な学歴を重視するのではなく，生涯を通じた学びを重視し，教育体系の総合的再編成を求めた．これらのことは，各人の個性の尊重や学校教育における画一性，硬直性，閉鎖性を崩すという意味で，戦後日本で展開されてきた教育をより柔軟なものへと緩和する動きといえる．

　また，教育政策の展開プロセスとして，臨教審の設置は特徴的なものとなった．従来までは，中教審での審議が重視されてきたのであるが，総理の諮問機関として総理が直接教育政策に関わりを持つこととなった．したがって，時の政権の意向を反映しやすくなったのである．この背景としては，教育政策に対して政治の意向をより直接的に反映させたいという政治的意向がある．また，教育政策における特定のテーマに政治が関与するというものではなく，全方位的に教育政策に政治が関わろうとしているのである．

5　1996 年から 2001 年

(1)　橋本龍太郎内閣 (1996 年 1 月 11 日～1998 年 7 月 30 日)

　1993 年 8 月に野党に転じて以来，2 年 5 か月ぶりの自民党首相として，橋本内閣はスタートした．発足当初は，村山内閣から引き継いだ住宅金融専門会社問題や沖縄問題を引き継ぎ，対応しなければならなかった．教育に関しては，第 2 次橋本龍太郎内閣の時に出された「六大改革」の 1 つに教育改革が位置づけられた．この六大改革では，橋本首相は「変革と創造」を唱えて，行政，財政，社会保障，経済，金融システム，教育の 6 つを一体的に改革していくものである．これらの改革によって，21 世紀に対応した国をつくるために，世界の潮流を先取りする経済社会システムを構築し，国民一人ひとりが将来に夢や目標を抱き，創造性とチャレンジ精神を発揮できる社会を目指すという．そこで，社会システムの基盤である教育では，人材育成という視点と同時に，子どもの個性を尊重しつつ，正義感や思いやりなど豊かな人間性や創造性，国際性を育むという視点に立って，教育改革を進めていく．そして，① 教育制度における多様で柔軟な対応を進めること，② 学校の枠

表3-2 教育改革プログラムの概要

1. 教育制度の革新と豊かな人間性の育成
   （1）教育制度の改革
   　　　・中高一貫教育の導入
   （2）教育制度の弾力化
   （3）学校の教育内容の再構築
   （4）豊かな人間性の育成
   （5）環境教育の充実
   （6）教員の資質向上
   （7）地方教育行政システムの改善
   （8）大学入試・高校入試の改善
   （9）高等教育機関の活性化
2. 社会の要請の変化への機敏な対応
   （1）少子高齢社会への対応
   （2）将来の科学技術の発展を託す人材の養成や社会の要請に応える学術研究の振興
   （3）教育の基礎となる文化の振興
   （4）学校の内外を通じたスポーツの振興
3. 学校外の社会との積極的な連携
   （1）学校，家庭，地域社会の連携強化
   （2）学校外の体験活動の推進
   （3）学校におけるボランティア教育の充実を図るとともに，地域におけるボラン
   　　　ティア活動を推進します
   （4）社会人や地域人材を学校教育に積極的に活用していきます
   （5）いじめ問題，薬物乱用問題などに適切に対応していきます
4. 留学生交流等国際化の推進
5. 教育改革の輪を広げるための経済界等との定期的な協議の場などの設定

（出所）「『変革と創造』――橋本内閣6つの改革」（URL24）を筆者改編.

に閉じこもらず，外の世界に大きく眼を向け，より広い視野からオープンな姿勢で改革に取組むものであった．1997年1月24日には教育改革プログラムを策定し，具体的に取組むこととなった[43]．概要は表3-2の通りである．

　ただし，この教育改革プログラムは文部省が作成しており，教育改革プログラムの前には既に，文部省の中教審答申「21世紀を展望した我が国の教育の在り方について」の第1次答申が出されており，教育改革プログラムの後には，中教審答申「21世紀を展望した我が国の教育の在り方について」の第2次答申が出されている．第1次答申の中で，今後の検討課題として，「一人一人の能力・適性に応じた教育と学校間の接続の改善」の検討を始め，高等学校教育の改革・大学教育の改革，大学・高等学校における入学者選抜の改善，いわゆる中高一貫教育の導入や教育上の例外措置などを主に検討すると示している．この内容は，教育改革プログラムの中でも，第2次答申の中でも触れられているので，相互に関連している．中教審答申

第3章　日本の教育政策の歴史的展開　　*81*

「21世紀を展望した我が国の教育の在り方について」は，1995年4月26日に諮問が出されており，社会状況として，受験競争の過熱化，いじめ，登校拒否の問題など様々な教育上の課題，学校週5日制の今後の在り方や青少年の科学技術離れへの対応に直面していた．そこで，次の3点を検討することとしていた．

(1) 今後における教育の在り方及び学校・家庭・地域社会の役割と連携の在り方
(2) 一人一人の能力・適性に応じた教育と学校間の接続の改善
(3) 国際化，情報化，科学技術の発展等社会の変化に対応する教育の在り方

「21世紀を展望した我が国の教育の在り方について」の内容は，多岐にわたって提言されているが，第1次答申では，学校教育の在り方として生涯学習の基礎的資質としての「生きる力」の育成を基本とし，知識を教え込むのではなく，「自ら学び，自ら考える力」を身に着けることを目指した．それに伴い教育課程では，「教育内容の厳選と基礎・基本の徹底」を重視し，「一人一人の個性を生かす」ために，教育課程の弾力化，指導方法の改善，特色ある学校づくりの推進を掲げた．さらに，横断的・総合的な学習を推進するために「総合的な学習の時間」の創設を提言した．これらはその後，文部省の教育課程審議会で審議が行われ，学習指導要領へ盛り込まれ全面実施されることとなる．第2次答申では，大学や高校の入試改革として，学力試験を偏重する入学者選抜から，選抜方法の多様化や評価尺度の多元化への一層の転換を提言した．大学入試ではAO入試や飛び入学を提言した（日本児童教育振興財団 2016）[44]．

ところで，橋本内閣の六大改革について，大きな関心の1つは行政改革であった．行政改革会議を設置し，橋本首相自らが会長となり，1府12省庁への中央省庁の再編成，内閣機能の強化，独立行政法人制度の導入などを柱とする行政改革の構想をまとめた．内閣機能の強化（首相のリーダーシップの明確化や官房スタッフの設置）は，官僚の縦割り行政を政治の力で乗り越えながら，総合性，機動性，透明性の向上を目指した．さらに，行政運営の簡素化と効率化しようとする試みであった．

(2) 小渕恵三内閣と森喜朗内閣（1998年7月30日～2001年4月26日）

小渕内閣では，3つの大きな動きがあった．1つめは，「国旗及び国歌に関する法律」が1999年8月13日に公布，施行された．文部省は，同年9月に「学校における国旗及び国家に関する指導について」を通知し，従来の取り扱いを変えるものではないことを述べ，これまで通りの適切な指導を求めた．この法律は，1999年3月2日に政府は日の丸，君が代の法制化を検討する方針を固め（朝日新聞 1999b）[45]，

6月11日に政府は国会に法案を提出した．もともと，日の丸と君が代を国旗，国歌とする法律上の根拠はなく，長年の慣行で国民に定着しているという判断から国旗，国歌として扱われていた．学校教育での取り扱いについては，文部省は学習指導要領で「入学式や卒業式などにおいては，その意義をふまえ，国旗を掲揚するとともに，国歌を斉唱するよう指導するものとする」と明記し，この学習指導要領上の記載をもって根拠としていた．しかし，学校現場では，日の丸や君が代の取り扱いについて一部で反対の声が上がるなど，混乱が起き社会問題化しつつあった．さらに，1999年には広島県の高等学校の校長が，行政と現場教員との板挟みを苦に自殺する事件が起きてしまう．当初，小渕首相は法制化を考えていないと，1999年2月25日に認識を示していたが，これらの混乱に対処するために，政府は法制化へ動くこととなった．法制化にあたっては，有識者による懇談会などは新たに設けず，官房副長官をトップとする政府内の組織を立ち上げることで作業は行われた（朝日新聞 1999b）．

2つめは，2000年1月21日に学校教育法施行規則等の一部を改正する省令が交付された．第1に，校長および教頭の資格要件が緩和された．資格要件に「同等の資格を有する者」を教育員会の判断で任命することができるようになり，いわゆる「民間人校長」を登用できるようになった．第2に，職員会議の位置づけが法的に明確化された．従来，職員会議は学校の意思決定に重要な役割を果たす会議体であったが，法的な規定がなく，慣行・慣習的なものだった．そのため，一部の地域で，校長と職員の意見や考え方の相違により，職員会議の本来の機能が発揮されない場合や，職員会議があたかも意思決定権を有するような運営がなされ，校長がその職責を果たせない場合などの問題も生じていた．校長が主宰し，校長の職務の円滑な執行に資するものとして，校長の補助機関としての位置づけが明確になった．第3に，学校評議員制度が導入された．開かれた学校づくりを一層推進していくため，保護者や地域住民等の意向を把握・反映し，その協力を得るとともに，学校運営の状況等を周知するなど学校としての説明責任を果たしていく観点から導入された．学校評議員は，学校や地域の実情等に応じて，その設置者の判断によって置くことができる．これによって保護者や地域住民等を学校評議員として任命し，学校評議員は正式に校長に対して意見を述べることができるようになった．

3つめは，教育改革国民会議である．小渕首相は教育を最重要課題と位置づけ，総理諮問機関として教育改革国民会議を発足させた．2000年3月27日の教育改革国民会議の初会合では，小渕首相は戦後教育の総点検を要請した．小渕首相は施政方針演説の中で，創造への挑戦として，創造性の高い人材を育成することが必要で，単に教育制度を見直すだけでなく，社会の在り方までを含めた抜本的な教育改革が

求められていると述べた．そして，教育の根本にまで遡って議論するために教育改革国民会議を発足させると提起した．また，子どもは社会全体の宝であり，学校，家庭，地域の三者が協力しあうこと，また，子どもの健全な発達を支えていく社会を構築するために，大人自らが倫理やモラルに注意しなければならないと述べた（朝日新聞 2000）．ただし，小渕首相の体調悪化により，4 月 5 日には森喜朗首相が政権を引き継ぐことになる．森首相は教育改革国民会議の第 2 回会合で，教育基本法の見直しを含め，教育と学校の目的を問い直す議論が必要であると指摘した．

　2000 年 12 月 22 日に出された教育改革国民会議報告「教育を変える 17 の提案」では，奉仕活動の全員参加，学校や教育委員会への組織マネジメントの導入，コミュニティ・スクールの推進，などが提起された．本章では，教育政策の立案と実施に影響を与える教育振興基本計画の策定と，終戦直後から論議を呼んできた教育基本法の見直しに着目したい．教育振興基本計画の策定では，教育改革が着実に実行されるために，基本的方向性を示すとともに，教育施策の総合的かつ計画的推進を図る必要があると提起した．また，計画を策定することでより財政措置を得られるようになるという．教育基本法の見直しについては，教育基本法制定時と社会状況は大きく変化し，教育の在り方そのものが問われていることから，新しい時代にふさわしい教育基本法を検討する必要があるという．教育基本法の検討に必要なポイントとしては，第 1 に，新しい時代を生きる日本人の育成，第 2 に，伝統，文化など次代に継承すべきものを尊重し発展させること，第 3 に，教育基本法の内容に理念的事項だけでなく，具体的方策を規定し，行財政措置を飛躍的に改善させるために，教育振興基本計画策定に関する規定を設けることが重要だと示した．2001 年 1 月 25 日には，文部科学省が「21 世紀教育新生プラン――レインボープラン」を決定した．これは，前年に出された教育改革国民会議による最終報告の提言を踏まえて，具体的に課題を提示したものである．

　2000 年 4 月「地方分権の推進を図るための関係法律の整備などに関する法律」（地方分権一括法）が，4 月 1 日施行となった．教育分野では，都道府県および指定都市の教育長の任命承認制度が廃止された．また，教育長を教育委員のうちから任命するとともに，教育委員の数を弾力的に指定できるようになった．

　2001 年 1 月 6 日に，中央省庁再編で 1 府 12 省庁になり，文部省と科学技術庁が統合され，文部科学省となった．また，2001 年 2 月 1 日には，新中央教育審議会が発足した．従来，中央教育審議会ほか，教育課程審議会や教育職員養成審議会等，7 つの審議会でそれぞれ審議がなされていたが，新たな中央教育審議会として整理・統合して一本化し，それぞれの課題は教育制度，生涯学習，初等中等教育，大学，スポーツ・青少年の各分科会で審議を進めるという新たな組織体制を構築した．

（3） 小括

（政治イシュー）

　橋本・小渕・森内閣において，共通する政治イシューの１つは，地方分権改革といえよう．1995 年 5 月に制定された地方分権推進法によって，地方分権推進委員会が発足し勧告を出すなど，地方分権を実現するための具体的な取組みが行われていた．次に，橋本内閣では，行政改革が政治イシューであった．行政改革会議を設置し，橋本首相自らが会長となり行政改革の構想として，内閣機能強化，中央省庁再編，行政機能の減量と効率化を提言した．内閣機能強化としては，国政全体を見渡した総合的，戦略的な政策判断と機動的な意思決定をなし得る行政システムを目指した．そこで，合議体としての内閣が，実質的な政策論議を行い，トップダウン的な政策の形成・遂行の担い手となり，新たな省間調整システムの要として機能すること，さらに，内閣総理大臣の指導性の強化を目指した[46]．小渕内閣では，教育を最重要課題と位置づけ，教育改革国民会議を発足させ，戦後教育の総点検を試みた．小渕首相の意向として，教育制度の見直しに留まらず，社会の在り方までを含めた抜本的教育改革を志向し，子どもは社会全体の宝として，学校，家庭，地域が協力することや，大人自らが倫理やモラルを示していくことを提起した．森内閣では，小渕内閣を引き継ぐことになったのだが，森内閣の特徴としては，教育基本法の見直しを明示したことであろう[47]．森首相は自民党文教族の第一世代に師事してきた文教族であり，中曽根内閣時には文部大臣として教育基本法改正を検討することの是非に直面していた（森 2013）．そのため，小渕首相よりも，教育改革を具体的に検討・構想できる要素を持ち合わせていた[48]．

（問題と管理）

　問題については，教育における解決すべき社会的に大きく目立った問題は特にない時代であった．管理については次の通りである．まず，教育改革国民会議が発足し，総理直轄の会議体として，総理が直接教育政策に関わりを持つこととなった．臨教審と同様に，中教審を中心とした従来型の教育政策形成過程とは異なり，政治の意向を教育政策に直接的に反映させることができ，また，全方位的に教育政策に政治が関わろうとしていた．ただし，小渕首相と森首相では，教育政策に関わる関心は異なる．森首相は，政治の世界に入って以降一貫して文教族であったが，小渕首相は族議員という特徴はない．また，小渕首相は，子どもは社会全体で支え，子どもに対して大人が倫理やモラルに注意するべきだと示しているが，森首相を含む文教族は教員は聖職者であると考え教員の在り方に着目しており，小渕首相と森首相を含む文教族の関心と同じとはいえなかった．また，教育改革国民会議が提案し

た，教育振興基本計画による教育施策を総合的に推進することは注目に値する．この提案を基に，以後の教育政策では教育振興基本計画が作成され，教育振興基本計画に依って政策を進めるようになるのであるが，これ以前では，教育政策を総合的に進めるための政策ツールが存在しなかった．総合的なテーマに対して，中教審が答申を出すことはあったが，あくまで審議会が出す答申であることから，予算の根拠となるものではなかった．中教審の審議を経るものの，教育振興基本計画は文科省の計画となるため，政策の方向性や重点だけでなく，予算の根拠ともなった．

　次に，制度変更によって管理体制が強化されたものと，規制が緩和されたものがある．学校教育法施行規則等の一部が改正され，校長・教頭の資格要件緩和，職員会議の法的位置づけの明確化，学校評議員制度導入がなされた．校長・教頭の資格要件緩和は，規制緩和であり，職員会議の明確化と学校評議員制度導入は，学校に対する管理体制の強化といえる．職員会議は法的に校長の補助機関となったことから，職員会議は意思決定機関であることは否定されることとなり，さらに，権限としては校長の下部に職員会議を位置付けたことから，曖昧であった校長の立場が明確化されるとともに強化された．学校評議員制度は，学校運営を校長を含む学校の教職員に限定することなく，外部の視点を反映できるようになった．外部の視点を反映することは，外部からの管理の一形態であり（非常に緩やかな手法であるが），管理体制の強化といえる．また，国旗及び国歌に関する法律の施行も管理体制の強化といえる．従来まで曖昧であった国旗・国歌の取り扱いについて，その存在について法的根拠が与えられ，その存在を否定することはできなくなった．また，地方分権一括法の施行により，教育長の任命承認制度廃止や教育委員数の弾力化は，地方の裁量が大きくなったことから規制緩和といえる．

　最後に，教育改革国民会議報告の17の提案を見てみると，規制緩和とともに，NPM的な発想による管理体制の強化という性格をみてとれる．特に，コミュニティスクールの設置では，学校評議員制度からさらに踏み込み，学校運営を教職員中心ではなくコミュニティ（地域）で行うことを提案し，より多様なステークホルダーによって学校を管理する体制をつくろうとするものである．多様なステークホルダーが学校運営に関与できるようになったという点をみれば規制緩和でもあるが，学校運営に外部の視点も取り入れることが趣旨であるから管理体制としては強化されたといえる．さらに，学校に対して評価制度を導入し，結果や成果による管理体制を目指した．

6　2001 年から 2019 年

(1)　小泉純一郎内閣（2001 年 4 月 26 日〜2006 年 9 月 26 日）

　小泉内閣では，国立大学の法人化に向けて動き出す．2001 年 6 月 11 日に「大学の構造改革の方針」（いわゆる「遠山プラン」）が発表され，同日，経済財政諮問会議に報告された．

　2001 年 11 月 26 日には，「教育振興基本計画の策定について」と「新しい時代にふさわしい教育基本法の在り方について」の 2 つの諮問が，遠山文相から出された．この 2 つの諮問は，2000 年 12 月に出された教育改革国民会議最終報告の提言も踏まえて検討が進められた．諮問では，教育の目標を明確化し，必要な施策を計画的に進めるために，教育振興基本計画を策定し，同時に，新しい時代にふさわしい教育基本法の在り方を総合的に検討する必要があると示した．特に，重要な検討事項として，教育の基本理念・基本原則，教育を担うべき主体，国・地方公共団体の責務，前文の取り扱いが挙げられた．

　2002 年 8 月 30 日に，経済財政諮問会議の制度・政策改革集中審議において，遠山文科相は義務教育費国庫負担制度の改革案を示すとともに，「人間力戦略ビジョン」を発表した（URL26）．背景として，2002 年 6 月に，「選択と集中」による産業競争力強化と規制改革を通じた「民業拡大」による市場創造を目的として，経済財政諮問会議は経済活性化戦略をまとめた．この戦略の中で，経済成長の源泉は人であるという観点から人間力戦略を主要施策として提示していた．この人間力戦略を具体化する計画として，人材育成の理念を示すことを目的にまとめられたものが人間力戦略ビジョンである．人間力戦略ビジョンでは，義務教育から高等教育，生涯学習までを貫く人材育成の基本的ビジョンを示した．ここでは，4 つの育成の目標として，「自ら考え行動するたくましい日本人」，「『知』の世紀をリードするトップレベルの人材の育成」，「心豊かな文化と社会を継承・創造する日本人」，「国際社会を生きる教養ある日本人」を掲げた．

　2003 年 10 月 7 日に，中教審は答申「初等中等教育における当面の教育課程及び指導の充実・改善方策について」を出した．2002 年度から新学習指導要領が全面実施されていたが，学力低下の議論もあり，教育内容の「三割削減」に対する批判が一部に起きていた．こうした状況に対して議論が行われた．2003 年 5 月 15 日に文部科学大臣が中教審に「今後の初等中等教育改革の推進方策について」を諮問した．子どもたちに基礎・基本を徹底し，「生きる力」を育むことを基本的なねらいとする新学習指導要領の更なる定着を図ること求め，以下の具体的な検討課題につ

いて審議を行った.

　　（1）学習指導要領の「基準性」の一層の明確化.
　　（2）必要な学習指導時間の確保.
　　（3）「総合的な学習の時間」の一層の充実.
　　（4）「個に応じた指導」の一層の充実.
　　（5）全国的かつ総合的な学力調査の今後の在り方やその結果の活用.

　また，義務教育費国庫負担制度の在り方について，大きな議論となっていた．構造改革を推し進める小泉政権は，国の関与縮小と，地方の権限と責任の拡大により，地方分権の推進を目指していた．そこで，国庫負担金改革，税源移譲，地方交付税の見直しという「三位一体改革」を進めた．国が地方に支出する国庫補助負担金の廃止・縮減，地方交付税の見直し，国から地方への税源移譲を一気に行うことで，地方分権を図ると同時に，国と地方の財政赤字の再建を進めようとしていた．しかし，政治家を含めた関係各所との調整は難航していた．

　義務教育費国庫負担制度を堅持する立場として，文科省や教育関係団体らの動きは活発化していた．2004 年 5 月，中央教育審議会の教育条件整備に関する作業部会は「義務教育費に係る経費負担の在り方について」（中間報告）をまとめ，制度の堅持を指摘した．さらに 2004 年 8 月，河村文科相は「義務教育の改革案」を発表し，地方の自由裁量を広げながらも制度の堅持を主張した．2004 年 10 月 21 には文部大臣経験者の有馬朗人やノーベル賞受賞者の小柴昌俊らによる「日本の将来を憂える緊急メッセージ」や，中教審の鳥居会長と木村副会長による「義務教育費国庫負担制度に関する緊急要望」が出された．その後も教育関係者は制度堅持の要請を出していた．その後，2005 年 11 月に，義務教育費国庫負担金は，国の負担を現行の 2 分の 1 から，3 分の 1 へ引き下げることとなった．

　2004 年 6 月 9 日には改正地教行法が公布された（2004 年 9 月 9 日施行）．この改正では，学校運営協議会を法制化した．この改正は，中教審答申「今後の学校の管理運営の在り方について」（2004 年 3 月），教育改革国民会議「教育改革国民会議報告——教育を変える 17 の提案——」（2000 年 12 月），総合規制改革会議「規制改革の推進に関する第 3 次答申」（2003 年 12 月）等を踏まえ，公立学校の管理運営の改善を図るため，教育委員会が，その指定する学校の運営に関して協議する機関として，地域の住民，保護者等により構成される学校運営協議会を設置できるようにすることを目的として法制化された．法制化の背景として，既に導入されている学校評議員制度があった.[50] 学校評議員制度は，大きな成果を上げる学校があるものの，運用上の課題を抱える学校もあり，制度の改善や発展が求められていた．そこで，中教

審答申「今後の学校の管理運営の在り方について」では，新しい学校運営として，保護者や地域住民が一定の権限と責任を持って主体的に学校運営に参加すること，学校の裁量権拡大を制度的に確立すること，法令上の根拠を与えることを提起していたのである．

2005年10月の中教審答申「新しい時代の義務教育を創造する」はそれ以降の義務教育改革を方向づけ，さまざまな施策を基礎づけた．この答申は総合的な内容として，3つの諮問「今後の初等中等教育改革の推進方策について」，「地方分権時代における教育委員会の在り方について」，「今後の教員養成・免許制度の在り方について」に答えた．この答申は，三位一体の改革と連動しており，次のような経緯があった．2004年11月の政府・与党合意「三位一体の改革について」では，2006年度までの三位一体の改革に関して合意がなされた．この合意の中で，義務教育制度については，その根幹を維持し，引き続き国は責任を堅持する方針が示された．検討に当たっては，費用負担に関しては地方からの案を活かすことと，教育水準を維持向上することを求め，2005年秋までに中教審において結論を得ることとされた．これを受け，中教審では，義務教育の在り方について集中的な審議を行うために，2005年2月に中教審の総会直属の部会として義務教育特別部会を設置し検討することとなったのである．答申の方向性として，① 教育の目標の明確化と結果検証と質保証，② 教師への信頼の確立，③ 地方・学校の主体性と創意工夫による教育の質向上，④ 教育条件の整備，という4つの国家戦略を提示した．特に，義務教育における国と地方・学校との関係は注目され，構造改革として ① 国の責任による目標設定と基盤整備，② 分権改革の推進，③ 国の責任による教育結果の検証と質保証していくことを提起した．そして，国の責任によるナショナル・スタンダードの確保と，各地域における最適化が必要だと述べた．

2006年12月22日改正教育基本法が公布，施行した．2000年に教育改革国民会議が提言し，小泉政権時の2003年に中教審答申「新しい時代にふさわしい教育基本法と教育振興基本計画の在り方について」が具体的な改革の方向性を示していた．2006年4月28日には法案の閣議決定が行われた．[51] この閣議決定に対して，日教組や学術団体は改正反対の議論が多く交わされた．こうした中，9月26日に発足した安倍政権の下で，新教育基本法は成立した．

(2)　安倍晋三内閣 (2006年9月26日〜2007年9月26日)

2007年10月10日には，総理諮問機関として，教育再生会議の設置が閣議決定される．21世紀の日本にふさわしい教育体制を構築し，教育の再生を図るため，教育の基本にさかのぼった改革を推進することが趣旨である．教育再生会議では3

つの分科会が設けられた．「学校再生分科会」（第1分科会）では，学力や教員など学校の問題を議論した．「規範意識・家族・地域教育再生分科会」（第2分科会）では，規範意識や家庭，地域社会の教育力の問題を議論した．「教育再生分科会」（第3分科会）では，より大きな教育の改革の問題を議論した．議論のとりまとめとして，「いじめ問題への緊急提言」（2006年11月29日），第1次報告（2006年6月1日），第2次報告（2007年6月1日），第3次報告（2007年12月25日），最終報告（2008年1月31日）が出された．第1次報告では，教育システムの改革について提言した．本書の問題関心から，特に次の3点は確認しておく．第1に，学校を真に開かれたものにし，保護者，地域に説明責任を果たすために，第三者機関による外部評価・監査システムを導入すること．これによって，学校は情報開示し，子どもや保護者と意思疎通を図ることや，保護者や地域が学校運営に参画し，一定の責任を負うことを期待した．第2に，学校の責任体制を確立し，校長を中心に教育に責任を持つために，副校長，主幹等を新設し，マネジメント体制の構築を図ること．第3に，教育委員会の在り方そのものを抜本的に問い直すこと．現状の教育委員会は国民の期待に応えておらず，教育委員会の問題解決能力が問われているという．その要因は，組織として機能していないことにあり，教育委員会の閉鎖性，形式主義，無責任，危機管理能力不足，委員の高齢化と名誉職化などの弊害に起因していると述べた．そこで，教育委員会は，地域の教育に全責任を負う機関として，その役割を認識すること，透明度を高め説明責任を果たすこと，住民や議会による検証を受けること，第三者機関による教育委員会の外部評価制度を導入すること，教育委員会の統廃合を進めることなど，抜本的な対策として提言した．

　最終報告では，教育再生の原点は，社会全体から信頼され，期待される教育の実現であり，国民一人ひとりがあらゆる場を通じて，教育再生に参画することが重要だと述べた．そこで，心身ともに健やかな徳のある人間を育てること，学力の向上に徹底的に取組むこと，保護者の信頼に応える学校づくりを行うこと，教育支援システムを改革すること，世界をリードする大学・大学院を目指すこと，社会総がかりで教育再生に参画することを求めた．そして，これまでの臨教審や教育改革国民会議を通じて，日本の教育制度の根幹にかかわる改革が提言されてきたが，それらの提言は十分に教育現場に反映されていないのだという．そこで，教育再生会議では提言の実効性の担保を重視し，フォローアップの必要性を求めた．しかし，安倍首相が突然辞任したことによって急速に影響力を失うこととなる．

　教育再生会議の設置と運用の時期と前後するのだが，2007年3月10日に中教審は答申「教育基本法の改正を受けて緊急に必要とされる教育制度の改正について」を出した．これは，2007年2月6日の中央教育審議会において，伊吹文科大臣か

らの審議要請を受けて（文部科学大臣から諮問された訳ではない），教育基本法の改正を踏まえて，緊急に必要とされる教育制度の改正について，約1か月間にわたり，集中的な審議を行ったものである．審議の対象は次の3点である．

(1) 学校の目的・目標の見直しや学校の組織運営体制の確立方策等（学校教育法の改正）
(2) 教員免許更新制の導入等（教育職員免許法等の改正）
(3) 教育委員会の在り方や国と地方の役割分担[52]（地方教育行政の組織及び運営に関する法律の改正）

これらの事柄は，既に中教審で審議されており，答申によって基本的な考え方が示されているものも多数含まれていた．本答申では，こうした審議の積み重ねを前提に，昨今の教育界に生じている課題や変化，教育基本法の改正，教育再生会議第1次報告などを参考にして，今後改正を要する諸法のうち，緊急に改正が必要とされる制度について中教審の考え方をとりまとめた．

答申の内容では，学校教育法の改正については，まず学校の評価などに関する事項として，教育基本法第5条第3項（国及び地方公共団体の役割と責任），第16条第2項及び第3項（教育行政における国及び地方公共団体の役割と責任），第13条（学校，家庭及び地域住民等の相互の連携協力）を踏まえ，学校の裁量を拡大し自主性・自律性を高める上で，その取組みの成果の検証が重要であることから，学校評価及びその前提となる情報提供の充実を求めた．次に，新しい職の設置に関する事項として，教育基本法第6条第2項により，学校教育において体系的な教育を組織的に行うこととなった．そこで，学校における組織運営体制や指導体制を確立するために，副校長，主幹，指導教諭という新しい職の設置を求めた．

教育委員会制度の見直しとしては，全ての地方自治体に設置することなど現在の基本的な枠組みを維持することを前提に，各自治体の実情に応じた行政が執行できるように制度を弾力化すること，教育委員会の機能強化，首長と教育委員会の連携強化，教育委員会の役割を明確化することが提示された．

この答申を受けて，2007年6月27日に新教育基本法に基づき，学校教育法，教育職員免許法，地教行法を改正し，公布されることとなった．

(3) 福田康夫内閣と麻生太郎内閣（2007年9月26日～2009年9月16日）

2008年2月26日の閣議決定で教育再生懇談会を設置することとなった．21世紀にふさわしい教育の在り方について議論するとともに，教育再生会議の提言のフォローアップを行うことを目指した．21世紀にふさわしい教育の在り方については，

第3章　日本の教育政策の歴史的展開　　*91*

子どもが主体的に取組むための環境と教育の在り方，また，若者の学力と能力を高めて国際的に通用する人材育成の議論を求めた．審議のとりまとめとして，教育振興基本計画に関する緊急提言（2008年5月20日），第1次報告（2008年5月26日），第2次報告（2008年12月18日），第3次報告（2009年2月9日），第4次報告（2009年5月28日）を出した．第1次報告では，子どもを有害情報から守ること，子育て支援，留学生30万人計画，英語教育の抜本的見直し，実践的環境教育の展開，学校耐震化について提言を行った．第2次報告では，教科書の充実に関する提言を行った．第3次報告では，携帯電話利用に伴う弊害から社会全体で子どもを守ること，大学全入時代における大学の在り方，教育委員会の在り方を提言した．第4次報告では，全ての子どもが安心して教育を受けられる社会の構築，グローバルな人材と科学技術人材の育成，スポーツ立国について提言した．

　2008年7月1日に文科省は教育振興基本計画の第1期計画を策定した．改正された教育基本法で，教育振興基本計画策定について新しく規定が設けられたためである．政府は，教育の振興に関する施策の総合的かつ計画的な推進を図るため，教育の振興に関する施策についての基本的な計画を定めて，国会に報告するとともに公表することとなった（第17条第1項）．また，国が策定する教育振興基本計画を踏まえて，地方公共団体は地域の実情に応じて教育の振興のための基本的計画を定めることが努力義務とされた（第17条第2項）．この規定を受け，2008年4月18日に中教審は答申「教育振興基本計画について――『教育立国』の実現に向けて――」を出した．この答申を踏まえて，教育振興基本計画の第1期計画を文科省は策定した．

　今後10年間で目指すべき教育の姿として，第1に，義務教育終了までに全ての子どもに自立して社会で生きていく基礎を育てる，第2に，社会の発展と国際社会をリードする人材を育てることを示した．また，今後5年間に総合的かつ計画的に取組むべき施策として，次の4つの方向性を示した．

　　（1）社会全体で教育の向上に取組む．
　　（2）個性を尊重しつつ能力を伸ばし，個人として，社会の一員として生きる
　　　　基盤を育てる．
　　（3）教養と専門性を備えた知性豊かな人間を養成し，社会の発展を支える．
　　（4）子どもたちの安全・安心を確保するとともに，質の高い教育環境を整備
　　　　する．

　以上の動向の他に，2009年4月1日には，教員免許更新制度が施行となった．教員免許状の有効期間は10年間とされ，文科省の認定を受けた講習を受講して終

了することが，免許状の更新要件として課されることとなった．文科省によるとこの制度は，不適格教員の排除を目的としたものではなく，教員として必要な資質能力が保持されるよう，定期的に最新の知識技能を身につけることで，教員が自信と誇りを持って教壇に立ち，社会の尊敬と信頼を得ることを目指した．

(4) 鳩山由紀夫内閣から野田佳彦内閣 (2009年9月16日〜2012年12月26日)

　2009年8月の衆議院議員選挙では自民党の大敗により，政権交代が起こり，民主党政権が誕生した．民主党政権は2009年9月から2012年12月までの2年3か月の期間であった．政権交代を果たした衆議院議員選挙では，教育政策に関して，民主党はマニュフェストの中で，重点政策として，子ども1人当たり月額2万6000円を中学校卒業まで支給する「子ども手当」を創設することと，高等学校の学費を実質的に無償化することを掲げた．政権交代後，子ども手当は財源の問題から自民党政権で行われていた児童手当を修正するかたちとなった．高等学校の無償化は2010年に高校無償化法が施行され，公立高校の授業料は無料になり，私立高校の授業料は一定額が支給されることとなった．2011年3月11日に東日本大震災が発生したことや様々な政治状況から，その他には民主党政権として特徴的な教育政策は行われていない．[53]

　民主党政権であることとは関係なく，東日本大震災の影響にも少し触れておきたい．2011年度（平成23年度）文部科学白書では，「東日本大震災からの復旧・復興〜人づくりから始まる創造的復興〜」という特集テーマが設定された．この特集では，震災による文教・科学技術関係の被害の概況，震災発生後の緊急対応，教育活動の再開等の復旧の取組みを総括した．また，地域コミュニティの拠点である学校を核としたまちづくりや，大学等の知見を活用した地域の再生などの復興に向けた取組み事例の紹介と，原発事故への対応として，モニタリングや原子力損害賠償の取組み，学校における線量低減の取組みを紹介した．そして，被災地の学習環境を回復させることと，地域再生のための新しい教育を考えることが目指された．また，2013年度からの第2期教育振興基本計画の策定について，震災から得た教訓も踏まえた検討が進められた．東日本大震災は，教育政策にとっても様々な課題や知見をもたらしたのであるが，本章では，学校を核としたまちづくりの重要性について，東日本大震災を契機に一般的に再認識されるとともに，教育政策における政策課題として文科省が認識したことを確認しておきたい．文部科学省の「学校運営の改善の在り方等に関する調査協力者会議」は提言「子どもの豊かな学びを創造し，地域の絆をつなぐ〜地域とともにある学校づくりの推進方策〜」を出し，学校を核としたまちづくりの意義を指摘し，学校と地域は日常的に良好な関係を築くことの重要

性を提言したのであった.

(5) 安倍晋三内閣 (2012 年 12 月 26 日～2020 年 9 月 16 日)

2013 年 1 月 15 日に教育再生実行会議を設置することが閣議決定された. 第 1 次提言が 2013 年 2 月 26 日に出されて以来, 2017 年 6 月 1 日に第 10 次提言が出されている. これらの提言を受け, いじめ問題等への対応 (第 1 次提言), 教育委員会制度改革 (第 2 次提言), 大学ガバナンス改革 (第 3 次提言), 小中一貫教育の制度化 (第 5 次提言), 専門職大学・短期大学の制度化 (第 5 次提言), 教師の養成・採用・研修の一体改革 (第 7 次提言), 給付型奨学金の創設 (第 9 次提言) 等に関する法律改正が行われた. さらに, 法令改正や予算事業化によっても取組みが進められた. 例えば, いじめ問題等への対応として法改正だけではなく, 2015 年 3 月 27 日に小・中学校の学習指導要領が一部改訂され, 「道徳の時間」が「特別の教科道徳」となり, 従来まで使用していなかった道徳の検定教科書を授業で使用することとなり道徳の教科化が進められた. また, 教育再生実行会議の提言を契機として, 政府の他の会議においても, 幼児教育・高等教育の無償化, 高等教育改革, 社会人の学び直しなどのテーマが議論されることとなった. 教育再生実行会議の提言は, 政府全体の教育再生の取組みをリードし, 教育再生の中枢的役割を果たしてきたと, 2018 年 5 月 31 日に出された報告「これまでの提言の実施状況について」では述べられた.

教育委員会制度改革については, 2011 年の大津市のいじめ事件等が契機となった. 教育委員会の制度的弱さとして, 責任の所在の曖昧さや, 危機管理能力不足などが国民に露呈したのである. 第 2 次提言を受けて, 2013 年 12 月 13 日に中教審が答申「今後の地方教育行政の在り方について」を出し, 2014 年 6 月 20 日に改正地教行法が公布された. 特徴は次の 4 点である. 第 1 に, 教育委員長と教育長を一本化することで, 教育委員会の責任体制を明確化した. 第 2 に, 教育長の任免権は首長が議会の同意を得て行うこととなった. 第 3 に, 首長が主宰する「総合教育会議」を新たに設けた. 首長と教育委員が協議・調整することで, 両者が教育政策の方向性を共有し, 一致して執行にあたることが可能となる. 第 4 に, 総合教育会議において, 首長と教育委員会が協議・調整を尽くし, 首長が大綱を策定する. 第 5 に, 国の関与を見直し, 教育委員会の法令違反や事務の管理及び執行に怠りがある場合, 児童, 生徒等の生命・身体に被害が生じ, または被害が生ずるおそれがあると見込まれ, その被害の拡大又は発生を防止するため, 緊急の必要があり, 他の措置によってはその是正を図ることが困難な時は, 文部科学大臣は, 教育委員会に対し指示できることとなった.

2013 年 6 月 14 日に第 2 期教育振興基本計画, 2018 年 6 月 15 日に第 3 期教育振

興基本計画が閣議決定された．第2期教育振興基本計画では，まず大前提として2011年3月11日に起きた東日本大震災の経験が大きな背景としてある．特に，被災から見いだされた希望として，まず被災地の子どもたちを挙げた．避難所運営やお年寄りの世話などのボランティアに子どもたちは主体的に取組み大きな力を発揮した．また，避難所や仮設住宅などの厳しい学習環境にあっても，床にノートを広げて宿題をしたり，暗がりの中で自学自習に取組んだりする姿から，学びへの意欲と困難を乗り越えようとするたくましさがあった．また，教職員を含めた地域住民やボランティア，企業などの献身的かつ積極的行動から，「人の絆」が今も強く存在しているという希望があった．

　これらを踏まえて，① 社会を生き抜く力の養成，② 未来への飛躍を実現する人材の養成，③ 学びのセーフティネットの構築，④ 絆づくりと活力あるコミュニティの形成，という4つの方向性を示した．これらは，第1期計画が学校段階等の縦割りで整理していたことに対して，第2期計画では，各学校間や学校教育と職業生活等との円滑な接続を重視し，生涯の各段階を貫く教育の方向性を示したものである．また，検証改善サイクルを実現するために，第1期計画では不十分であった成果目標と達成度を客観的に計測するための指標を8つの成果目標として設定した．

　2018年6月15日に示された第3期教育振興基本計画では，2030年以降の社会の変化を見据えた教育政策の在り方を示した．第2期計画の「自立」「協働」「創造」の方向性を継承しながら，教育政策の重点事項として次の2つを設けた．まず，超スマート社会（society 5.0）に着目した．超スマート社会は，狩猟社会（Society 1.0），農耕社会（Society 2.0），工業社会（Society 3.0），情報社会（Society 4.0）に続く，新たな社会を示すもので，2016年1月22日に出された第5期科学技術基本計画の中で，日本が目指すべき未来社会の姿として初めて提唱された．そこで，超スマート社会とは，ICTが発展し，ネットワーク化やIoTの利活用が進む中，さらなる技術革新の進展を背景に「必要なもの・サービスを，必要な人に，必要な時に，必要なだけ提供し，社会の様々なニーズにきめ細かに対応でき，あらゆる人が質の高いサービスを受けられ，年齢，性別，地域，言語といった様々な違いを乗り越え，活き活きと快適に暮らすことのできる社会」と定義した．そして，「超スマート社会（Society 5.0）」の実現に向けた技術革新が進展するなか「人生100年時代」を豊かに生きていくためには，「人づくり革命」，「生産性革命」の一環として，若年期の教育，生涯にわたる学習や能力向上が必要だと述べた．次に，人生100年時代を見据えた生涯学習の姿に着目し，教育を通じて生涯にわたる一人一人の「可能性」と「チャンス」を最大化することをかかげた．

　2018年10月1日には，文部科学省では組織改編が行われ，教育分野の筆頭局と

して総合教育政策局が誕生し（URL28），超スマート社会（Society 5.0）や人口減少など社会構造の急激な変化に対応していくことを目指した．具体的には，生涯学習局や生涯学習政策局の設置後も，学校教育政策と社会教育政策とが縦割りで展開されている状況があったことから，学校教育と社会教育を通じた教育政策全体を総合的・横断的に進め，生涯学習政策を強力かつ効果的に進めることを目指した．そこで，取組みとして，① 学校教育・社会教育を通じた総合的かつ客観的根拠に基づく教育政策を推進すること，② 生涯にわたる学び，地域における学び，ともに生きる学びの政策を総合的に推進することをかかげた．

　この組織再編の経緯として次の 3 点を挙げた．第 1 に，1988 年に生涯学習局を設置した．1960 年代に UNESCO が提唱した「生涯教育」（life-long education）の考え方や，社会教育審議会や中央教育審議会での議論を経て，1986 年の臨時教育審議会答申では，21 世紀のための教育体系の再編成として，従来の学校教育中心の考え方を脱却し，生涯学習体系への移行を推進することを打ち出した．1988 年に文教政策全体として生涯学習体系への移行を目指すため，既存の社会教育局を改組して生涯学習局を設置し，その任務として生涯学習に関する企画調整を位置づけた．1990 年には「生涯学習の振興のための施策の推進体制等の整備に関する法律」が成立した．第 2 に，2001 年の中央省庁再編の時に，文部省が文部科学省へ再編され，生涯学習局は生涯学習政策局に再編された．これは，政策形成をより重視する観点から，生涯学習政策の立案機能を強化し，一層の推進を図るため，中央教育審議会の運営や調査統計等の所掌を同局に移管し，学校教育も含めた教育政策に関する企画調整機能を強化することが目的であった．第 3 に，教育基本法の改正である．2006 年に改正された教育基本法では，生涯学習社会実現の重要性に鑑み，新たに第 3 条として「生涯学習の理念」に関する規定が設けられた．この規定は，教育全体の普遍的理念として生涯学習社会の実現を目指すことを明確化した．

(6)　小括

（政治イシュー）

　小泉内閣では，まず，地方分権と構造改革を目指した三位一体の改革を進めた．教育の分野では，義務教育費国庫負担制度が大きな議論となった[54]．ただし，小泉政権の関心は三位一体の改革を進めることであり，国庫負担金改革は三位一体改革の 1 つであり，教育分野を特別に改革の対象としたわけではない．むしろ，「聖域なき構造改革」というキャッチフレーズの下，例外なく構造改革を進めることに関心があった．この背景として，経済財政諮問会議が中心となり，構造改革によって，日本の経済・社会に残る非効率な部分を取り除き，技術革新や新事業への積極的な

挑戦を生む基盤を築き，デフレの克服と経済社会に活力を生み出すことを小泉内閣は目指していた．つまり，構造改革による経済の活性化が最大の政治イシューであった．安倍内閣（第1次）では，教育再生は大きな政治イシューの1つで，安倍首相は「教育の目的は，志ある国民を育て，品格ある国家，社会をつくること」だと考えた．そして，第165回国会における所信表明演説の中で教育再生会議の発足を表明した．教育再生会議は総理諮問機関として内閣に設置され，教育の基本にさかのぼった改革を推進しようとした．また第166回国会における施政方針演説では教育再生は最重要課題であると位置づけた．ただし，安倍首相は，文教族でもなければ，教育政策に精通している訳でもない．そして，戦後日本に対する自民党の価値観をベースに，安倍首相なりの教育への思い入れがある．[55] 第1次安倍内閣で教育基本法は改正されるのであるが，教育基本法改正法成立を受けての内閣総理大臣の談話で「道徳心，自律心，公共の精神など，まさに今求められている教育の理念などについて規定」したことを安倍総理は強調した．自民党の考え方や安倍首相の様々な言動に鑑みると，改正すべき教育基本法の内容については，自民党にとっても，安倍首相にとっても政治イシューであったと考えられる．福田内閣，麻生内閣では，教育政策に関する特徴的な政治イシューはなかった．

　鳩山，菅，野田内閣の民主党政権では，マニュフェストに示し選挙で大々的に訴えていた子ども手当の創設と高等学校の無償化は大きな政治イシューであった．政策的な意味だけでなく，政局として自民党との違いを出すことにも使われる野党のマニュフェストであることから，野党が政権交代を果たした場合，特に選挙で大きく訴えた事項を実現できないことは政治的に死活問題となる．

　再び自民党が政権与党となり，第2次安倍政権が始まる．安倍内閣（第2次，第3次，第4次）では，第1次安倍内閣に引き続き教育再生は最重要課題として，政治イシューの1つであった．そこで，教育再生実行会議を立ち上げた．安倍首相によると，第1次安倍内閣で教育基本法を改正し，豊かな情操と道徳心を培うこと，伝統と文化を尊重し，我が国と郷土を愛する態度を養うことを教育目標として明確に規定したものの，教育現場では新しい教育基本法の理念が実現していないという．そこで，教育再生会議の提言や実績を踏まえながら，直面する具体的なテーマについて，集中的かつ迅速に対応していくこと（教育再生を実行していくこと）を目指した．[56]

（問題）

　小泉内閣では，学力低下論争が大きな問題であったといえる．学校教育における学習が量・質ともに過大となり，授業についていけない児童生徒が急増したことを

第 3 章　日本の教育政策の歴史的展開　*97*

反省し，1977 年以降では各教科の指導内容を削減し，「ゆとり」をつくろうとしてきた．また，1971 年や 1996 年の中教審の答申では「生きる力」の重要性が指摘され，ゆとりを持って生きる力を育むことが目指されてきた．しかし，1989 年の学習指導要領の改訂で，総合的な学習の時間の新設と学習内容の 3 割削減は，学力低下論争へと発展してしまう．さらに，OECD 生徒の学習到達度調査（PISA）において，2003 年調査の結果が 2000 年調査の結果より落ちてしまったことで[57]，学力低下を懸念する社会の声が強くなっていた．そこで，2002 年 1 月 17 日に遠山文科大臣の名で「確かな学力向上のための 2002 アピール『学びのすすめ』」を発表するなど，文科省も方針を転換し学力向上に積極的な姿勢を示すことで対応に追われることとなった．第 1 次安倍内閣，福田内閣，麻生内閣では，教育政策として対応すべき大きな問題はなかった．民主党政権では，東日本大震災への対応が大きな問題となった．震災によって，学校は被害に遭うとともに，人々の生活そのものが深刻な被害を受け生活再建もままならない状況の中，また多くの不幸にも遭遇している中，教育をめぐる課題や問題は複雑かつ深刻であることから，どのようにして学びの環境を整えていくのかは難しい問題であった．第 2 次安倍内閣以降では，大きな問題はなかった．

（管理）

　小泉内閣では，まず，義務教育費国庫負担金は，国の負担を 2 分の 1 から，3 分の 1 へ引き下げることとなった．これに対する評価や意見は様々あり本書の関心を超えるものであるが，基本的な特徴としては，地方分権を進めたことといえよう．次に，地教行法が改正され，学校運営協議会を法制化した．これによって，校長が作成する学校運営の基本方針を承認すること，学校運営に関する意見を教育委員会又は校長に述べることができること，教職員の任用に関して教育委員会に意見を述べることができること，以上の 3 点について保護者や地域住民が学校の運営に関わること制度が作られ法定化された．学校運営に関し，学校の外のアクターが権限を持つことで，学校運営に外部の視点を持ち込むだけでなく，学校の外部からも学校を管理しようとするものである．また，教育基本法の改正について中教審で審議するよう諮問が出された．後の安倍首相が教育基本法を改正したのではなく，教育基本法の改正に向けたさまざまな積み上げの結果として成案がまとまった時が安倍内閣であったということである（森・田原 2013）．第 1 次安倍内閣では，教育基本法が改正されるわけだが，先述の通り，教育の理念として道徳心・自律心・公共の精神についての規定がなされたことから，従来，取り扱いが曖昧だったテーマが明確になった．そして，新教育基本法に対応するために，学校教育法，教育職員免許法，

地教行法は改正され，学校における組織運営体制と指導体制を確立するために新しい職を設置したり，教育委員会制度を見直したりして教育委員会の機能強化や役割の明確化，教員免許更新制度の導入がなされた．管理体制は強化されたといえる．福田内閣以降では，新教育基本法に対応し，教育振興基本計画が策定され，5か年ごとの計画として動き始めた．さらに，第4次安倍内閣では，文科省の組織改編が行われ，教育分野の筆頭局として総合教育政策局が誕生し，教育政策全体を総合的・横断的に進めることと，生涯学習政策を強力かつ効果的に進めることについて，より一層の強化がなされることとなった．

7 考　　察

　戦後の教育政策の歴史的展開について，政治イシュー，問題，管理という3つの視点から検討を行ってきた．戦後から今日までの教育政策の全体を捉えたときに，どのような特徴を見出すことができるのだろうか．まず，政策の内容として，戦後の一時期を除けば，文科省は学校現場に対する管理統制を強化してきたといえる．学校教育の分野に範囲を限ったとしても政策課題は大小様々であるが，全国の学校現場の動きを規定するような制度に関して，制度設計が未整備であったり課題があるものが制度化されたり修正がなされてきた．しかも，運用上の不便さや不都合を解消するようなことではなく，曖昧な事項を具体的に規定することや役割や権限などを明確に規定することで，責任体制を明確にし，文科省が（直接的，もしくは間接的に）管理できる状態を構築してきたのである．教育政策をめぐる，または当該制度に関する，社会的，政治的，政策的状況は各事例で異なるものの，文科省による管理体制強化という姿勢は一貫していると考えられる．

　次に，文科省はどのように政策を展開してきたのかについて，時々の政権や政治状況に対応してうまく立ち回るように政策展開してきたといえる．文科省が政策を展開する際は，当然ながら政権や政治状況から常に影響を受ける立ち位置にある．加えて，教育政策の歴史においては，自民党と文部省が日教組と激しく対立してきた歴史をもち，この対立の影響を教育政策は実際に受けてきた．今日では，自民党・文科省と日教組との対立は落ち着いているが，自民党の中の教育政策に関わる政治家では日教組に対する否定的な考えが未だに根強くある．また，人材という観点から社会や民間企業からの政治への要請があったり，政治改革による官邸主導型の政治の展開があったり，単なる政治からの要望・要請ではなく，非常に強い政治的な意向が教育政策に向けられることが少なくなかった．しかし，これらの政権や政治状況に対して，文科省は大きな混乱等を引き起こすことなく，政策を展開して

きた.

　文科省による管理体制の強化や，強い政治的意向の受容は，様々な反発を生む可能性があり，例えば日教組との対立の歴史などから全国的な反発運動へ拡がるなど，深刻化する可能性をもつ．しかし，これらの懸念に対して文科省はうまく立ち回ってきたといえる．いったい文科省はどのように対処してきたのだろうか．3点指摘することができよう．第1に，様々な議論を展開させて，意見集約が難しいことをあえて強調して，結果的に曖昧な政策を作ることが多い．教育とは様々な人々の思い入れが集まりやすいため，様々な意見が様々な立場からしばしば出される．様々な意見がでてくることに関して文科省は基本的に肯定的である．文科省の意向を押しつけたり，様々な意見を制止したりするようなことはみられなかった．同時に，意見集約を積極的に行う姿勢は文科省にはみられない．そして，打ち出される政策の内容は表面上は明示的であるが，目的やねらい，効果などを改めて確認・検討してみると明確ではなく政策として曖昧であることが多いのである．第2に，時の政権の意向を，文科省の意図に合うようにうまく取り入れている．展開された政策を見てみると，中には政治イシューになったことにより政策が作られ展開していったものがある．文科省と日教組との対立に限らず，臨教審や総理直轄の様々な教育会議の存在や官邸主導型の政治など，政権の意向が教育政策に強く影響することはしばしばあった．しかし，行政としての文科省の立場や，教育現場を抱える文科省の立場で政策の内容を見てみると，政治的意向を強く反映しすぎているような違和感はほとんどないのである．時の政権が影響力を及ぼすだけでなく，政権の意向をくみとることで文科省は文科省の意向を政策に反映していると考えられるのである．第3に，全く新しい政策を作るというより，既存の政策を修正（変更，追加，削除等）する形が多い．また，新たに作った政策は，長い時間をかけて完成型に近づけていく．戦後の教育政策の全体をみてみると，制度の修正や時代の変化への対応などが中心的であり，既存の政策を土台に政策展開がなされていた．学校運営協議会の法制化などにみられる地域で学校を運営していく仕組みは，新たに作った政策の1つといえるが，様々な試行錯誤が続けられている取組みであり，時間をかけて展開している政策と考えられる．

　以上，戦後日本の教育政策の歴史的展開から，学校現場に対する管理統制を強化してきたことと，時の政権や政治状況に対応しながらうまく立ち回りながら政策を展開してきたことが，文科省の政策の特徴として読み取ることができる．

注
1）例えば次の文献がある．読売新聞戦後史班編（1982），山住（1987），明星大学戦後教育

史研究センター（1993），戦後教育の総合評価刊行委員会編（1999），小川（2010）．

2）文部省は1947年4月から6・3の新学制をスタートさせるために，教育基本法と学校教育法と教育委員会法を同時に成立させるつもりだったが，調整が間に合わず，同時に成立させることはあきらめた（読売新聞戦後史版編 1982）．

3）紙幅に限りがあるため，団員をすべて示すことができないが，団長は心理学者のジョージ・D.ストッダード（George D. Stoddard）で，女性4人と黒人1人を含む27名であった．

4）米国教育使節団報告書に次いで，1946年6月に，日本の新教育推進に大きな役割を果たしたとされる教師のための手引書『新教育指針』を文部省は発行した．この発行は，米国教育使節団報告書の発表後であるが，編集は1945年秋から企画され，GHQの指導の下に修正を繰り返して完成した（文部省 1972）．

5）紙幅に限りがあり全ての委員を示すことはできないが，南原繁（東京帝国大学総長），田中耕太郎（文部省学校教育局長），森戸辰男（国会議員）らがいた．田中は留学経験がありキリスト教信仰者，森戸はドイツへ留学経験がある．

6）1952年6月6日に文部大臣の諮問機関として中央教育審議会が設置される．

7）CIEは，日本側教育家委員会の発足時にも文部省職員を委員に入れないことを求めていたが，教育刷新委員会発足時は特に厳しかった．文部省は米国教育使節団報告書の勧告に前向きではなく，CIEは文部省を信用していなかったという関係者のコメントがある（読売新聞戦後史班 1982）．

8）教育基本法制定構想は教育勅語の問題が契機となり，なんらかの新しい教育理念を明らかにする必要があった（杉原 2003）．

9）教育基本法の前文では，新しい憲法の理念の実現は根本において教育の力に待つべきことおよび「日本国憲法の精神」に則りこの法律を制定したことを述べている．

10）詳細な議論の経過を知るには杉原（2003）が参考になる．

11）吉田茂内閣の在職期間を改めて確認しておく．第1次：1946年5月22日〜1947年5月24日，第2次：1948年10月15日〜1949年2月16日，第3次：1949年2月16日〜1952年10月30日，第4次：1952年10月30日〜1953年5月21日，第5次：1953年5月21日〜1954年12月10日．

12）順に，安部能成，田中耕太郎，高橋誠一郎，森戸辰男，下条康麿，高瀬荘太郎，天野貞祐．

13）大達茂雄が文部大臣になった際に，事務次官と初等中等教育局長に旧内務官僚を配置した（山崎 1986）．

14）後に参議院の公聴会において，答申原案を作成した中教審第3特別委員会主査の河原春作は，3つの反対意見を紹介し，「日本教職員組合は平和憲法と教育基本法をも忠実に実践しているのであるから，こういう答申案を作る必要がない」，「日本教職員組合のやり方には憤懣を禁じ得ないけれども，立法措置をとることはどうかと思う」，「中央教育審議会というものがあるのだから，その具体案を諮問した上でやってもらいたい．その諮問のないうちは反対」との理由であったことを明らかにした（戸田 2010）．

15）鳩山一郎内閣について．第1次：1954年12月10日〜1955年3月19日，第2次：1955

年 3 月 19 日〜1955 年 11 月 22 日，第 3 次 1955 年 11 月 22 日〜1956 年 12 月 23 日.

16）こうした鳩山一郎内閣の根底には強いナショナリズムがあったという見方がある（山崎 1986）.

17）この法案が国会に提出された際，教育行政の中央集権化と教育内容の国家管理強化に対する懸念とともに，教育の自主性と創意による教育活動を抑圧する危険性が指摘され，学会，教職員組合，教育関係団体などから反対声明や反対運動が起こった．採決の際には，警官 500 人が出動しながら強行採決がなされた（堀内編 2000）.

18）教育委員会法第 1 条では，教育が不当な支配に服することなく，国民全体に対し直接に責任を負って行われるべきであるという自覚のもとに，公正な民意により，地方の実情に即した教育行政を行うことが求められた.

19）教育委員会法の制定以来，課題や問題点が指摘され検討も行われていたが，地教行法の制定過程では中教審に諮問されなかった．しかし，1953 年 7 月 25 日に中教審は教育委員会の公選制について維持すべきだと答申しており，留意が必要であろう（山崎 1986；堀内 2000）.

20）同時に，教育財産の取得・管理・処分権，所掌事項に関する契約締結権，予算執行権も教育委員会から首長に移された（堀内 2000）.

21）その他に，地方教育行政の調査権，資料報告の提出要求権が設定されたり，義務教育諸学校教職員の任免権が都道府県教育委員会に移された.

22）同時期に，地教行法体制の浸透過程として学校管理規則がこの時期に行われており，今日における教育政策の管理の側面から検討するためには重要なトピックであることには留意されたい（堀内 2000）.

23）GHQ と日本政府（または文部省）との関係の評価は慎重な検討を要するが，例えば，教育刷新委員会は占領期間全期にわたって，アメリカ側が文部省を使って教育改革を行うために，きわめて重要な役割を果たしたという指摘がある（杉原 2003）.

24）悉皆の学力調査について，文部省内にも異論があった（内藤 1982；山崎 1986）.

25）日教組は，教育内容の国家統制，改悪教育課程の押しつけの手段であり，人材開発に名をかりて一部の資本家に奉仕する人間形成を目指すものであると主張した.

26）義務教育における教科書無償の機運が高まっていた．文部省は義務教育の無償とは授業料不徴収を指すと消極的であったが，9 月の政府政務次官会議で了承された「当面の文教施設大綱」には教科書無償の実現が含まれていた．教科書国定化への動きを警戒していた野党第一党の社会党も，無償化については賛意を示していた．大蔵省との調整が難航したが，最終的に政府と自民党首脳間で，1963 年度からの無償化を確認した.

27）のちに，第二次ベビーブーム世代も高校進学問題に直面することとなる.

28）山崎（1986）によると，期待される人間像の検討を中教審に要請した理由は，当時の事務次官である内藤氏が述べた 2 つの理由があるという．第 1 に，教育基本法は，戦後の新しい日本の教育の目的を示しているが，日本の国土と民族と文化を基盤として，学校教育の段階ごとの教育目的に即してさらに検討を進めていく必要があること．第 2 に，後期中等教育の拡充整備を図るためには，各種の形態の教育機関が予想されるため，これらを一貫する理念を明らかにする必要があること．前者は，荒木文相が教育基本法批判を繰り返

していたことを反映したという．後者は，後期中等教育が能力主義にもとづいて多様化されると，必然的にハイタレントとロータレントの選別が行われ，ロータレントのレッテルを張られた者は被差別意識をもち，体制に批判的になる恐れがあった．これらの人々を従順に，分に従って生産活動に参加させて，経済成長の担い手にしていく必要があったという．

29）これらの答申では，急速な産業の発展によって多様な専門的知識・技能をもった人材の育成が急務との観点から，高校職業教育のさらなる多様化が提言され，次の18学科が新設された．商業系としては，事務科・経理科・営業科・貿易科・秘書科．工業系としては，金属加工科・電気工作科・衛星工学科・建築施工科．農林水産系としては，森林土木科・漁業経営科．家庭科系としては，調理科・和裁科・洋裁科・手芸科・商業家庭科・服飾デザイン科，そして理数科である（日本児童教育振興財団編 2016）．

30）この答申は，現在の教育制度への影響を持っていると評価されており，教育界では，昭和46年に出されたことから，通称として「四六答申」と呼ばれている．

31）中間報告の内容は「第一，教育改革に取り組む基本的考え方」「第二，教員の資質向上についての基本的考え方」「第三，具体的要領」からなっていた．

32）自民党文教族には，坂田道太，稲葉修らの第一世代，西岡武夫，河野洋平，藤波孝生らの第二世代がいた．

33）このプロジェクト・チーム方式はその後，他の部会でも採用され始め，自民党の政策決定の上で重要な役割を果たすことになる．

34）あわせて，予算編成の際に対象外とされた高校教師の待遇改善も含む方針となった．

35）第二世代の自民党文教族の強引さは「昔，関東軍，いま，文教族」といわれていた（山崎 1986）．人材確保法の成立過程は山田（1979）に詳しい．

36）自民党文教部会へ事前に内容を諮った上で日教組へ打診したという証言もある（山崎 1986）．

37）主任制は学校の管理運営体制の強化であると，日教組等の一部の教職員団体はストライキを含む反対闘争を展開した．一方，文部大臣は，主任制は調和のとれた学校運営と教育指導の充実を図るためのものだと見解を示した．さらには，自民党文教族と文部省との対立も激しく，結果的に自民党文教族の筋書き通りに文部省は動いていった（山崎 1986；URL21）．

38）自民党にとっては学校における管理職の強化は，教員政策の最も重要な柱であり，〈校長−教頭−主任〉という縦の管理体制の制度化によって完成したともいえる（山崎 1986）．

39）佐藤内閣と自民党は沖縄返還と1969年総選挙の大勝で，革新側が意気込んでいた「70年安保」を難なく乗り切ることとなる．さらに，1970年は「万博の年」で，国民は安保より華やかな万博に関心を吸い寄せられた（石川・山口 2010）．

40）中曽根内閣の時の文部大臣である森元総理によると，中曽根総理の教育改革のねらいは教育基本法の改正にあったという（森 2013）．

41）主な内容は次の通りである（URL22；URL23）．
　　（1）生涯学習体制の整備．
　　（2）初等中等教育の改革（道徳教育の充実，初任者研修制度の創設，教科書検定制度

の改革など).

（3）高等教育の改革（大学の高度化・個性化・活性化，大学院の充実と改革，大学入
　　試改革など）.

（4）学術の振興（独創的かつ先端的な基礎研究の振興，民間との共同研究の推進）.

（5）時代の変化に対応するための改革（国際化や情報化へ積極的に対応する.

（6）教育行財政の改革（文部省の機構改革や教育委員会の活性化）.

（7）教育改革の推進体制（政府に教育改革推進のための機関を設置する）.

42) 中曽根総理は憲法とそれに伴う教育基本法を改正し，日本を軌道修正し，戦前のような
日本に戻さなければならないと考えていた（森 2013）.

43) 教育改革の基本的な考え方は次の通り示された（URL24）.「教育改革は，我が国社会
の価値観も含め，社会の在り方全体を見直すことにもつながる国民的な課題です.その実
行には，社会を支える国民一人一人，すなわち，学校の教職員はもとより，社会教育活動
やボランティア活動の参加者，保護者，経済界などが教育改革に積極的に参画していくこ
とが不可欠であり，教育改革の輪が大きく広がることが期待されます.」

44) 規制緩和の流れとしては，行政改革委員会規制緩和小委員会は，通学区制の弾力的運用
（「学校選択」），中卒程度認定試験の緩和，大都市における大学の立地規制緩和などを提言
していた.

45) 法制化に反対してきた共産党が応じる姿勢を示したことも大きな要因であった（朝日新
聞 1999a）.

46) 同時に，内閣及び内閣総理大臣の補佐・支援体制を強化することも提言されている.

47) 後の安倍内閣のときに教育基本法が改正されたため，安倍内閣が教育基本法を改正した
ように見えるが，この森内閣から本格的に改正に向けて動き出したのである.

48) 自民党文教族の第一世代や森首相は，現実路線の改革を唱えており，日教組の解体を目
指していた.そして，教育改革としては，制度的改革よりも，教育の在り方や立場を変え
ることを目指していた（森 2013）.

49) 2002 年 7 月 19 日の閣僚懇談会で「制度・政策改革集中審議」について，小泉首相は
「負担に値する質の高い小さな政府」を実現するために，次の 3 つの具体的方向性を示し
た（URL7）.（1）「官」から「民」の観点に立つこと，（2）国の関与を縮小しつつ地方
の自立を促すこと，（3）府省間の重複排除と成果主義の観点に立つこと.

50) 2000 年 1 月 21 日の学校教育法施行規則の改正により制度化され，同年 4 月 1 日から施
行.

51) 森前首相ら文教族や与党幹部からは今国会成立を求める声が相次ぎ，官邸側が押し切ら
れた形での提出となった（朝日新聞 2006a）.

52) 伊吹文科大臣によると，教育委員会の検討に関して，教育基本法の国会審議の際に地教
行法を改正して，教育の責任の所在を明確にすることが問題になったという（URL27）.

53) 教育政策として様々な動向や取組みを文科省は行っているが，民主党が政権与党になっ
たことの影響は少ないと考えられる.ただし，民主党政権における教育政策を政策研究と
して検討・検証することは，本研究の関心ではないが，重要な研究課題であると筆者は考
えている.

54）2004 年度（平成 16 年度）の時点で，義務教育関係経費 8.7 兆円のうち，義務教育費国庫負担金は 2.5 兆円で 28.8%の割合であった（URL29）.

55）安倍首相の支持者はいわゆる保守派と一般的に呼ばれる人々であり，支持者から賛同と支持を得るために，安倍総理は保守色の強い言動をとることも一般的に指摘されている点は留意を要する.

56）安倍首相は，第 2 次安倍内閣を危機突破内閣と名づけ，教育分野については，子どもの命と未来が危機的状況にあると位置づけた．そして，具体的な教育改革を進めることで，世界トップレベルの学力と規範意識，歴史や文化を尊重する態度を育むことを目指した（URL30）.

57）一般的には「PISA ショック」と呼ばれている.

第4章

教育政策における政策形成の主体

　本研究の仮説として，政策をあえて曖昧にし，その政策を実施過程で生じる政策変容を分析したり利用したりして，時間をかけて政策を修正していること，その結果として，政策を成熟させるとともに，文科省による管理体制を強化したことを示した．そして，時々の政権や政治状況に対応して文科省はうまく立ち回ることで，これらの政策展開を実現してきた．本研究では，これらのことについて，事例研究として学校評価制度を取り上げて検証を試みる．学校評価制度そのものについては，章を改めて検討したい．本研究では，政策過程を念頭に政策形成，政策決定と政策実施とは相互に関連しているという認識の下で，政策実施過程を分析していく．そこで，事例として学校評価制度を検討する前に，本章では政策形成において重要となる政策形成主体について検討する．

1　政策形成主体の検討

　教育政策の実施過程を理解するためには，前提として教育政策過程におけるアクターを理解する必要がある．この点，日本の教育政策過程を政治学の立場からアクターに着目して分析したものとして，Schoppa（1991＝2005）の研究が参考になる．Schoppa は，1971 年の中教審答申と臨教審が提起した新しい教育システムの導入という教育改革が実行に移されなかったことに着目し，その理由を説明しようと試みた．そこで，教育政策過程を分析するために着目すべきアクターとして，教育政策過程の内部アクターには自民党，官僚（文部省），外部アクターには利益団体（財界，地方教育行政官），反対諸勢力（日教組，野党）を挙げた．

　日本の教育政策を理解するためには，自民党の存在は欠くことはできない．戦後は 55 年体制の下，与党として教育に限らず政治的に大きな影響力を自民党は有してきた．また，55 年体制以降においても，基本的に自民党が政権与党であるため，自民党の政策への関わり方は重要となる．本研究の事例研究として取り上げる学校評価制度は，55 年体制以降の取組みである．したがって，学校評価制度を検討するためには 55 年体制崩壊以後の自民党政権を捉える必要がある．55 年体制崩壊以

後の自民党政権では，55年体制下のように自民党文教族・文部省と日教組の対立
は下火になっており，政策過程に影響を与えるような対立は生じていないと理解し
ておおよそ差し障りはない．1998年以降，中教審や教育改革国民会議での審議を
経て学校評価は制度化されているが，1998年の中教審答申「今後の地方教育行政
の在り方について」を受けて制度化が進められた．この時は，橋本内閣である．橋
本内閣では行政改革が進められ，内閣機能の強化を目指した．橋本内閣以降，1994
年の選挙改革法案成立もあり，官邸の力が大きくなっており，小泉政権や第2次安
倍内閣はこれらの改革を最も有効に活用したといえる．また，教育政策においては，
教育改革を検討するための総理直轄の諮問機関として各種教育会議（以下，教育会
議）が設置されるようになり，この教育会議からも教育政策に関する提言が積極的
に発信され，影響力をもつようになった．

　ただし，2009年9月16日から2012年12月26日は政権交代が起こり民主党政
権となったため，教育政策過程の検討には留意を要する．事例研究で扱う学校評価
制度を検討することに限定して民主党政権を捉えてみると，既述した日本の教育政
策の流れの中において，民主党政権下では大きな制度変更や特筆すべき教育政策の
動向は見当たらない．また，詳細は章を改めることになるが，学校評価の制度化の
過程においても民主党政権による影響はみられない．したがって，学校評価制度を
検討する限りにおいては，政権交代したという意味では留意する必要はあるが，民
主党政権であることが要因で生じた特別な事象（もしくは，自民党政権を前提に捉えた
場合の民主党政権という特殊性）については考慮せず，以下では検討を進めていく．

　以上のことから，Schoppa の研究を参考にしながら，文科省と自民党を主要なア
クターとして捉え，さらに，文科省では中教審，自民党では首相官邸と総理直轄の
教育諮問会議を具体的な教育政策過程のアクターとして捉えて，各アクターの特徴
を確認していく．

2　文部科学省

(1)　文部科学省の概要

　文科省は日本全体の教育行政を担い，全国の教育委員会や学校に通達や指針など
を発するなど，教育政策の中心的存在である．以下では，Schoppa の研究をレビュ
ーしながら検討していく．なお，Schoppa の研究は文科省が誕生する以前の文部省
が研究対象となっているため，Schoppa の研究に触れる際は，その内容と同様に文
部省と表記することとする．Schoppa（1991＝2005）によると，文部省の基本的立場
は，政策課題全般にわたって，現在の慣例や政策を維持していくことだという．

Schoppa は元文部事務次官の木田宏（文部事務次官，1976 年〜1978 年）にインタビュー調査を行っている．戦後直後の文部官僚は，戦前・戦中の教育行政に慣れ親しんでいたため戦後教育行政の体制を変えようとしていた．木田の世代は戦後の行政手法に傾倒しながらも改革を前向きに考えていた．しかし，木田の後の世代は現状維持志向で，1960 年代半ばに最終的に制度が定着する中で，森戸辰男（四六答申を出した中教審会長），剱木亨弘（文部大臣，1966 年〜1967 年），天城勲（文部事務次官，1969 年〜1971 年）のような人々を除いて，文部省内外の大多数の人々は戦後秩序を維持することが良いと考えていたと，調査の中で木田は述べた．木田の指摘を受け，1970 年代から 1980 年代の教育改革では，圧倒的多数の文部官僚は現行の教育制度の存続を望んだと Schoppa は結論づけた．また，文部官僚の立場にも着目し，教育活動の現場に近い教育行政官と文部官僚との日常的な関わりの中で，対応が難しい問題が生じること，例えば，日教組教員が反発して地域に混乱が生じるような事態を懸念して改革に反対する傾向があると Schoppa は理解した．なぜならば，例として，文部省の小学校課長は小学校長会の意見を聞き，その意見を事実上代弁せざるをえないことを，文部省の審議会委員経験者である黒羽亮一への調査で Schoppa は明らかにしているからである[1]．パーク（1983）によると，日本の官界で最も保守的で自ら動かない官庁の１つであると文部省を自民党議員は位置づけており，文部官僚は長期的な政策課題を扱う能力に欠けているという．これらを踏まえて，Schoppa は，戦後の教育政策をめぐって数多くのイデオロギー的な対立の経験から，政策上の対立を生き抜くために，不必要な論争が生じ得る事柄を文部官僚は回避するようになったと解した[2]．

　次に，政策課題にみる文部省のスタンスを確認できるという．まずは，国家主義的な教育政策に関する文部省の立場は，戦後のイデオロギー闘争の経験から慎重な姿勢を採った．教育の国家主義的な内容を強めていくという一般的な目標では合意しながらも，その目標を実現していく手段をめぐって，文部省や自民党ハト派と，文教族議員やタカ派とは，立場を異にした．

　次に，多様化政策では曖昧な立場を文部省は採った．戦後一貫して多様化という考えに支持を表明し，「生徒の能力・適性に応じた教育」と呼び，文部省の審議会答申の中で繰り返し用いた．しかし，1971 年の中教審答申で示した多様化路線については，政策立案者や国民の間に大まかな合意がないと考え，多くの文部官僚は反対したという[3]．

　最後に，弾力化と自由化の政策である．弾力化の提唱者らは，学習指導要領など教育内容とその範囲を広げることを目指していたが，カリキュラムにおける選択を従来より広く認めたとしても（原則的には支持するが），全国的な標準を強く求めて

きた従来の方針を文部省は見直すことはしなかった[4]．また，自由化論者らは，学校選択と学校設立に関する政府の規制を緩和して生徒や保護者により多様な教育の選択機会を提供することを目指したが，文部省は明確に反対し，教育の質と，学校の公共性・継続性・安定性を維持するために規制は必要と考えた．

（文部省の政策形成過程の特徴）

　また，細野・城山（2002）によると，政策形成過程において，次の5つの特徴があるという．第1に，現場ニーズの積み上げに基づく政策形成が主流．学校や教育委員会などから，ヒアリングや会議の積み重ねを通じて現場のニーズが把握され，それに応える政策が考えられると同時に，優先順位が決められていく．第2に，政策の継続性を重視．教育は一定の時間を必要とする活動であるため，効果の判定に一定の時間を要する．そのため，漸進主義的にならざるをえない．第3に，広く国民的なコンセンサスの形成が必要．公教育は，全ての国民を対象とするためである．そこで，審議会などを通じて時間をかけて政策形成が行われる．このため，政策変更や制度改正を待ちきれない各現場は，独自の改革を先行させることもある．第4に，何かのアイディアが公の場に提出されてから政策形成過程の中で検討されるまでの期間が長い．国民の間のコンセンサス形成を見極めるために時間が必要となる[5]．第5に，政治による外発的な政策の創発が力をもつ．この場合，教育の中立性とのせめぎ合いや，現場のニーズとの乖離も起こりうる．文部省は政治と教育のはざまで苦悩することとなる．

（2）　審議会を重視した政策形成

　政策形成を行う際，中教審で審議を行い，中教審が出す答申に基づいて政策や施策や事業を具体的に立案していくことを文科省は重視している（細野・城山 2002）．そこで，中教審を中心とした文科省内における政策形成過程を検討したい．以下では，細野・城山（2002）を主として参考にしていく[6]．なお，この文献は，文部省時代を対象としている．文部科学省となった今日においても，特に学校教育の分野に関しては，基本的な特徴は変わらないと考えるため，文部省の特徴を文科省の特徴とみなして，以下では検討していく．また，表記についても文科省と示すこととする．

　政策課題の発見から政策の具体的構想までのプロセスの中で，より源流に近い部分で重要な文科省の制度的枠組みとして，①関係機関・団体からのヒアリングや会議，②調査研究，③審議会や懇談会がある（細野・城山 2002）．①関係機関・団体からのヒアリングでは，ヒアリングとして行うだけでなく，会議などの機会を通

じた現場ニーズの把握や意思疎通ともなっている．文科省が持つ現場では学問の自由や表現の自由という精神的自由の領域に属する活動が行われている．そのため，常に自主性や独立性を尊重しながら，現場の意向を踏まえた施策を行う必要があり，必然的に「ボトムアップ型」の政策形成が中心となる．②調査研究では，何らかの政策の課題が認知された時に，とりあえずの対応として行われることが多い．また，新しい教育方法や新たな課題への先進的な取組みを一部の現場で実験的に試みることもある．または，複数の専門家や関係者を「調査研究協力者」として依頼し，会議形式で調査研究を行う場合もある．この場合は私的懇談会とほぼ同じものとなり，実態として審議会に近くなる．③審議会は，行政が決めた方針を追認して権威づけに使われているにすぎない「行政の隠れ蓑」であるという一般的な批判がある．しかし，文部科学省の教育に関する審議会（中央教育審議会，教科用図書検定調査審議会，大学設置・学校法人審議会）にも，そうした役人主導の側面がないわけではないが，かなり実質的な意味を持っており，単なる「隠れ蓑」では決してないという．また，政治主導で提起された政策課題についても，審議会で検討することによって軌道修正が図られることが多い（前川 2018）．各委員からも事務局を務める文科省の役人からも様々な考え方が示され，時間をかけて実質的な議論が行われる．ある政策領域に関わる様々な専門家，関係者，政策の受益者となる国民の立場を代表する人たちなどが，役所の中で行われる政策形成の過程に参加する場となっている[7]．役人側にとっては，自分たちだけでは出てこないような新鮮なものの見方やアイディアが得られる貴重な場である．審議会の答申や懇談会の報告が出ると，文科省はその答申・報告を関係方面に通知することが多い[8]．元文部官僚であった寺脇研も，中教審について，中教審が出す答申は決して文科省に操られたものではなく，中教審の各委員の見識の上に立つ白熱した議論の結果だと位置づけている．また，中教審の答申には重みがあり，文科大臣といえども答申の理念に反する政策を打ち出すことはできないという（寺脇 2013）．

　以上のような制度的な枠組みが作動する場合は，どのような契機によってもたらされるのであろうか．３つの契機が指摘されている（細野・城山 2002）．第１に，与党が起点となる場合である．文部科学行政は政治に従いながら行政をおこなってきたため，従来から政治主導よるものが多かったという[9]．第２に，大臣が起点となる場合である．大臣が時代の変化や民意の動向を的確につかみ，大局的見地から官僚の発想を超える場合，政策の実現可能性は高まる[10]．既存の制度や政策の枠組みを前提とした問題では官僚は力を発揮し得るが，時代や社会が求める変化とは何かについて，政治が答えを出す場合があるという．第３に，政府横断的審議会等が起点となる場合である．政府全体を通じた政策立案のため臨時的または恒常的におかれる

審議会などがある（例えば，科学技術会議や男女共同参画審議会）[11]．これらの審議会は一方的に発した政策を文科省に突きつけてしまうと，文科省は受動的に反応することとなり，相互に適切な調整がなければ文科省の消極的反応につながってしまう．

　寺脇（2013）によると，2001年の文部科学省発足とともに行われた審議会再編により，中教審の地位が相対的に低下したと指摘する．省庁再編の行政改革を進めると同時に，審議会の統合を行った．もともと中教審の答申に従ってその提言の具体化に取組む役割を果たしてきた下級審議会群は，中教審内の下部機関である分科会という位置づけになった．すなわち，生涯学習審議会は生涯学習分科会に，理科教育及び産業教育審議会，教育課程審議会，教育職員養成審議会は初等中等教育分科会に，大学審議会が大学分科会，保健体育審議会がスポーツ・青少年分科会となった（他に，教育制度分科会が新設された）のである．そのため，2001年以降は，従来であれば下部審議会が結論を出していた案件まで，中教審の答申となった．実際に，答申のほとんどは下部審議会が担当していたレベルだという[12]．

（3）　審議会運用の基本

　まず，中教審の事務局として庶務を担当する部署は，文部省時代は官房政策課（1984年に政策課ができる以前は官房企画室），2001年の文部科学省への再編により生涯学習政策局企画課，2018年の文科省組織再編により総合教育政策局政策課が中教審の庶務を担当する（URL31）．総合教育政策局の働きについては今日の新しい研究課題であることから，前身である生涯学習政策局企画課の働きを確認する．中教審の委員の日程調整，会場確保，会議準備，議事録作成などの事務はこの課が担う．他方で，委員候補の選定，答申など審議会が出す文章の原案作成といった審議の内容に関連してくる部分は局長クラスの幹部が当たり，最終的には大臣の裁可を得る．委員候補リストを基に，事務次官，官房長，局長たちが委員候補を決め，再び，大臣の決定を仰ぐ．大臣から各委員について候補の基準などの質問があり，事務次官と官房長が答えていく．また大臣から候補リストにない人物が出ると，候補ではない理由を説明する．

（答申原案作成プロセス）

　会議での各委員の発言は細大もらさず記録され，論点に沿って政策課が整理する．そして，会議の回数を重ねながら論点を蓄積し，答申までの間に何度か論点整理という形でまとめる．この論点整理を委員全員に見せ，議論を深めるための参考にしてもらうとともに，議論の漏れについて細心の配慮をしていく．ある程度議論が進んでいけば，大きな課題については途中で「中間まとめ」や「中間報告」という形

の文章にする．この中間まとめとしての文章は政策課が事務的にたたき台をまとめ，常時会議に列席している局長クラスの幹部がチェックを行い原案に作り上げ，審議会の会長と副会長に目を通してもらい，その意見に従って修正する．これらの作業を経たものを総会に諮り，中教審としての文章となる．もちろん，各委員にも事前に原案を届けて意見を聞き所要の修正を加える．「中間まとめ」や「中間報告」は公表され，世論にさらされる．また，各団体などの意見も受けつけ，国民からの直接の声も審議会に伝えられる．それらをふまえ，再び答申へ向けての議論が始まり，「中間まとめ」「中間報告」作成と同じプロセスで答申文が作成されていく．大臣に対しては，答申直前に内容をレクチャーする程度となる．なぜならば，大臣に対する答申なのだから，審議会委員の意見によって作り上げる必要があり，事務次官以下の幹部が関与する理由は，内容に関してではなく，あくまで委員の議論を正確に反映したものにするためとなる．そのため，中教審は文科省に都合の良い答申を出しているわけではないという．また，文科省では，中教審委員のほうが自分たち文部科学官僚よりも高い教育に対する見識を持っているという自覚があり，審議会を隠れ蓑に使って官僚の考えた政策を答申という形で出そうとするような体質はないという（細野・城山 2002）[13)].

（審議会における文科省 OB の役割）

　また，細野・城山（2002）は審議会における文科省 OB の役割についてもまとめている．中教審を含めた各審議会では，文科省 OB の委員が入ることがあり，中教審だと事務次官経験者，その他の審議会では局長経験者の場合もある．これは，議論を役所の想いのままに誘導しようという意図ではなく，審議会での議論を行政に実行させるに当たり，教育現場の実態的にも，法規的にも，現実に即したものとなるように意見を述べることが期待されている．現実として事務次官経験者だとしても，1 人の意見で委員たちの考えを左右することはできない．ただし，政治主導による教育関係会議には文科省 OB の参加は少なく，臨教審，教育改革国民会議，教育再生懇談会では起用されていない．教育再生会議と教育再生実行会議には小野元元文部科学事務次官，加戸守行元文部省官房長が委員として参加しており，その点では現実的といえる．なお，これらの総理の肝いりで置かれた会議の事務局は，臨教審は総理府，教育改革国民会議以降は内閣官房に置かれたが，事務局職員の中核部分は文科省（旧文部省を含む）からの出向者で占められた．事務局長も，国会議員が務めた教育再生会議以外は文部省の審議官クラスが担った．たとえ政治主導の会議だとしても，教育の現状を最も正確に理解，分析，状況判断して，最も効果的な形で実施していく文部科学官僚のシンクタンク機能を排除することは合理性を欠く

こととなる.

(なぜ積み上げ型を重視するのか)

　小川 (2010) は, 中教審について, 審議するだけでなく, 教育政策をめぐるステークホルダーの意見調整と合意形成の場としての役割も指摘する. 中教審委員は, 文部科学大臣の任命によるが, 正員のほかに, 調査審議するテーマに応じて臨時委員, 専門委員が参加する. これらの委員には他省庁の審議会と同様に, いわゆる関係機関・団体の指定席がある. 例えば, 教育委員会関係では, 都道府県教育長協議会, 全国都市教育長協議会など, 学校関係では, 校長会, PTA協議会など, 地方団体関係では, 知事会, 市長会, 町村長会, 労組関係では連合, 日教組などで, これらに大学・独立行政法人・民間からの有識者・学識経験者などが加わる. 中教審での審議は, 審議がある方向や政策を決定する段階になると, 委員選出母体の関係機関・団体の間における意見の調整が重要な意味をもってくる. しかし, これらの手続きを経ると, 政策の大幅な見直しや新しい政策の導入には慎重になる傾向を生み出してしまう. 元文部事務次官の井上も, 教育現場にすぐに影響がある場合や, 関係者の合意形成が必要な場合は中教審に諮ることとなると指摘する (小川 2010). このような, 積み上げ型の政策決定について, 飯尾 (2007) は, 問題点と利点を次のように指摘する. 問題点としては, 他部局へ拒否権を持つこととなり合意調達に時間とコストがかかり, さらに, 従来の方針転換を困難にする. 利点としては, 実質的な政策決定が現場に近い所轄課でなされる. これにより, 組織上, 政策実施の責任を持つ部局が, 政策決定に対して, 立案過程を通じて強い発言権を確保しているため, 現場の実情や政策実施上の諸問題をよくふまえて, 政策が立案・決定される. さらに, 実施すべき政策の内容を担当者はよく認識しているため, 順調な政策実施がなされやすい.

(教育政策決定の特徴)

　さらに小川 (2010) は, 教育政策をめぐる様々なステークホルダーは政策に関するネットワークを形成していることに着目して[14], 教育政策決定の特徴を捉えた. 政権与党の文教族と文部科学省を頂点に, 職種別, 学校種別, 領域別等の様々な教育 (行政) 関係団体や, 文教施設協会, 教科書協会等の教育産業に関係する団体など, 広範な団体・組織が結集するネットワークがあり, これらのネットワークを基盤に文科省は, 教育政策の立案, 決定, 実施を行う. 他方で, 省内では大臣官房と原局との関係を捉えることも重要である. 各局を横断する全省横断的に省内の企画・調整を担当する大臣官房は, 各局に対してあまり大きな力をもっていないという (細

野・城山 2002)．原局が強い理由は，初等中等教育局では小学校・中学校・高等学校，教育委員会，高等教育局では大学等と，局ごとに現場を抱えており，現場の意向に大きく左右されるという背景がある．また，局の間で調整が必要な場面は少なく，かなり縦割りで分野ごとに決まっていく．

（4） 内閣機能強化による変化

　2001 年中央省庁再編による内閣機能が強化された．具体的には，内閣総理大臣の「内閣の重要政策に関する基本的な方針」の発議権を内閣法に明記するなど，その権限・責任をより明確にしたうえで，それを支える内閣官房の機能を拡充した．特に，内閣府を創設して特命担当大臣を置き企画・調整権限を付与するとともに，内閣総理大臣または内閣官房長官を議長とする重要政策に関する企画・調整のための合議制機関を設置して重要政策を内閣総理大臣主導で機動的に策定し実施していく体制を整えた．これらは，内閣と総理大臣が政策を提言していくことをより積極的に主導し，旧来の各省庁縦割りの政策決定を変えて，内閣の下で迅速に統一した政策決定を行うことを目指した．

　寺脇（2013）によると，1980 年代の第二次臨時行政調査会の設置以降，旧文部省の特徴は変化したと評価する．寺脇は，事業メンテナンス官庁と政策官庁という言葉を用いて，旧文部省の特徴を捉えた．事業メンテナンス官庁とは事業実施と継続に重点をおいていること，政策官庁とは事業実施に留まらず政策形成や政策的対応を意味している[15]．第二次臨時行政調査会が各省庁に対して「政策官庁への転換」を求めたことを受け，旧文部省でも，官房政策課が誕生し教育改革の司令塔となる役割を与えた．また，教育財政や日教組対策といった事業的要素の強い課を新設の「教育助成局」に移し，初等中等教育局は，教育内容に絞って政策を練る体制に転じた．さらに，大学局は高等教育局となり，大学だけでない高等教育全体の政策を考えることを明確にした．

　そのような中で，臨教審の設置は，政策官庁への転換を足踏みさせたものの，結果的に促すことへとつながったという．臨教審の設置により，臨教審が議論した 3 年間は中教審は休止となった．このため，政策を考える場所が中教審から臨教審になり，さらに，臨教審の官邸主導という性格から，中教審の議論を踏まえて独自の改革案を出すという政策官庁としての役割を失ってしまう．しかし，臨教審に対する評価は様々にあり得るのだが，旧文部省としては，臨教審の事務局に多数出向していた旧文部官僚が教育現場の状況を踏まえて，審議に積極的に関わっていく中で，臨教審の議論を現実的にし，実現可能な結論になったという．この経験によって，結果的に，政策官庁への転換を促すこととなった．同時に，臨教審答申による大幅

な改革案が中教審で具体化される段階になると，先の行革により教育改革の司令塔
機能が期待されていた官房政策課は省全体をけん引する立場になった．そして，臨
教審が強力な権限を発揮した分，その後継役を果たす中教審と官房政策課の存在感
は確固たるものとなった[16]．

しかし，1990年代以降の内閣機能の強化によって，内閣が政策をつくり文科省
が対応するという受動的な構造に変化してしまう．小川（2010）によると，1990年
代の政治改革と2001年の中央省庁再編による内閣機能の強化によって，教育政策
ネットワークを基盤にした調整型合意形成を行うボトムアップ型から，内閣主導の
トップダウン型の教育政策過程へ変化したという．内閣府の各会議から提案される
教育政策方針は，すぐに内閣決定とされることで，出された政策方針に文部科学省
は受け身的に対応せざるを得ない立場になった．さらに，財務省，総務省，経済産
業省といった，いわゆる「制度官庁」（経済官庁）が内閣府各会議への参加メンバー
を占めたことにより，それらの省庁は文部科学省よりも教育政策に対する発言権や
影響力を大きくし，中央省庁間のパワーバランスを大きく変化させたという．

3 自 民 党

(1) 教育政策に対する基本的な考え方

教育政策に対して自民党はいかなる考えをもっているのだろうか．Schoppa
（1991＝2005）は，2つの観点から自民党の特徴を捉えると同時に，教育改革につ
いて自民党は，一定のまとまった基本的目標をもつが，政策形成過程では一枚岩では
ないことを示した．

第1の観点は，ナショナリズムである．教育改革を進めていく上で，自民党の最
も基本的な立場である．戦後のGHQによる教育改革は，戦前の伝統的な日本の価
値観を擁護していないため是正すべきであると多くの保守派議員は一貫して論じて
きた．特に，戦後の清算として教育基本法には最も関心を寄せてきた．また，アメ
リカの教育制度をモデルとして，6・3・3制の採用と高等教育の抜本的な改革を
強制されたことに特別な憤りを感じているという．そこで，自民党のナショナリズ
ムは2つの行動へつながっていく．1つめは，教育システムにおける国家主義的価
値の再興である．「国の尊厳」や「国を愛する心」は，共同体の価値に重きをおく
日本人の本質的要素であると考え，①学校と道徳の授業を通じて日本の伝統的な
価値観の受け入れを若者へすすめる，②教科書統制を強化し愛国心を伝えること，
③「日の丸」と「君が代」を国旗・国家として学校行事で使用していくことを目指
した．2つめは，反組合である．日教組は，戦前回帰や伝統的な日本の価値観を再

び導入したい自民党に抵抗する最大勢力であったため，日教組の弱体化を目指した．しかし，次第に日教組の抑圧それ自体が目標ともなった．また，日教組の弱体化にとどまらず，「教師の資質向上」という名目で，教員を組合から離脱させ，教育内容を政府の考えに沿って統制する権限を中央政府に付与しようとした．これらの教育におけるナショナリズムは，ほとんどの党員から一定の指示を得ているという．ただし，これらの2つの目標に至るまでの手段や方法は2つに分かれた．1つは，反組合でナショナリズムに関して強硬な政策を志向する「タカ派」と，1つは，反組合的ではあるがより巧妙な柔軟性をもち，近隣諸国の感情を害するような激しい国家主義的言動を避けたいと考える「ハト派」という分類である．

　第2の観点は，経済のための教育である．功利主義を追求するという点から，国が経済成長を持続させるために最も役立つ教育政策を追求した．1950年代から1960年代に，一貫してこの目的を追求し，科学技術を重視する立場から大学や中等教育の量的拡大と多様化を進めた．これらの要求は財界から出され，自民党は文部省と財界の間の仲介者として行動した．しかし，あるべき国家主義的な教育政策については自民党内で一致できるものの，ポスト産業化の時代において，功利主義に資するあるべき教育政策については判断が難しく，自民党は確信をもてていないという．経済のための教育という観点では一致できるものの，政策を具体化する際には意見が分かれた．1970年代から1980年代にかけて，2つの具体的改革案が提起された．1つめは，生徒の能力別編成，2つめは，教育システムの抜本的自由化である．これらの2つの改革案は，経済性を根拠に自民党議員は提起したが自民党内で幅広い支持を得ることはできなかった．

　1つめの，生徒の能力別編成では，自民党内で最も頻繁に提案されたという．保守派の議員は，GHQによって戦前の能力重視から平等主義による教育システムに変わったため，戦前のような早期選抜を復活させたいと考えていた．それと同時に，功利主義的見地から，早期選抜によるエリート養成を主張した．しかし，文教族以外の自民党議員は，経済成長のための教育の在り方について意見をもっておらず，学校体系の多様化を提言した1971年の中教審答申は，自民党文教族の中心的メンバーしか興味を持たなかったという．また，1980年代までには，自民党文教族は改革案についても，[17] 日本の発展に貢献し，自分たちが管理してきた戦後の教育システムそれ自体を批判せざるをえないことに気づいていたという．2つめの，教育システムの自由化については，非文教族の中曽根首相が次の2つを提言した．第1に，教育システムの画一性を弱めるために，規制緩和（弾力化）を論じた．例えば，教科や教材，教授技術の自由化によって，生徒の関心や能力に応じた教育を行うことができ，高いレベルと多様な才能の養成に役立つ．第2に，競争原理を働かせて学

校を活性化させるために，学校選択を自由化することを提唱した．これらの自由化について，文教族ではない自民党の多くの議員には一定の支持があったという．その理由は，文部省はあまりにも保守的であり時代遅れであり，むしろ，自由化は時代の潮流であり，文部省も例外ではないと考えられていた．しかし，文教族は自由化を支持していなかった．文教族は，文部省を通して教育への影響力を行使するため，文部省が強い権限をもち，教育の中央統制に関わることは重要だったためである[18]．

(2) 政治主導の政権運営と内閣

　政治改革と行政改革によって選挙制度改革と内閣機能強化が行われ，橋本内閣以降，官邸主導の政権運営と政策の展開が行われてきた．それにともない，教育改革を行うために，教育をテーマにした総理直属の諮問機関として，いわゆる各種教育会議が自民党政権で設置されてきた．これらの政治改革と行政改革，さらには教育会議の設置によって，自民党の教育政策への関わり方は変化している[19]．ここでは，自民党政権が総理直属の諮問機関を設置して，教育改革を行ってきたこととはいかなることなのかについて検討したい．

（政治主導の政権運営における内閣の在り方）

　橋本内閣以降，民主党政権の時代も含めて政治主導の在り方について模索が続いている（城山 2006；櫻井 2010）．小泉内閣と安倍内閣（第2・3・4次）では，特に，官邸主導による政治が行われ，総理の意向が政治や政策に強く反映されている（飯尾 2006）．または，総理を含め官邸の意向に沿わない考えや政策は陽の目をみられない政治的，政策的状況もしばしばみられる．この2人は名実ともに強い総理の実践者といえる．これらの政治主導の政権運営の一部として，教育会議は位置しており，政治主導の政権運営は，1990年代における政治改革と行政改革の帰結である．教育会議は内閣におかれており，教育会議を理解するためには内閣を理解する必要がある．そこで，教育会議の背景を理解するために政治主導の政権運営における内閣の在り方を確認する．

　まず，内閣制度の検討については山口の研究が参考になる．山口（2007）によると，1990年代に，政治と行政の分野で深刻な機能不全が起きていたと指摘する．政治では，本来的に代表民主主義の下で，政治家や政党は，国民の希望や要求を捉え政策をテーマ化することに力を注ぐものであり，選挙を通して民意が発現し，政策課題が形成される．しかし，国会の代表機能が低下し，国民の求める政策課題が十分に検討されないという問題が存在していた．国会議員が国民の持つ課題をより

的確に入力できるように，選挙制度が変えられた．行政では，官僚制の劣化が生じ，これを是正できない内閣の弱体性があった．官僚組織の硬直化，既得権の存在などによって，日本の政策形成システムは全体として，グローバル化や少子高齢化，環境問題などの巨大な環境変化に対応することができなくなっていた．本来内閣が，それらの環境変化に対して政策を管理，統制するはずであったが，官僚組織の縦割りの前に内閣は統制力を発揮できないままであった．そこで，内閣の指導力や総合調整機能を強化することが課題となった．日常的な政策規制の広大な領域を統括し，新しい時代に適応するために人や資源を有効かつ体系的に使っていくことは，官僚ではなく政治的指導者にしかできない．内閣こそがそのような指導機関としての役割を担うべきであり，国民の期待に応えて政策を決定，実行するための権力の核としてなるべきであった．

　内閣制度に関する改革の系譜については，山口（2007）は次のように整理している．第1は，内閣は，本来の指導，調整能力が発揮できないという批判である．これには，行政府官僚制の抵抗と，与党の抵抗の2つの要因がある．内閣と与党が分離され，それぞれで政策の調整が行われるため，内閣の路線と与党の路線が一致しない事態も起こる．また，日本の行政機構は分担管理原則を採っており，行政権力の行使の主体は各省の大臣であるが，大臣の政治的要素は排除されている．この分担管理原則と政治的要素の排除により，各省の官僚組織が独立王国のように強くなる．そこで，分担管理原則の下でも，内閣が国政の最高指導機関としての実力をもち，各省大臣が自立した政治的主体であれば，各省の政策を国政全体の見地から考え，大臣の指導力で決定することも可能となる．しかし，日本の内閣にそのような政治的実力は備わっていなかった．

　第2は，与党の国会議員が総理を決定するという制度は，党内人事と民意の乖離を生むという批判である．自民党結党以来，総理のポストに直結する総裁選挙は，政策不在の金権選挙と批判されてきた．中心となる派閥の実質的なリーダーが総裁・総理にならず（なれず）キングメーカーとして大きな影響力を持つという意味で，二重権力構造ともよばれた．こうした構図で生まれた総理は，総理であることの正当性を国民から得ることはなかった．また，与党内では総理を軽んじる勢力もあり，総理は与党に対して指導力を発揮できず，族議員を主体とした政官連合体の調整によって政策は決められた．また，政権運営全般は，最大派閥を中心とした政治家の調整によって仕切られた．したがって，国民の意思とは無関係に，自民党の都合で総理が変わるため，国民は不満を抱き，また日本の総理は無力であるという社会通念は高まった．

（第 1 次臨時行政調査会の内閣改革論）

　このような内閣制度の実態に対する論議として，第 1 次臨時行政調査会の改革意見（1964 年）がある（山口 2007）．第 1 次臨調は，戦後日本で最初に設置された体系的，包括的な行政改革の審議機関であり，内閣制度の問題点について，いち早く適格で包括的な分析を行った．まず，日本の内閣の問題点として，3 点挙げている．

　第 1 に，国務大臣が行政長官を兼ねていることに由来する総合調整機能の欠如である．閣僚が国政を大所高所から論じるのではなく，各省の利害を主張する存在となり，内閣の調整機能が働かない．第 2 に，与党自体の調整力の欠如が内閣に反映されることである．さらに，与党と行政府の接続についても，内閣に一本化されるのではなく，与党の政務調査会，その部会などが各省に直接接触することから，内閣の調整機能がさらに阻害された．第 3 に，行政部内に存在する割拠性が行政の統一性を妨げている．省庁を超えた人事交流はまれであり，各省に関連業界，関連団体が絡みつき，割拠性はいっそう深刻になっている．そして，対策として次の 6 つを挙げている．

（1）国務大臣に適材をあて，内閣の統括管理の機能を充実する．

（2）国務大臣の在任期間の著しく短い今日の状況を改善し，国務大臣が行政に通暁できるようにする．

（3）内閣法第 9 条におる内閣総理大臣の臨時代理を副総理格として常置し，総理大臣と一体性を保持する．

（4）閣議の総合調整機能を効果的に発揮するために，閣議の分科会の運用としての関係閣僚会議をよりいっそう効果的に運用する．

（5）内閣の補佐機関を充実するために，内閣総理大臣を長とする内閣府を設置し，内閣補佐官をおく．

（6）予算編成に関する制度と運用を改善して予算の持つ政策決定と総合調整の機能を内閣が十分に確保する方法を講ずる．

　第 1 次臨調は，総合調整の中でも予算編成機能の在り方を重視した．本来は，大蔵省の予算統制権限は内閣が予算を決定するための準備と位置づけられているにも関わらず，内閣の調整力不足から，事実上，大蔵省が予算編成の主導権を掌握してきた．大蔵省が予算編成を通して，行政の全般的調整の役割を果たしていることに問題があると，第 1 次臨調は指摘した．

（行政学からの批判と提言）

　西尾（1995）は，従来の憲法学が，議会と内閣の関係に関心を集中させていて，

任命職の行政官から構成されている官僚制に対する統制の問題を無視していると批判した．そして，権力分立の枠組みにおける議会と内閣の均衡，対抗は，選出勢力と非選出勢力の均衡，対抗に陥る傾向があると指摘する．

　これに対して山口（2007）は，日本のような後発民主主義国では，立憲君主制の段階で議会の優位による行政権の掌握という経験をできなかったと指摘する．官僚制が君主に直属する点に強い正当性を求め，議会勢力と対抗した歴史的文脈の中で，行政国家現象が進めば，官僚制は一層強い権力を持つ．政治制度が現代民主制に移行し，議会勢力が強い正当性をもったとしても，官僚勢力を把握して政権を運営する力量を直ちに持つことはできない．この時，行政府の担い手は実際には官僚勢力となり，政治的指導者集団としての内閣は形骸化しやすくなる．権力分立の枠組みを機械的にあてはめて，議会と内閣の均衡，対抗関係を論じれば，政党勢力と官僚勢力の対抗という帰結に至ってしまうという．

　他方，西尾（1995）は，議院内閣制は選出勢力が非選出勢力に優位し，前者が後者を従属させるための制度であることを強調する．そして，議論のポイントとして次の3点を指摘した．第1に，現代の議院内閣制は議会を国権の最高機関とする政党内閣制として捉えられる．第2に，議院内閣制は議会および内閣・与党が官僚制を統制する制度として捉えられる．第3に，立法機能と行政機能の関係については，法律案，予算案の立案と議会におけるその審議・議決との関係が重要となる．そして，行政府を一枚岩の機構として捉えるのではなく，行政府の中の政治的要素と行政的要素の文化を認識する必要があると指摘した．さらに，行政府について，内閣は，議会多数勢力の指導者集団であり，国民から選ばれた点に正当性根拠をもつ．これに対して，資格任用制によって構成される官僚制は専門的能力に正当性根拠をもつ．そして，両者の間には内閣が指揮監督し，官僚制は服従するという絶対の関係が存在する．ただし，従来の三権分立型の理解は横並びであり，行政府を実質的に担う官僚制が権力分立の名の下で，政治的な統制や牽制を回避することを許してきた．そこで，行政政府を一体とみるのではなく，その中に政治と行政の文化を確認し，官僚制に対する政治的統制を実質化することが必要となる．ゆえに，立法－行政－司法の三権分立よりも，政治－行政という定義を重視した．

　また，政治と行政の間に，統制，分離，協働の3つの関係があるべきだと西尾は主張する．統制とは，政治指導者層が官僚制を指揮，監督し，政策を実現させるという関係である．分離とは，行政の中立性を確保し，日常的な業務に対して政治が干渉しないという関係である．協働とは，それぞれの強みを異にする政治と官僚が政策立案，実現のために協力するという関係である．この3つの関係は予定調和的に共存するわけではない．統制や協働という実際には相矛盾しかねない関係を整合

させるためには，政治と行政の間の境界面での継ぎ目の仕組みが必要となる．

(3) 官邸主導における首相権力

官邸主導による政権運営の全体像については，待鳥（2015）の整理が参考になる．近年の日本の政策過程における最も大きな変化の1つが，総理の影響力の強まりであることは，広く認められているものの，首相権力の理解は安定していない[20]．しかし，55年体制下における自民党政権の各首相に比べて，今日の首相の存在感は高まっているといえる．

官邸主導とは，「首相が政治任用者を含む直属スタッフの補佐を得つつ，閣僚や与党執行部を主たる権力基盤として自律的に行う政権運営や政策決定への取組みである」と定義した（待鳥 2013）．この定義のポイントは2つある．第1に，首相が自律的な判断を行っているものの，それは閣僚や与党執行部，さらに直属スタッフの補佐を得ている点である．首相と周囲のアクターが集団として自律的なのである．第2に，首相らの自律的取組みに焦点があり，最終的になされた政治的意思決定に首相らの判断がストレートに反映されていることではない．なぜならば，官邸主導とは決定内容ではなく，決定に至る過程を理解するための概念だからである．「強い首相」とは，これらの意味の下で官邸主導を実現していると整理した．

なぜ，政策過程における総理の存在感が高まっているのかという問いは，小泉内閣の時から頻繁に提起されてきた．その理由として，制度変化に着目する見解とパーソナリティに着目する見解が併存してきた．制度変化に着目する見解は，1990年代の政治改革の一環としてなされた選挙制度改革による与党党首としての影響力拡大と，内閣機能強化（行政改革）による総理の権限強化や資源拡充が重合的な効果を発揮して「強い首相」を生み出していることを重視する．これに対して，パーソナリティに着目する見解は，制度的基盤の活用は首相の人物次第だと考える．政治過程の動態を説明する上では両者は必ずしも排他的ではない．しかし，前者は主に現代政治の研究者によって，後者は主にジャーナリストによって担われてきたことから，政治を説明するための着眼や方法，さらには根源的な政治観そのものが異なる場合も多く，2つの見解の間には対立や競争関係があった[21]．経験分析を進めていく上でも，官邸主導の政策過程に存在する影響力について，首相個人の影響力行使なのか執政中枢部としての集合的な影響力行使なのかを理解することは容易ではない．

日本の政策過程をめぐっては，55年体制下で自民党政権が継続していた時期には，自民党の政調部会を起点とするボトムアップによる政策過程の展開が通説的理解であった．そこでは族議員が影響力を持ち，各省庁と密接に連携しながら政策過

程を主導していた．この背景には中選挙区制があった．中選挙区制の下で長期単独政権を維持した自民党の場合，単一選挙区から複数の当選者を出す必要がある．それを実現するには，自民党支持者に政党投票を行わせるだけでは不十分であり，同一選挙区内での自民党議員（候補者）のすみ分けを要する．このすみ分けの手段の1つとして，族議員になり特定の政策領域に専門知識をもち，利益誘導によって支持基盤を確保することが望まれた．しかし，領域相互間の優先順位をつけながら全体の方向性を定めるという役割は重視されず，政治的資源もなかった．

　1990年代の選挙制度改革と内閣機能強化は，従来の政策過程を大きく変えたという．第1に，政党内部における意思決定である．自民党を含む大政党では，公認や政党投票が大きな意味を持つ小選挙区比例代表並立制の導入によって党執行部の影響力が拡大し，意思決定のトップダウンが強まった．第2に，総理が独自の政策判断を行うための政治的資源が与えられた．特命担当大臣や補佐官といった総理の意向を強く反映できるポストの創設，内閣官房の拡充と内閣府の創設によるスタッフの整備，分担管理原則の実質的緩和，新官邸の建設による物理的空間の確保，さらには閣議における総理の発議権明記などによって，首相の自律的な意思決定の余地が広がった．第3に，政党システムが変化した．政権交代の可能性をともなった政党間競争が生じれば，長期単独政権を前提とした政官関係は変化し，特定政党の中堅・若手クラスの議員と官僚の連携の密度は低下する．

　待鳥は，大平内閣開始（1978年末）から第2次安倍内閣途中（2014年末）の期間における総理の面談記録を分析し，官邸主導による政治は定着していることを明らかにした．ただし，総理の思いのまま進んでいるわけではない．その理由は2点ある．第1に，執政中枢部が政治的意思決定の核になっているとしても，それは執政中枢部のメンバーが望んでいる政策が実現できることとは異なるためである．第2に，「官邸主導」は現代日本政治の一部分に過ぎないためである．1990年代以降の政治改革は極めて多面的だからである．

（4）　官邸主導による政策決定

　官邸主導による政策決定システムに関して，小泉内閣を事例に分析した伊藤（2007）の研究が参考になる．伊藤は，政治家と官僚の関係に着目し，特に，官邸と各省官僚制の関係を検討した．伊藤によると，省庁官僚制に対する官邸主導の実効性は，官邸の権限強化と政官関係における情報の非対称性と，その結果として生じるエージェンシー・スラックの縮減に依存しているという．まず，官邸と各省官僚制との関係に影響を与えるものとして，官僚の専門的能力・技術と政治的支持集団を指摘した．[22] この2つは官僚の基礎的リソースであり，政策過程では相互に関連

している．また，省単位の長期雇用・年功制（閉鎖的任用制）のもとに官僚はおかれており，そのことは所属省組織の維持という選好を生み，この選好を満足させるために官邸に対して情報非対称性を維持しようとする．他方で，政策過程で各省官僚制を抑制するために官邸は，2つの側面でリソースを装備し，利用しなければならず，権力的側面だけでは各省官僚制をコントロールできない．この時，官僚の有力なリソースは情報・知識であり，官邸との情報の非対称性を利用して裁量の範囲を大きくする．これに対抗するために，官邸は諮問会議を含めたスタッフ組織の情報・知識を利用して情報非対称性を縮減しようとする．

さて，経済財政諮問会議については，竹中諮問会議担当相（以下，竹中氏）と民間議員の連合チームと，各省官僚制と族議員の連合チームとが，骨太方針に自己の政策選好を反映させるためのゲームだったという．小泉内閣はトップダウンの政治と評されるが，経済財政上の重要政策はむしろ，経済財政諮問会議における議論と，連合チームの両者によるゲームの中で形成された．さらに，小泉内閣におけるトップダウン的決定の典型は，経済財政諮問会議のアジェンダ設定であった．経済財政諮問会議に提出される民間議員ペーパーは，総理の意向が反映された政策原案となり，ここから連合チームの両者によるゲームが始まるのである．また，経済財政諮問会議は当初から権威ある位置づけが与えられていたわけではなかった．その存在を認知させ，実績を積み上げる過程こそが重要であり，様々な抵抗に直面しながら，総理のリーダーシップの下でシステムは確立していった．竹中氏と民間議員は，1年分の経済財政政策の重要問題を設定し，経済財政諮問会議を舞台に次々に討議を進めた．官邸主導で様々なことが決められてしまうことを避けるために，各省はこの動きに対応せざるをえなくなった．さらに，小泉総理は明示的に経済財政諮問会議を重視し続けたことで，経済財政諮問会議は重要な政策論議と決定のアリーナであると同時に，政策決定主体となった．

民間議員ペーパーについては，経済財政諮問会議で得るべき成果を明確化することが大きな仕事となった．経済財政諮問会議は，政府の全ての政策に関与したり，政策の細部まで関与したりするわけではなく，関与は一定の範囲と深度があった．しかし，竹中氏，民間議員，スタッフは，時間などのリソースが限られる中で，実現可能なぎりぎりの政策の基本的な方向や枠組みを提案した．この時，民間議員は専門知識をリソースとして民間議員ペーパーを出すことで政策の基本方向を決め，アジェンダ設定を行った．このことは，民間議員ペーパーによって，総理と省庁官僚制との情報の非対称性を作り出し，両者の間のエージェンシー・スラックを縮減できたことを意味した．しかし，個々の政策分野の知識は，財政諮問会議の事務局への出向官僚が圧倒的に豊富であることから，また，骨太の方針が成案となれば，

事務局は各省や与党と折衝が必要になることから，経済財政諮問会議でさえ，出向官僚に依存せざるを得なかった．しかし，竹中氏はチーム竹中と呼ばれる個人スタッフを信頼し活用して，竹中氏自身が提案する政策を作成していった．チーム竹中には，専門知識と政府組織特殊知識をもちながら[23]，改革に意欲があり相応のリスクとる官僚がメンバーであったことが特徴である[24]．

　また，骨太方針の作成では，数値目標や改革工程を重視した．数値目標は，官僚の霞が関文学を駆使した情報操作を制御するものとして，改革工程は，サボタージュや先送りを制御するものとして用いられ，2つはセットで利用された．そして，竹中，民間議員，スタッフが協力して自民党や各省庁と折衝をしながら作り上げた骨太方針や重要政策を権威づけして支えるものとして「首相指示」は位置づけられた．

　以上のことから小泉内閣の政策決定システムの変化は，大きな限界（旧来システムの大いなる慣性）を有しながらも，アクターの意欲と戦略，状況的文脈次第では，劇的な変化をもたらすポテンシャルを示した．つまり，1990年代の選挙制度改革と橋本行革は政治と行政に大きな制度変化をもたらし，政治的・政策的可能性を大きくしたが，それを引き出すためには，一定の文脈とアクターの戦略・戦術が必要であったと伊藤は整理した．

(5)　総理官邸と内閣官房

　官邸主導型の政治運営は上述の通り総理のリーダーシップとともに，総理をサポートするスタッフの存在も重要で，総理官邸と各省庁との間で政策を総合調整することが要となる（高橋 2010）．つまり，適切なサポートによって総理のリーダーシップはより効果を発揮するのである．そこで，総理のサポート役である総理官邸と内閣官房の役割や機能について確認しておきたい．総理官邸や内閣官房について，古川（2005）の研究が参考になるためレビューしていく．

（内閣官房）

　内閣官房は，内閣総理大臣の手足となって活動する直属補助機関であり，内閣運営の戦略的拠点としての役割を担っている．内閣官房は閣議事項の整理，閣議に係る重要事項の企画・立案・総合調整，内閣の重要政策に関する基本方針や行政各部の施策統一に必要な企画・立案・総合調整，さらには内閣の重要政策に関する情報の収集調査を行うと内閣法（第12条）で定めている．2001年1月に行政改革としての内閣機能の強化では，内閣官房の企画・立案機能が明確化された．内閣法第12条では，従来は「総合調整」の中に「企画機能」も含まれると解釈されていた

が，新規定では「総合調整機能」のほかに，「企画及び立案機能」が明記されたほか，企画・立案・総合調整の対象も「閣議に係る重要事項」に関してだけでなく，「内閣の重要政策に関する基本的な方針」及び「行政各部の施策の統一を図るために必要となるもの」にまで拡大されたのである．これにより内閣官房の機能は，より積極的，能動的なものとなった．国民生活の多様化，複雑化，国際化等に伴って，総理を直接支える内閣官房は，年々重要度を増している．

（総理官邸）

　内閣官房の中でも特に総理と一体となって仕事をする人々が集まっているのが総理官邸である．ただし，総理官邸は総理の館であって常時総理がおり，危機管理の面から極力官邸勤務者の数を絞っている．具体的には，官邸には総理を支える中核幹部として官房長官1人と3人の官房副長官がいる．3人の副長官のうち2人は衆参の国会議員で政務副長官と称され，あとの1人は行政出身の副長官で便宜上事務副長官と称されている．このほか，内閣総務官，5人の総理秘書官（政務1人のほか，財務，外務，経済産業，警察の各省庁から1人），5人を限度として任意におくことができる総理補佐官などが官邸で勤務する主な者である．他方で，官邸ではなく官邸近くの内閣府庁舎などで仕事をする総理官邸の職員は少なくない．例えば，内閣官房副長補やそれを助ける内閣審議官や内閣参事官，あるいは内閣情報官や内閣情報調査室の参事官等である[25]．

（内閣官房副長官）

　内閣官房副長官とは，2人の政務副長官と1人の事務副長官からなる．政務副長官は国会議員から，事務副長官は官僚から選ばれる．特別職の政治任用であることから，内閣改造のたびに辞表を提出する仕組みとなっている．2人の政務副長官の役割は，主に国会関係，政党関係，政務副長官会議の司会ととりまとめ，総理外国訪問時の随行である．これに対し，事務副長官は，閣議の準備や閣議での説明，事務次官等会議の司会進行ととりまとめ，総理，官房長官の指示事項の実行，諸般の実行，諸般の事項の総理や官房長官への報告と協議，プレスとの懇話などがあり，最も重要な仕事は各省庁の政策事項の調整，各省庁の次官や局長等との個別事案の協議等である．昨今の厳しい行政運営の状況から，各省庁幹部のかけ込み寺のような様相もあるという．また，各省庁→副長官補→副長官→官房長官→総理と連なる政策決定のセンターライン的要素が強い．

（その他の内閣官房スタッフ）

　内閣官房には，内閣官房長官や内閣官房副長官のほかに内閣危機管理監，内閣官

第4章　教育政策における政策形成の主体　*125*

房副長官補，内閣広報官，内閣情報官，内閣総務官，内閣総理秘書官などの常勤ス
タッフがいる．時代の要請によって政府全体で取組む必要のある事案の多くは，ま
ず副長官補のところで処理される．このため，総理や官房長官，副長官の指示等に
よって副長官補の下で色々なプロジェクトが設けられている．時代の要請に即した
こうした激しい組織の変動は，内閣官房においてしかみられず，内閣官房が国政の
戦略拠点であることを示している．これらの組織が事務局を務める推進本部などは，
総理や官房長官を本部長ないし議長としてたくさん設けられている．

（内閣機能の強化と行政手段の転換）
　2001年1月の新たな中央省庁体制の発足と内閣機能の強化により，内閣官房の
機能や行政の在り方は大きく変わった．政策や予算編成について，従来は各省で企
画・立案し，内閣官房が総合調整を行っていた．しかし，まず総理の下で大きな方
針と作業工程を示し，各省はその方針や工程に沿って政策などを具体化していく方
法に変わった．このため総理の直下で，戦略拠点としての内閣官房と，内閣官房を
支える知恵の場としての内閣府（主に経済財政諮問会議と総合科学技術会議）の役割は
極めて重くなり，また，関係各省は，必要に応じてこれらの会議に参画した．この
ようにして，予算や人員，資源が少ない今日においては，予算や人員の重点化，効
率化が図られ，政策の総合化が進められることになる．
　以上，古川の研究から総理官邸と内閣官房の特徴や諸相を概観した．政治主導の
政権運営にとっては，総理官邸と内閣官房の役割は非常に大きくなっているといえ
よう．また，社会の課題が分野横断的であったり，既得権益や歴史的しがらみなど
で課題解決に向けた動きが硬直化している場合などについては，内閣機能を積極的
に活用し，課題解決の方向へ具体的に進んでいくための推進力となりうる．他方で，
総理官邸と内閣官房が機能するのかどうかについては，不確定要素を多分に含んで
いることや，国民から観察することが困難な課題もある．総理官邸や内閣官房で働
く人々と総理がどのように連携をとるのか，総理官邸や内閣官房と他の省庁との関
係性はいかなるものなのかなどが，総理官邸や内閣官房が機能するためには重要に
なるが，時の政治状況や総理自身のパーソナリティ，または，担当者が誰になるの
かなど，実働の場面では様々な事柄が関係してくるため，安定的とはいえない．ま
た，総理や官房長官が各種メディアで情報発信することで，総理官邸や内閣官房の
考えや方針の一端を知ることができる．しかし，事の背景や経緯などを知るために
は，各種メディアで発信される情報だけでは十分ではないため，透明性の確保につ
いては課題が残るといえよう．

（6）　教育会議とは何か

　教育会議の背景を理解するために，政治主導の政権運営における内閣の様相を確認してきた．政治主導の政権運営とそれに連動する内閣の存在を前提に，総理直轄の諮問会議として教育会議は設置されたのである．このことを踏まえて，以下では教育会議とは何かについて検討していく．

総理直轄の諮問会議

　総理直轄の諮問会議の存在は，官邸主導による教育改革の代名詞ともなっている．特に，中曽根内閣の臨時教育審議会，安倍内閣（第一次，第二次）の教育再生会議と教育再生実行会議は，旧文部省や文科省による教育改革に対して不満を持つ総理が，政治の力を用いて，教育を抜本的に改革しようとしたため，世間的にも，学術的にも多くの関心を集めた．それと同時に，教育に政治が無制限に介入する可能性を排除できないことから危険な存在という印象もある．

　このような総理直轄の諮問会議の是非を論じることは本書の目的ではないが，特徴や機能を検討する必要はある．総理直轄の諮問会議はあくまで政策過程におけるツールであり，現状では制度として確立している訳ではない．なぜならば，その運用は時の総理の関心や政治手法，政治的環境に大きく左右されるからである．そして，政治状況や政策課題は移り変わっていくため，政策過程にどのような影響をもたらすのかについて，都度検討することが重要となる．

　例えば，小渕内閣は特徴的である．寺脇（2013）によると[26]，臨教審が生涯学習体系への移行を提言したことにより，臨教審以降では国民一人ひとりを見据えることを文部省は政策的に重要視していたという．小渕首相は，この文部省の姿勢を最も高く評価した．小渕内閣では教育政策を重視したのだが，文部省がすすめる教育改革政策を高く評価し，政権として推進する意向を示した．1999年第145回通常国会施政方針演説の中で，「5つの架け橋」として5番目に教育政策は位置づけられていたが，2000年第147回通常国会施政方針演説の中では，「5つの挑戦」の1番目に位置づけたのである．この5つの挑戦を受けて，教育改革国民会議が設置されることとなるが，他の同種機関のように文部省の政策への不満から生まれたものではなく，文部省の政策実現を総理自ら後押しする意欲の表れであった．小渕首相は，文部省が教育を変えるためには総理である自らが社会の意識を変えていかなければならないとの決意があった．そのため，教育改革国民会議の委員には政権与党の自民党とは正反対の立場の委員も起用されたのである[27]．教育改革国民会議は，森内閣において道徳教育や奉仕活動への言及や教育基本法の改正を提案するなど，教育改革に対する自民党の保守的な考え方に注目が集まったが，小渕首相がどのような考

えをもって教育改革国民会議を立ち上げたのかについてはあまり知られていないのである。ちなみに，民主党政権では，この種の諮問会議は設けられず，もっぱら中教審に議論を委ねていた。また，自民党政権時代の教育政策を無理やり転換することはなかった。

それでは，総理直轄の諮問機関である教育会議とは何なのだろうか。官邸主導による政権運営を強力に推し進めたのは小泉内閣と第2次安倍内閣である。官邸主導による政権運営に連動して，総理の諮問機関である各種教育会議が設置され，教育の分野にも官邸の関わりが増えた。教育における政治的中立性から，官邸主導で教育政策を展開することには賛否がいくつも出されている。官邸主導で設けられた総理の諮問機関である各種教育会議について，教育政策にとっては従来と異なるアクターが関わり影響力を持つこととなるため，様々な反応があるのである。

しかし，橋本首相以降の歴代首相と教育会議の設置を確認してみると，民主党政権では設置されておらず，また，強いリーダーシップを発揮したと一般的に理解されている小泉首相も設置していない。福田首相，麻生首相の時に設置された教育再生懇談会は，教育再生会議の継続性を持たせるために設置されたものであるから，政権の主体性に欠ける部分がある。このように考えると，橋本首相以降，教育会議を設置したのは実質的には，小渕首相と安倍首相となる。そして，小渕首相によって教育改革国民会議が設置されて1か月も立たないうちに小渕首相は病に倒れ，森首相が引き継ぐこととなり，第1回会議だけが小渕内閣となった。このように考えると，自民党政権における官邸主導型政治の代名詞として教育会議を理解することには，現状では拙速である。

教育会議の設置の有無は，時の内閣次第であり，何らかの強い想いやこだわりがみられる。そうなると，単に官邸主導の帰結として教育会議を捉え，総理の意向をより直接的に反映させるための回路として理解するだけでは，十分ではなくなってくる。そこで，本章では，各教育会議の背景と意義を確認していく。

教育改革国民会議の設置経緯と制度的理解

教育改革国民会議は2000年3月24日に小渕内閣において設置された。1999年9月17日に重要課題として教育改革を取り上げ，教育基本法の見直しに取組む考えを明らかにした。具体的には「基本法には生涯教育や地域教育，家族教育などの視点がはめ込まれていない。そうした点を含め研究してみた」と語った。自民党には，愛国心や道徳心を養う観点から基本法を見直すべきだという意見もあり，8月に検討チームをつくって，見直しの議論をスタートさせていた（朝日新聞1999c）。その後，小渕内閣は1999年10月5日に，自民党，自由党，公明党との連立政権を

発足させ，政策については三党合意を行った．三党合意の中には，教育改革国民会議の発足が盛り込まれた．小渕首相は教育基本法の見直しに積極姿勢をみせていた．また，自民党に加え自由党も，教育基本法について愛国心教育や日本の歴史・伝統の尊重や道徳教育の規定がないと批判しており，1999年8月13日に国旗国歌法が公布・施行されたことを受け，主張に拍車がかかっていた．他方，教育基本法改正について公明党は，教育に対する国の管理・統制を強める根拠となる可能性が大きいことから慎重姿勢をとっていた[28]．また，文部省は教育改革プログラムを進めており（公立の中高一貫校の設置，小学校の学区制の弾力化，大学における産学連携による研究など），その内容は学校制度の改革として，教育改革国民会議のテーマになるとみられていた（朝日新聞 1999d）．これらの雰囲気の中，三党合意に盛り込まれた教育改革国民会議の発足は3月まで大きくずれ込むこととなる．その理由は，総理官邸が臨時国会の対応で教育改革どころではなかったことや，文部省の消極さ，総理の方針が定まっていないことなどが挙げられた．人選については，目途が立たず決め切れなかった．日本のあるべき姿から見つめ直したいという総理の考えがあるものの，意向に合った人選に困っていた．総理周辺が，文部省が消極的だから準備作業が遅れていると感じる反面，三党合意で決まったことに文部省が出過ぎるわけにもいかないと文部省は考えた．小渕内閣が前向きな，教育基本法の見直しや道徳教育の強化などは，文部省の手に余るテーマなため政治判断が欠かせない．他方で，中央教育審議会がないがしろにされかねないという警戒感が文部省や中教審にはあった（朝日新聞 1999f）．

　設置の根拠を確認してみると，内閣総理大臣決裁によって2000年3月24日に設置された．中曽根内閣の臨教審とは異なり法的根拠がなく，内閣としての意思決定である閣議とは異なり，内閣総理大臣の決裁であることから私的諮問機関と呼ばれている．庶務については，内閣官房内閣内政審議室教育改革国民会議担当室が受け持つこととなり，室長には文部省の銭谷真美初等中等教育局審議官が就任し，2人の副室長のうち，1人は文部省の山中伸一高等教育主任視学官，もう1人は民間から起用された（朝日新聞 2000b）．また，教育改革担当の内閣総理大臣補佐官に町村信孝（元文相）氏が就き，教育改革国民会議を取り仕切ることとなった．この時，町村氏には2つの役割があった[29]．1つは，教育改革国民会議は自自公3党合意による設置であるため，教育改革国民会議の審議には自民党の代表としてオブザーバー参加した．もう1つは，総理大臣補佐官として，教育改革国民会議をサポートすること，具体的には座長を補佐することと，教育改革国民会議の事務局と委員との間のつなぎ役を果たすことである．町村氏によると文相時代の経験から，文部省だけによる教育改革の進行には限界があり，問題の根本にさかのぼって政策を議論する

ことが困難であったという．また，文部省だけでは十分に扱うことができない問題があり，幼児教育，家庭教育，就職問題，教育と財政の問題などがそうであるという．これらの限界を克服するために，総理の下に置かれた教育改革国民会議には可能性があると町村氏は考えていた．

教育再生会議の設置経緯と制度的理解

2006年9月26日に安倍政権は発足し，同日の夜に行った総理就任後初めての記者会見の中で，重要政策に教育再生を掲げ，有識者による教育再生会議を内閣官房に発足させる考えを表明した（朝日新聞 2006b）．この教育再生会議では，根本的な教育の在り方を検討するのではなく，教育現場の問題を具体的に解決することを目指そうとしていた（朝日新聞 2006c）．もともと安倍内閣は，2006年9月1日に発表した政権公約の中で政治的リーダーシップの確立を掲げており，選挙で選ばれる政治家こそが政策決定の責任者として政と官の新たな役割分担の下で，官邸主導体制を確立することを主張していた（朝日新聞 2006d）．そこで，官邸機能強化の目玉として5人の総理大臣補佐官を安倍総理は選んだ[30]．5人中4人は国会議員で，2001年に総理大臣補佐官の人数が5人まで拡大して以来，国会議員を4人同時に起用することは初めてであった．しかし，総理補佐官は政権の重要課題を担う総理の分身のような存在であるが，主導権の所在について官邸と省庁との間で意見は一致しておらず相互に不満がくすぶっていた[31]．伊吹文部科学相は，2006年9月28日の第56回中教審総会の中で，「安倍内閣は政治主導で物事を考えたいということだが，文科省の守備範囲は中教審の意見を伺いながら進めていきたい」と語り，教育改革の具体化は，文科相の諮問機関である中教審に担わせる考えを示した[32]．これに対して，総理周辺では官邸が決めたことの事務手続きだけを文科省は行えばよいと考えていた．そして，教育界の代表がいる中教審の審議は時間がかかるため，短期間で成果を上げるために総理大臣補佐官を置き，教育改革国民会議には中教審とは異なる人選を検討していた．このような中，2006年10月10日に内閣に教育再生会議が設置され，庶務は内閣官房教育再生会議担当室が担うこととなった．山谷えり子総理補佐官は教育再生会議の人選を主導し，自ら教育再生会議の事務局長となった．教育再生会議の委員の人選では，安倍総理の主義主張から少し距離をとりバランスがとられ（朝日新聞 2006k），安倍総理を支持してきた保守的なアクターからは不満が示された[33]．また，短時間で集めたメンバーで意見は様々であることから，教育再生会議の行く末について，結論をまとめられるのか，空中分解するのか先が見えないという評価もあった[34]．

2006年9月29日に行われた第165回国会における安倍首相の所信表明演説の中

では，教員免許の更新制と学校の外部評価の義務化が提起された．しかし，教員免許更新制は中教審が 2006 年 7 月に，免許に 10 年間の期限を設けて講習を修了しなければ失効する仕組みの導入を答申しており，2007 年の国会に法案を提出するために文科省は準備を進めていたという．また，文科省は学校と直接関係のない第三者による評価について，その可能性を 2006 年 9 月から研究を本格化させたばかりだった[35]．そのため，発足時において教育再生会議はどこまで独自色を出すことができるのかは不透明であった．教育再生会議発足前に懸案であった主導権の調整という課題は，発足後に持ち越されることとなる．2006 年 10 月 20 日に伊吹文科相は文科省が主導権を握る姿勢を強調した．家庭や地域社会の教育力を復権するためには，親の仕事を確保し仕事と家庭のバランスがとれるような労働や雇用や産業に関する政策が必要で，教育再生会議は大局的視点で議論すべきであると指摘した．さらに，学校教育をめぐる分野は中教審で広く意見を聴き，色々な価値観の中から結論を出していくとした．つまり，教育再生会議から提起されたものは，文科省でもう一度議論した上で，結論を決めるという方針を示したのである．この手法は，小渕内閣と森内閣の教育改革国民会議の例を踏襲するものであった[36]．さらには，伊吹文科相は教育は市場経済で決まる効率や利潤を超えた価値を扱っていると語り，教育分野に競争原理を持ち込もうとしている政府の規制改革・民間開放推進会議の動きに対しても牽制したのである．2006 年 10 月 20 日の衆院文部科学委員会で，山谷えり子総理補佐官と何度も面会し，教育再生会議と文科省の役割分担について意見交換を行っているとも伊吹文科相は述べている．他方，下村博文官房副長官は，2006 年 10 月 22 日に教員免許更新制度をめぐり，2006 年 7 月 11 日に出された中教審答申「今後の教員養成・免許制度の在り方について」に対して，「これでは本当の改革はできない．だからこそ教育再生会議がある」と批判した．中教審答申では不適格教員を排除するためには不十分であると，抜本的な見直しを強調したのである．2006 年 10 月 20 日の衆院文部科学委員会で伊吹文科相は，答申に沿った法案を 2007 年の国会に提出する考えを示しており，教育再生会議と文科省との間の主導権の調整状況は不透明な状況であった．2006 年 11 月 29 日に「いじめ問題への緊急提言」，2007 年 1 月 24 日に第 1 次報告，2007 年 6 月 1 日に第 2 次報告を提言したが，安倍内閣は 2007 年 9 月 26 日に退陣してしまう．次の福田内閣でも教育再生会議は引き継がれ，2007 年 12 月 25 日には第 3 次報告，2008 年 1 月 31 日には最終報告を提言した．

　さらには，2008 年 2 月 26 日には教育再生会議の提言のフォローアップを行うため，教育再生会議を廃止し，教育再生懇談会を設置することが閣議決定された．庶務は内閣官房で処理されることとなった．教育再生会議の提言を実現するために，

関係省庁に取組みを促すことが主な目的とされた．教育再生会議と同様に，山谷えり子総理補佐官が教育再生懇談会の運営を担当し，期限を設けずに論議を進めて報告書などをまとめる方針だった．メンバーは，中央教育審議会の委員や臨時委員が半数を占めるなど地味さが目立った[37]．活動としては，2008年5月26日に第1次報告書が出された後，2009年5月28日に第4次報告がだされた．そして，2009年9月16日に政権交代によって民主党政権になり，2009年11月17日に教育再生懇談会は廃止された．

　教育再生会議は安倍首相の退陣によって勢いを失い，また後継の教育再生懇談会も若干の社会的関心を集めたものの，教育政策への影響力や実行力という点では疑問の残る結果となった．

教育再生実行会議の設置経緯と制度的理解

　約2年半の民主党政権を経て，第2次安倍内閣がスタートした．2012年12月26日に安倍内閣がスタートして以降，第1次安倍内閣が発足した時のように，重要政策として教育政策を掲げることはなかったが，2013年1月10日には教育再生実行会議のメンバーを固め，2013年1月15日に教育再生実行会議の設置が閣議決定された．今回の人選では，安倍首相のブレーンである「新しい歴史教科書をつくる会」元会長の八木秀次氏（大学教員）や，保守系の論客として知られる曽野綾子氏（作家），保守系の河野達信氏（全日本教職員連盟）といった「安倍カラー」に加え，下村博文文科相の意向も強く働いた（朝日新聞 2013a）．会議の庶務は，文部科学省やその他の関係行政機関の協力を得て，内閣官房において処理することとされ，また，内閣官房教育再生実行会議担当室は文部科学省内に置かれた（朝日新聞 2013b）．また，下村博文文科相は教育再生担当大臣も兼務することとなり，教育再生実行会議の事務局長としても関わることとなった．第1次安倍政権の時には，教育再生会議の取り仕切りは総理補佐官が担い，中教審をはじめ文科省は文科大臣が担っていたが，今回は同一人物が担当することとなった．この結果，教育再生実行会議で大きな方向性を決めて，中教審では各論や具体化を検討するという流れを作りやすくなった．例えば，教育委員会の見直しについて，2013年1月24日の第182回国会文部科学委員会において，① 教育再生実行会議の3回目の会合で議論をはじめ，② 夏までに結論をまとめ，③ 中央教育審議会に諮り，④ 国会へ法案提出，という見通しが示された．教育再生実行会議と中教審を一体的に捉えて，その流れを把握し示すことは，主導権の問題から，教育再生実行会議の担当と文科相を兼務していなければ示すことは難しいものである．また，下村文科相の影響力は，中教審の正委員の人選にも及んだ（朝日新聞 2013c ; 2013d）．2013年1月31日で中教審の正委員

の任期が終わるにも関わらず，2月1日からの新委員が決まっておらず，2013年2月15日に第7期委員30名が任命された（新任は14名）[38]．任命権者である下村文科相が人選に慎重になり時間を要したという．教育再生実行会議で提言される方向性にのっとり，中教審では議論することを念頭に，人選が行われた．第1回では下村文科相から，当面の審議内容として，1番目にいじめ問題への対応，2番目に教育委員会の抜本的な見直し，3番目に大学の在り方の抜本的な見直し，4番目にグローバル化に対応した教育，5番目に学制制度（6・3・3・4年制）の在り方[39]，6番目に大学入学試験の在り方などについて検討するという見通しが提示された．

4 政策形成主体としての特徴

以上では，文科省と自民党について，政策形成に関わるアクターとしての特徴を検討してきた．ここまでの議論や検討を踏まえて，政策形成を担う主体として文科省と自民党の特徴を改めてまとめてみたい．

文科省の政策形成の特徴として次の2点に着目したい．第1に，教育現場のニーズを積み上げることに基づく政策形成である．文科省がどんなに素晴らしい教育理念を掲げたとしても，教育は，教育現場が作動しなければ成り立たない．まさに教育現場があるからこそ教育が成立している．したがって，教育現場のニーズを土台として政策形成を展開することは，政策や施策の実効性を高めるために極めて妥当なことといえる．実態としては，文科省がきちんと教育現場のニーズを捉えられているといい切れるほど，完全ではないかもしれないが，少なくともそのようなスタンスを持っていることは大きな意味がある．しかし反面では，トップダウンではないリーダーシップとして，文科省がリーダーシップを発揮して教育現場を巻き込んでいくようなこと，または，新しい理念やビジョンを掲げて教育現場を先導していくようなリーダーシップを文科省が取るようなことはみられない．教育現場のニーズを捉えなければ，政策や施策の実効性を担保することができないが，教育現場のニーズにばかりとらわれてしまえば，新しい発想で創造的に政策を立案していくことが困難となる．たとえ教育現場のニーズと掲げようとしいている政策とがマッチングしなかったとしても，それが真に問題を解決するような必要な政策であれば，文科省の側から教育現場を巻き込んでいき，教育現場を協力者へと変えていくような，そのような政策的なリーダーシップも政策を立案し社会の問題を解決していくためには必要である．このような主体的かつ積極的な政策形成は文科省は不得手なのだと考えられる．もちろん，政治と行政が相互に信頼・協力しながらより良い政策形成を目指していることが大前提であることはいうまでもなく，その際における

政治の役割は大きいものである（森田 2000）.

　第2に，中教審を中心とした政策形成過程である．文科省は中教審の存在，そして中教審が出す答申に非常に重みを感じている．上述したことと重複するが積み上げ型の政策形成により，教育政策のステークホルダーとの意見調整と合意形成の場となっている．教育現場から支持を得るためには，文科省とステークホルダーとの調整が重要である．他方では，議論の場として様々な立場の国民から意見を出し合うことで，新しい見方や考え方を得る機会にもなっている．確かに，中教審の委員の立場や所属は様々であり，決して関係する専門家で構成されているわけではない．これは，審議事項について多面的に検討することで負の側面を見落としてしまうことを未然に防いだり，偏った考え方による弊害が生じたりしないようバランス感覚を補う役割がある．これらのことは，民主的な手続きの実現を目指すものであり，戦前の日本の反省ともいえる．しかし，肝心の文科省の考えや主張は極めてわかりにくくなってしまっている．施策や事業として形になっているものや制度化されたものが文科省の考えであるということもできるが，それらはあくまで様々な調整の結果として決定されたものであって，文科省の本来的な考えとはいえない．政治的に，または政策的に採用されるのか，採用すべきなのかはともかく，文科省自身が教育政策の考えやビジョンを持つこと自体は，決して悪い事ではない．日本の子ども達を想い，教育の行く末を考える省庁なのであるから，そのようなビジョンを持っていないことの方がむしろ問題である．中教審に重きをおき，教育現場を念頭に利害関係のバランスをとろうとするあまり，教育政策に推進力が生まれず，政策に対する意思もはっきりしない，曖昧な状況を文科省は生み出していると考えられる．

　次に，自民党の政策形成を検討する．Schoppa が整理した通り，教育政策に対する自民党の考えを2つの観点，すなわち，ナショナリズムの観点と経済のための教育という観点で捉えることは有効だと考える．しかし，自民党が抱える最も重要な問題点は，教育政策について自民党には政策がないことではないだろうか．ナショナリズムの観点で考えてみると，国家主義的な価値を教育システムの中に再興するとともに，教育を通じて日本における国家主義的価値観を再興したいことがわかる．しかし，そのような価値観が国民から支持され容認されることで，何を実現しようとしているのかは定かではない．むしろ，自民党が信じるイデオロギーを自分たちと同じように信じて称賛してほしいだけのようでもある．さらに，イデオロギーの立場が分かれるような事象（例えば，教育基本法改正など）に対しては，自民党は熱心に関心を寄せるが，そうではない事象や論点に関心を示すことは少ない．したがって，自民党はイデオロギーを体系的に具現化していく全体像を持っているわけ

ではないのである．また，経済のための教育という観点で考えてみると，表面化している課題に対応することはできるが（例えば，理系人材の不足），経済や産業の活性化という大きなビジョンの下で，必要な教育政策を打ち立てることはできていない．それ以前の問題として，そもそも経済や産業の活性化のために必要な教育政策はどうあるべきなのかについて考えられていない．外交や安全保障の分野では，自民党内での意見の対立はあるものの，それぞれに理想とする姿がそれなりに検討されている．しかし，教育の分野はそこまでには至っていないのである．そして，この2つの観点は何かしらの関係性を持っている訳でもなく，異なる出所から生まれ，たまたま並列に置かれているにすぎない状況なのである．したがって，自民党には，教育政策に関して，政策と呼べるものをもっていない，そんな状況なのだと考えられる．

　教育会議の体制を改めて，**表 4-1** のようにまとめることができる．教育改革国民会議は，小渕首相の私的諮問機関として（総理大臣決済）設置された．しかし，小渕首相が病気に倒れ，設置まもなく森内閣に引き継がれることとなった．私的諮問

表 4-1　教育会議の体制

				総理補佐官 （教育再生担当）	総理補佐官在任期間	文部科学 大臣
教育改革 国民会議	小渕内閣	1989.7.30	～ 1999.1.14			有馬朗人
	第 1 次改造	1999.1.14	～ 1999.10.5			
	第 2 次改造	1999.10.5	～ 2000.4.5	町村信孝	2000.3.1 ～ 2000.4.5	中曽根弘文
	第 1 次森内閣	2000.4.5	～ 2000.7.4	町村信孝	2000.4.5 ～ 2000.7.4	中曽根弘文
	第 2 次森内閣	2000.7.4	～ 2000.12.5	中曽根弘文	2000.7.18 ～ 2001.4.26	大島理森
	改造内閣 （省庁再編前）	2000.12.5	～ 2001.1.6			町村信孝
	改造内閣 （省庁再編後）	2001.1.6	～ 2001.4.26			
教育再生 会議	第 1 次安倍内閣	2006.9.26	～ 2007.8.27	山谷えり子	2006.9.26 ～ 2007.9.26	伊吹文明
	第 1 次改造	2007.8.27	～ 2007.9.26			
教育再生 懇談会	福田内閣	2007.9.26	～ 2008.8.2	山谷えり子	2007.9.26 ～ 2008.8.26	海部紀三郎
	改造内閣	2008.8.2	～ 2008.9.24			
		～		海部紀三郎	2008.8.26 ～ 2008.9.24	鈴木恒夫
	麻生内閣	2008.9.24	～ 2009.9.16			塩谷立
教育再生 実行会議	第 2 次安倍内閣	2012.12.26	～ 2014.9.3			下村博文 ※兼教育再 生担当大臣
	改造内閣	2014.9.3	※ 2014.12.24			
	第 3 次安倍内閣	2014.12.24	～ 2015.10.7			

（出所）筆者作成．

機関という性格から，教育改革国民会議が提言を出したとしても，それは総理に対して提言したことにすぎず，それを受けて内閣が組織的に対応することまでは制度的に担保されているわけではない．運用面で影響力を発揮する可能性はあるものの，制度的な弱さをもった会議体であるといえる．教育再生会議，教育再生懇談会，教育再生実行会議は，閣議決定によって設置された．ゆえに，これらの会議体が出す提言は総理を含めた内閣に対して提出することとなる．しかし，いずれの会議体であっても，出された提言は閣議決定も閣議了解もされていない．例えば，経済財政諮問会議から出される方針や，2008 年以降に文科省が出している教育振興基本計画は閣議決定されており，それを実行することは制度的に求められている．したがって，少なくとも制度上は不安定な位置づけにあるといえる．この点，中曽根首相の臨時教育審議会は法的根拠を持っていた．法的根拠を持つためには，根拠となる法律を成立させる必要があり，国会の審議を経ることとなる．そうなると，総理や与党の思いや思惑だけで法律を成立させることは当然困難となり，野党の意見も踏まえながら妥協や譲歩をしたうえでの法律となる．これらのことを踏まえると，官邸主導によって教育改革を展開するためには，閣議決定による諮問会議の設置は一定の妥当性があるともいえる．また，これらの教育会議は，官邸主導型政治と内閣機能の強化を進める文脈の中から生まれたものであるから，制度的な不安定さを運用面で補うことは可能性としては十分にありうる．ところで，教育政策の立案については，教育改革国民会議が提言し制度化された，教育振興基本計画の存在は非常に大きい．教育振興基本計画の制度化によって，中教審に諮問し，出された答申を基に教育振興基本計画が策定され，最終的には閣議決定を得る．この教育振興基本計画は，まさに進めるべき教育政策の方向性が具体的に記され，予算策定の根拠ともなり，教育政策の形成，実施に大きな影響力を持つのである．

　政策過程における教育会議の在り方を検討しているので，主導権の問題にここでは着目したい．内閣に置かれた教育会議と，文科省（中教審を含む）のどちらが主導権を持つのかについては，課題となっていた．教育改革国民会議では，小渕首相が病に倒れたため，審議の中心は森内閣で行われることとなるが，大きな課題とはならず，教育改革国民会議では大局的な検討を行い，中教審では教育改革国民会議の提言を受けて実現可能性を踏まえて具体的に検討を行うことがなされた．主導権が課題にならなかった要因として，森首相が 55 年体制下における自民党文教族であったことも大きく影響していると考えられる．森首相は，第 2 次中曽根内閣で文部大臣を務めている[40]．55 年体制下では，自民党文教族が教育政策に深く関わってきており，また文教族の中で人を育てる仕組みができており（森・田原 2013），教育政策の政策形成をめぐる知識と経験の蓄積がある[41]．また，総理補佐官の町村氏も文

部大臣経験者である．これらのことから，文部省と中教審における政策形成の状況をよく理解したアクターが教育改革国民会議では関わっていた．

　教育再生会議では，主導権の問題が表面化していた．先述した通り，安倍内閣では政治主導で教育改革を進めたかったのだが，伊吹文科大臣は文科省や中教審での議論を重視することを示した．山谷総理補佐官が教育再生担当も担い，教育再生会議の事務局長を担った．総理補佐官の制度の趣旨から，総理大臣に直属していることを活かして，安倍首相の意向を教育再生会議の提言に反映させ，その提言に基づいて文科省や中教審が具体化していくことが1つの理想として考えられた．しかし，そもそも総理大臣補佐官の制度には同時に課題もあり，国務大臣を優越するような権限や裁量を制度上与えられているわけではなかった．これは，教育以外の他の政策領域でも課題となっていた（朝日新聞 2006d）．さらに，山谷えり子総理補佐官と伊吹文明文科大臣とでは，自民党内における政治家としての経歴に差が大きすぎた．山谷えり子は当時の当選回数は2回，伊吹文明文科大臣は当選回数が8回である．官邸主導を実現するとなると，山谷総理補佐官に伊吹文科大臣が従うことになるが，自民党のシニオリティ・ルールから考えれば，円滑に物事が進むとはいい切れない．さらに，教育再生会議が発足した時点では，第2次安倍内閣のような安倍一強という政治状況はまだ形成されていないため，どれほどまでに伊吹文科相が安倍首相に従う意思があるのかは未知数だったといえる[42]．

　教育再生懇談会は，福田内閣と麻生内閣の時に開かれた．福田内閣では，総理大臣補佐官に教育再生担当を就かせ教育再生懇談会の取り仕切りを任せていたが，麻生内閣では，総理大臣補佐官はおかれたものの教育再生担当はおかれなかった．また，教育再生懇談会のメンバーについて，半数は中教審のメンバーで構成された．ここでは主導権問題は生じておらず，反対に，福田内閣や麻生内閣の力の入れ具合は安倍内閣よりも弱まっており，また，官邸主導で首相の意向を反映させるという性格は弱められたといえよう．

　教育再生実行会議では，総理大臣補佐官はおかれたものの教育再生担当はおかれず，文部科学大臣が教育再生担当大臣を兼務することとなり，文科大臣が教育再生実行会議を取り仕切ることとなった．文科大臣は下村博文氏で，安倍首相と考え方が最も近い政治家の1人といわれている．文科大臣と教育再生担当大臣が同一人物となることと，下村氏が文科大臣になったことで，主導権問題は解消されたといえる．また，事務局となる担当室は文科省に置かれた．今までは事務局は，内閣におかれていた．これにより，より実務に近いところで教育再生実行会議が活動することとなった．教育再生実行会議のメンバーは安倍首相に近い人物が集められることとなり，さらに，中教審のメンバーには下村文科大臣の意向も反映された．これら

のことから，教育再生実行会議では，その体制と構成メンバー，さらには中教審に至るまでを一貫してコントロールして，首相の意向を政策に反映できる回路を整備したといえよう．

　最後に，教育会議における政策の問題を確認したい．教育改革国民会議，教育再生会議，教育再生懇談会，教育再生実行会議は，自民党政権で設置されたものである．自民党は，基本的なスタンスとして，戦後に構築された日本の教育制度に不満を抱いており，自民党が考える理想の教育の姿に変更したいと考えている．この歴史的かつイデオロギー的文脈で理解すると，自民党は教育会議を用いて野党や日教組，または教育現場に不満をいわせないかたちで，教育制度を改革したいだけのように見えてしまう．しかし他方で，教育基本法や道徳の取り扱い，教育委員会制度などは，民主主義の在り方や国民の思想信条に関わる部分でもあることから，文科省としては非常に扱いにくいテーマでもある．むしろ，教育の中立性から文科省だけでは扱いきれないものであり，政治判断や政治的支援・支持がなければ扱えないテーマでもある．このように考えると，教育政策において行政だけでは扱いにくい分野やテーマがあることに鑑みると，総理直轄の教育会議を設置し，官邸主導で教育改革を進めることは，教育政策として，問題や課題に対処したり教育をより充実させたりすることにとってはプラスに働くこともあり得るのである．つまり，教育会議の設置は，場合によっては教育政策の手法として一定の妥当性をもち，運用次第でプラスにもマイナスにも働いてしまうという二面性を有するのである．現状では，時の政権が教育会議を利用して総理自らの政治信条や政権の政治的意向を具現化するために，時の政権が教育会議を利用していると社会が受け止めていること，また，教育に政治が介入することに関する歯止めとなる仕組みや制度が未整備のため，現状では，教育の政治的中立性を脅かす可能性をもつ危険な会議体となってしまっているのである．

注
1）黒羽亮一は，1986年までは日本経済新聞の記者であり，その後は筑波大学などで教育学者となった．
2）過去の争いでは，文部官僚は教科書検定の強化や早期選抜をより強力に推進しようとして日本中のマスコミから攻撃された．日教組との取引によって対立を緩和しようとした稀有な場面では，文教族内の自民党タカ派から攻撃された（Schoppa 1991＝2005：76）．
3）元文部省初等中等教育局長の鈴木勲は次のように述べたという「文部省は単独ではできない．もし同意がないならば少なくとも方向性に関する大まかな合意があることが必要なのだ．こうした考えは族議員の中でもよく理解されていない．」（Schoppa 1991＝2005）．
4）能力別の進路を生徒に強いるよりもむしろ，多様な進路を生徒自らが選んでいく機会を

文部省は作ろうとした.

5）例えば，与謝野文部大臣のもとで政策として創発された中高一貫教育制度は，1971 年の中教審答申ですでに提言されていたものである．その後，臨教審でも「6 年生中等学校」として提言されている．30 年近くアイディアとしては存在し続け，賛否両論にさらされ続けた政策案である.

6）細野・城山（2002）について，文部省の領域の執筆担当者は，元文部科学事務次官である前川喜平であることには，留意されたい.

7）細野・城山（2002）では，「参画する場」と表現しているが，実態は「参加する場」であろうと筆者は考えるため「参加する場」と記した.

8）内部部局の組織が基本的に縦割りでできていることや法令関係事務と予算関係事務が 2 系統に分かれていることから，どうしても文部省として一本化された政策や政策手段を有機的に組み合わせた総合的な政策が打ち出ししにくくなるという構造的な問題がある（細野・城山 2002：190）.

9）1970 年代は，若手の自民党文教族である西岡武夫，河野洋平，藤波孝生，塩崎潤，森喜朗が活躍した時期であり，政治主導の成果として人材確保法の制定などがある.

10）大臣の在任期間が短い場合や，大臣の状況認識や制度理解が誤っている場合は必ずしも政策は実現しない.

11）設置形態としては，法律設置，政令設置，閣議決定などで置かれる懇談会等がある.

12）寺脇自身は，中教審そのものの存在感も軽くなったと感じている（寺脇 2013）.

13）細野・城山（2002）の文部省のパートは，元文部省職員という立場からの見解であることは改めて強調しておく．また，このような文科省の姿勢は，あくまで今日における一般的な特徴，もしくは，文部科学大臣と文部科学省との関係が一定程度に良好な状態であることが前提だと筆者は考える．そのため，昨今における官邸主導による行政運営として，教育の領域により積極的に政治が関与する場合，それらの動向に対して文科省はどのように受け止めるのかについては，重要な研究課題であると考える.

14）ネットワークへの着眼は政治学や行政学における政策ネットワークの議論から影響を受けている.

15）事業メンテナンス官庁と政策官庁の定義について，寺脇自らが定義をしている訳ではないが，単語が持つ意味通りのニュアンスで寺脇は説明を行っていることを踏まえて，筆者により説明を与えた格好になっている．また，寺脇は，文部省の特徴の説明として用いているが，文部省を中央省庁の 1 組織と捉え，中央省庁（または各省庁）の特徴を一般的に説明しようとしている．したがって，文部省だけを捉えた説明ではない点は留意されたい.

16）これらの一連の動向について，臨教審以前の文部省は，前例主義による着実な事業継続を目指した堅苦しい雰囲気だったが，臨教審以後は，政策を実現するために知恵を絞るなど明るくなったと，寺脇は個人的感想を述べている．また，寺脇によると，キャリア官僚の意識と行動が変わった事例として学習指導要領改訂について教育現場への周知のやり方が変わったという．従来まで，教育内容に関する部分は教員出身で各教科の専門家である視学官や教科調査官の専管事項とされ，彼らの補助としてノンキャリア官僚が事務を担い「役人は教育内容に関与せず」といわれていた．しかし，臨教審答申後，キャリア官僚も

業務に加わりはじめ，1995 年には教科調査官を束ねる教育内容行政の司令塔として教育課程企画室が設けられ，キャリア官僚が室長として，次期学習指導要領改訂のけん引役となった．

17）例えば，6 年生中等学校や入試改革，または学校選択制とバウチャー制度の導入を提案したが，文教族の合意をつくり出すことができなかったという．現行の制度は今のままでも十分に良好であると考える同僚議員たちの改革への熱意不足があったという．

18）Schoppa はこのように結論づけているが，文教族はもう少し教育的に考えていたのではないかと筆者は考えている．文教族に関する研究は少ないため，重要な研究課題である．

19）政治的中立性が重要な教育分野にとっては，政府における政策過程が従来のようなボトムアップからトップダウンになるだけでなく，教育の領域に政治的関心が入り込むことにもなりかねず，官邸主導の政治における教育政策の在り方は難しい課題でもある．

20）本書では，内閣総理大臣の表記を「総理」と統一しているが，ここでは「首相」という待鳥の論文の表記に従っている．

21）パーソナリティによる説明は，学術的な説得性に乏しいと待鳥は述べている．

22）伊藤は今村（2006）を参考にして述べている．

23）政府組織特殊知識とは，人的資本論における，特定の組織や関係に対してのみ価値があり，他の組織や関係に対しては価値の下がる，サンク・コストのかかった企業特殊技能を援用し，政府・政党を含む政策過程に関する知識であるという．これは，首相（官邸），大臣，省内，省庁，政党，与党間の調整手続き，慣行ネットワークなどに関する情報・知識を含む（伊藤 2007）．

24）チーム竹中の中心は，秘書官の岸博幸と真柄昭宏の 2 人だという．岸は経済産業省出身で，後に竹中の政務秘書官となり，竹中の退任とともに経産省を辞して慶応義塾大学助教授となる．真柄は一橋大学卒業後，新自由クラブの事務局に籍を置いたことがあり，政治家と官僚の関係などを熟知しており，政治回りを担当した．また，財務省官僚の高橋洋一は，郵政民営化の基本構想に深く関わり，主要メンバーでもあった（伊藤 2007）．

25）古川によると，これらの者は，各省庁や外部の者と常時，幅広く接し，調整を行ったり，情報収集を行ったりするためには，官邸に入ってしまわない方がよいという利点や見方もあるという．

26）小渕政権時に，大臣官房政策課長を担当し，官邸と事務次官との連絡役をしていたため，首相の意向を理解できる立場にあった（寺脇 2013）．

27）自民党の立場と異にする委員として，藤田英典（東京大学教育学部長※当時）氏が挙げられる．

28）その後も小渕首相は，小渕内閣全体テーマとして，政権が今後取組む課題として教育改革を重視する考えを表明し，自らが指導力を発揮して取組む決意を示した．教育改革は，橋本首相が六大改革の 1 つとして掲げながら着手できなかったものであり，小渕首相としては自らの政権で取組む課題と位置づけていた（朝日新聞 1999e）．

29）第 1 回教育改革国民会議の中で町村氏が説明した（URL32）．

30）総理大臣補佐官は次の 5 人が選ばれ（朝日新聞 2006e），中山氏以外は国会議員で以下の通りであった．山谷えり子（教育），根本匠（経済財政），小池百合子（国家安全保障），

世耕弘成（広報），中山恭子（拉致）．

31）自民党の片山虎之助参院幹事長は二重行政であると批判した（朝日新聞 2006f）．

32）伊吹文科相は「副作用が強すぎる時は，私が総理に話すから，言ってくれ」と省内に対して指示を出した（朝日新聞 2006e）．

33）歴史認識や教育問題などに関する安倍総理の相談相手といわれる八木秀次氏は，教育再生会議の人選について，文科省に批判的な人物はメンバーではないと批判した（朝日新聞 2006h; 2006i）．

34）例えば，安倍総理が意欲を示している教育バウチャー制度を1つ取りあげたとしても，賛否が入り混じっており，渡邉美樹氏（ワタミ社長）や規制改革・民間開放推進会議委員の白石真澄氏（東洋大教授）らは積極的だが，門川大作氏（京都市教育長）や陰山英男氏（立命館小副校長）は否定的であった（週刊朝日 2006）．

35）2006 年 7 月 21 日に出版した安倍首相の著書の中では（安倍 2006），教育バウチャーの導入が提起されており，教育再生会議での検討事項になることが予想されていたが，政府・与党内には慎重論が根強かった（朝日新聞 2006j）．

36）教育改革国民会議が提言した「大学の 9 月入学の積極的推進」などは，文科省の審議会で議論されたが，本格的に導入されなかった（朝日新聞 2006k）．

37）学校教育における英語教育に関して，中教審の議論を経て 2008 年 3 月に改訂学習指導要領が告示され，小学校 5，6 年生で週 1 コマの「外国語活動」を導入することが決まっていた．しかし，教育再生懇談会の第一次報告書では，小 3 からの英語必修化を目指すことが提言された．教育再生懇談会のメンバーの半数は中教審の委員であり，中教審の提言を，中教審メンバーを含む教育再生懇談会が見直しを求めるような事態が生じた．

38）保守系の論客として知られる桜井よしこ氏（ジャーナリスト）が任命されたことには，下村文科相のこだわりがみられる．

39）2013 年 2 月 28 日の安倍首相の施政方針演説では，6・3・3・4 制を見直す「平成の学制大改革」について検討を進めることを示した（朝日新聞 2013e）．

40）中曽根内閣の時に文部大臣であった森氏は中曽根流教育改革には慎重で，もっと現実路線の教育改革を唱えていた（森・田原 2013）．

41）55 年体制以降も，教育分野に関わる自民党議員を文教族と一般的に呼ばれている現状がある．55 年体制下の自民党文教族と，55 年体制以降の自民党文教族の違いや特徴については，本書の目的からはずれるため検討は行わないが，選挙制度も小選挙区制へ変わっていることから，日本の教育政策を分析するためには重要な検討課題であると筆者は考えている．

42）第 1 次安倍内閣の全体について，理想に燃え肩に力が入りすぎていたと安倍首相は反省点を挙げている（URL33）．

第5章

政策の検討

　政策実施研究では，決定された政策が具体的に実施されていくことと一般に理解されている．つまり，目的や対象が示され，それを実現するための手段や資源の組合せを提供する過程として念頭に置かれることが多い．例えば，法律・条例，予算，計画などの公式の制度のもとで公式の手続きを経て生まれた決定を政策と考えるのである（真山 1994）．そのため，今まで政策実施研究は，明示されている決定された政策を前提に，その実施について関心が寄せられ研究されてきた．ゆえに，政策実施研究における政策とは何かと問われることは，政策実施研究ではほとんどみられない．むしろ，政策は自明のものとして捉え，または，政策実施を研究する時の政策の捉え方は，論者の研究関心に応じて様々である．この点，真山（1994：34）は，「政策には，政府や政権政党の基本方針を示した概念的な政策から，特定の財・サービスの内容とそれらの提供の方法や経路を定めた具体的な政策まで，さまざまなレベルの政策が存在する」ことを指摘し，「政策実施という概念は，このような概念的な政策が徐々に具体化されて，実際に政策の効果が生じるまでのプロセス全体を指す」と整理している．政府や政権政党の基本方針は，総理による各種演説やキャッチフレーズ（例えば，小泉総理による「聖域なき構造改革」），各種成長戦略（または，計画に相当するもの）によって示される場合もある．または，はっきりと示されない場合もあり，総理の個人的な政治信条や政党としての政治的な考え方・主張，政治状況に応じた政治的利害などがある．

　政策実施過程では，抽象度の高い政策をより具体的な政策へ翻訳する活動をも含むという．また，例えば，政権政党の政策綱領が時の政府の政策に具体化されていく過程は，政策決定過程として把握されてきた．しかし，政策実施過程で失敗や課題が生じる原因が，政策決定過程にもし存在するのならば（政策決定過程に不備があるため，政策実施過程で期待通りの成果をだせない場合），政策決定過程をも政策実施研究の射程として捉えることが必要となる．これらのことを踏まえると，政策実施研究の前提として，政策実施過程の射程を検討，確認し，研究の目的や解明しようとしている点を明確化することは重要となる．本研究では，政策実施過程において政策が変容する実態を捉えて，文科省の政策の特徴を明らかにすることに目的がある

ことから，政策の検討は重要となる．

　本研究で事例として取り上げる学校評価は文部科学省が制度化しているが，その政治的，行政的背景には官邸主導による政権運営があり，また，自民党による教育政策がある．そのため，文科省の意向は政権の意向から影響を受けるため（政権の意向を無視して文科省が独自色を出すことは一般論として考えられない），学校評価の本質を理解するためには，政権の意向を捉える必要がある．

　政権の意向を把握するためには，2つの視点が必要である．1つめは，自民党の教育に関する考え方である．これは，既に確認した通り，自民党の教育に関する考えとして，ナショナリズムと経済のための教育という2点がある．これらは，自民党文教族に限らず自民党の政治家に共通した考えである．しかし，経済のための教育については，方向性は一致しているものの具体的な中身について共通した考えは存在しない．これらは，自民党政権である限り，基本的な政権の意向として共通した考え方である．2つめは，政権ごとによって変化しうる部分である．自民党政権であったとしても，やはり誰が総理になるのかによって，その政権の特色は変化する．例えば，池田内閣では経済重視であったが，中曽根内閣では総理自身の政治信条も重視された．経済政策や財政政策，または外交政策や安全保障政策などは大きな政治イシューであることから，時の総理の意向や，政権をめぐる政治情勢，政治的環境によって，政権の意向は大きく左右されてしまう．一方，教育政策では，教育政策の歴史から鑑みれば，経済政策や外交政策ほどは大きな変化はなく，政治的関心は向けられたり，向けられなかったりし，政権の意向ははっきりせず曖昧さがあるという意味で，常に揺れ動いている．

　学校評価制度を検討する上では，政権の意向は3つの要素から捉えることができる．第1に，総理を含めた自民党の教育に対する考え方である．学校評価制度は自民党政権によって誕生したものであるから，自民党の教育に対する考え方は，政権の意向の中心的部分である．また，政治的，行政的に官邸主導による政権運営が今日ではなされていることから，政策に対する政権の影響力，さらには政策に対する政治的影響力は大きく，直接的になっている．第2に，ニューパブリックマネジメント（以下，NPM）の潮流である．1980年代から行政改革の流れとして，行政に民間企業の経営管理手法を導入し，競争原理を働かせながら効率化や質の向上を目指した．この流れは，2000年代でも継続しており，むしろ，ますます厳しくなる行政の財政事情からNPMの考え方は様々に採り入れられているようにも見受けられる．当然ながら，対象となる政策分野として教育も例外ではない．他方で，小泉内閣以降では，民間的手法の導入に関する負の側面も一般的に認識されるようになり，NPMの限界も一般的に認識されはじめた．第3に，地方分権である．1995年に地

方分権推進法の施行以降，地方分権が具体的に進められている．そのため，地方分権の推進を前提とした政策が立案，実施されている．この動向は，時の政権が変わったとしても，変わらないものである．また，地方分権の流れとNPMが混ざり合うような事態も生じている．地方分権は権限や財源を国から地方自治体へ移譲し地方自治や民主主義をより良く実現していくものであるが，権限を移譲するという点は，民間企業が権限移譲による効率化を目指すことと行為自体は同じとなる．そのため，地方分権とNPMは時として混同していることも見受けられる．地方分権は経済的効率性を実現することが第一義ではないことは注意が必要である．

　これらの3つの要素は，NPMや地方分権を政策の基礎としながら，自民党の教育に関する考え方を核にして，時の総理，または政権が政策の特徴づけを行う，という関係性にある．

　学校評価制度を検討するにあたり，政策としての政権の意向を知るためには，2000年に発足した教育改革国民会議での審議が参考になる．学校評価が制度化されるきっかけは，橋本内閣での1998年の中教審答申「今後の地方教育行政の在り方について」であるが，中教審は文科省によって運営されていることから，政権の意向を直接的に反映したものではない．他方で，教育改革国民会議は総理の諮問機関として内閣官房に設置されており，政権の意向を直接的に反映することができる．また，中教審での審議を中心とする文科省による教育政策の展開への不満から教育改革国民会議は生まれていることから，自民党の教育に対する考えがより表に出されている．ただし，教育改革国民会議の最大のイシューは教育基本法の改正であることには留意が必要である．

　教育改革国民会議では，これからの教育について森首相が3つの必要性を指摘した．第1に，思いやりの心，奉仕の精神，日本の文化・伝統を尊重する気持ちなど，人間として，日本人として持つべき豊かな心，倫理観，道徳心を育むこと．第2に，学校が保護者や地域の方々から信頼される存在になること．第3に，21世紀の日本を担う創造性の高い人材を育てること．また，教育改革国民会議の審議としては，戦後に構築された教育システムについて次のように捉えた．第1に，学校関係者や教育行政の関係者の間では戦前の中央集権的な教育行政の伝統が払拭されておらず，また，関係者間のもたれ合いと責任逃れの体質が残っていること．第2に，教育現場にイデオロギー対立が持ち込まれ，力を合わせて教育に取組むべき教育行政機関と教員との間の不幸な対立が長く続き，教育に対する国民の信頼を大きく損なってきた．これらのことから，第3に，教育関係者は各立場で自らの在り方を厳しく問うことが必要であると総括した．

　そこで，新しい時代にふさわしい学校づくりとして，4つの方向性を示した．第

1に，教える側の論理が中心となった閉鎖的，独善的運営から，教育を受ける側が求める質の高い教育を提供することへ転換すること．そのために，各学校が改善に向けて不断の努力を行い，成果に応じた評価を得られることが必要だという．第2に，教育委員会や文部省などの教育行政機関も，管理・監督を重んじるのではなく，多様化が進む新しい社会における学校の自主性，自律性を確立することを支援すること．第3に，情報開示を進め，適切な評価を行うことで健全な競争を促進すること．第4に，学校は保護者や地域とともにある存在として，コミュニティが学校をつくり，学校がコミュニティをつくること．

　以上のことから，戦後日本の教育政策の歴史と自民党の教育への考えを踏まえて，政権の意向を検討していく．まず，森首相は，日本人の倫理観や道徳心（思いやりの心，奉仕の精神，伝統文化の尊重），学校への信頼，創造力ある人材の育成，という3つの必要性を述べた．自民党の教育に対する考え，さらには自民党文教族の考えとしては，やはり根幹となる部分は，日本人しての倫理観や道徳心を国民は持つべきである，ということである．戦前では日本国民は日本人としての倫理観や道徳心を有していたが，戦後，GHQによる民主化政策と民主的かつ平等な教育システムの構築によって，国民の倫理観や道徳心が軽視され薄らいでしまった．ゆえに，現代ではいじめの問題が後を絶たなくなってしまった．また，学校が保護者や地域から信頼されなくなったことについて，第1に，教員に対する不満であると自民党は考える．自民党では教員は労働者ではなく聖職者であると考えるので（森・田原2013），聖職者である教員[1]は，思いやりの心と奉仕の精神を持って子どもの成長に専念するべきであり，そういう教員が集まる場が学校であることから保護者や地域から学校は尊敬される存在であるべきだと考える．第2に，教育の原点は家庭であると考えるので[2]，保護者は子どもの教育に関わるべきであり，子どもの教育を学校に一任するべきではないと自民党は考える．したがって，保護者は公共サービスとしての教育の担い手について学校を信頼するのではなく（保護者は学校の顧客になるのではなく），子どもへの教育の責任と管理は家庭が負うことを前提として，家庭と学校は子どもを相互に支えていくべきであり，高い責任感をもった家庭と相互に支えあうことに値する存在として学校はあるべきだと考える．第3に，創造力ある人材の育成では，社会に奉仕するという観点から，社会の問題に対して主体的に関わり創造的に問題を解決していける人材を育てるべきだということと，イノベーションを起こし益々の経済発展を実現できるような産業界で活躍すべき人材を育てるべきだという2つのニュアンスを内包する．

　また，教育の全体的な部分に関して教育改革国民会議での議論を検討していく．第1に，戦前の中央集権的教育行政の伝統と学校や教育行政関係者間でのもたれ合

いと責任逃れの体質を指摘した．自民党は戦前の教育を全て肯定しているわけではないということである．自民党が肯定する戦前の教育はあくまで，日本人としての倫理観や道徳心の部分である[3]．教育に専念する聖職者である教員は，責任をもって主体的に教育に携わらなければならないと教育改革国民会議は考える．第2に，教育現場におけるイデオロギー対立では，文科省と日教組との対立を指している．しかし，教育改革国民会議が発足した時点では，このような対立は一般的には収束しており，一部の人々や集団を除けば，このような対立の歴史を原因とした教育に対する国民の信頼が損なわれているという状況は，2000年の時点では一般論としてはみられない．ただし，自民党の中では，未だに，教育現場にイデオロギーが持ち込まれていることに強い関心と懸念を抱く議員が一定数で存在するため，自民党が認めないイデオロギーに子どもが巻き込まれてしまうこと，さらには，教育現場に持ち込まれたイデオロギーが発展し，自民党と対立したり，自民党を政治的に脅かすような集団が形成されたりすることを危惧している．第3に，教育関係者は自らの在り方を厳しく問うべきだと指摘した．これは，教員は聖職者なのであるから，教育に責任をもって専念するべきであり，教育に専念することの中には，より良い教育を提供できるように不断の努力を惜しまないことも含まれる．

　以上の教育全体についての認識から，教育改革国民会議は審議の方向性を具体的に示した．第1に，教える側の論理が中心となった閉鎖的，独善的な運営から，教育を受ける側である親や子どもの求める質の高い教育の提供へと転換しなければならない．NPMの観点による顧客目線の重要性を説いているのではなく，聖職である教員は子どものために奉仕すべきであることを示している．第2に，学校は自主性と自律性を持つべきである．これは，学校に対する管理の在り方を意味しており，従来までは文科省を含めた教育行政機関は，管理や監督を重視していた．この管理手法は事前規制をかけたり，事前チェック機能を果たしたりすることで，学校の質を担保しようとした．他方で，学校が自主性と自律性を持ち学校のモチベーションと創意工夫を引き出すことで質の向上を目指すことは，学校の権限や裁量を大きくすることであり，事前規制や事前チェックを緩めることである．このような管理手法はNPMの考え方に基づいたものである．第3に，教育行政や学校の情報を開示し，適切な評価による競争を促進するべきである．これは，競争によって学校のモチベーションや創意工夫を引き出し，学校の質の向上を目指そうとするものであり，NPMの考え方に基づいたものである．また，情報を開示することや評価を行うこともNPMの考え方に基づいたものであり，業績や成果による統制を行い効率的・効果的な学校運営を目指そうとするものである．最後に，学校は家庭や地域とともにある存在にならなければならない．これは，特に文科省が大切にしている考え方

である．しかし，教育改革国民会議の問題関心の文脈から解すると，子どもを社会全体で育てていくことを純粋に目指しているとはいい切れない．むしろ，学校の閉鎖的，独善的な運営を打破するための手段として，学校関係者以外のアクターも学校運営に参加・参画し，学校の外部の視点も取り入れながら学校運営を行うことで，学校の質を向上させるという政治的な思惑による．ただし，外部の視点とは外部からの評価を受け入れることを意味しているので，この意味ではNPMの考え方に基づいたものともいえる．

以上のことから，学校評価制度の導入における，政策とは何なのだろうか．上述した，政権の意向を構成する，自民党の考え，NPM，地方分権の3つの観点から，確認していく．

自民党の観点では，日本の教育システムにおける国家的価値の再興を目指していることから，その実現にあたり，日本の教育，または学校に対する疑念を3つに整理できる．第1に，学校現場にイデオロギーが持ち込まれることである．特に，自民党が保守政党として共有している国家・伝統・歴史などを重視する考え方と相容れない思想が，日教組を中心に教員によって学校現場に持ち込まれ，子どもに浸透していくことを懸念している．日本の教育政策における，日教組と文部省・自民党との対立の歴史は，自民党の中で消えることはない．むしろ，日教組の組織率も下がり，一般的に目に見える激しい対立は見当たらない今日においてすら，未だに自民党は警戒している．第2に，学校関係者や学校現場，または教員の独善的な考えと行動である．学校現場は子どもを守るという観点から，さまざまな教育的配慮がなされている．特に，学校現場では平等性や公平性は重要な価値観である．また，学校全体を運営するにあたっての民主性も，営利企業の組織運営とは異なる特徴である．また，教員は専門職としての性格も有するため，構造的に独善的になりやすい条件も有している．第3に，学校現場の責任の無さである．自民党が懸念する学校現場に対する責任の意味は多義的である．責任の主体は誰なのか，責任主体は当事者意識を持っているのか，教育に専念する姿勢の3点を挙げられる．責任の主体では，学校現場の責任を誰がとるのかである．校長は学校にとっては管理職であることから，学校現場または教育の責任主体は校長といえる．しかし，各学校を管理している主体は主として市町村教育委員会であり，教員を雇用している主体は都道府県教育委員会である．また，1人の教員は，ある程度裁量をもって自律的に仕事を遂行することができ，専門職としての性格も有するため，裁量の大きさと与える影響力の大きさから，1人の教員がもつべき責任は大きくなる．責任主体の当事者意識では，仮に責任の主体が明確になっていたとしても，責任主体が責任主体であることについて自覚をもち，責任ある行動ができなければ，責任を果たすことはで

きない．学校関係者は与えられた役割や取組むべき業務について自覚をもって，その任務にあたるべきなのである．教育に専念すべきとは，当事者意識をもって学校関係者が与えられた役割や業務に取組むことに加えて，学校関係者が取組む姿勢として，教育に専念するべきであると自民党は考える．これは，自民党は教員を聖職者と捉えていることに由来する．ここには，日教組と文科省・自民党との対立の歴史から，教員は政治活動や自民党が支持する保守的な考え方（イデオロギー）に反対することに熱心に活動するのではなく，また，文科省の方針に従って，教員は責任感を持ってしっかりと子どもと向き合い，子どもの成長に集中するべきであるという意味も含まれている．

　NPM の観点では，成果重視のマネジメントを教育分野，特に学校現場において実現することである．NPM は，顧客主義（国民は公共サービスの顧客および協働のパートナーと位置づける），業績・成果による統制（数値目標の設定と評価），ヒエラルキーの簡素化（組織のフラット化など），市場メカニズムの活用（民営化，PFI など）という，おおよそ 4 つの特徴を持つ（大住 1999；福山 2006）．これらの特徴を行政現場に導入することを通じて，行政部門の効率化・活性化を図ろうとする．具体的には，学校の権限や裁量を大きくすることで，学校の自主性や自律性を高めようとしたり，学校の情報を開示し，評価を受け，競争を促そうとすることによって，学校の活性化を図ろうとした．これらは，学校への具体的な改善策として示されていた．しかし，日本の行政への導入に関しては，NPM の理念・制度の目的を理解せずに，個別の手法のみを日本の行財政システムに適用しやすいように改変している例が少なくないという．教育現場における NPM 導入の在りようについては，本書の関心から外れるため稿を改めて検討する必要があるが，NPM が教育現場にも導入されようとしていることは確認できる．ただし，明確な意思をもって NPM を導入しようとしたのではない．様々な社会の動きや行政改革の動向の影響を受け，結果としてNPM を導入することとなっていた．

　地方分権の観点では，地方分権を掲げて直接的に推進しようとしたものはなかったが，政策の方向性は地方分権の実現に資するものであったし，地方分権の推進を前提とするものであった．具体的には，学校現場の裁量を大きくしたり，学校の運営に地域も参加・参画したりしようとしていた．これの意図としては，NPM を推進しているのであるが，形式的には権限移譲という点で地方分権を推進する 1 つの手段・手法でもある．また，学校運営への地域参加については，地域性を重視した取組みであることから，地方分権の流れに反するものではない．したがって，結果として地方分権に寄与するものとなっており，政策を取り巻く背景として位置づいていた．

これらのことから，本研究では学校評価制度における政策を次のように考えたい．学校現場（学校や教師）を監視（モニタリング）することと，成果重視の目標管理型マネジメントに取組むことで，学校現場の閉鎖性・独善性を防ぐとともにステークホルダーのニーズを学校運営に反映すること，また，教育の仕事に教師が専念することを求めている．

　やはり自民党政権である以上は，自民党の教育に対する考えが核になってくる．その中心は上述した通り，教育におけるナショナリズムであり，自民党が支持するナショナリズムを教育を通して国民に普及，浸透させることが問題となっている．そして，教育政策における各施策の多くは，これらを実現させるための手段となっている．このとき，学校現場の閉鎖性・独善性は，自民党の意向を実現させるための障害となり，また，教員が教育に専念しない事態は自民党の理想に反するものである．そこで，この障害を取り除くとともに，自民党の理想を目指すための手段として，NPM の潮流をも受け，学校現場を監視することと，成果重視の目標管理型マネジメントの取組みを実施しようとしたのである．ただし，これらは2つの特徴を有する．第1に，ステークホルダーや社会に対して明確に示された政策ではない．むしろ，方々へ曖昧にすら示されていない政策であり，政策としては曖昧で抽象度が高い．第2に，自民党の考え，NPM，地方分権という3つのアイディアが，無自覚的に（意図を持たずして）融合して形成された政策である．この融合には，激しい政治的な駆け引きや妥協があったわけでもなく，明確な政治的な思惑や利害があって形成されたわけでもなく，明確な政策的な理念があって形成されたわけでもなく，政策としては極めて緩やかで曖昧なものとして存在している．むしろ，学校を評価するべきとして手段が先行しているようにも見えてしまうものである．

注

1）自民党の考えを尊重すれば「教員」ではなく「教師」という表現が適切かもしれない．

2）自民党が考える家庭とは，親は子どもの模範となりながら子どもをしつけていき，子どもは親を敬うような親と子どもの関係性を前提としている．

3）本書の関心からは離れるが，戦前のエリートを養成する学校体系にも自民党は強い肯定がある．

第6章

学校評価の制度化の過程

　学校評価が制度化される経緯については，**表6-1**の通りにまとめることができる。1998年に中教審答申「今後の地方教育行政の在り方について」で，学校が教育目標や教育計画と，その達成状況に関する自己評価結果を保護者や地域住民等に説明することが提言された。2000年の教育改革国民会議（首相の私的諮問機関）が出した「教育を変える17の提案」では，外部評価を含む学校の評価制度を導入し，評価結果を保護者や地域住民等と共有し，学校の改善につなげることを提言した。これらの提言を受け，2002年3月に制定された小学校設置基準（文部科学省令）等では，学校の自己評価の実施が努力義務化された。2006年の中教審答申「新しい時代の義務教育を創造する」では，大綱的な学校評価ガイドラインの策定と，自己評価の実施と結果の公表の義務化を提起した。そこで，2007年の学校教育法改正及び同法施行規則改正により，① 自己評価の実施と結果の公表は義務，② 学校関係者評価の実施と結果の公表は努力義務，③ 自己評価及び学校関係者評価の評価結果の設置者への報告は義務，と法的に規定された。また，2008年の第1期教育振興基本計画では，学校関係者評価について，すべての学校で実施することを目指すと明記された。第2期教育振興基本計画では，学校評価について直接言及していないが，

表6-1　学校評価の導入経緯

1998年9月	中央教育審議会　答申「今後の地方教育行政の在り方について」
2000年12月	教育改革国民会議　「教育を変える17の提案」
2002年3月	小学校設置基準（文部科学省令）の制定
2005年10月	中央教育審議会　答申「新しい時代の義務教育を創造する」
2006年3月	文部科学省「義務教育諸学校における学校評価ガイドライン」
2006年12月	教育基本法　改正
2007年6月	学校教育法　改正
2007年10月	学校教育法施行規則　改正
2008年1月	閣議決定「第1期　教育振興基本計画」
2008年1月	文部科学省「学校評価ガイドライン」（高等学校に関する記述追加）
2010年7月	文部科学省「学校評価ガイドライン」（第三者評価に関する記述追加）
2013年6月	閣議決定「第2期　教育振興基本計画」

（出所）筆者作成。

東日本大震災を契機としてコミュニティ形成に資する教育行政が掲げられている.

　学校評価の制度化には, 中教審答申などが大きく影響している. そこで, 以下では, 「今後の地方教育行政の在り方について」「教育を変える 17 の提案」「新しい時代の義務教育を創造する」の 3 点について, 諮問理由 (または背景), 答申内容, 審議過程をレビューしていく.

1 中央教育審議会答申「今後の地方教育行政の在り方について」

　1997 年 9 月に町村信孝文部大臣から「今後の地方教育行政の在り方について」諮問を受け, 1998 年 9 月に中央教育審議会が答申を出した. 諮問を受け, 1997 年 10 月に「地方教育行政に関する小委員会」が**表 6-2** の通り設けられ, 関係団体からのヒアリング, 国民からの提言の公募, 「一日中教審」の開催, 教育委員会の現地調査等を実施しながら審議を重ね, 1998 年 3 月に「中間報告」を町村信孝文部大臣に提出した. その後, 「中間報告」に対する関係団体からのヒアリングの実施, 「公聴会」の開催などにより, 各方面からの意見を確認しながら, 慎重に審議が進められた (URL34).

(1) 諮問理由

　この諮問は, 1996 年 7 月 19 日に中教審が出した答申「21 世紀を展望した我が国の教育の在り方について (第一次答申)」と 1997 年 6 月 1 日に中教審が出した答申「21 世紀を展望した我が国の教育の在り方について (第二次答申)」の流れを受けている. 大きな方向性としては, 「ゆとり」の中で「生きる力」を育成していくことを掲げ, 生きる力を育むためには, 学校だけでなく家庭や地域社会が連携して取組

表 6-2　地方教育行政に関する小委員会メンバー

有馬朗人	理化学研究所理事長
薄田泰元	社団法人日本 PTA 全国協議会前会長
河野重男	東京家政学院大学長 (座長)
小林善彦	東京大学名誉教授・財団法人日仏会館常務理事
坂元昻	メディア教育開発センター所長
田村哲夫	学校法人渋谷教育学園理事長, 渋谷幕張中学・高等学校長
永井多恵子	世田谷文化生活情報センター館長, 日本放送協会解説員
横山英一	教職員共済生活協同組合理事長
木村孟	東京工業大学長
市川芳正	前東京都教育委員会教育長
國分正明	日本芸術文化振興会理事長

(出所) 中教審委員名簿と議事録より筆者作成.

むことの重要性が示された[1].

諮問理由は次の通りである[2]. 大きな方向性として，地方分権の推進などの理念を踏まえて，新しい時代に対応した地方教育行政の在り方全体の見直しを行い，教育委員会等がより主体的かつ積極的に行政を展開していく必要性があった. そこで検討のポイントとして次の3点を示した.

（1）国・都道府県・市町村の関係及び教育委員会と学校等教育機関の関係の在り方.
（2）教育委員会を中心とする主体的かつ積極的な地方教育行政の展開方策.
（3）地域における学校等教育機関の役割と運営の在り方.

具体的には，地方教育行政は地域の特性を生かして多様な教育を推進することや，社会の変化・進展に対して迅速かつ積極的に対応すること，学校・家庭・地域社会は連携強化して地域に開かれた学校運営を推進することが必要であると示された[3].

（2） 答申の内容

全ての学校が特色を生かして，創意工夫を凝らした教育活動を展開するとともに，地域全体で子どもの成長を支えることが不可欠だと認識していた. 特に「学校と地域の在り方」とそれを支える「教育委員会の在り方」に焦点をあて，次の4つの観点が設定された.

（1）学校の自主性・自律性を確立し，自らの判断で学校づくりに取組むことができるよう学校及び教育行政に関する制度とその運用を見直すことが必要であること.
（2）子どもの生活と行動，体験の環境を整備するために，学校，関係機関・団体及び家庭の相互の連携協力を促進することが必要であること.
（3）地域の教育委員会が主体的かつ積極的に行政施策を展開することができるよう，教育委員会に関する制度や機能を見直し整備すること. あわせて，学校や地域の活動，教育行政に地域住民や保護者が積極的に参画するシステムの導入が必要であること.
（4）主体的な各地方公共団体の施策実施や，各学校の自主的な教育活動の実現は，同時に教育委員会や学校がより大きな責任を負うことについての明確化が必要であること.

また当時は，教育行政の動向と同時に行政分野で，地方分権，規制緩和等の基本的な方針の下に行政改革が進められており，既に1998年5月には地方分権推進計

画が閣議決定され，同年6月に中央省庁等改革基本法が成立している．そのため，行政改革や地方分権を考慮し，国や都道府県が市町村や学校に対して関与することを必要最小限度にすることが求められていた．そこで，次の4つの改革の方向性が示されるとともに，教育行政や学校運営に関する多様な評価手法の導入等にも留意を要することが付記された．

（1）学校運営組織の見直し．第1に，学校内部の活性化である．学校の裁量権限拡大，運営責任の明確化，組織的に取組む体制構築が求められた．第2に，学校運営に対する地域住民の参画である．具体的に，「学校評議員制度」の導入が提起された．

（2）教育委員会制度と運用の見直し．第1に，教育長や教育委員の選任方法の見直しである．教育行政の中立性と継続性の観点から現行の合議制を維持し，文部大臣や都道府県教育委員会による教育長の任命承認制度の廃止と，地方公共団体の議会による同意制の導入，教育委員数の弾力化が求められた．第2に，地域住民の意向の反映と参画が求められた．

（3）教育委員会による教育行政の総合的展開．第1に，地域コミュニティの育成と地域振興を図ること，第2に，多様化する地域住民ニーズに対応することが求められた．

（4）学校と地方公共団体の裁量拡大．具体的には教育課程の基準の大綱化・弾力化，学級編成や教職員配置の弾力化などが求められた．

　以上のような全体像の中において，学校評価へとつながる部分は，「第3章　学校の自主性・自立性の確立について」の中の「第6節　地域住民の学校運営の参画」で提起されている．ここでは，学校の経営責任を明確にすること，教育目標や教育計画等を年度当初に保護者や地域住民に説明すること，その達成状況等に関する自己評価を実施し，保護者や地域住民に説明することが提起された．

（3）　審議の経過[4]

　1997年1月に「21世紀に向けた地方教育行政の在り方にする調査研究協力者会議[5]」を文部省に設置し，地方教育行政の在り方について検討を行い，1997年9月19日に「論点整理」をまとめた[6]．この論点整理が示した方向性は，答申「今後の地方教育行政の在り方について」の基礎となった．この協力者会議では，地方教育行政制度が50年経過していることや，地方分権推進委員会の勧告や動向を契機として，教育委員会を中核とする現行地方教育行政制度の意義と見直しに関する論点を整理することが目指された．そこでは，住民の多様なニーズに応じ，総合的かつ

第6章　学校評価の制度化の過程　　*153*

積極的な地方教育行政が展開できるシステムが必要であるという認識に基づき検討が行われた．論点整理は4つの視点を持っていた．

（1）学校と教育委員会，市町村・都道府県・国相互の関係，私立学校と地方公共団体との関係に関すること．
（2）地域住民と教育委員会，学校との関係に関すること．
（3）教育委員会の事務処理体制に関すること．
（4）地域コミュニティの育成と地域振興に関すること．

　学校評価に関しては，学校の経営責任の明確化と自主性・自律性の確立が必要とされた．そこで，学校の教育目標の設定とその達成度合いを保護者や地域に対して情報提供し，説明責任を果たしていくことや，校長による自己評価を教育委員会へ報告することを検討する必要性が示された．

　さて，上述の通り「地方教育行政に関する小委員会」が設置されたのだが，当協力者会議の論点整理に対して，具体的な提言を行うことを念頭に審議された．そこで，以下では「地方教育行政に関する小委員会」の審議経過をレビューしていく．ただし，議事録の公開範囲は発言内容のみのため，発言者を特定できない．その点は留意を要する．

（裁量拡大と成果管理）

　地方教育行政に関する小委員会においても，地域住民に対して学校の責任を説明することの重要性は確認された[7]．また，評価によって学校の質を確保していくことにも関心が向けられた．評価方法は，学校が自己評価を行うことや，住民による外部評価の仕組み，教育委員会による評価[8]，または，国や都道府県による評価などの意見がだされた[9]．学校と教育委員会との関係では，教育委員会が学校へ権限委譲して学校を「支援」することに重点を切りかえる場合，評価の仕組みを整備することで学校の取組みをアセスメントしていくことが必要であると指摘された[10]．これらのことは，校長の権限を拡大すると同時に校長の責任を拡大することでもあり，学校に説明責任と結果責任とを求めるものであった[11]．

（校長を補佐する存在）

　学校の経営責任は校長にあることを前提に議論が進められているため（法制度上も校長に権限が与えられている），学校に権限委譲がなされ，学校の責任が大きくなることは，校長の経営責任が大きくなることを意味した．校長の責任が大きくなれば，従来までの校長機能を前提とした組織体制では十分に対応できない事態が予測された．そこで，大きくなった校長の責任に応じて，校長を補佐する体制整備の必要性

が指摘された[12]．また校長の権限に関することや学校の意思決定については，大学審議会での議論も参考にされた[13]（URL17）．

（学校評議員の提案）

　学校の結果責任について学校の外部から評価を行うこと，学校を開き地域の声を学校運営に反映させること，校長を補佐しサポートすること，といった3つの思惑から「学校評議員」の導入が提起された[14]．校長を補佐することについては，あくまで校長を助けるものであり，校長が意思決定を行う際の判断材料を必要とする場合に意見を求めることを想定していた．事前にお伺いを立てるような性格のものではなく，校長が負担に思ったり重荷になっては意味がないとされた[15]．「学校評議員」の名称については，公益法人や大学において，組織の管理運営を助けるものとして「評議員」が置かれていることにならったものとされた[16]．

（規制緩和の捉えかた）

　規制緩和の捉え方は，委員間で統一されることはなく，答申でも示されることはなかった．いわゆる競争によって学校の質が高まると考える委員や，学校の裁量を大きくすることで学校運営をしやすくし，学校をより機動的かつ柔軟に運営できるようにすることで学校の質が高まると考える委員がいた．今後の地方教育行政に関する小委員会第26回審議会で中教審会長の根本二郎は学校と学校は競争するべきであり，そのような競争条件のもとでよい学校が実現されていくことを強く主張し，競争促進型の教育行政の必要性を訴えて，審議会の総括を行っている[17]．または，審議における用語の使用について，地方分権の推進を規制緩和だと捉えている点，「開かれた学校」の推進を規制緩和だと捉えている点，学校の裁量を大きくし自主性・自律性を高めることを規制緩和だと捉えている点，に整理できよう[18]．

（大学評価の影響）

　学校評価と並行して大学評価の検討を文部省は行っていた．大学評価の制度化には3つの契機を経て，現在の制度へと整えられた．まず，1991年に大学審議会答申「大学教育の改善について」からの提言を受けて，大学設置基準が改正され，大学の自己点検・評価を努力義務化された．1998年には，大学審議会答申「21世紀の大学像と今後の改革方策について」の中で，多元的な評価システムの確立のために，自己点検・評価の充実と，第三者評価システムの必要性が指摘される．1999年に大学設置基準を改正し，大学の自己点検・評価の実施とその結果の公表を義務化．あわせて外部検証（当該大学以外の者による検証）を努力義務とする．

　答申「今後の地方教育行政の在り方について」をとりまとめる議論の経過の中で

も，大学審議会で行われた大学評価の議論との類似性が指摘されている．大学の自己評価の取組みを参照しながら，段階的に学校評価を導入することが提起されたり[19]，評価制度を提言したりするにあたり，規定の設け方は検討の余地があることや[20]，大学審議会で議論されている第三者評価機関設置の動向と整合性をとることが示唆された[21]．ただし，学校評価よりも大学評価の議論と制度化が先行していたものの，大学で評価制度を導入することを理由に初等・中等教育機関においても評価制度を導入すべきであるという旨の主張や議論はなされていない．

2　教育改革国民会議「教育を変える17の提案」[22]

外部評価を含む学校の評価制度を導入し，評価結果を保護者や地域住民等と共有し，学校の改善につなげることが提言された．教育改革国民会議は，小渕内閣の時に，2000年3月に発足し，森内閣へ継承され，2000年12月に17の提案が行われた．全体の審議の流れは，**表6-3**，委員は**表6-4**の通りである．

（1）　審議の関心

この教育改革国民会議は「教育を変える17の提案」を検討するための議論の前提として，教育全体を次のように捉えた．社会は大きく変化しており，従来の教育システムは時代の流れに取り残されつつあるという．そして，学校関係者や教育行政の関係者の意識の中では，中央集権的な教育行政の伝統が払拭されておらず，関係者間のもたれ合いと責任逃れの体質が残っていると指摘する．また，教育現場にイデオロギー対立が持ち込まれ，教育に対する国民の信頼を大きく損なってきたと総括した．そこで，新しい時代に対応できる学校づくりと，そのための支援体制の実現を目指した．

そこで，4つの方向性の下で審議が行われた．第1に，教える側の論理が中心となった閉鎖的，独善的運営から，教育を受ける側が求める質の高い教育を提供することへ転換すること．そのために，各学校が改善に向けて不断の努力を行い，成果に応じた評価が得られることが必要だという．第2に，教育委員会や文部省などの教育行政機関も，管理・監督を重んじるのではなく，多様化が進む新しい社会における学校の自主性，自律性を確立することを支援すること．第3に，情報開示を進め，適切な評価を行うことで健全な競争を促進すること．第4に，学校は保護者や地域とともにある存在として，コミュニティが学校をつくり，学校がコミュニティをつくること．

表 6-3　教育改革国民会議の審議の流れ

2000 年 3 月 27 日	自由討議
4 月 14 日	○「戦後教育の総括　子どもの現状の分析・検討 　・学校の現状と役割 　・戦後教育の流れと改革への視点 　・親，または学校現場を支える立場から
4 月 25 日	○「戦後教育の総括　戦後教育改革の理念と評価 　・敗戦直後の教育改革を問い直す 　・教育改革のあゆみと 22 世紀日本の教育課題
5 月 11 日	○今後の分科会での審議事項等に関する全般的検討 　・ゆとりの中の充実した教育と生きる力の育成 　・道徳教育における学校，家庭，社会の役割
8 月 28 日	○分科会の審議の報告について
9 月 4 日	○中間報告起草委員について ○教育改革国民会議中間報告に向けて審議 ○一日教育改革国民会議（公聴会）の開催について
9 月 6 日	○教育基本法についての審議 ○教育財政，教育振興基本計画についての審議
9 月 13 日	○教育改革国民会議中間報告についての審議
9 月 22 日	○教育改革国民会議中間報告の提出
11 月 14 日	○中間報告に対する意見について 　・一日教育改革国民会議（公聴会）及び意見募集について
11 月 30 日	○第 2 分科会，第 3 分科会関係 ○教育基本法，教育振興基本計画，教育改革の基本理念関係
12 月 11 日	○教育改革国民会議報告（案）についての審議
12 月 22 日	○教育改革国民会議報告の提出

（出所）議事録より筆者作成．

（2）　提言の内容

　外部評価を含む学校の評価制度を導入し，評価結果を保護者や地域住民等と共有し，学校の改善につなげることが提言された．教育改革国民会議は，小渕内閣の時に，2000 年 3 月に発足し，森内閣へ継承され，2000 年 12 月に 17 の提案が行われたものである．17 の提案は「人間性豊かな日本人の育成」「才能を伸ばし創造性に富む人間の育成」「新しい時代の新しい学校づくり」「教育振興基本計画と教育基本法」という 4 つの観点をもって整理されている．学校評価については，「新しい時代の新しい学校づくり」として，「地域の信頼に応える学校づくりを進める」という提案の中で扱われている．

第6章　学校評価の制度化の過程　　*157*

表 6-4　教育改革国民会議委員

江崎	玲於奈	芝浦工業大学学長　◎座長	黒田	玲子	東京大学教授
浅利	慶太	劇団四季代表	河野	俊二	東京海上火災保険株式会社取締役会長
石原	多賀子	金沢市教育長	曾野	綾子	日本財団会長，作家
今井	佐知子	社団法人日本 PTA 全国協議会会長	田中	成明	京都大学教授
上島	一泰	社団法人日本青年会議所会頭	田村	哲夫	学校法人渋谷教育学園理事長
牛尾	治朗	ウシオ電機会長	沈	壽官	薩摩焼宗家十四代
大宅	映子	ジャーナリスト	浜田	広	リコー会長
梶田	叡一	京都ノートルダム女子大学学長	藤田	英典	東京大学教育学部長
勝田	吉太郎	鈴鹿国際大学学長・京都大学名誉教授	森	隆夫	お茶の水女子大学名誉教授
金子	郁容	慶應義塾幼稚舎長	山折	哲雄	京都造形芸術大学大学院長
河合	隼雄	国際日本文化研究センター所長	山下	泰裕	東海大学教授
河上	亮一	川越市立城南中学校教諭			
木村	孟	大学評価・学位授与機構長			
草野	忠義	連合副会長			
グレゴリー・クラーク		多摩大学学長			
（第二分科会のメンバー）					
石原多賀子		金沢市教育長			
上島一泰		社団法人日本青年会議所会頭	河合隼雄		国際日本文化研究センター所長
大宅映子		ジャーナリスト	田村哲夫		学校法人渋谷教育学園理事長
金子郁容		慶應義塾幼稚舎長　◎主査	藤田英典		東京大学教育学部長

（出所）教育改革国民会議委員名簿より筆者改編.

　提案の中では，公立学校は内部から改革が進みにくく，また，改革に取組まなくても済んでしまうという認識の下[23)]，子どもは地域で育ち，また学校は地域を育てていく存在として学校づくりを進めるべきだという．そこで，具体的に３つの提言がされた．第１に，開かれた学校をつくり，説明責任を果たすこと．保護者は学校の情報を欲しており，目標・活動状況・成果などを積極的に情報公開し，また，保護者からの意見に迅速に応えることを求めた．第２に，学校の特徴を出すために，外部評価を含む学校の評価制度を導入すること．評価結果を保護者や地域と共有することで学校改善を求めた．また，通学区域の一層の弾力化を行い，学校選択の幅を広げることも期待された．第３に，学校評議員制度などを活用して学校運営へ保護者や地域の参加を進めること．地域のコミュニティが学校をつくり，学校がコミュニティをつくっていくことを求めた．

（3）　審議の経過
　第４回の審議の後，分科会を設置し，より詳細に審議を進めることとなった[24)]．学

校評価に関する審議は，学校教育というテーマを担当する第二分科会（主査は金子委員[25]）で行われた[26]．全体の方向性として，全国画一的ではなく，努力が評価されることにより，学校の魅力が高まっていくことが目指された．そのための方法として，企業原理の導入や，公立学校を改革すること，私立学校を増やすことなどが議論された．また，教育改革論を根本的に検討するためには，教育基本法の見直しは避けて通れないテーマであるという認識であった[27]．1947 年の時点では，占領下という[28]特殊な状況の中で，当時の日本の民主国家再生への新しい教育理念を示すものとして役に立ったが，時代の変わった現代においてはその使命は果たしたといえる．また，教育基本法は，教育の根本である家庭への言及がなく，学校教育に重点が置かれており分野に偏りがあるという．そして，教育基本法では触れられていない現代的な課題にも対応していく必要があった[29]．これらの関心の下に，様々なテーマについて審議された．学校評価に関連しそうなテーマとして以下の点が挙げられよう．

（公立学校の在り方と学校のガバナンス）子どもを地域全体で育てていくこと，公立学校が改革の意欲をもてるようなシステム，保護者の要望を受け止める仕組み，組織として運営できる学校体制が必要だと指摘された．

（競争原理の導入の是非）公立学校は民間企業のように経営破綻がないため内からの改革が望めない点，競争原理の弊害への懸念，都市部と地方による環境の違いが指摘された．

（公立学校の「民営化」，「私学化」）小・中・高の公立学校を民営化し，学校を地域に委ねること，私学の良い部分を公立に取り入れたり，私学が実際の変革の例を公立に見せたりすることが指摘された．

（学校評価）開かれた学校づくりを後押しするために，地域や保護者から評価される仕組みの必要性や，学校の評価を公表することで，順番・序列づけとなる弊害への懸念が示された．ただし，各学校が自らの努力で自己改善することを促す手段として，学校を評価していくことは理解が得られた[30]．また，各学校が独自性を出すことには賛成があり，そのためには校長に権限や裁量を与えるとともに校長を含めた学校のマネジメント能力を強化する必要性が指摘された[31]．学校評価と関連して学校選択制についても議論があり，賛否は大きく分かれた．学校評価の結果を含めた学校の情報を公開し，特色のある学校を選びやすくすることを良いと考える意見と，序列化が進むことへの弊害を懸念する意見とにわかれた．文部科学省は，当時，学校評価について「大学と同様に，自己点検，自己評価などを設置基準に明確化すること」を検討していた[32]．

（外部評価を含む学校の評価制度）報告書に次のように記載された．

（1）保護者は学校の様々な情報を知りたがっている．開かれた学校をつくり，説明責任を果たしていくことが必要である．目標，活動状況，成果など，学校の情報を積極的に親や地域に公開し，学校は，親からの日常的な意見にすばやく応え，その結果を伝える．

（2）各々の学校の特徴を出すという観点から，外部評価を含む学校の評価制度を導入し，評価結果は親や地域と共有し，学校の改善につなげる．通学区域の一層の弾力化を含め，学校選択の幅を広げる．

この表記については，審議の中で大きな懸念が指摘された部分である．懸念の論点は，外部評価は学校選択を前提とすることへの是非であった．学校を選択することに関して，大学や高等学校では既に行われていることだが，小・中学校で学校選択制を導入すると，学校の序列づけが進み弊害が大きいという指摘だ．そこで[33]「（1）保護者は学校の様々な情報を知りたがっている．開かれた学校をつくり，説明責任を果たしていくことが必要である．目標，活動状況，成果など，学校の情報を積極的に親や地域に公開し，学校は，親からの日常的な意見にすばやく応え，その結果を伝える」という部分では，学校の当事者たちが，自分たちの学校を良くすることを目指すべきだという指摘があった．また，「（2）各々の学校の特徴を出すという観点から，外部評価を含む学校の評価制度を導入し，評価結果は親や地域と共有し，学校の改善につなげる．通学区域の一層の弾力化を含め，学校選択の幅を広げる」という部分では，学校評価の結果について，「それらの情報をもとに親が学校を選択できるようにする」という原案を修正し，学校の評価制度と学校選択制とが必ずしも連動しているわけではないこととなった[34]．また，「外部評価」という言葉について，論者によって意味内容が異なっていたため，定義を明確にすることが指摘されていたが，定義されることはなかった．

3 中央教育審議会答申「新しい時代の義務教育を創造する」

「新しい時代の義務教育を創造する（答申）」が2005年10月18日に中教審から出た．この答申では学校評価に関しては次のように提起した．義務教育の構造改革として，教育の質を保証し，保護者や地域住民等への説明責任を果たす上で，学校評価を充実することが必要であり，そのためには，大綱的な学校評価ガイドラインの策定と，自己評価の実施と結果の公表を義務化することの必要性が指摘された．

（1） 答申の内容

　答申の「第3章　地方・学校の主体性と創意工夫で教育の質を高める」の中の「（1）学校の組織運営の見直し」の「イ　学校・地方自治体の取組の評価」の箇所で学校評価について以下の通り，述べられている.

　学校や地方自治体の裁量を拡大し主体性を高めていく場合，それぞれの学校や地方自治体の取組みの成果を評価することは，教育の質を保証する上で重要性が増している. 各学校では自己評価を中心に行われているものの，各学校における実施内容のばらつきや，評価結果の公表が進んでいないなどの課題もあった. そこで，学校評価のさらなる充実のために，大綱的な学校評価のガイドラインの策定と，努力義務とされている自己評価の実施とその公表を義務化することの必要性が指摘された.

　また，自己評価結果を外部者が評価するという外部評価を充実することが必要だと指摘した. 教育委員会は，各学校の教育活動を評価し，同時に，学校に対する支援や条件整備など自らの取組みについて評価し，必要な対応をとることを求めた. 国は，評価に関する専門的な助言・支援を行うとともに，第三者機関による全国的な外部評価の仕組みも含め，評価を充実する方策を検討する必要がある. ただし，学校の序列化や過度の競争，評価のための評価といった弊害が生じないよう，実施や公表の方法について十分な配慮が必要である. また，評価に関する事務負担を軽減するための工夫や支援も重要である. 全国的な外部評価の仕組みの検討に当たっても，地方自治体の役割と国の役割を十分整理しながら，日本の事情に合った方法を開発していく必要がある.

（2） 諮問理由

　この答申が出されるにあたり，次の3つの諮問を受け，義務教育の在り方について審議が進んでいった.

　　・2003年5月「今後の初等中等教育改革の推進方策について」[35]
　　・2004年3月「地方分権時代における教育委員会の在り方について」[36]
　　・2004年10月の「今後の教員養成・免許制度の在り方について」[37]

「今後の教員養成・免許制度の在り方について」については，学校評価の検討に関係するものではないため，「今後の初等中等教育改革の推進方策」と「地方分権時代における教育委員会の在り方について」の2つについて確認していく.

「今後の初等中等教育改革の推進方策について」では，中長期的かつ総合的に検討することが求められた. 具体的には，① 初等中等教育の教育課程及び指導の充

実・改善方策，②義務教育など学校教育に係る諸制度の在り方，以上の２点が検討事項とされた．学校評価に関係する部分としては，②義務教育など学校教育に係る諸制度の在り方において，学校の管理運営の在り方が検討事項となった．株式会社等による学校設置，公立学校の民間委託，地域が学校運営などに参画するコミュニティ・スクールの導入など様々な指摘がなされていることを含めて，公教育として，新しい時代にふさわしい学校の管理運営の在り方が検討事項となった[38]．

「地方分権時代における教育委員会の在り方について」では，２つの背景があるという．１つめは，地方分権が進展することで地方公共団体の責任と権限が拡大しているため，教育委員会は，地方公共団体における教育行政の責任ある担い手として，拡大した権限を生かし，地域のニーズに応じた教育行政を主体的に企画し実行していくことが，一層強く期待されていること．２つめは，市町村合併によって，市町村の規模が拡大するとともに行政体制の再編が進んでいるため，新しい市町村における教育の在り方と，それを実現するための教育行政体制の在り方の検討が進んでいること．これらの２つを背景として，教育改革を着実に進め，各地方公共団体の教育行政体制を強化し，地方分権時代にふさわしいものとしていくことが不可欠であると述べられた．そこで，次の４つの検討課題が挙げられた．

第１に，教育委員会制度の意義と役割について．教育委員会制度が発足して半世紀以上経ち，迅速な意思決定や責任の所在の明確化等の観点から，意義を問う指摘もある．そこで，教育行政の中立性・安定性・継続性の確保や多様な民意の反映の重要性を踏まえながら，今日における意義と役割，また，さらなる発展について検討することが求められた．

第２に，首長と教育委員会との関係について．近年，地域課題の解決のため，生涯学習，文化，スポーツの振興が，市町村にとって大きな課題となっている．そして，首長と教育委員会の連携の仕方によって，得られる成果が大きく異なってくる．そこで，首長と教育委員会との役割分担も含めた，生涯学習，文化，スポーツ，幼児教育等の教育事務の在り方や，教育行政における首長と教育委員会との連携の在り方について検討することが求められた．

第３に，市町村と都道府県との関係及び市町村教育委員会の在り方について．市町村教育委員会は，人口規模が幅広いため，広域化の推進について検討することと，充実した教育行政の展開について検討が求められた．

第４に，学校と教育委員会との関係及び学校の自主性・自律性の確立について．保護者や地域住民の教育に対するニーズが多様化し，今日では社会の変化が速いため，学校に権限と責任を与え，学校の自主性・自律性を高め，教育への期待に迅速かつ，きめ細かく対応していくことが必要だという．また，そのことを踏まえて，

各学校は教育活動について説明責任を果たし，継続的な自己改善システムの構築が必要とされている．そこで，学校の自主性・自律性を高めるための学校と教育委員会との関係の在り方や，学校の教育活動の成果を検証し改善につなげるための学校評価の在り方，また，学校の組織及び運営の在り方について，検討することが求められた．

この「地方分権時代における教育委員会の在り方について」の諮問を審議するために，中教審の教育制度分科会の中に地方教育行政部会を設置することとなった[39]．地方教育行政部会は，「新しい時代の義務教育を創造する（答申）」を審議した義務教育特別部会（中教審の総会に設置）の前身となるものである．地方教育行政部会は審議した成果を「地方分権時代における教育委員会の在り方について（部会まとめ）」（以下，部会まとめ）として，教育制度分科会へ提出している．「新しい時代の義務教育を創造する（答申）」の中では，この地方教育行政部会が審議した成果に

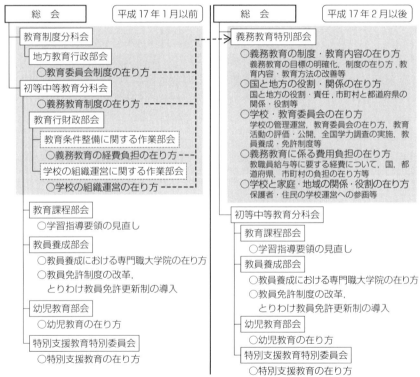

図6-1　教育行政部会と義務教育特別部会の関係

（出所）中教審総会第47回配布資料「中央教育審議会義務教育改革に関する検討体制について」（URL39）を引用．

ついて触れられていないが，学校評価に検討することが提言されている．そこで，「新しい時代の義務教育を創造する（答申）」を審議した義務教育特別部会の審議経過を確認する前に，その前身となる地方教育行政部会の審議経過をレビューすることから始めたい．この一連の検討体制については**図6-1**の通りである（URL39）

（3）　審議の経過

「部会まとめ」の内容

　地方教育行政部会では，有識者や関係団体のヒアリング，教育委員会の現地調査，教育行政制度についての外国調査等を実施し，16回にわたり会議を開催し審議を重ね，審議のまとめは行われた．新しい地方教育行政の在り方として，次の3つの改革が必要だという方向性を示した．[40]

　第1は，「全国的な教育水準の確保と市町村や学校の自由度の拡大」．国はナショナル・スタンダードを示し，教育の機会均等と全国的な教育水準を確保していく必要があるという．また，地域が自主性をもって地域の実情に応じた教育を実現するために，制度の弾力化と，市町村や学校の裁量拡大が必要とされた．さらに，明確な目標設定の下で，市町村の行政体制や学校の組織運営体制を強化することが求められた．

　第2は，説明責任の徹底．市町村や学校は，評価・公開を通じて説明する責任を果たすとともに，教育の質を向上させること，責任の所在を明確にすることが必要とされた．

　第3は，保護者や地域住民の参画の拡大．学校，保護者，地域住民が，思いや情報を共有し，相互の意向を反映することや，学校教育の改善充実や地域全体の教育力の向上を目指すことが必要とされた．

　本文の中では「2．教育委員会の在り方　2-6学校と教育委員会との関係の改善」の中の「（3）学校評価」の箇所に，学校評価の記述がある．学校が自らの教育活動について自律的・継続的な改善を行うこと，説明責任を果たすこと，学校，保護者，地域住民が情報共有し，学校運営に参画していくことにおいて，学校評価の実施と充実が重要であるという．そこで，学校評価の質を向上させる支援，自己評価の実施と公表を義務化すること，また，外部評価の在り方を検討する必要性が指摘された．ただし，学校評価は多面的に評価を行うことが重要であり，特に，学校選択が行われる場合，一面的な評価による序列化が生じないよう留意が必要だと述べた．

「部会まとめ」の審議経過

主な意見としては，おおよそ次の3点にまとめることができる（URL40）．

（1）学校評価は，保護者・地域・学校の三者が情報を共有し，学校運営に共同参画することを目的とすべき．また，学校の序列化は避けるべき．

（2）利用者が学校を選択できる仕組みを作り，消費者主体のサービスを実現すべき．

（3）自己評価の義務化や第三者評価の実施が必要．

この3点は，地方教育行政部会の主な意見として中教審総会で提出されたものであるが，学校評価のテーマに限らず各テーマにおいて，賛否を含め意見がわかれている状況を考慮して，表6-5の通り，賛否の状況を示す資料として，配布資料「資料⑧論点ごとの意見（地方教育行政部会第1回〜第7回）」も同時に提出することに

表6-5　論点ごとの意見（地方教育行政部会第1回〜第7回）

○地域事情を理解した第三者による評価と公表が必要．
○評価，説明責任，具体的な取組みが循環するよう，評価システムの確立が重要．
○評価基準は学校ごとにPTAなどと一緒に考えるべき．
○学校評価は，保護者・地域・学校の三者が情報を共有し，学校運営に共同参画するためのものであり，評価が学校の序列化につながってはいけない．
○学校評価と学校選択制が結びついた場合，学校の序列化につながる危険がある．
○評価によって改善を目指すものは何か（1個々の学校の改善か，2学校システム全体か等），改善を生み出すインセンティブメカニズムと評価をどう結びつけるか（自己改善努力に対する資源配分など），共通の尺度で評価するのか，などについて明確にすべき．
○評価自体は大変なコストがかかるが，それを上回る改善をどのような形で生み出すかが重要である．
○学校評価には，学内の意識変革，議論の整理，教員の教育手法改善という効果がある．
○行政評価における目的は，1内部の自己啓発，2内部のパフォーマンスの改善，3外部から見た格付け，である．
○学校評価は学校のランク付けになるとの意見があるが，ランク付けが必ずしも悪いというわけではない．
○評価は，学校の教育内容そのものの評価と同時に，校長の学校運営改善取組みへの評価も必要．
○教育には，数値で表せるものと表せないものがあり，結果についてもその時点で求められるものと求められないもの，求めてはいけないものがある．教育改革の流れの中，目先の成果を性急に求めることがないよう，教育的支店で方向性を考えるべき．
○利用者が学校を選択する仕組みを作り，消費者主体のサービスが実現すべき．
○学区制の撤廃を実際に行ったところ，1学校の格差の拡大，2過密化する学校と過疎化する学校の出現，3問題のある生徒が特定の学校を選択し，誰も手の付けられない学校になるなどの問題が起こった．
○学校選択制により学校は序列化するため，義務教育段階で進めることは不適切．

（出所）地方教育行瑛部会の配布資料「資料⑧論点ごとの意見（地方教育行政部会第1回〜第7回）」（URL41）を筆者改編．

なった．ただし，学校評価に関しては，地方教育行政部会第2回の際に，京都市教育長の門川委員が京都市での学校評価に関する先進事例を紹介しているものの，地方教育行政部会，教育制度分科会，中教審総会では，ほとんど議論されていない．唯一の明確な論点としては，学校評価と学校選択制が連動した制度となる場合，特に，小・中学校段階では学校の序列化が進展する可能性があることである．または，ニューパブリックマネジメントの考え方を教育の世界に持ち込むことへの危険性についてである．これらの点については，地方教育行政部会の一部の委員が懸念を提起しているにすぎず，一定の方向性をだすための議論は行われなかった．教育制度分科会では，大まかな動向として，世界の多くの国では教育イシューがナショナル・イシューになっているが，日本は地方分権の推進からこの世界の動向と反対方向へ進もうとしているという指摘があった程度である．

義務教育特別部会の審議経過

以上が，義務教育特別部会の前身となる地方教育行政部会における審議経過である．その後，「三位一体の改革について」に関する与党合意が行われ，義務教育の在り方などについて，2005年秋までに中教審で結論を得ることが求められた．この与党合意を受けて，**表6-6**の通り，「義務教育の在り方に関する検討の論点（中央教育審議会会長試案）」が中教審会長から出された．この試論の中では，「学校・教育委員会の在り方」として，教育活動を評価し公開すること，「学校や家庭・地域の関係・役割の在り方」として，相互に連携・協力し，また，保護者や住民は学校運営へ参画することが論点として挙げられた．部会のまとめ，三位一体改革，中教審会長による論点の試論，これらを前提に，義務教育特別部会は設置された．義務教育特別部会は次の事項について専門的な調査審議を行うこととなった．

（1）義務教育の制度・教育内容の在り方について．
（2）国と地方の関係・役割の在り方について．
（3）学校・教育委員会の在り方について．
（4）義務教育に係る費用負担の在り方について．
（5）学校と家庭・地域の関係・役割の在り方について．

2005年5月23日に中教審総会で「特別教育部会における審議経過報告（その1）」が提示された．この報告では，「4　現場の主体性と創意工夫で教育の質を高める　──学校・教育委員会の改革──」における「（1）学校の組織運営の見直し」の中の「イ　学校・地方自治体の取組の評価」の箇所で，学校評価について述べた．ここでは，学校評価の充実が必要で，自己評価の実施とその公表の義務化を

表 6-6　義務教育の在り方に関する検討の論点（中央教育審議会会長試案）

1．義務教育の目指すべきもの
（1）義務教育の目的
　　※個々の国民の人間形成
　　※国家・社会の形成者育成
　　→すべての国民に上質な教育を均等に確保

（2）義務教育で育成すべき資質・能力
　健やかな体，運動能力，たくましい精神力
　社会規範，道徳
　学習の仕方，学習の習慣
　基礎的な知識・技能
　応用力，抽象的に理解・思考する力
2．検討すべき事項
（1）義務教育の制度・教育内容の在り方
　義務教育の目標の明確化，制度の弾力化，年限等の在り方
　教育内容・教育方法の改善
（2）国と地方の関係・役割の在り方
　義務教育制度の根幹を担う国と，地域の教育を担う地方のそれぞれの役割・責任
　義務教育の実施主体である市町村と広域自治体としての都道府県の関係・役割
　学校と市町村との関係及び学校の自主性・自律性の確立
（3）学校・教育委員会の在り方
　学校の管理運営，教育委員会の在り方
　教育活動の評価・公開，全国学力調査の実施
　教員養成・免許制度，教員の人事・給与制度の改革
（4）義務教育に係る費用負担の在り方
　教職員給与，施設整備，教材・設備備品，学校運営，事業・施策等に要する
　費用について，国，都道府県，市町村の負担の在り方
　教育費における家計負担
（5）学校と家庭・地域の関係・役割の在り方
　学校と家庭・地域との連携・協力，保護者・住民の学校運営への参画，
　地域の人材の学校教育へ登用

（出所）中教審総会第 45 回配布資料「義務教育の在り方に関する検討の論点（中央教育審議会
　　　　会長試案）」（URL44）を筆者改編.

検討することや，自己評価結果を外部評価すること，教育委員会による教育行政に関する自己評価と外部評価の検討が必要であると述べた．また，「ウ　保護者・地域住民の参画の推進」の箇所では，保護者や地域住民の学校運営への参画は，学校運営が透明性，公正性，公平性を高めると同時に，説明責任を果たすことで，民主主義に基づいた学校評価を目指すことができる．そして，国の基準等による事前チェックに加え，教育の質に関する事後チェックの充実は，検討が必要だと述べた．
　「審議経過報告（その 1 ）」に対して，その後示された主な意見は次の通りである．[46)]
　学校や地方自治体の裁量拡大と主体性の向上のためには，取組み成果を評価し，

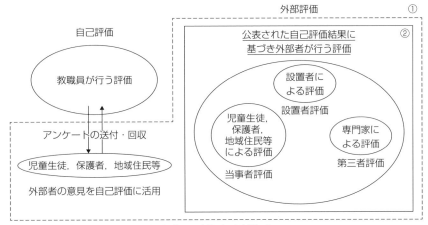

外部評価は，①外部者の意見の活用を含める考え方（破線）と
　　　　　②含めない（公表された自己評価に基づき外部者が行う評価のみとする）考え方（実線）がある．

図 6-2　学校評価の概念整理
（出所）義務教育特別部会第 34 回配布資料「学校評価の概念整理（案）」（URL44）を引用．

教育の質を保証することはいっそう重要となる．そこで，第三者機関による全国的な外部評価の仕組みを含めて検討する必要があるという．また，学校評価は，各学校や地域においてナショナル・ミニマムが達成されているかどうかを把握し，達成されていない学校・地域に対して必要な支援や助言を行い，同時に，教育行政の改善点を明らかにすることも重要である．なお，外部評価については，学校の序列化が生じない配慮と，地方自治体や国の役割を整理することが必要とされた．

　具体的な議論としては，評価結果の公表は賛成多数であった[47]．賛成の理由は，義務教育は税金を用いていることから国民に対して一定の説明責任があるという意見や，社会や時代の要請として必要であるという意見が挙がった．また，日本の評価文化が未成熟な状況を踏まえ，評価結果の公表は時期尚早という意見と，評価文化を醸成するために公表すべきという意見があった．外部者による評価については，外部者の範囲が定まることはなく様々に議論が行われた．外部評価については図 6-2 の通り整理されている[48]．また，学校評価は学校を改善する取組みなのか，学校を競争させ選択と集中の資源配分を目指すものなのか，いずれの方向性かを問う指摘があったが[49]，議論が深まることはなかった．

　また，義務教育特別部会は経済財政諮問会議の方針「経済財政運営と構造改革に関する基本方針 2005」にも影響を受けている．義務教育特別部会第 33 回と第 34 回の合同会議の配布資料「学校評価の在り方に関する資料」の「これまでの中央教育審議会における答申等（学校評価関係）」の中に，「経済財政運営と構造改革に関

表 6-7　地方教育行政部会の審議の流れ

	中教審の総会や政府の動き	分科会や部会など
平成 16 年 3 月 4 日	総会：「地方分権時代における教育委員会の在り方について（諮問)」	
3 月 18 日		教育制度分科会： ・地方教育行政部会の設置が提案される
3 月 25 日〜 7 月 12 日		地方教育行政部会　第 1 回〜第 7 回
7 月 15 日		教育制度分科会： ・地方教育行政部会の審議状況について
7 月 29 日	総会：「地方分権時代における教育委員会の在り方について」（審議状況の報告） ・資料　「これまで出された論点と主な意見（地方教育行政部会)」 ・資料　「論点ごとの意見（地方教育行政部会第 1 〜第 7 回)」 ・資料　「教育委員会の在り方に関する論点の整理（教育制度分科会)」	
8 月 2 日〜11 月 22 日		地方教育行政部会　第 8 回〜第 15 回
11 月 26 日	「三位一体の改革について」に関する与党合意 ・「教育制度については，その根幹を維持し，国の責任を引き続き堅持する．その方針の下，費用負担についての地方案を活かす方策を検討し，また教育水準の維持向上を含む義務教育の在り方について幅広く検討する」こととされ「こうした問題については，平成 17 年秋までに中央教育審議会において結論を得る」とされた．	
12 月 6 日		地方教育行政部会　第 16 回
12 月 17 日	総会：義務教育特別委員会の設置について提案が了承される． ・資料　「義務教育の在り方に関する検討の論点（中央教育審議会会長試案)」	
平成 17 年 1 月 13 日		教育制度分科会： ・「地方分権時代における教育委員会の在り方について（部会まとめ)」について

第6章　学校評価の制度化の過程　　*169*

2月15日	総会：義務教育特別部会が設置される. （所掌事務）次に掲げる事項について専門的な調査審議を行うこと. （1）義務教育の制度・教育内容の在り方について （2）国と地方の関係・役割の在り方について （3）学校・教育委員会の在り方について （4）義務教育に係る費用負担の在り方について （5）学校と家庭・地域の関係・役割の在り方について	
2月28日〜5月19日		義務教育特別部会　第1回〜第11回
5月23日	総会：「義務教育特別部会における審議経過報告（その1）」が提出される.	
5月25日〜5月31日		義務教育特別部会　第12回〜第15回
6月1日	経済財政諮問会議： ・資料　「人間力の強化に向けた教育改革（有識者議員提出資料）」 ・資料　「『人間力』の抜本的な強化に向けて（中山臨時議員提出資料）」 ・資料　「中央教育審議会 義務教育特別部会における審議経過報告（鳥居中央教育審議会会長提出資料）」	
6月5日〜7月5日		義務教育特別部会　第16回〜第23回
6月18日		義務教育特別部会　第19回 ・「義務教育に関する意識調査」中間報告書が発表される.
7月19日	総会：「義務教育特別部会における審議経過報告（その2）」が提出される.	
7月25日〜10月18日		義務教育特別部会　第23回〜第41回
10月26日	総会：「新しい時代の義務教育を創造する（答申）」	

（出所）地方教育行政部会の議事録より筆者作成.

表6-8 義務教育特別部会の審議の流れ

第1回	2005年2月28日	新しい時代の義務教育を創造する（答申）（案）について
第2回	3月16日	子どもの現状，学力，教育内容について
第3回	3月23日	あるべき教師像，教員の質の向上について
第4回	3月29日	これからの学校像，地域社会の役割について
第5回 第6回	4月11日	スクールミーティングの実施状況及びその概要（中間報告） 義務教育特別部会（第1回～第4回）のテーマについての全体討議 「学校の組織運営の在り方について（作業部会の審議のまとめ）」についての全体討議
第7回	4月22日	義務教育特別部会（第1回～第4回）のテーマについての全体討議 「1．子どもの現状，学力，教育内容，義務教育制度」 「2．教師像，教師の質の向上」 「3．学校像，家庭・地域の役割」 教育委員会の在り方及び国と地方の関係，役割の在り方
第8回	4月28日	教育委員会の在り方及び国と地方の関係，役割の在り方2 教育費総額と教育費各項目の在り方（家計の費用負担を含む）
第9回	5月10日	これからの教職員配置等の在り方 教育費総額と教育費各項目の在り方（家計の費用負担を含む）2
第10回 第11回	5月19日	義務教育特別部会におけるこれまでの審議経過（第1回～第9回の部会審議の論点整理）
第12回	5月25日	義務教育に係る費用負担の在り方1
第13回	5月30日	義務教育に係る費用負担の在り方2，3
第14回	5月30日	
第15回	5月31日	義務教育に係る費用負担の在り方4
第16回 第17回	6月5日	義務教育に係る費用負担の在り方5・6
第18回 第19回	6月18日	義務教育に係る費用負担の在り方7，8
第20回	6月18日	義務教育に係る費用負担の在り方9
第21回	6月19日	義務教育に係る費用負担の在り方10
第22回	6月30日	義務教育に係る費用負担の在り方11 （審議経過報告（その2）（素案）に関する審議）
第23回	7月5日	義務教育に係る費用負担の在り方12 （審議経過報告（その2）（案）に関する審議）
第24回 第25回	7月25日	関係団体ヒアリング1
第26回 第27回	7月28日	関係団体ヒアリング2

第6章　学校評価の制度化の過程　　*171*

第28回 第29回	8月4日	一日中央教育審議会等についての報告 関係団体ヒアリング3
第30回	8月24日	審議経過報告に対する意見募集，関係団体ヒアリング等の報告 スクールミーティングの報告 教職員配置等の在り方に関する調査研究協力者会議「今後の学級編制及び教職員配置について（中間報告）」の報告
第31回	9月1日	平成18年度概算要求について 教育委員会制度の在り方について
第32回	9月1日	教職員人事の在り方等について
第33回 第34回	9月8日	教育課程部会からの審議状況の報告 ・学習指導要領の見直しの基本的方向について ・全国的な学力調査の在り方について 学校評価の在り方について
第35回	9月9日	教師の質の向上について ・教員養成部会からの審議状況の報告 ・教員養成のための専門職大学院制度の在り方について ・教員免許更新制の導入を始めとする教員免許制度の在り方について ・優秀な教員の表彰の取組みなど教員評価の在り方について
第36回	9月9日	教職員人事の在り方等について（第31・32回審議のつづき）
第37回	9月30日	教職員人事の在り方等について（第31回，第32回審議のつづき） 家計における教育費負担について
第38回	10月3日	義務教育の費用負担の在り方等について
第39回 第40回	10月12日	答申素案について
第41回	10月18日	新しい時代の義務教育を創造する（答申）（案）について

（出所）義務教育特別部会の議事録より筆者作成.

する基本方針2005年（抜粋）」がある．そこでは，教育改革として「評価の充実，多様性の拡大，競争と選択の導入の観点をも重視して，今後の教育改革を進める」こと求めており，「学校選択制について，地域の実情に応じた導入を促進し，全国的な普及を図る」と述べている．

　地方教育行政部会と義務教育特別部会の審議の流れを整理すると，**表6-7**，**表6-8**の通りである．

4　考　　察

　以上の学校評価の制度化の過程として，1998年の中教審答申「今後の地方教育行政の在り方について」は，自己評価を行い，自己評価結果を保護者や地域住民に説明することを提言した．2000年の教育改革国民会議が出した「教育を変える17

の提案」は，外部評価の導入と評価による学校改善を提言した．これらの提言を受け，2002 年に，自己評価は努力義務となった．2006 年の中教審答申「新しい時代の義務教育を創造する」は，大綱的な学校評価ガイドラインの策定と，自己評価の実施と結果の公表の義務化を提言した．そこで学校評価ガイドラインが作成されるとともに，2007 年に，① 自己評価の実施と結果の公表は義務，② 学校関係者評価の実施と結果の公表は努力義務，③ 自己評価及び学校関係者評価の評価結果の設置者への報告は義務，となった．

取り上げた 3 つの答申と提案は，学校評価を検討するものではなく，戦後に構築され今日まで続いてきた教育行政や教育（特に，義務教育や学校教育）の在り方を，今日的に改善や改革していくことであった．特に，これらが検討された時期は，地方分権を推進していくことが日本の政策の大きな流れであった．そのため，教育の分野においても，地方分権を前提とした教育の在り方を検討する必要があり，このことは，地方教育行政の在り方全体を見直し，教育に関わるステークホルダーの機能や役割を改めて検討し直さなければならないことを意味した．ただし教育改革国民会議では，地方分権時代における教育の在り方というよりも，戦後の日本において構築されてきた教育の在り方と現状そのものを批判し，新しい時代にふさわしい教育の在り方を示すことに関心があった．教育改革国民会議は，地方分権の推進を全く無視している訳ではないので，大きな流れとして，地方分権時代を前提とした教育の在り方を検討したと理解して差し障りはないであろう．これらの地方分権を具現化するという大きな流れの中で，学校評価を制度化することは検討された．そのような中で審議されるにあたり，共通する論点は 5 つに整理できる．

第 1 に，教育の質保証についてである．産業界だけでなく，日本の教育における学力への社会的関心は低くない．また，昨今では，家庭の社会経済的環境と学力との関係も社会的，政策的関心となっており，家庭環境に関わらず学力を確保することは社会的課題となっている．他方では，教育の成果は各教員の力量にも大きな影響を受ける．しかし，教員の質を一定に保つことは容易ではなく，そもそも教員に対する国民からの信頼は盤石ではない．これらの課題に対応していく必要があるのだ．

第 2 に，教育に対する民主的コントロールについてである．教育は学校や教員の裁量に依る部分が大きいにも関わらず，教育行政や学校教育に対する社会的信頼が高まっていない．また，行政委員会制度を採用して教育委員会を設置し，教育の政治的中立性の確保に努めているが，教育委員会制度も様々な批判がある．これらのことから，民主的コントロールの在り方が課題となっている．

第 3 に，アカウンタビリティの確保についてである．アカウンタビリティは，日

本では 1990 年代から流行しはじめた言葉で，学術界や政府レベルに限らず一般的に普及している概念である．「説明責任」と翻訳されたことで本来の意味内容をもって使われていないという批判はあるが，アカウンタビリティを確保することは，現代社会において，もはや時代の要請といえる状況にある．特に，公教育については，高い公共性を有するにも関わらず，第三者からの監視にさほどさらされていない．さらに，公教育に対する批判的な意見も絶えないため，課題を有している．

　第 4 に，社会の変化への対応についてである．戦後の日本に形成されてきた様々な社会のシステムが，時代の変化に適応できず制度疲労を起こしていることは，各政策分野で確認される現象である．教育でも同様の指摘は散見される．地方分権の推進や人口減少問題，科学技術の進歩や各種社会問題など，戦後の制度設計時には想定されていない社会的事象が確かに生じている．そのため，より良い教育を展開していくためには，対応の必要性も含めた検討が必要になっている．

　第 5 に，市場原理の導入についてである．財政状況が厳しい昨今では，公的部門における市場原理の導入は，根強く関心を集めている．公共性が高いにも関わらず，市場原理と相性の悪い分野や領域を主に扱う公的部門にとっては，慎重さが求められる．教育についても同様の課題を抱えているのである[50]．

　以上の 5 つの論点を背景に，学校評価は制度化されたといえる．また，中教審答申の「今後の地方教育行政の在り方について」と「新しい時代の義務教育を創造する」では，中心的テーマは教育委員会制度改革と教育行政に関するアクターの責任や役割の再構築（または明確化）であった．教育改革国民会議の「教育を変える 17 の提案」では教育基本法の改正が中心的テーマであった．これらのことから，学校評価の制度化は，教育行政や教育の在り方，制度に変更をもたらすものであるにも関わらず，学校評価の制度化が検討の中心になることはなく，あくまで各種改革を実現するための 1 つの手段という位置づけがなされていた．

　さて，学校評価の制度化過程では，どのように具体化されていったのだろうか．中教審や教育改革国民会議での大きな論点は，学校評価の必要性や制度を導入することへの是非と，学校評価を導入する際の外部評価の是非という 2 点だと考えられる．結論としては学校評価を制度化し導入することとなり，また，外部評価について必要性は認められたもの様々な意見もあったことから，議論の整理が行われ，具体的な部分は別途検討することに留まった．

　学校評価を具体化していく流れは**図 6-3** の通りである．まず第 1 段階では，2 つの柱があった．第 1 に，上述の通り，地方分権の推進である．地方分権はできるだけ地域が権限をもち，地域が主体的に，地域の個性を生かし，地域の事情にあったまちづくりを展開することで，より効果的に地域を活性化していくことを目指して

図 6-3 具体化の流れ

(出所) 筆者作成.

いる．第2に，地域に開かれた学校である．地方分権の趣旨を踏まえて，学校においても地域の学校は地域の財産として，地域で学校を支えていくことが重要となった．そこで，学校は教育委員会や教職員だけが運営するような閉じられた場ではなく，学校を地域に開き，学校・家庭・地域が連携して地域に開かれた学校運営を実現していくことが重要となった．次に第2段階では，第1段階を具現化するために学校の自主性と自律性を高めることとされた．地方分権の主旨から，中央政府からの全国一律の基準で学校を運営するのではなく，できるだけ学校も，学校自らが考え自主的に運営していくことが望ましい．また，中央政府からの管理や統制ばかりではなく，自律した学校運営を行うことが重要となる．他方で，開かれた学校運営を実現するためには，学校運営に対して地域・保護者が参加・参画していくことが必要とされた．第3段階では，自主性・自律性をもって学校を運営していくためには，学校内部を活性化させることとして，学校の裁量や権限の拡大，運営責任の明確化，組織的体制の構築が必要だと解された．他方，学校運営に対する地域の参画では，学校と地域・家庭が情報を共有すること，特に，学校の教育目標の設定とその達成度合いを保護者や地域に対して情報提供し，学校は説明責任を果たすことが強調された．

　以上の第1段階から第3段階において，第1段階と第2・3段階とで区別することができる．第1段階では曖昧なアイディアで留まっていたが，第2・3段階ではNPMへの方向性をもって具体化が進んでいる．地方分権といっても，地方分権における教育の在り様は色々と考えられる訳であるが，学校が自主性と自律性をもつ

ことを求めた．これが意味するところは，民間企業のマネジメント手法を念頭にお
いた，裁量と権限を拡大するとともに，責任を明確化させ，組織体制を構築するこ
とにあった．また，地域に開かれた学校運営についても，同様の認識の下，地域や
家庭をステークホルダーと捉え，保護者に関しては教育サービスの受け手として捉
えられていった．中教審でも教育改革国民会議でも，これらの委員のバックグラウ
ンドは様々な観点から議論が行われたのだが，結局のところの論点は，学校を評価
の対象として，競争的な環境にさらすことで，学校を自ら改善させて，教育の質を
あげようとするやり方についての是非であったといえる．

　ただし，地域に開かれた学校運営に関しては，非常に曖昧で多義的に捉えられて
おり，意味するところは錯綜している状態でもある．しかし，次の3点に整理する
ことができる．1つめは，学校や子どもを支えることは，学校の教職員だけでなく
地域や保護者も一緒になって支えていこうという関わりである．2つめは，地域や
保護者のニーズや要望を学校へ伝え学校運営に反映していく関わりである．学校は
独善的になるのではなく，ステークホルダーの声や意見を聞きながら学校運営をよ
り良いものにしていくことが目指されている．この議論が出て来る際は，地域や保
護者は学校の顧客として想定されている場合が少なくない．地域や保護者のニーズ
は多様化しているのだから，学校もそれらに応えていかなければならない，といっ
た文脈で語られるのである．3つめは，学校をどのように運営していくのかといっ
た学校全体の運営方針の立案や決定への関わりである．これは，地域や保護者が学
校のボードメンバーとして運営主体となることを意味する．

　そして，第1段階から第3段階における背景には，学校をめぐる世界観の錯綜が
ある．1つめは，信頼関係に基づいた世界観である．お互いに顔の見える関係を土
台に構築された信頼関係が軸となっている社会である．特に学校では，教員と子ど
も・保護者・地域とが心と心の交流によって信頼関係が醸成され，また，教員は教
育者として尊敬されている状態である．このような場合，学校は信頼されているの
で，地域や保護者にとって学校は評価や監視の対象とはなりにくい．また，開かれ
た学校を展開する際にも，学校・地域・家庭が相互に信頼していることを前提とし
た連携や協力が発生し，相互の特徴を生かし合うことが自然と行われる．2つめは，
市民社会を念頭においた世界観である．市民社会については様々に研究者が論じて
いるので，さしあたり本書では，民主主義の理念に基づき，自由で平等な個人が自
立して対等な関係にある社会と平易に理解しておく．この場合，学校も民主主義の
理念に基づいて存在し，運営されなければならない．つまり，地域や保護者によっ
て学校は運営されることとなり，地域や保護者の期待に応えるとともに，健全な状
態で学校を運営していくために，学校は地域や保護者に情報公開しアカウンタビリ

ティを果たすことが求められる．3つめは，民間企業の経営手法を念頭においた世界観である．NPM の忠実な実行を求めているともいえる．したがって，子ども，保護者（家庭），地域は顧客とみなし，顧客のニーズや要望に学校は応えることが求められる．同時に，学校が行う教育はサービスとみなされ，学校と家庭・地域とはサービスの提供者と受益者という関係にもなる．また，学校は費用対効果が求められ，費用に見合った成果や，より少ない資源投入で最大の結果をアウトプットすることが期待されることとなり，このことが業績測定の対象となる．

　以上の3つの学校をめぐる世界観は，学校評価制度の検討のあらゆる場面で並行して存在し，区別して使い分けられることもなく，さらには，一人の論者の中でさえも理解が錯綜していたのである．

　本章のまとめとして，この制度化の過程において政策変容は生じたのだろうか．政策が示す方向に沿って曖昧な政策の具体化が進んだことから，政策変容は生じていない．しかし，文科省が政策変容を起こすための土台が形成されたといえる．中教審は審議会という性格から，様々な立場から様々な意見が出される．出された意見は，文科省の意向と合致するものに加えて，文科省の意向とは異なるものや，学校現場が受け入れがたいものも当然含まれる．同時に，審議会の中で出された意見は重要な指摘として尊重しなければならず，多様な意見を包含するように取りまとめることとなる．つまり，審議会の答申は，意図的に，曖昧さと多義性を備えているのである．この意図的な曖昧さと多義性は政策変容を生じさせる起点となるのである．

　審議会の答申は，答申に従わなければならない法的な義務も拘束力もない．しかし，中教審の答申は，文科省が政策・施策・事業を行う場合の根拠として用いられる．そのため，時の政治状況や社会情勢，世論などの政策環境に対して，審議会答申の曖昧さと多義性を利用して，時に政策を変容させながら，文科省は柔軟かつ着実に政策を実施することができるのである．教育改革国民会議については，総理の私的諮問機関であることから，取りまとめられた提言は総理の意向を反映したものとなる．しかし，文科省が政策を実施していく上での事情は，上述した審議会の答申と同様なのである．

注
1）さらに，学校週5日制の完全実施が示されたことも大きな動きであった．また，第二次答申の中では中高一貫教育制度導入の提言などがみられる．
2）町村信孝文部大臣の諮問理由の説明（URL35）．
3）町村信孝文部大臣は諮問内容の重点について，以下のように表現をしている．
　　第1は，主体的かつ積極的な地方教育行政の展開方策．

第2は，学校等教育機関の役割と運営の在り方．

第3は，地域住民との連携協力の在り方．

4）以下の情報は審議会議事録による（URL36）．必要に応じて引用元を追加して記す．

5）行政学者の村松岐夫が座長であった．委員は16名で，学識経験者，教育委員会の関係者，知事・市町村長など首長部局の責任者で構成され，丹念な具体例に基づいて様々な論点が出された（URL36）．

6）「21世紀に向けた地方教育行政の在り方に関する調査研究協力者会議」について，文科省のHPには議事録が掲載されていないため，詳細な委員構成や審議経過を確認することができない．

7）第4回議事録より．

8）第19回議事録では，反対意見として，自己評価結果を教育委員会に報告しなくても管理できることも述べられている．第26回議事録では，評価主体が教育委員会であることの妥当性について慎重な検討が必要だと述べられている．

9）第9回，第23回議事録より．

10）第9回議事録より．

11）第10回，第12回議事録より．

12）第16回，第17回，第24回議事録より．

13）第17回議事録より．

14）第24回，第25回議事録より．

15）第25回議事録より．

16）第24回議事録より．

17）根本氏は日本郵船の社長や日本経営者団体連盟の会長などを歴任している．

18）第24回議事録では，学校が競争することとその管理について必要性が主張されている．

19）第4回審議会の議事録より．「例えば，現在，大学がやっておりますように自己評価，自己点検という形で，しかも，その結果を外部に発表するということを，最近ではほとんどの大学がやりだしたわけでございます．まず第1段階としては，学校自らが一定の教育方針等を示した上で，それに沿った教育活動がどういうふうになっておるかということを自己点検し，評価し，そして例えば先ほどの委員会あたりに報告する，あるいは公表するという形でやっていく．将来，適正な外部評価ができればいいんですけれども，第1段階としてはそういうところがスタートのあれなのかなという気が私はいたしました．」

20）第16回議事録では次のように触れられている．「例えば，大学の自己評価が問題になったときに，その辺もいろいろ議論されて，最終的には大学設置基準の第2条に自己評価の規定をつけ加える．つまり，大学というのは自ら点検及び評価を行うことに努めなければならないというような，大学の努力義務という性格のものとして大学設置基準に明記したわけです．」

21）第24回議事録より．「例えば，自己点検評価，第三者の評価ということがありますが，ちょうど今，大学審議会のほうも第三者評価の機関をどうするかということを審議しているところですが，平行してそれが進んでいくと，整合性のとれた教育行政論になっていくであろうと思います．」

22）以下の情報は審議会議事録による（URL37）．必要に応じて引用元を追加して記す．

23）あくまで，教育改革国民会議の委員の認識であり，一般的な学校の実態である確証は示されていない．

24）第2分科会第4回配布資料「教育改革国民会議第2分科会におけるこれまでの議論の論点」を参照（URL9）．

25）金子委員はコミュニティスクール推進者であり実践者であることには留意されたい（金子 2000; 2002; 2005; 2008）．

26）第一分科会は「人間性　※主査は森委員」，第三分科会は「創造性　※主査は木村委員」がテーマとなった（URL38）．

27）第5回，第9回議事録より．森総理の挨拶では「教育基本法を，新しい時代に対応した抜本的な見直しが必要であると考えております．」とあった．

28）森委員の発言．第7回議事録より．

29）梶田委員の発言．第7回議事録より．

30）藤田委員の発言．第2分科会第3回議事録より（URL38）．

31）教育改革国民会議第2分科会（第4回）・議事録より（URL38）．

32）文部科学事務次官の発言．第14回議事録より．

33）第8回の議事録より．藤田委員は一貫して，小・中学校における学校選択制を前提とした学校の評価に反対していた．

34）この点は，とりまとめ役の金子委員は，評価は仲間内で完結することは望ましいものではなく，評価結果は公表しなければ意味をなさない，また全国一律の序列化には配慮すべきだと述べている．第8回の議事録より．

35）遠山敦子文部科学大臣が 2003 年5月15日に諮問した．

36）河村建夫文部科学大臣が 2004 年3月4日に諮問した．

37）中山成彬文部科学大臣が 2004 年10月20日に諮問した．

38）学校評価の検討や導入に直接的に関係していることではないが，答申が出る経緯として，三位一体改革と連動した義務教育に係る費用負担の在り方も議論となっている．中央教育審議会では，2004 年5月に初等中等教育分科会教育行政部会・教育条件整備に関する作業部会が「義務教育費に係る経費負担の在り方について（中間報告）」において考え方をとりまとめている．同年11月の政府・与党合意「三位一体の改革について」では，2006 年度までの三位一体の改革に関して合意がなされ，義務教育制度の根幹の維持と国の責任を堅持すること，費用負担の地方案を活かすこと，義務教育の在り方を幅広く検討することが指摘された．そして，2005 年秋までに中央教育審議会で結論を得ることが求められた．

39）諮問を受け中教審では，教育制度分科会の下に新たに「地方教育行政部会」を設置するとともに，検討事項の一部について検討を行うため，初等中等教育分科会教育行財政部会の下に新たに「学校の組織運営に関する作業部会」を設置し，それぞれで検討は進んだ．

40）地方分権の観点で森田朗（行政学）が地方教育行政部会の委員であることには留意されたい．

41）教育制度分科会第14回において，地方教育行政部会での意見の相違を記さない資料を

中教審総会に提出することに対して意見がつき，提出資料が見直されることとなった（URL41）．

42）一貫して藤田臨時委員は，学校評価に関して学校選択制を前提にすることや，市場原理を教育の世界に導入することに反対した．門川臨時委員もおおよそ同じ立場をとっている．地方教育行政部会第2回，第3回，第7回議事録より（URL42）．

43）地方教育行政部会第8回から第16回では議論されていない（URL42）．また，中教審総会第41回においても学校評価に関して議論されていない（URL40）．

44）木村委員の発言．教育制度分科会第15回議事録より（URL43）．

45）以下の情報は義務教育特別部会の議事録による（URL44）．必要に応じて引用を追加する．

46）義務教育特別部会第34回配布資料「中央教育審議会義務教育特別部会　審議経過報告（学校評価関係抜粋）」を参照．

47）藤田委員の発言を参照．義務教育特別部会第34回議事録より．

48）義務教育特別部会第34回配布資料「学校評価の概念整理（案）」を参照．

49）刈谷委員の発言．義務教育特別部会第34回議事録より．

50）学校を経営（運営）するにあたり，経営学の影響を受けて経営の合理化に注目が集まっていることは，教育経営研究の中ではたびたび議論になっており，研究もかなりある．一例として，日本教育経営学会（1986）が参考になる．

第7章

学校評価制度の実質化の過程

1　問　題　関　心

　2002年3月に小学校設置基準（文部科学省令）等が制定され，学校の自己評価の実施等が努力義務として初めて規定され，学校が保護者や地域住民と連携協力して児童生徒の健やかな成長を図っていく方向性が示された．2005年10月の中央教育審議会答申「新しい時代の義務教育を創造する」において，義務教育の構造改革として，教育の質を保証し，保護者や地域住民等への説明責任を果たす上で，学校評価を充実することが必要であり，そのためには，大綱的な学校評価ガイドラインの策定，自己評価の実施と結果の公表を義務化することを指摘した．これを受けて，2006年3月に文部科学省は「義務教育諸学校における学校評価ガイドライン」を策定し，学校評価の目的，方法，評価項目，評価指標，結果の公表方法等を参考として示した．また，2006年12月に改正された教育基本法第13条において，学校，家庭及び地域住民等の相互の連携・協力に努めることが明記されたこと等を受け，2007年6月の学校教育法改正と同年10月の同法施行規則改正により，① 自己評価の実施とその結果の公表は法律上の義務であること，② 保護者や地域住民等による学校関係者評価の実施とその結果の公表は努力義務であること，③ 自己評価及び学校関係者評価の評価結果の設置者への報告は義務とされるとともに，④ 学校の情報の積極的な提供について規定された．

　このように，学校評価制度は，小学校設置基準による自己評価の実施の努力義務から始まり，ガイドラインが作成され，学校教育法改正による自己評価の義務化など，少しずつ制度が整えられてきた．学校評価の制度化にあたっては，中教審や官邸主導の教育会議からの答申や提言が影響力をもつ．他方で，学校評価の実際の運用については，同様に，各種答申や提言が影響をもつのだが，参照すべき具体的事項を明記した国が作成したガイドラインも一定の影響力をもつ．

　そこで，本章では，学校評価ガイドラインに着目し，学校評価ガイドラインが作成された過程を確認することで，学校評価制度の実質的な意味について検討を試みたい．学校評価ガイドラインは，2006年，2008年，2010年，2016年と作成され改

第 7 章　学校評価制度の実質化の過程　*181*

表 7-1　学校評価ガイドラインの作成と改定

2006 年	始めてのガイドラインを作成. 目安が示される.
2007 年	自己評価, 学校関係者評価, 第三者評価が定義される. 実効性を高めるための強調点が示される. 高等学校と特別支援学校の記述が追加される.
2010 年	第三者評価の目安が示される.
2016 年	中高一貫校の記述が追加される.

（出所）筆者作成.

定されてきた（**表 7-1**）. 学校評価ガイドラインを作成するために文科省は協力者会議を設けた. 協力者会議は,「学校評価システム研究会（2005 年 8 月 10 日から 2006 年 3 月 31 日）」「学校評価の推進に関する調査研究協力者会議（2006 年 7 月 5 日～2007 年 3 月 31 日）」「学校の第三者評価のガイドラインの策定等に関する調査研究協力者会議（2009 年 4 月 30 日～2010 年 3 月 31 日）」「学校評価の在り方に関するワーキンググループ（2011 年 7 月 27 日～2012 年 3 月 31 日）」以上の 4 つがある. 各協力者会議では, 議論のまとめを報告として文章にまとめている. 各協力者会議の議事録を全て確認すると, 各委員から意見が出されているものの, 特に大きな議論が行われた訳でもない. むしろ, 各委員から出された意見の大半が, 各協力者会議が出した報告にまとめられている. そこで, 各協力者会議の報告や, 学校評価ガイドラインの内容を参照し, どのような意図をもって学校評価ガイドラインは作成・改訂されたのかを確認したい. そして, 政策変容は生じたのかどうかを検討したい.

2　学校評価システム研究会[1)]

(1)　審議の概要

「学校評価システム研究会について」が 2005 年 8 月 10 日（初等中等教育局長裁定）で出された（研究会の実施期間：2005 年 8 月 10 日～2006 年 3 月 31 日）. 委員は**表 7-2** の通りである.「経済財政運営と構造改革に関する基本方針 2005」や中央教育審議会義務教育特別部会の審議報告等を踏まえ, 学校評価のためのガイドライン作成を通して, 義務教育の質を保証するための学校評価システムの構築について検討を行うこととなった. 具体的には, ① 学校評価ガイドラインの内容, ② 外部評価を含めた学校評価システムの在り方について検討を行った. 議事録は非公開とされ, 議事要旨のみが公開されている[2)]. 研究会は 2 回しか開催されておらず, 審議時間は 4 時間である. 議事要旨から次のことが確認できる. 学校評価は学校のマネジメント能力を高めること, 学校評価の方法は各学校が各事情に応じて実施することが指摘さ

表7-2　学校評価システム研究会委員

金子　郁容	慶応大学教授慶応義塾大学大学院教授
木岡　一明	国立教育政策研究所総括研究官
小松　郁夫	国立教育政策研究所教育政策・評価研究部長
玉村　雅敏	慶応義塾大学総合政策学部助教授
長尾　眞文	広島大学教授
中島　智子	大阪府教育委員会教育振興室高等学校課主任指導主事
福本　みちよ	山梨英和大学人間文化学部助教授
藤井　佐知子	宇都宮大学教育学部教授
牧　　昌見	聖徳大学・大学院教授
村田　隆紀	NPO法人学校管理者資格認定協会理事長
八尾坂　修	九州大学大学院人間環境学研究院教授
山田　正廣	三重県教育委員会経営企画分野教育改革室主査
吉村　潔	品川区教育委員会小中一貫教育担当課長
米澤　彰純	独立行政法人大学評価・学位授与機構助教授

（出所）「学校評価システム研究会委員名簿」（URL45）を引用.

れた．また，具体的な目標設定を行うことや，評価を行う際の情報収集，学校評価関係者に対する研修の充実，学校評価を行うインセンティブの付与[3]，結果だけでなく学校の取組み部分を重視すること指摘された．自己評価については，自己評価委員会のような校内組織を設けること，外部評価については，毎年実施することの負担から柔軟な運用も認めること，学校評価結果に基づいた設置者による支援・改善が指摘された．

(2)　「義務教育諸学校における学校評価ガイドライン」の策定[4]

　この学校評価システム研究会では審議内容をまとめた報告書に当たるものは，公開されている情報では存在していない．学校評価システム研究会での審議結果を土台に，「義務教育諸学校におおける学校評価ガイドライン（2006年3月27日）」が作成されることとなった．そこで「義務教育諸学校における学校評価ガイドライン」の内容を確認することで，学校評価システム研究会における審議の方向性を確認したい．

　このガイドラインでは，自己評価については，予め目標や指標を設定し評価を行うこと，外部評価については，保護者や地域住民等で構成する外部評価委員会を置くこと，自己評価と外部評価の結果は，文書にまとめ，ホームページ等で公表することと示された．なお，大学や教育研究機関の職員，学識経験者等，当該学校に直接関わりをもたない専門家が客観的に学校を評価することを「第三者評価」とした．この「第三者評価」の在り方については，さらに研究・検討を進めるとされた（URL47）．そこで，学校評価ガイドラインに基づく評価実践研究を全国61地域で

第7章　学校評価制度の実質化の過程　*183*

行うことと，学校の第三者評価の試行を全国122校で行うことが，2006年度の予定として掲げられた．

（ガイドライン作成の背景）

　学校運営に関する学校の自律的・継続的改善と，保護者や地域住民に対する説明責任，保護者，地域住民などが情報や課題を教職員と共有しながら学校運営へ参画し改善していくことが，学校評価では重要だという．

　2002年4月に施行された小学校設置基準等において，自己評価の実施と結果の公表が努力義務となり，積極的に保護者等に対する情報提供することが定められた．これを受け，学校評価の充実のために，2002年度から2004年度まで，「学校の評価システムの確立に関する調査研究」を全都道府県・政令指定都市に文部科学省は委嘱して実施した．その中で各地方公共団体では，特色ある学校評価の指針，ガイドライン，手引き書等が策定され，学校評価制度の導入が進められた．他方で，実施内容の不十分さや評価結果の未公表などの課題もみられた．

　2005年6月に閣議決定された「経済財政運営と構造改革に関する基本方針2005」では，学校の外部評価の実施と結果の公表のためのガイドラインを2005年度中に策定することとされた．また，2005年10月の中央教育審議会答申「新しい時代の義務教育を創造する」では，ガイドライン策定の必要性が指摘された．

　以上の経緯を踏まえて，主に市区町村立の義務教育諸学校（小学校，中学校※中等教育学校前期課程を含む，盲・聾・養護学校の小・中学部）を対象にガイドラインは作成された．

（ガイドライン作成方法）

　既に各都道府県・政令指定都市が策定している学校評価の指針，ガイドライン，手引き書等を参照し，共通点や実践し得る先進的考えを集約し，目安として各事項を記述することで，ガイドラインは作成された．また，国が作成するガイドライン自体も継続的に見直していくことが想定された．

（内容について）

　2005年10月に，中央教育審議会答申「新しい時代の義務教育を創造する」は，義務教育の構造改革の基本的な方向として次の点を示した．

- ・義務教育の目標設定とその実現のための基盤整備について国が責任を果たす．
- ・義務教育の実施過程を担う市区町村や学校の権限と責任を拡大し，自主性・自律性を強化．
- ・義務教育の成果を検証する仕組みを国の責任で整備し，教育の質が保証され

る教育システムへの転換を図る．学校評価は，教育の成果の検証のための主
要な手段となる．

これらを受け，学校評価の目的は以下の３点に整理された．

（１）各学校が，自らの教育活動その他の学校運営について，目指すべき成果
やそれに向けた取組みについて目標を設定し，その達成状況を把握・整
理し，取組みの適切さを検証することにより，組織的・継続的に改善す
ること．

（２）各学校が，自己評価及び外部評価の実施とその結果の説明・公表により，
保護者，地域住民から自らの教育活動その他の学校運営に対する理解と
参画を得て，信頼される開かれた学校づくりを進めること．

（３）各学校の設置者等が，学校評価の結果に応じて，学校に対する支援や条
件整備等の必要な措置を講じることにより，一定水準の教育の質を保証
し，その向上を図ること．

学校評価は，学校の教育活動の精選・重点化を進める上で重要な役割を果たすと
いう．また，教職員や保護者，地域住民などが学校運営についての意見交換を行う
ことを通じて，相互理解を深めることに大きな意義があるという．懸念として，教
員評価との関係について指摘された．一般に，教員評価では，目標管理型評価制度
を目指すものが多く，目標設定を出発点とする点は，教員評価と学校評価は共通す
る．しかし，教員評価の目的は，教員の人事管理や職能開発であり，その結果は公
表になじまない．学校評価の目的は，組織的活動としての学校運営改善であり，結
果を公表し，説明責任を果たすことを目指している．そのため両者は，全くの異な
るものであると整理された．

（評価方法）
ガイドラインでは，以下の３つの要素によって学校評価を構成した．

（１）各学校が自ら行う評価と学校運営の改善【自己評価】
（２）評価委員会等の外部評価者が行う評価と学校運営の改善【外部評価】
（３）評価結果の説明・公表，設置者への提出，設置者等による支援や条件整
備等の改善

自己評価は，校長のリーダーシップの下で，当該学校の全教職員が参加し，予め
設定した目標や具体的計画に照らして，自らの取組みについて評価を行う．また，

児童生徒や保護者，地域住民に対するアンケートは，外部評価と捉えてきたが，今後は，学校の自己評価のために必要な情報収集の一環と捉えることが適当とされた．外部評価は，学校の自己評価結果を，学校評議員，PTA役員（保護者），地域住民等の外部評価者が評価する．自己評価と外部評価の結果は，設置者に提出する．また，保護者や地域住民に説明するとともに，ホームページなどを用いて広く公表する．設置者は，学校評価の結果等を参考にして，学校に対する支援や条件整備等を改善する．さらに，設置者は，各学校の評価の適切さについても必要な指導・助言を行う．

　これらの3つの要素は，2つ以上の要素を同時に行うこともあり得るという．例えば，教職員と保護者・地域住民が1つの組織を設けて自己評価と外部評価を同時に行うことや，外部評価結果の設置者への報告にかえて外部評価者に設置者の職員を加えることなどがあり得る．

（自己評価）
　①目標設定，②自己評価の実施と学校運営の改善，③自己評価書の作成の3つのプロセスがある．第1に，目標設定である．目標（Plan）-実行（Do）-評価（Check）-改善（Action）というPDCAサイクルに基づき，継続的に改善するために，目標の適切な設定が重要となる．そこで，学校全体の教育目標とともに，目指すべき成果やそれに向けた取組みに関する中期と単年度の目標を具体的に各学校は設定する．また，指標については，目標の達成状況を把握するものと，達成に向けた取組み状況を把握するものと2種類あり，定量的に示せないものも含まれる．そして，各学校が策定する各種具体的な計画（教育課程，指導計画，学校保健計画，学校安全計画，研修計画，運営方針など）や，校務分掌，校内組織は，設定した目標達成を目指すための内容にしなければならない．また，これらは，校長のリーダーシップの下で全教職員の間で共有し，目標達成に向けた意識醸成が必要となる．目標設定には次の留意点もある．まず，前年度の自己評価書や外部評価書に示された改善方策等を，当該年度の目標設定に反映させることと，重点化すること．また，目標に関して，必要に応じて，設置者は目標設定の支援を行うこととされた．

　第2に，自己評価の実施と学校運営の改善である．まず，自己評価を実施するために，継続的な情報・資料の収集と整理が必要となる．そのためには，教育の成果について，事実を重視し，客観的な情報・資料で示す仕組みの構築が重要となる．収集・整理すべき情報・資料の例として次のものを挙げた．なお，学校評価をめぐる全ての情報・資料については，個人情報保護のための管理徹底が前提となる．

（1）法令上，作成等が義務づけられている資料.

例：指導要録，出席簿，健康診断票.

（2）児童生徒の状況に関する情報.

例：出欠席の状況，生活態度（挨拶，掃除，給食，委員会活動等），児童
生徒からの意見・要望，生活環境.

（3）保護者，地域住民等からの意見・要望.

例：保護者，地域住民，PTAなどからの問い合わせ，意見，要望.

（4）教職員に関する情報等.

例：教職員の研修受講状況，校務分掌.

また，評価の実施と学校運営の改善については，校長のリーダーシップの下，全教職員が参加して組織的に取組み，必要に応じ，学校評価のための校内組織を設ける（例えば，評価委員会など）こととなる．まず，設定した指標などを用いて，目標達成状況や達成に向けた取組み状況を把握・整理し，その結果を検証し，改善方策を検討する．検証の時期は，各学校や地方公共団体の事情に応じて行い，中間的な評価を行うことも考えられる．学校運営の成果は，児童生徒や家庭，地域の状況にも影響されることから，目標未達成という事実のみをもって，取組みが不十分であると判断できない．また，設定した目標や各種具体的計画そのものも対象とし，目標や計画自体の適切さの検証も必要とされた.

第3に，自己評価書の作成である．各学校は，評価結果を自己評価書にとりまとめる．自己評価書には，目標の達成状況，取組みの状況，取組みの適切さの検証結果に加えて，改善方策も記述する．各学校で作成している年度末の反省資料等を，自己評価書を作成する際に有効に活用することも考えられる．また，個人情報保護や安全確保の面から，情報・資料の公表と非公表を区別する.

（外部評価）

外部評価の目的は，自己評価の客観性を高めることと，学校運営に関する共通理解を学校と地域住民・保護者が持ち，相互に協力することで，学校運営の改善を適切に行うことにあるという.

まず，外部評価委員会についてである．設置者は，各学校または同一地域内の複数の学校ごとに，外部評価者によって構成される委員会等（以下，「外部評価委員会」という．）を設置する．または，学校評議員や学校運営協議会等の既存の保護者，地域住民等による組織を活用して外部評価を行うこともできる．外部評価委員としては，学校評議員，PTA役員（保護者），地域住民等，または，大学の研究者や他校

の教職員等，学校教育について専門的な知識や経験を持つ者の参加を求めることも考えられる．その他に，接続する他段階の学校の教職員から評価を受けること（例えば，中学校が小学校や高等学校の教職員から評価を受ける），大学と連携して専門的な助言を受けることも有効である．依頼する際には，学校訪問や外部評価書の作成，守秘義務など，生じる負担等を説明し，事前に各委員の理解を得ることが必要となる．

　次に，外部評価の実施についてである．第1に，目標や計画（中期，単年度），自己評価結果と改善方策をはじめ，各学校は，学校運営の状況を外部評価委員会に説明する．第2に，外部評価委員会は，必要に応じて，学校訪問や関係者（教職員，児童生徒，保護者）へ意見聴取を行う．第3に，外部評価委員会は，自己評価と改善に向けた取組みの適切さを検証する．この時，外部評価委員会と学校との間での十分な意見交換や対話によって，相互理解を深めることが必要となる．

　最後に，外部評価書の作成についてである．外部評価委員会は，評価結果を外部評価書にとりまとめる．外部評価書には，目標達成状況，取組み状況，取組みの適切さの検証結果，改善に向けた意見などについて記述する．個人情報保護や安全確保の面から，情報・資料の公開と非公開を区別する．

（評価結果の説明・公表，設置者への提出及び設置者等による支援や条件整備等の改善）

　自己評価や外部評価を実施した後，評価結果を説明・公表し，設置者へ提出することと，提出された評価結果を受けて設置者が学校を支援したり学校の条件整備を改善したりすることの2つの取組みが求められている．

　まず，自己評価，外部評価の結果の説明・公表，設置者への提出についてである．各学校は，自己評価書結果を，説明会や学校便り，地域広報誌への掲載などの方法により，保護者，地域住民に説明する．これらの説明を契機に，保護者，地域住民と，教育の改善に向けた具体的な交流・協力活動を行うことが重要となる．また，各学校は，自己評価書を設置者に提出する．提出する際には，自己評価を行う際に利用した情報・資料を含める．また，外部評価委員会は，外部評価書を学校に提出し，各学校は，外部評価の結果を受けた対応をとりまとめる．各学校は，外部評価書と学校の対応をとりまとめた文書を設置者に提出するとともに，保護者，地域住民に説明することが求められている．これらに付随して，各学校は，保護者や地域住民等と情報や課題を共有するために，学校運営の状況について，積極的に情報を提供することが求められる．また，保護者や地域住民が求める情報の内容を把握し，それに応じ情報を提供することが必要となる．留意点としては，個人情報保護や安

全確保，学校の序列化や過度の競争への配慮が挙げられる．

次に，設置者等による支援や条件整備等の改善である．設置者は，各学校の自己評価書，外部評価書，学校訪問や校長に対する意見聴取等により，各学校の学校運営の状況を把握し，全国的な標準等も踏まえて，学校に対する支援や条件整備等の改善を行う．状況把握と改善について具体的には，下記の点が挙げられた．

- ・学校運営に関する教育委員会への承認・届出の状況．
- ・学校の裁量により執行できる予算の措置状況．
- ・指導主事等による学校運営に関する専門的事項の指導．
- ・教職員の配置，服務監督，研修の実施状況．
- ・教材の整備状況（教材関係予算措置状況の調査結果等）．
- ・学校施設の整備状況等（耐震化，アスベスト対策等）．
- ・学校図書館の整備状況（学校図書館図書標準との比較等）．
- ・学校教育の情報化の状況（学校教育の情報化に関する実態調査結果等）．
- ・学校施設・設備の安全・維持管理の状況．

学校の自己評価に対する指導・助言としては，設置者は，各学校から提出された自己評価書を基に，特に学習指導など専門性が要求される事項について，各学校の自己評価が適切に行われたかどうか，学校運営の改善に向けた取組みが適切かどうかを検証する．また，必要に応じて，学校訪問や意見聴取を設置者は行う．都道府県教育委員会等の対応としては，設置者である市区町村の教育委員会が，学校評価の結果及び改善状況についての情報を都道府県教育委員会に適切に伝え，都道府県教育委員会が，県費負担教職員の定数・配置・給与等を適正に管理し改善していくことが必要である．また，都道府県教育委員会は，設置者と連携しながら，必要に応じ，教職員の配置，研修の実施，指導主事等の派遣などの措置を講じる．

以上が，学校評価システム研究会についてである．

3 学校評価の推進に関する調査研究協力者会議[5]

(1) 審議の概要

今後の学校評価システムの定着，改善充実，その他学校評価の推進のために必要な方策等に関し，外部の有識者，教育委員会関係者等の協力を得て，総合的な調査研究を行うこととされた[6]．審議にあたって，主な論点が次のように示された[7]．

（1）自己評価，外部評価（学校関係者評価），第三者評価の位置づけの整理．

第 7 章　学校評価制度の実質化の過程　*189*

表 7-3　学校評価の推進に関する調査研究協力者会議委員（2008 年 1 月 17 日）

青木　栄一	国立教育政策研究所教育政策・評価研究部研究員
◎天笠　茂	千葉大学教育学部　教授
今村　義隆	熊本県長洲町教育委員会教育長
岡田　隆彦	滋賀県 PTA 連絡協議会会長（日本 PTA 全国協議会副会長）
金子　郁容	慶応義塾大学大学院政策・メディア研究科　教授
川名　葉子	荒川区立南千住第二中学校長（全日本中学校長会生徒指導部　幹事）
木岡　一明	名城大学大学院大学・学校づくり研究科　教授
久保田　宏明	穎明館中学高等学校長
	（日本私立中学高等学校連合会　常任理事・教育制度委員長）
○小松　郁夫	国立教育政策研究所教育政策・評価研究部長
島宮　道男	東京都立芦花高等学校長（全国高等学校長　会長）
竹原　和泉	横浜市立東山田中学校コミュニティハウス館長
	（横浜市立東山田中画工学校運営協議会　副会長）
千々布　敏弥	国立教育政策研究所研究企画開発部　総括研究官
長尾　眞文	広島大学教育開発国際協力研究センター　教授
中西　茂	読売新聞東京本社編集委員
橋本　勝秀	栃木県立栃木農業高等学校長
檜山　幸子	宇都宮市立御幸小学校事務長（全国公立小中学校事務職員研究会　副会長）
松尾　隆	株式会社旭リサーチセンター　常務取締役　主席研究員
山口　千代己	三重県教育委員会経営企画分野教育改革室長

（出所）学校評価の推進に関する調査研究協力者会議委員名簿より筆者改編.

（2）学校評価の実施・公表の義務化の進め方. 自己評価の実施率は 100% 近いが，内容・方法に課題が残っていたり，自己評価の公表率が低いことが問題視された. また，自己評価の義務づけにむけて，自己評価の手法と指標について，全国的基準などの標準化の必要性と，国，都道府県が果たすべき役割. また，第三者評価との関連性.

（3）設置者（市町村教育委員会）の役割.

（4）義務化の対象. 私立学校について，従来，小学校設置基準等や学校評価ガイドラインは当然にその対象に含めてきたが，義務化にあたり対象とするか. また，幼稚園，高等学校，特別支援学校について，学校評価ガイドラインが作成されていないため，今後の方針について.

　学校評価の推進に関する調査協力者会議の審議については，議事録を確認すると意見交換は行われているが，大きな議論が展開されているわけではなく，また文言修正のようなやりとりも多い. 意見交換の内容は，「学校評価の在り方と今後の推進方策について　中間とりまとめ（以下，中間まとめ）」と「学校評価の在り方と今後の推進方策について第 1 次報告（以下，1 次報告）」に整理され，それらを土台に

した「学校評価ガイドライン（改訂）」は直接審議された．そこで，ガイドラインの基となった，中間まとめと1次報告の2点を確認することとする．ただし，1次報告は，第三者評価の部分しか公開されておらず，全体の内容を知ることができない．そのため，公開されている部分を確認していく．

(2) 「学校評価の在り方と今後の推進方策について　中間とりまとめ」

自己評価・外部評価の実施・公表の状況について，ほぼ全ての公立学校で自己評価が実施されているなど，着実に取組みが進められていた．しかし，自己評価の公表や外部評価の実施，自己評価結果に対する保護者の認知度は低く，学校評価の実効性に課題があった[8]．そこで，実効性を高めるために，次の点が課題として指摘された．

（1）学校評価の用語の定義や相互の関連性を整理，明確化．
（2）自己評価の充実と，外部評価との有機的な連携．
（3）評価結果を踏まえた支援・改善について関係諸機関の在り方を明確化．
（4）学校情報の公開促進．
（5）第三者評価の更なる検討．
（6）私立学校，高等学校等における学校評価の在り方．
（7）学校評価と教員評価の関係を整理．

(学校評価の実施手法の3要素)

学校評価は，「自己評価」「学校関係者評価（外部評価）[9]」「第三者評価」の3つにより行うこととし，特に自己評価をその最も基本として位置づけた．各評価の概念整理として，目的と手法は次のように整理された（図7-1）．

自己評価
目的：学校評価の最も基本かつ重要なものであり，学校の教職員自らがその目標等の達成状況や達成に向けた取組みの状況を検証することにより，学校の現状と課題について把握し，今後の学校運営の改善に活用することを目的として行うもの．
手法：校長のリーダーシップの下で，当該学校の全教職員が参加し，予め設定した具体的かつ明確な目標等に照らして，その達成状況の把握や取組みの適切さを検証し，評価を行うことを基本とする．

学校関係者評価
目的：当該学校の教職員以外の者で当該学校と密接な関係のあるもの（保護者，地

域住民，学校評議員，接続する学校の教職員等）が，自己評価結果を検証することを通じて，学校と保護者等が学校の現状と課題について共通理解を深めて関係者の連携を促し，学校運営の改善に協力して当たることを促すことを目的として行うもの．
手法：保護者（PTA役員等，学校評議員，地域住民，接続する学校の教職員その他）の学校関係者などの外部評価者により構成された委員会等が，当該学校の教育活動の観察等を通じて，具体的かつ明確な目標等に関する自己評価結果を検証し，評価を行うことを基本とする．

第三者評価
目的：当該学校やそれを設置管理する主体と直接関わりを持たない機関等が，大学や教育研究機関の職員，有識者などの専門家等による客観的・専門的立場からの評価を行うことにより自己評価・学校関係者評価（外部評価）では不足する部分を補い学校やその設置者等による学校運営の改善を促すことを目的として行うもの．
手法：当該学校に直接関わりを持たない専門家等が，自己評価及び学校関係者評価（外部評価）結果等を資料として活用しつつ，教育活動その他の学校運営全般について専門的・客観的立場から評価を行うことを基本とする．

　ただし，これらの学校評価の分類や意義・目的・手法の定義は，標準的な目安を示すこととした．したがって，設置者や各学校が，学校評価を取り巻く様々な要因を考慮し，実効性のある取組みを行うことが求められた．
　以上の概念整理の上で，学校評価の用語の定義は次のように整理された（図7-1）．「自己評価」とは，校長のリーダーシップの下で，当該学校の全教職員が参加し，予め設定した目標や具体的計画等に照らして，その達成状況の把握や取組みの適切さを検証し，評価を行うこと．「学校関係者評価」とは，保護者，学校評議員，地域住民，接続する学校の教職員その他の学校関係者などの外部評価者により構成された委員会等が，当該学校の教育活動の観察等を通じて自己評価結果を検証し，評価を行うこと．「第三者評価」とは，当該学校に直接関わりを持たない専門家等が，自己評価および学校関係者評価結果等を資料として活用しつつ，学校運営全般について，専門的・客観的立場から評価を行うこととされた．
　従来の認識として，2006年の「義務教育諸学校における学校評価ガイドライン」で示された，児童生徒・保護者等を対象とする「外部アンケート等」については，多くは「外部評価」と理解されてきた．また，児童生徒，保護者，地域住民を対象とするアンケートの実施や，その意見・要望等を把握するための懇談会の開催も「外部評価」として位置づけられてきた事例が多い．しかし，本来の外部評価は，

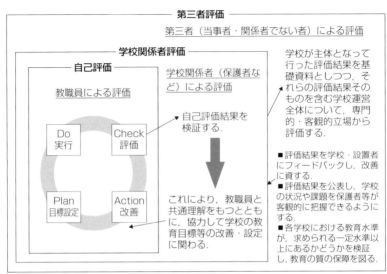

図 7-1　学校評価の概念整理
(出所) 第3回配布資料「資料6・学校評価の定義と今後の在り方について」(URL48) を引用.

外部評価委員が実地に授業等を観察することや，学校の教職員と双方向の意見交換などにより，自己評価結果に示された学校の教育活動等の検証や評価が重要であると整理された．よって，アンケートの実施や懇談会での意見・要望等を把握することは，外部評価ではなく（ゆえに，学校関係者評価ではない），自己評価を行う上で，目標等の設定・達成状況の把握や取組みの適切さを検証するための資料であるとされた．また，「外部評価」の用語については，狭義・広義で意味合いが異なること，他方でこの用語が広く定着していることに鑑み「学校関係者評価」，「保護者等による外部評価」など，趣旨に応じて適宜用語を用いることとされた．

(改善の在り方を含めた学校評価システムの構築について)

　学校評価は，その結果に基づいて改善が生じることに意義がある．その過程では，設置者をはじめとする関係諸機関による学校の支援，指導・助言，具体的な改善策が極めて重要である．しかし同時に，特に評価 (Check) としての側面に着目した，自己評価，学校関係者評価，第三者評価と，設置者等による「支援・改善」を同列に並べるためには性質が異なる．そのため，設置者による支援・改善は，学校評価に関するいわゆる PDCA サイクルの A (Action) に相当するものとして学校運営の改善を目指し，学校運営の改善を目指す流れの重要な一部分として位置づけた．そ

して，設置者が支援・改善することまでを，学校評価システムとされた．

（「評価」の在り方について）
　学校評価の評価対象は学校運営全体とされた．日常の授業を始めとする教育活動と学校全体の管理運営としてのマネジメントは一体の関係にあり，適切なマネジメント無くして円滑な教育活動は期待できないという．そのため，校長を始め管理職等のリーダーシップの在り方や，適切な校務分掌の進め方，事務・財務等の執行・管理状況など，学校運営全体を見据えた適切な項目設定や，その結果に基づく改善策が求められる．特に，自己評価の際には，学校の全教職員が参加し，各立場から目標設定や評価に関わることが望まれている．また，学校評価に期待される機能は，様々な考え方があるという．いずれにしても，学校がより効率的・効果的な成果を収めて教育水準の向上を図れることが重要となる．このことから，学校という組織全体のマネジメントを評価するという視点に立ち，個々の校務分掌が全体の中で適切に整備され機能しているかどうか等を検証するという側面に重点を置くことが適当とされた．

（学校関係者評価の課題）
　学校関係者評価は，その評価者の性質上，学校の教育活動に関する専門性を評価者に期待することは困難があり，評価者が保護者の場合は様々な制約も大きい．このことから，学校運営の詳細を一項目ずつ網羅的に評価すること，また，自己評価結果が専門的な場合，適切に評価できない．そこで，保護者等にも理解しやすい内容を中心とした評価を通じて，学校に新たな気づきをもたらすとともに，相互の理解を深めて連携を促し，学校運営の改善に協力して取組めることが求められる．

（学校評価の位置づけの明確化と自己評価・外部評価の一体的推進）
　自己評価，学校関係者，第三者評価の3つを，相互に関連し，補完するものとして一体的に検討することが必要だという．特に，教職員と保護者等は密接かつ不可分な関係にあり，相互の理解と連携協力が重要となることから，自己評価と学校関係者評価の連携は不可欠である．自己評価については，PDCAサイクルに基づき学校評価を通じた学校運営の改善を図る上で，最も基本かつ重要である．そこで，実効性を高めるために，「目標の重点化を図る課題指向型」の学校評価と，「学校運営全体をチェックする全方位型」の学校評価とのバランスをとることが必要だという．学校関係者評価については，自己評価結果を検証することが基本となる．

（関係機関の役割）

　学校評価結果に基づく設置者等による学校への支援・改善が重要となる．そのため，評価結果を報告書にまとめ，設置者等へ報告することが必要となる．設置者等は，評価結果の報告を受けて，それを学校運営の改善に活用するとともに，自らのこれまでの学校の設置管理等に対する評価と受け止め，その改善を目指すことが期待されている．その際に，学校が自律的に改善に取組むための支援をしなければならない．同時に，地域内の各学校が学校評価の基本的な部分について相互に比較検討できる支援も想定されている．なぜならば，自己評価は，学校内部での取組みであることから，主観的・恣意的になりやすく，他校との比較を通じて得られる新たな知見を得にくいためである．これらのことから，教育委員会は，学校評価を通じた学校運営の改善が実効性あるものとなるようにリーダーシップを発揮することが期待されている．

　また，教育委員会や国は，学校評価関係者の資質を高めるために，研修を充実させることが必要となる．教職員に対しては，PDCA サイクルを基礎とした目標管理や学校のマネジメントの在り方，評価手法などを学ぶ必要がある．指導主事に対しては，各学校へ学校全体のマネジメントも含めた指導を充実させるために専門性を高める研修が必要となる．学校関係者評価の評価者を中心とした保護者や地域住民等を対しては，学校評価に関する情報などを学ぶ必要がある．

(3) 「学校評価の在り方と今後の推進方策について　第１次報告」

　2007 年 8 月 27 日に学校評価の推進に関する調査研究協力者会議は「学校評価の在り方と今後の推進方策について　第１次報告」をとりまとめた．この中では，第三者評価は，自己評価・学校関係者評価を補い，学校運営の質を高めるために行う専門的・客観的な評価として位置づけることが適当とされた．しかし，第三者評価の在り方（評価主体，評価手法，評価者の資質，改善策の在り方など）は，今後の検討課題とされ（同時に，教育再生会議における議論や，2006 年度から実施している第三者評価の試行事業の状況も踏まえる必要がある），次のように課題は整理された．

> ・評価実施主体の独立性の担保．
> ・国と教育委員会の役割分担．
> ・定量的，定性的な評価手法の在り方．
> ・評価者の資質（定性的評価を行う場合の評価者の質の担保，独立性を有する専門的な評価者の確保など）．
> ・改善策の在り方（改善策提供主体，改善の責任主体）．

（第三者評価の意義）

　2006年9月から2007年1月に，全国124校の小・中学校を対象に，第三者評価の試行事業を文部科学省は実施した．本協力者会議の委員も評価者の一員として多数が参加した．本協力者会議の委員からは次の意見が出された．まず，学校運営の改善に第三者評価を活かすためには，評価に対する学校の納得と，評価者の資質，客観性を高める評価指標が重要となる．他方で，学校の課題に関して，教育委員会や校長はある程度把握しているものの改善につながっていない状況もある．また，評価内容は授業中心で，学校全体のマネジメントに及んでいなかった．そして，学校関係者評価と第三者評価を区別するべきという．

　これらのことから，自己評価や学校関係者評価を第三者評価によって補うこととし，次の考えが示された．第1に，「専門的な」評価であること．保護者や地域住民による評価だけでは，教職員を上回る専門性は期待しにくいことから，専門性を有する有識者等による評価を行うべきとされた．第2に，「客観的（第三者的）な」評価であること．学校と直接の関係を持たない者が評価者になることで，様々な事情やしがらみにとらわれず，学校に新たな気づきをもたらすことが期待できる．

（第三者評価の在り方）

　第三者評価を本格的に実施する際の改善のシステムの在り方は，別途検討を要するとされたのだが，まず，第三者評価の内容は，次の3点が示された．第1に，教育活動における基準の適合性（ただし，各種基準の適合性，合規性を逐一検証することは，人員・日程的に不可能であり，本来日常業務の中で適宜検証すべきものである）．第2に，目標設定と達成に向けた取組みの適切さ．第3に，自己評価・学校関係者評価の適切さと，学校運営全般の在り方である．

　また検討課題として，評価方法と評価実施主体が取り上げられた．評価方法では，次の課題が示された．

（1）定量的評価をどの程度重視するのか，また，定性的評価における評価者の質（経験，知識など）に対する懸念．
（2）改善のための具体的な方策を提示するべきか．
（3）評価結果に対して，設置者等と評価者との間に考え方の乖離が生じた時の対処．
（4）評価結果を設置者が受け止め，指導主事が学校の指導にあたるための，円滑な方法．

　評価実施主体では，次の課題が示された．これらは，教育行政制度全体を見通し

た慎重な検討が必要となる.

（1）学校に対する有する権限等の関係から，公正中立な評価を評価者が行う可能性.
（2）評価の信頼性・客観性を担保するための，評価者の独立性を担保する仕組みの必要性.
（3）国・都道府県・市区町村の位置づけや役割.
（4）コストは誰が負担するのか.
（5）最終的な学校運営の改善の責任者は誰か.

　国による第三者評価の試行は，限られた人員と時間的制約の中で，学校の課題点や良さを見いだし報告することに力点をおく．そして，指摘された課題について，当該学校の設置者や人事権者が指導主事訪問等を通じて具体的な支援・改善に取組むべきとされた.

（大学評価と学校施設）
　学校評価の推進に関する調査協力者会議では，参考として，大学評価と学校施設の評価を取り上げている．中間まとめや第一次報告書，学校評価ガイドラインへ大きな影響を与えることはなかったが，先行事例として関心が寄せられたものであるから，本章においても，審議の参考にされた概要を確認しておく.
　大学評価については，文部科学省高等教育局高等教育企画課の国立大学法人評価委員会室長にヒアリングを行っている[10]．このヒアリングを含めた意見交換では，大学評価制度の紹介と課題の共有が行われた．まず，本来，大学評価は，評価結果が社会で認知されることによる大学の自己改善が望まれた．しかし，実際には悪い評価結果のみがマスコミに取り上げられることにとどまるなど，本来の目的が社会に理解されていないという．また，評価を受ける大学内でも，特定部局の評価担当者への負担の集中や，評価の形骸化などの問題もある．そして，大学内での人材育成や，高い専門性を持つ評価者養成は大きな問題として指摘された.
　学校施設の評価については[11]，文部科学省大臣官房文教施設企画部の文教施設環境対策専門官にヒアリングを行っている．従来，学校施設の評価は，施設整備事業としての側面から事業評価の取組みが進められてきたという．2006年3月に策定された学校評価ガイドラインで，学校施設は学校評価の評価項目の一例として示された．事実，基本的な教育条件の1つである学校施設の評価は，一定水準の教育環境を保証するための重要な課題であると同時に，より効率的・効果的な整備を図っていくための重要な課題でもあった．他方で，学校施設は，耐震化，老朽化対策，バ

リアフリー化の遅れへの対応や，多様な学習活動等への対応などの様々な課題を抱えおり，全国的に一定水準が確保されているとはいえない状況がある．そこで，学校施設の評価システムを確立・普及させて，教育環境が良好に保つことを目指しているという[12]．

4 学校の第三者評価のガイドラインの策定等に関する調査研究協力者会議[13]

(1) 概要

上述した，学校評価の推進に関する調査研究協力者会議では，第三者評価の在り方は今後の検討課題とされた．今回，学校の第三者評価のガイドラインの策定等に関する調査研究協力者会議では，「学校の第三者評価のガイドラインに盛り込むべき事項等について」がまとめられ，これを踏まえて学校評価ガイドラインは改定された．「学校の第三者評価のガイドラインに盛り込むべき事項等について」の内容は，学校評価ガイドラインに反映されており，学校評価ガイドラインはより詳細に記述されている．ただし，当協力者会議の審議と並行して，文科省は「学校の第三者評価の評価手法等に関する調査研究」を進めており，様々な調査研究報告書がまとめられている．さらに，この調査研究報告書の内容は，学校評価ガイドラインの内容にも反映されているように見受けられる．ただし，「学校の第三者評価の評価手法等に関する調査研究」の成果と学校評価ガイドライン作成の関係については，情報が公開されていないため定かではない．そこで，ここでは学校の第三者評価のガイドラインの作成等に関する調査研究協力者会議の審議の方向性を確認するために「学校の第三者評価のガイドラインに盛り込むべき事項等について（ポイント）」を確認する．文科省が行った「学校の第三者評価の評価手法等に関する調査研究」のうち，主要なものについては，後述することとする．

(2) 「学校の第三者評価のガイドラインに盛り込むべき事項等について（ポイント）」

趣旨としては，自己評価や学校関係者評価に加えて，第三者評価を導入することで，学校評価全体の充実を図ることとされた．そうすることで，学校が自己改善し，教育水準の向上を図ること，また，説明責任を果たしながら，保護者や地域住民等の理解と参画を得て学校づくりを進めることを目指すという．また，第三者評価の定義について，第三者評価とは，「学校教育法に規定されている学校評価の一環として，学校とその設置者が実施者となり，学校運営に関する外部の専門家を中心と

した評価者により，教育活動その他の学校運営の状況について，専門的視点から評価を行うもの」と定義された．

（実施体制）
　学校とその設置者が実施者となり，その責任の下で，第三者評価が必要であると判断した場合に実施し，法令上の実施義務や努力義務は課さない．具体的には，次のような取組みを含め柔軟に対応する．

（１）学校運営に関する外部の専門家を中心とする評価チームを編成し，評価を行う．
（２）学校関係者評価の評価者の中に学校運営に関する外部の専門家を加えるなどして，学校関係者評価と第三者評価の両方の性格を併せ持つ評価を行う．
（３）一定の地域内の複数の学校が協力して，互いの学校の教職員を第三者評価の評価者として評価を行う．

（評価者）
　学校運営について専門的視点から評価を行うことができる者（例えば，教育学を専門とする大学教授，校長経験者など）の中から，実施者がふさわしい識見や能力を有すると判断した上で選定する．

（評価の実施）
　実施者が実施時期・日程，評価項目等を決定し，評価者が授業の観察等により評価する．評価内容は，各学校の目標設定や達成に向けた取組み状況など学校運営の在り方について評価する．さらに，学校の優れた取組みや課題，改善の方向性等を提示する．ただし，過度に学校の事務負担が増えないように配慮する．

（評価結果）
　評価者が責任を持って評価結果の取りまとめを行い，評価結果は評価対象校および設置者に報告する．学校は，評価結果を踏まえて，自ら学校運営の改善に努めるとともに，評価結果を学校関係者に説明，情報提供する．ただし，広く公表することについては慎重に対応を要する．設置者は，評価結果を踏まえて，学校の支援や必要な改善措置を講ずる．

第7章　学校評価制度の実質化の過程　　*199*

（学校種別による特性への配慮）

　ガイドラインは，まずは主として公立小中学校を念頭に置きつつ，各学校やその設置者の取組みの参考となるよう構成するべき．また，幼稚園，高等学校，特別支援学校，私立学校については，その特性を踏まえた第三者評価の在り方についてさらなる検討が必要である．

（大学の認証評価制度とアクレディテーション）

　学校の第三者評価のガイドラインの策定等に関する調査研究協力者会議では，参考として，大学の認証評価制度と評価とアメリカにおける学校・地方学区認証評価（school/district accreditation）を取り上げている．「学校の第三者評価のガイドラインに盛り込むべき事項等について」へ大きな影響を与えることはなかったが，学校評価を検討する際の問題関心としては，留意が必要であろう．大学の認証評価制度では，学校の第三者評価との共通点や相違点について紹介された．また，アメリカの[14]高等教育機関の地域別学校認証評価機関は，任意で初等・中等学校の認証評価も行っていること，そして，初等・中等学校の設置・管理機関である地方学区教育委員会を対象とする認証評価（district accreditation）も行われ始めていることが紹介された．[15]

5　学校評価の在り方に関するワーキンググループ[16]

　「学校運営の改善の在り方等に関する調査協力者会議」（**表7-4**）では，次のような趣旨で開催されることとなった．2004年にコミュニティ・スクール（学校運営協議会制度）が法制化されて以降，その制度の一定の定着がみられた．また，2007年に学校評価が法制化され，第三者評価を実施する学校や地域もみられるなど，学校評価の取組みは全体として定着してきている．これらの取組みにより，学校・家庭・地域の連携による新しい学校づくりが進んでいた．他方で，コミュニティ・スクールの取組みは地域差が大きいこと，学校評価は実施に伴う負担感の軽減が求められていること，学校に期待される役割の増大で教職員の多忙感が増大していることなど，学校運営の改善においてさらに検討すべき課題が残されている状況にあった．そこで，実効性のある学校運営の改善方策等について，外部の有識者等の協力を得て，主として，次の4点を調査研究することとなった．

　（1）学校・家庭・地域の連携促進に関すること．
　（2）学校評価の在り方に関すること．

表 7-4　学校評価の在り方に関するワーキンググループ委員

◎天笠　茂	千葉大学教育学部教授
石坂　康倫	東京都立日比谷高等学校長
木岡　一明	名城大学大学院大学・学校づくり研究科　研究科長・教授
小林　円	横浜市立根岸中学校事務職員
○小松　郁夫	玉川大学教職大学院教授
實吉　幹夫	東京女子学園中学高等学校理事長・校長
松尾　隆	株式会社旭リサーチセンター　常務取締役
松下　晋	群馬県前橋市立大胡小学校長
三塚　修	仙台市教育委員会主任指導主事
柳澤　良明	香川大学教育学部教授

（出所）「学校運営の改善の在り方等に関する調査研究協力者会議学校評価の在り方に関するワーキンググループ委員名簿」（URL50）を筆者改編.

（3）教職員の勤務負担軽減に関すること.
（4）その他学校運営の改善に関すること.

　さらに，学校運営の改善の在り方等に関する調査研究協力者会議の中に，学校評価の在り方について集中的な検討を行うため，「学校評価の在り方に関するワーキンググループ」（以下，「学校評価 WG」）が設けられた. 学校評価 WG の検討事項は次の 3 点が挙げられた.

（1）学校評価の実施に伴う負担感の軽減.
（2）学校評価の結果に基づく学校運営改善への教育委員会の支援.
（3）その他学校評価の実質化のために必要となる事項.

　学校評価 WG の議論の経過について，審議の回数が少なく，また，主に先進事例の紹介が多い. 委員同士の意見交換のポイントは，最終的に取りまとめられた「地域とともにある学校づくりと実効性の高い学校評価の推進について（報告）」の中で，まとめられたり反映されたりしている. そこで，以下では，学校評価 WG がとりまとめた「地域とともにある学校づくりと実効性の高い学校評価の推進について（報告）」の内容を手がかりに，議論のポイントや，学校評価 WG の意図を確認していくこととする.

（学校評価の今日的意義）
　2011 年 7 月，文部科学省に設置された「学校運営の改善の在り方等に関する調査研究協力者会議」は提言『子どもの豊かな学びを創造し，地域の絆をつなぐ〜地域とともにある学校づくりの推進方策〜』の中で，すべての学校は，保護者や地域

第 7 章　学校評価制度の実質化の過程　201

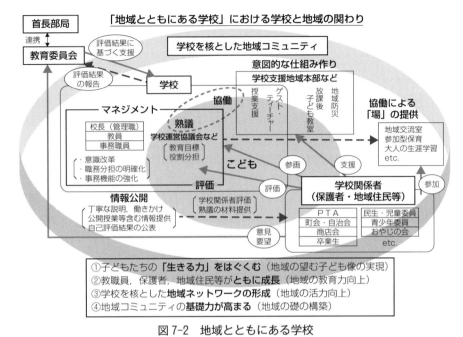

図 7-2　地域とともにある学校

（出所）学校運営の改善の在り方等に関する調査研究協力者会議「『地域とともにある学校』における学校と地域の関わり，今後の推進方針」を引用．

住民と目標を共有し，地域とともにある学校づくりを目指すべき旨をまとめた．そのための学校運営の必須ツールとして，すべての学校で実効性のある学校関係者評価を実施することを提案した．これは，学校関係者評価が，学校と地域との間の相互の信頼関係や連携・協働を促すコミュニケーション・ツールとなること，また，相互が協働する場として活用されることを期待したものである．そこでは，図 7-2[17]が構想された[18]．

自己評価は概ね全ての学校で実施され広く普及しているが，その実効性の面において改善すべき課題があるという[19]．実効性の高い学校評価には，学校，学校関係者，設置者が，学校運営の改善，教育水準の向上，子どもの成長につながっているという有用感が必要であるという．

ここでの実効性には，学校（または教職員）にとっての実効性と，学校関係者（保護者や地域住民など）にとっての実効性と２つに区別された．まず，学校にとって実効性を高める要因は，教職員の達成感，やりがい，子どもたちへの想いである．評価結果によって，よりよい教育を提供でき，子どもの成長を実感できれば，学校評価に対する教職員の意欲が高まる．また，学校関係者にとって実効性を高める要因

は，学校関係者評価を活用し，より良い学校づくりが進むことである．これにより，学校関係者もやりがいを感じ，学校・家庭・地域の連携のもとに教育の質が高まることが期待できる．

学校評価 WG における主な意見は次の通りであった．学校評価を有効に活用できている学校では，いわゆる PDCA サイクルが機能し，組織的な学校運営の改善につながっている．他方，評価結果が改善にうまくつながらず，学校評価の実効性に問題を抱える学校の課題は，以下のように整理した．

まず，学校内の取組みでは，学校評価における目標や取組み内容，評価項目に不備があり（抽象的，不明確，網羅的過ぎる，認識の不一致など），または時間的余裕がなく的確に評価できない．学校評価における目標，評価項目と，設置者の方針（教育振興基本計画など）との関連づけがなく，改善のための支援を受けられていない．また，学校関係者との連携・協働については，アンケート結果を分析していなかったり，学校関係者評価委員に対しての情報提供が不十分であったり，一方的な情報発信になっている．設置者の支援については，設置者の方針が不明確であるため，各学校が学校評価における目標や課題を系統化・重点化できず，設置者への評価結果

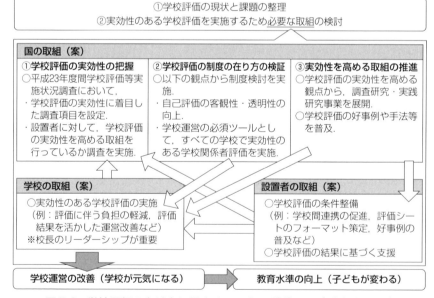

図 7-3　学校評価の在り方に関するワーキンググループ到達イメージ

(出所)　学校運営の改善の在り方等に関する調査研究協力者会議学校評価の在り方に関するワーキンググループ第5回配布資料「資料1・学校評価の在り方に関するワーキンググループ到達イメージ」(URL50)を引用.

の報告方法も明示されていない．または，設置者の理解不足がある．そのため，設置者による支援や指導主事による指導助言と評価結果とが連動しない．また，教育委員会内における各担当者間の連携や，都道府県，市区町村，首長部局，地域団体との連携が不十分であったり，各種研修なども形式的になっている．

　このような実効性の高い学校評価を実施するためには各学校で，設置者の学校教育に関する方針を踏まえた具体的な目標を立て，全教職員の参加と協働による組織的な取組みを学校関係者との連携，協働のもとに行っていくことが必要であるという．報告書では，取組みのイメージを**図7-3**の通り示した．具体的で実践的な取組み事例は，様々に紹介されていた．

6　学校の第三者評価の評価手法等に関する調査研究

　「学校の第三者評価の評価手法等に関する調査研究」を文部科学省は行い，より良い第三者評価の研究を行っている（URL53）[20)]．学校の第三者評価のガイドラインの策定等に関する調査研究協力者会議の審議期間と重なる取組みであるが，議事録上では審議の中で参考にされることはなかった．一部は，「学校運営の改善の在り方等に関する調査研究協力者会議学校評価の在り方に関するワーキンググループ」の中で紹介されるにとどまる．しかし，学校評価制度における文科省の動向を知るための手がかりでもある．そこで，以下では，研究成果をレビューしていく．

(1)　大学等と連携した第三者評価の在り方に係る調査研究

　九州大学は「大学等と連携した第三者評価の在り方に係る調査研究」を行った．調査内容は，学校評価コンサルテーションによる学校改善について，九州教育経営学科のメンバーが学校へ伺い，学校評価をより良い学校経営へつなげるという実践的研究を行い，学校・教育委員会・大学等の協働による学校評価システムを構築することが検討された．この報告書は，九州大学学校評価支援室作成ホームページに「学校評価コンサルテーション事例報告」として掲載されている（URL54）．

　まず，2008年度の調査として，学校評価支援のニーズについて，「（1）学校は何を期待しているのか」「（2）どのような学校が期待しているのか」「（3）有用性は認めるが利用したいと思わない理由」を明らかにすることを目的とされた．

　第1に，学校がコンサルタントに期待する相談・支援内容とは，評価結果の分析方法や分析結果の効果的な公表等，学校評価結果の「活用」に関わる相談・支援であった．これに続いて学校関係者評価や第三者評価の効果的な構築・運営方法についての内容が位置づいていた．留意すべき点は，コンサルタントとして活動した九

州教育経営学会のメンバーは研究者であり，学校が期待する能力・技能を有していない点である．実際に行った取組みとしては，コンサルテーションの中核は，対話を通した課題の整理であったが，これは学校が期待するものではない．「活用のための具体的方法」についての気づきを促す対話であればよいのだが，コンサルタントを担ったメンバーの技量では困難であった．反対に，学校の期待に応えられる支援技量を習得することが求められた．また，全員が同等・同質の技量を習得する必要はなく，支援チームを編成することで，個々の持ち味を生かしたチーム・コンサルテーションを実践することが望ましいとされた．

　第2に，学校評価コンサルテーションに期待する学校の特徴は，研修に意欲的であり前向きに学校評価に取組んでいる学校では，支援ニーズが高かった．具体的には，次の通りである．

- ・福岡県あるいは鹿児島県内の学校．
- ・学校評価の校内研修を開始している学校．
- ・学校評価指定事業を経験している学校．
- ・学校評価の体制づくりにおいて研修資料や外部者の助言を参考にしている学校．
- ・学校評価の効果を体験した学校（教職員間の関係の変化）．

　第3に，有用性を認めながら，支援を望まない理由について，学校の所在地の影響が大きいという．学校評価コンサルテーションのチームは，学校にとって身近な存在でなければならない．コンサルテーションチームとの距離がある場合，学校側は利用を遠慮してしまうことがあるという．

　次に，2009年度の調査として，第三者評価の在り方に関する意識調査が行われた．

（「第三者評価」に対する期待感）

　第三者評価に対する期待感の傾向について，内部や地域レベルでは気づきにくい課題の指摘に期待しており，小学校や特別支援学校の期待感が高く，中学校は低く，人口規模が大きい市町村ほど期待感が低い[21]．

（第三者評価の委員構成と観察期間）

　各学校が望む評価形態について，委員構成と観察期間に関しては，「大学・教育委員会・地域有識者のチーム」及び，「3日間」以上の頻度が高かった[22]．多様な分野の委員により，多角的に評価してほしいとする期待が示されていると解釈できる．

第7章　学校評価制度の実質化の過程　*205*

（自己評価・学校関係者評価との関連）

　第三者評価の受け入れに積極的な学校の多くが，自己評価および学校関係者評価ともに充実していた．一方，第三者評価の受け入れに消極的な学校は，自己評価および学校関係者評価ともに低調であった．

（学校の第三者評価に対する不安感）

　学校は第三者評価に対する一定の期待感や肯定態度を示しつつ，不安も抱いている．第一は，多忙問題で，第三者評価の導入により，職務量の増加を危惧していた．第二は，実現可能性である．近隣に大学等がない地域，過疎地域等では，第三者評価に肯定的態度を示しつつも，実現は困難だという意見が多かった．

(2)　学校関係者評価委員の研修に係る調査研究

　三菱総合研究所は，「学校関係者評価委員の研修に係る調査研究」を行った（URL55）．保護者や地域住民が，学校関係者評価に参画し，学校の示す改善策に対して有効な提言をできるようにするための研修の在り方が検討された．具体的には，「研修の手引き」の作成がある．学校関係者評価委員として参画する関係者のうち，特に，教育に関する専門知識を有しない保護者や地域住民を対象とした研修の在り方について，設置者である教育委員会がとるべき方策，伝えるべき事項，準備すべき事項等を整理して，手引書として提示した．得られた知見は次の通りである．第1に，研修や説明会の運営について，学校関係者評価委員と学校の関係が評価者と被評価者であることや，学校の負担から，実施主体は教育委員会が望ましいという．ただし，研修や説明会の実施に様々な制約もあることから，メディアの活用や，教育委員会と学校の役割分担の検討，また，開催日時を柔軟に設定するなども要るという．第2に，説明会の内容については，「評価」という言葉の多義性から，学校評価の意味・意義を学校関係者評価委員に理解してもらうことや不安の払拭が重要となる．学校関係者評価委員は，それぞれの立場が重要であり，専門家ではない視点は学校に新しい気づきをもたらすことを伝えること，さらには，「学校の応援団」や「学校の広報役」となって欲しいというメッセージを，教育委員会や，有識者から発信することは効果的である．また，学校についての理解が重要で，グループディスカッションを活用しながら認識を共有していくことが考えられる．最後に，学校関係者評価委員への依頼事項やルールを説明することが大切となる．特に，入手した情報の取り扱いや，学校訪問時のルールなどは確認しておきたい．第3に，研修や説明会の手法として，グループディスカッションが効果的だという．特に，ファシリテーターやオブザーバーとして，教育委員会担当者や教員が参加すること

陥りやすい学校評価の問題現象	学校評価のあるべき姿 （そもそもの目的）
● 手間，労力がかかるわりには，活用できていない．評価することだけで疲れてしまう.	▶ 学校評価が評価して終わりではなく，教育活動や学校運営の改善につながっている.
● 教職員の理解がなかなか得られない．学校評価よりももっと大事なことがある（生徒と向き合うことや教材開発など）と言われてしまう.	▶ 学校評価を保護者，地域とのコミュニケーションツールとして活用することで連携・協力が促されている.
● 保護者等との連携・協働は掛け声倒れで，思うように進まない.	▶ とはいえ，学校評価に多大な負荷がかかっておらず，かつ，地域特有の事情や校長等の一部の人材に過度に依存したものでもない.
学校評価をやって"得"なのか？やりっぱなしで終わっていないの？という基本的なところが問われている.	学校評価を行って"よかった"と思え"他の地域にとって参考になる"ものを好事例とする.

図 7-4　陥りやすい学校評価の問題現象とあるべき姿

（出所）株式会社野村総合研究所「学校評価好事例集」4 頁（URL56）を引用.

で，教育委員会や学校が学校関係者評価委員の考えや要望を知る機会となる．また，参加者の関心や知識の程度に応じて，模擬評価を実施するなど，より実践性の高い内容も場合によっては必要となる.

(3)　各学校・設置者における学校評価の好事例の収集に係る調査研究

　野村総合研究所は，2010 年 3 月に，「学校の第三者評価の評価手法等に関する調査研究」を行った（URL56）．具体的には，各学校・設置者における学校評価の好事例の収集に係る調査研究である．この報告書では，学校評価の陥りやすい問題現象とあるべき姿について，**図 7-4** のようにまとめられた.

　調査を通して，学校評価に関する Plan（計画，目標），Do（実行），Check（評価），Action（改善，更新）の PDCA サイクルのなかで，どの事例も完璧なものは存在せず，日々さらなる充実・改善を重ねている実態が明らかになったという．報告書では，自己評価と学校関係者評価を主に対象とし，特に自己評価にボリュームが割かれた．自己評価の充実は学校関係者評価や第三者評価の土台となるためである.

自己評価の充実・改善に向けた学校と教育委員会の取組み

　成果につながる学校評価となるために，3 つの要素に整理されている（**図 7-5**）．第 1 に，目標の共有である．目標の共有とは，学校の目指すビジョンや中期的（おおむね 3 〜 5 年程度）目標や短期的目標（おおむね 1 年間）について，教職員間の共通認識になっていることを指す．教職員が日々の教育活動や学校運営のなかで目標を意識していること，また，成果目標については，具体的であり，かつ重点化されて

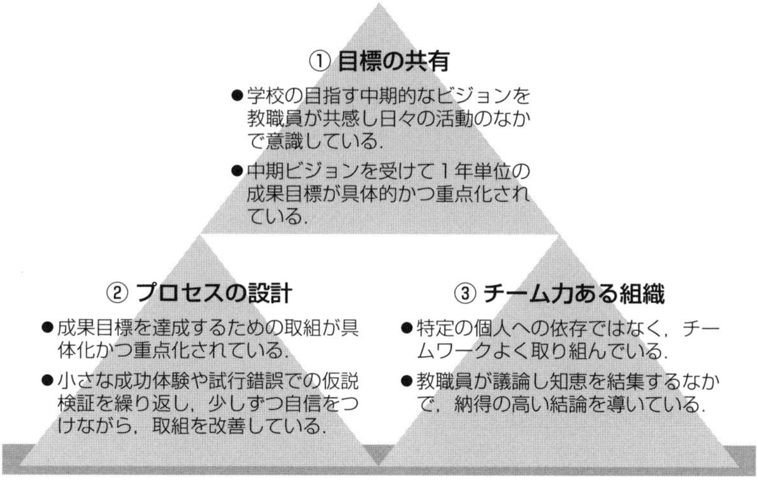

① 目標の共有

- 学校の目指す中期的なビジョンを教職員が共感し日々の活動のなかで意識している.
- 中期ビジョンを受けて1年単位の成果目標が具体的かつ重点化されている.

② プロセスの設計

- 成果目標を達成するための取組が具体化かつ重点化されている.
- 小さな成功体験や試行錯誤での仮説検証を繰り返し,少しずつ自信をつけながら,取組を改善している.

③ チーム力ある組織

- 特定の個人への依存ではなく,チームワークよく取り組んでいる.
- 教職員が議論し知恵を結集するなかで,納得の高い結論を導いている.

図7-5　学校評価の好事例に共通する3要素

（出所）株式会社野村総合研究所「学校評価好事例集」9頁（URL56）を引用.

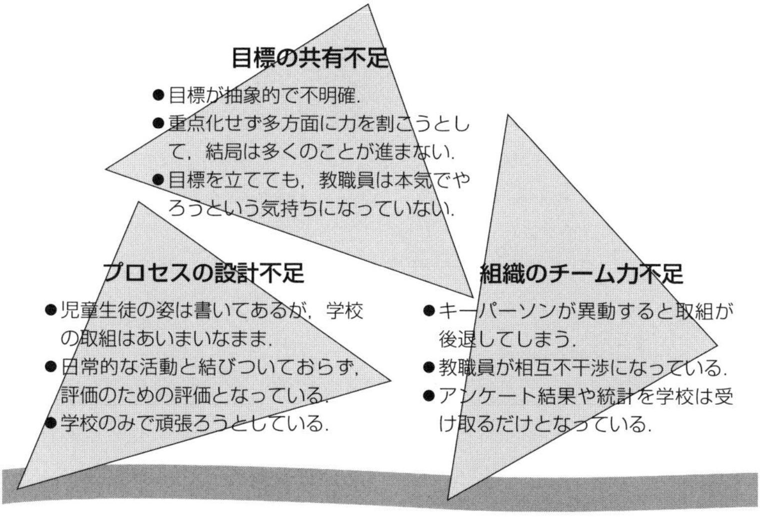

目標の共有不足

- 目標が抽象的で不明確.
- 重点化せず多方面に力を割こうとして,結局は多くのことが進まない.
- 目標を立てても,教職員は本気でやろうという気持ちになっていない.

プロセスの設計不足

- 児童生徒の姿は書いてあるが,学校の取組はあいまいなまま.
- 日常的な活動と結びついておらず,評価のための評価となっている.
- 学校のみで頑張ろうとしている.

組織のチーム力不足

- キーパーソンが異動すると取組が後退してしまう.
- 教職員が相互不干渉になっている.
- アンケート結果や統計を学校は受け取るだけとなっている.

図7-6　典型的な停滞事例の特色

（出所）株式会社野村総合研究所「学校評価好事例集」12頁（URL56）を引用.

いることが重要となる.反対に,目標の共有不足の場合,目標が抽象的で不明確であったり,目標を重点化せず多方面に力を割こうとしたりして,結局は多くのことが進まなくなってしまう.また,目標を立てても,教職員は本気で取組む気持ちになっていない場合もある（図7-6）.これらの停滞が生じる原因は,第1に,市町村

の教育ビジョンの曖昧さがある．教育委員会として市町村の方針が不明確なままでは，学校が目標を重点化することは困難となる．または，市町村の教育ビジョンが示されていても，抽象度が高く形骸化しているケースもある．第2に，教職員の危機感の無さがあり，または，学校評価によって学校運営が一層よくなるというイメージ・感触を持っていない．現状の維持・継続で特に問題ないと考えている教職員にとっては，学校評価に取組む意義・目的を見いだしにくい．また，学校評価が日常的な教育活動とは切り離されたものと教職員に理解されているケースが多い．そのため，教職員は日々の授業づくりや生徒指導などの大事なことを抱えているため，学校評価に取組む積極的な理解は得られない．加えて，学校評価のメリットに疑問を感じている教職員も多い．評価のための集計作業や報告書作成作業などの負担が重い場合，「評価疲れ」が生じ，学校評価の意義や目的が見失われていく．そのため，校長や教育委員会は，学校評価の意義やメリット，危機感などを教職員に語り，学校内で意識をあわせることが必要である．また，小さな実績や成功体験と重ね，学校評価による学校改善を教職員に実感してもらうことが必要となる．第3に，目標設定時の教職員間のコミュニケーション不足がある．教職員間で学校の夢や戦略を語る場がないのである．学校評価によって組織的改善に取組む機運が起きない背景には，「現状維持ではなく，児童・生徒のためにもっとこうしていきたい」，「一層こうよくしていきたい」という夢，思いを教職員間で語り合っていないケースが多いという．また，夢やビジョンに近づくための戦略（道筋）についてのコミュニケーション不足がある．まずは，教職員の協力・協働により現状分析を行い，現状認識と将来への見通しを学校内で共有することが重要となる．教職員間のコミュニケーション，議論・ディスカッションの重要性は，「チーム力ある組織」の箇所にも関わる重要なポイントである．

　第2に，プロセスの設計である．プロセスの設計とは，目標に到達するための道筋を的確に描くことを指し，目指す成果を達成するための取組みを具体的かつ重点化していくことである．反対に，プロセスの設計不足の場合，児童生徒の姿は書いてあるが，学校の取組みは曖昧なままとなり，日常的な活動と結びついておらず，評価のための評価となっている．また，学校のみで取組もうとしているなどがある．これらの停滞が生じる原因は次の通りである．第1に，目指す成果に対して「誰が・いつ・何をするのか」具体化できていない．いわゆる5W1Hを明確にしていくことが必要となる．第2に，ステップを踏んで前進するという発想になっていない．学校では子供やクラスが毎年変わるため，中長期的な発想になりにくく，成果目標によっては，単年度で成果がつながりにくいものもある．また，究極的な目標を掲げることにとどまり，取組みの検証や改善策を不明確にしてしまうことが多い．

第3に，授業やカリキュラム・マネジメントと学校評価を関係づけていない．陥りやすい組織評価（あるいは組織目標管理）の失敗は，評価の際にはよく参照するが，それ以外の時はあまり意識しないシステムとなってしまうことである．学校評価では，日常的な教育活動の中核である授業，さらにカリキュラム・マネジメントとうまくリンクさせていくことが重要となる．第4に，学校評価を保護者・地域との協力や教育委員会の施策につなげる仕組みにできていない．学校の状況を保護者・地域，設置者である教育委員会に説明するという側面だけでなく，同時に，学校評価を活用して，それらの主体が協力・協働していくという発想も重要となる．とりわけ，学校評価で判明した課題で学校のみでは対応が難しいもの，あるいは個々の学校で取組んでも効率がよくないものは，教育委員会の施策につなげることが必要となる．

　最後に，チーム力ある組織である．チーム力ある組織とは，学校が学校評価にチームワーク良く，組織的に取組むことを指す．校長や教務主任など特定の教職員のみががんばるのではなく，教職員間で議論し，知恵を出し合うなかで，目標や取組みを計画し，実行し，評価し，改善方策の検討等をおこなっていくことである．反対に，組織のチーム力不足の場合，キーパーソンが移動すると取組みが後退してしまう．また，教職員が相互不干渉になっている場合や，アンケート結果や統計を学校は受け取るだけとなっている場合が挙げられる．これらの停滞が生じる原因は次の通りである．第1に，学校評価の企画や実行，改善策の検討など各段階で，個々の教職員や教職員組織に具体的な役割が与えられておらず，学校評価に参画している意識になりにくい．企画から実行，改善策の検討の各段階において，教職員や校務分掌に具体的な役割があると，教職員は学校評価を活用して，学校運営に参画しているという意識になれる．第2に，教職員間の相互不干渉な組織風土や縦割りを緩和するような仕組みを構築できていない．学校内では，教職員はお互いを「先生」と呼び，人格や専門領域を尊重する風土がある．このことは，相互にあまり口をださず，手も貸さないという関係になりやすい．現状では，批判的検討や建設的な意見を交換する場となっておらず，個々人や教科単位などの取組みは進んだとしても，組織力を発揮することには及ばない．第3に，学校は，アンケートや調査結果を受けた改善策の検討を組織的に行う時間と議論する場を設けていない．各種アンケートを集計して，教職員の自己認識と保護者からの評価の差を確認する程度で，様々な調査や統計について十分には活用できていないことが多い．その背景の1つには，アンケートの集計等に時間を要し，その結果を解釈したり，その結果を受けて議論したりする時間を確保できていないことがある．

学校関係者評価の充実・改善にむけた学校と教育委員会の取組み

　学校関係者評価では，まず，その目的等を評価委員間で共通認識を持つことが重要となる．次の段階として，大きく2つの方向性がある．1つの方向性は，自己評価の検証や改善に学校関係者評価を役立てることである．地域の多様な人材の視点から学校を見ることや，学校間連携を図り，同じ教職員の立場から助言を得ることで，学校に新しい気づきを与えることができるという．もう1つの方向性は，保護者・地域との連携協力を促進することである．そのために，様々な機会を活用して，学校に興味を持つ人や学校の応援団を増やすことが重要となる．また，学校関係者評価を学校と家庭・地域との連携強力を議論・企画する場として活用することもできるという．これらの2つの方向性は矛盾するものでなく，両方推進することも考えられるが，よりどちらにウェイトを置くかに応じて，ポイントも異なってくる．最後に，いずれの方向にウェイトを置いたとしても，学校関係者評価の結果を学校

〈評価委員の共通認識の醸成〉

○学校関係者評価を行うねらいと目標を明確化し，評価委員と共通理解を得る．【学校・教委】

〈自己評価の検証・改善に向けた評価の実施〉　　〈保護者・地域との連携協力に向けた評価の実施〉

○学校間連携を図ることで，同じ教職員の立場から教育活動や学校運営に関わる助言を行う．【学校・教委】

○地域の多様な人材の視点から見ることで，学校に新しい気づきを与える．【学校・教委】

○授業やカリキュラムの外部からの診断と学校評価を組み合わせることで，日常の教育活動の充実改善に役立てる学校評価とする．【学校】

○情報を見てもらえるシーンを明確に設定し，身近なところから情報発信・情報共有を図ることで，学校に興味を持つ人，応援団を増やす．【学校・教委】

○学校関係者評価を学校と家庭・地域との連携協力を議論・企画する場としても活用する．【学校】

〈評価結果を受けた学校の取組〉

○学校関係者評価の結果を学校が組織的に受け止めて改善につなげるように，教職員間で議論する場や学校関係者に報告する場を設ける．【学校】

図 7-7　学校関係者評価におけるポイント

（出所）株式会社野村総合研究所「学校評価好事例集」95頁（URL56）を引用．

の取組みに反映していくことが重要となる．学校が組織的に改善につなげていける
ように，教職員間で議論する場や，学校関係者に報告する場を設けることが必要と
なる（図7-7）．

（4）　第三者評価の実践結果を踏まえた評価手法等の効果検証に係る調査研究

　監査法人トーマツは，「第三者評価の実践結果を踏まえた評価手法等の効果検証
に係る調査研究」を行った（URL57）．国・地方で実施する第三者評価の実地検証
結果に関し，今後の学校評価のガイドラインの検討に資するための調査研究である．
この報告書では，協力者会議における第三者評価ガイドラインに盛り込むべき事項
に基づく課題の設定に対する検証，分析，整理を行うとともに，国・地方における
実地検証に係る検証結果の分析がまとめられた．

第三者評価の意義

　第三者評価の意義は，学校運営全般に対する専門的・客観的視点から評価を行う
ことで，学校改善に寄与することにある．そして，学校運営の改善に役立ったかど
うかは，学校にかかる負担の大きさと，報告書の内容が学校の求めているものに
沿っていたかどうかに影響を受ける．負担に見合ったレベルの報告書がフィード
バックされなければ，学校は徒労感を感じ，第三者評価が学校改善に役立ったと考
えることはできない．また，第三者評価結果がもたらす効果は，学校改善プロセス
を，【現状認識】−【改善案の検討】−【改善策の実施】に分類し次のように整理した．

（現状認識）

　専門的・客観的な視点からの評価により，学校の現状のより明確な認識と，深い
洞察が得られる．そして，すでに学校が十分に認識できている点についてはそれを
支持し，まだ十分に認識していない点については学校に「新たな気付き」をもたら
すことができる．また，現在の状況が生じている要因や背景について，専門的な分
析を行うことにより，改善案の検討につなげられる．

（改善案の検討）

　学校が改善案を検討するにあたり，多くの事例に精通している専門家や現場での
経験を積んだ元校長などが，助言や改善案の提案を行うことで，学校の選択肢が増
える．また，設置者にとっても，学校に対する支援の検討材料となる．

（改善策の実施）

　専門家による評価結果や提案された改善案は，専門性に裏付けられた説得性や信
頼性があり，そのことが改善策を実施するうえでの説得力を高め，教職員，学校関

係者，設置者の協力体制が築きやすくなる．

第三者評価の実施

（評価の実施の在り方）

　第三者評価の評価内容としては，（1）学校の教育目標の達成に向けての取組みが適切に行われているか，もしくは，（2）自己評価・学校関係者評価が適切に運用され，それが学校の改善に効果的に結びついているか，という2点が重視されているといえる．1点目について，第三者評価に期待することとして，「学校運営全般についての専門的視点からの評価」が最も多く挙げられており，「学校の重点的取組みについての評価」よりも多いことから，重点化した評価よりも全般的な評価のほうが求められていると考えられる．2点目について，自己評価・学校関係者評価と第三者評価との関係については，評価項目を重ねるべきである理由として，全体で最も多くあげられていた理由が「自己評価・学校関係者評価の検証に役立つから」であったことから，第三者評価による自己評価・学校関係者評価の検証が求められているといえる．また，問題点や課題の指摘だけでなく，学校の改善に資するような改善案に向けた助言・提案が求められている．専門的な観点から示される助言・提案は，学校にとって有益であり，重要な示唆となると考えられている．評定については，つけない方がよいとする意見が多いという．評価基準の曖昧さ，公平性・公正性への疑問，数字への誤解など懸念がある．

（実施時期）

　実施時期については，2学期，特に10〜11月が望ましいと考えられる．大きな学校行事を終え，学校の教育活動が落ち着いて，充実期を迎える時期であり，教育活動の状況を把握しやすいことがその大きな理由である．さらに，年度の中間時期であることから，自己評価・学校関係者評価の中間評価の結果を踏まえた第三者評価の実施が可能になるとともに，その結果を，当該年度の教育活動改善への取組み，次年度の運営計画の策定に反映しやすい．実施日程については，2泊3日がアンケートで回答が最も多かった．日程は，学校・評価者の負担，得られる評価結果の質を考慮する必要がある．また，より客観的で信頼性の高い評価のためには，評価者が必要な情報を十分に収集するための日数の確保が課題となる．

（評価項目）

　学校間の特徴や実態の差異を評価に反映し，限られた日程で最大限の実効性をあげるためには，評価項目を重点化する方法は有用である．重点化する場合は，留意も要する．第1に，学校全体の運営状況を把握するために必要な共通項目を過不足

なく設定すること，第2に，評価項目を重点化することで評価すべき項目が評価されず重要な課題を見逃してしまうことがないよう，学校運営の実態や課題等を十分検討したり，評価者が評価過程で必要と判断した項目は柔軟に追加したりできるような仕組みにすること，第3に，学校の希望だけにとらわれすぎず，設置者の重点施策に関連する項目等も必要に応じて含めることである．

（評価手法）
　評価手法について，事前資料の準備，スケジュール調整，報告書作成の3つ観点から，負担を軽減するための配慮が記された．
【事前資料の準備】事前提出資料により，評価委員は，学校への理解を深め，ヒアリングや観察を行う際の焦点を定めることができる．事前資料には，既存資料を活用すること，自己評価段階から定量的データを集約すること，事前資料を検討する時間が評価者に十分与えられることが重要となる．
【スケジュールの調整】評価項目に応じた情報を収集するための時間確保が重要となる．具体的には，授業観察やヒアリングの時間を十分確保すること，ヒアリング対象を適切に選定すること，効率的・効果的な評価のためのスケジュールを学校と事前に打ち合わせること，事実誤認をなくし，評価終了時や評価後早い段階で，評価結果の概要説明と改善案について，校長と意見交換をすることが重要となる．
【報告書の作成】報告書は，第三者評価の最も重要な部分であることから，作成時間を十分確保することが必要となる．ただし，対象校の改善に寄与するためには，評価終了後すみやかに対象校に届けることも必要となる．

（評価者の在り方）
　評価者に最も求められる能力は，学校経営や教育活動に関する専門性であり，改善の視点を示せる能力や経験を有している者（大学の研究者，校長・指導主事経験者，学校現場への理解がある者，学校経営の経験や知識がある者など）が望ましい．または，組織経営に関する知識や経験を有する者（民間研究機関の研究者，民間企業のコンサルタント）も考えられる．地域の実情に応じるためには，当該地域の教育についての知識を有する者をチームに含めることも考えられる．保護者や地域住民の視点を評価に取り入れる目的から，学校関係者を選定することもあり得るが，教育に関する専門的知識が不十分であるため，研修などにより適切な能力を養成する必要がある．これらのことから，多様な視点，専門性，客観性を確保するために，バランスのとれた評価チームの編成が必要となる．特に，重点化された評価項目に応じて，当該分野における専門性を有する者をチームに含めることが望まれる．また，実施者との関係については，評価の信頼性・公正性を確保するために，評価者は，対象校や

設置者と直接の関係を有さない第三者であることが求められる．しかし，設置者と
まったく関係を有さない者のみを選定することは困難であることから，評価者は設
置者と適切な距離をとり，評価者としての良心と倫理観を持つことが求められる．

(評価者の確保)

　大学が多く立地する地域では評価者の確保は比較的容易であるが，それ以外の地
域では，評価者の確保は容易ではない．第三者評価の実施が拡大すれば，評価者の
確保は全国的に深刻な問題となりうる．評価者についての国の認証制度等は，評価
者，評価結果に対する信頼性を増すためには有用であるが，評価者確保を制限する
可能性もある．また，資質・能力の高い評価者を確保するためには，評価者の養成
が必要となる．評価者の選定・確保に関しては，研修の実施や登録制度（データベ
ース）の構築など，国や都道府県の支援が期待されている．

(評価結果の取りまとめ)

　報告書には学校のよい点や課題，根拠となる客観的事実や専門的視点からの分析，
助言に関する記述があるものと概ね認識されており，これらの記述の有無は，報告
書に対する納得感に影響を与え，課題の指摘は特に重要となる．報告書の取りまと
め主体は，リーダーもしくは事務局が考えられるが，いずれの場合も担当者の負担
は大きくなる．また，とりまとめにあたっては，事前に評価チーム内で方針などに
ついて合意形成を図ることが必要となる．

(評価結果の取扱い)

　報告書を学校に提出する際は，評価者と学校が評価結果について合意形成を図る
機会をもつことが望ましいという．報告書の活用について，学校は，職員会議や校
務分掌等で内容を分析し，改善策の検討と改善への取組みにつなげている．評価結
果の公表については，学校運営に対する保護者や地域住民から理解を得られる利点
がある一方で，学校への不信・不安につながるというリスクもある．また，アン
ケートの結果からは，評価結果と設置者による支援が関連づいていない状況にあった．
第三者評価の効果を高めるために，評価対象校が，評価を受けた後の取組みや効果
を検証することも重要となる．

(国，都道府県の役割)

　国や都道府県は，第三者評価の目的や方向性の明示，評価者の確保・養成，実施
者が評価者を選定するにあたっての情報の整備，実施にかかる予算措置などが求め
られている．

（第三者評価の課題）

　第三者評価の試行と実地検証を通じて，第三者評価を学校運営の改善に役立たせる方法を追求し，システムの改善を図ってきた．しかし，学校の負担やニーズに配慮しすぎている一面もある．学校への配慮は必要不可欠であるが，過度に学校の負担に配慮することは，第三者評価の目的からずれたシステムを導く恐れがある．

7　考　　察

　「学校評価システム研究会」では，ガイドラインが作成されるとともに，外部評価の在り方が整理された．「学校評価の推進に関する調査研究協力者会議」では，自己評価，学校関係者評価，第三者評価のそれぞれを定義し，この３つをもって学校評価とされた．また，学校評価の実効性を高めるための強調点が示された．「学校の第三者評価のガイドラインの策定等に関する調査研究協力者会議」では，第三者評価の具体的事項が目安として示された．「学校評価の在り方に関するワーキンググループ」では，実効性を高めるための基本的な考え方が示された．

　ガイドライン作成に関わった主体は，研究会や協力者会議であった．これらは，審議会のような役割を実質的に担い，ガイドライン作成に向けた審議が行われた．しかし，中教審のように委員の主張や意見が分かれるような論点が存在したり，議論が行われたりした形跡はない．ガイドライン作成における文言修正のような修正作業がなされた．また，出された意見が報告にまとめられ，まとめられた報告のほとんどがガイドラインの内容となっていた．研究会や協力者会議の委員は，学校現場に関わるアクターによって編成されていた．したがって，学校現場の実態をガイドラインに反映させることを期待するとともに，名実ともに文科省に協力するための委員であったといえる．

　さて，動向は以上の通りで，特徴は，ガイドラインが段階的に作成されたことにある．この段階的な作成は，ガイドラインは継続的に見直すという文科省の方針に拠るものである．まずは，「学校評価システム研究会」での検討によって，初めてのガイドラインが作成された．ガイドラインの作成方法として，全国での取組みを参照し，共通点や先進事例を集約し，目安として各事項を記述することでガイドラインとされた．ここでの大きな特徴は，２点ある．第１に，ボトムアップによるガイドライン作成である．これには，学校評価制度が確実に浸透し定着していくことを担保するために，実施形態の判断を学校現場に委ねることで学校現場が主体性を持って取組むという効果が期待できる．また，学校現場の自主性を尊重し，教育現場への介入という文科省が常に抱えるセンシティブな課題を克服することができる．

第2に，経験的なアプローチである．すなわち，学校評価に関するエビデンスを持って具体化を進めている訳ではなく，また，学校評価に関する理論に基づいて進めている訳でもないのである．学校評価に取組むことを推奨することを示しただけで，その具体的な内容を示すことなく，また模範となるものが示されることもなく，学校評価の取組みは始まった．その後，全国の取組み事例を集約するのだが，全国の取組みはそれぞれの学校現場における経験の蓄積に過ぎない．これらについて，既存の取組みの延長として学校評価が存在するのならば，このような事例の集め方には一定の意味がある．しかし，学校評価の導入自体は，中央政府レベルで決定しており，学校評価は学校現場にとっては全く新しい取組みであり，学校現場の価値観とやや異なる発想の取組みでもある．それにも関わらず，学校現場で一定の取組みが進められた時点でガイドラインを作成することは，実施過程における配慮としては不十分だと考えられる．

　学校評価によって学校を改善していくことについて，そのプロセスを目標（Plan），実行（Do），評価（Check），改善（Action）という PDCA サイクルと定めた．また，校長のリーダーシップの下，全教職員で目標を共有し，目標達成に向けた意識醸成が必要であり，目標設定と目標達成のための取組みの重要性が繰り返し強調された．この PDCA サイクルや目標管理型の手法はビジネスでよく用いられる手法であり，NPM の発想が背景としてある．より慎重に学校評価の議論を展開するとすれば，学校が改善するとはいかなることなのか，学校が改善していくためには何が必要なのか，これらを十分に検討し明らかにしておくことが学校評価制度を具体化する事前準備として必要である．この事前準備としての検討が十分に行われることなく，改善することを PDCA サイクルであると示したことで，PDCA サイクルの実行を目的として，その実現方法について検討がなされることとなったのである．また，中教審で具体化されなかった外部評価については，自己評価の客観性を高めることと，学校運営に関する共通理解を地域や保護者が持ち，相互に協力しながら学校を改善することが目的とされた．

　次に，「学校評価の推進に関する調査研究協力者会議」で，客観性と地域との連携を目的とした外部評価はさらに具体化され，学校関係者評価と第三者評価とに区別されることとなる．さらに，これらを踏まえて改めて，学校評価は自己評価，学校関係者評価，第三者評価の3つの評価によって構成し，それぞれの評価について定義が行われた．ゆえに，学校評価の分類や意義，目的，手法についても定義された（第三者評価の在り方は今後の課題とされた）．ただし，3つの評価の定義は標準的な目安とされ，設置者や各学校が，学校評価を取り巻く要因を考慮して，実効性のある取組みを行うことを求めた．

評価の在り方についても明確化された．学校評価の評価対象は学校運営全体とし，教育活動と管理運営のマネジメントは一体の関係にあり，適切なマネジメント無くして円滑な教育活動は期待できないとされた．よって，学校という組織全体のマネジメントを評価するという視点にたち，各校務分掌が全体の中で適切に整備され機能しているかを検証するという側面に重点を置くことが適当とされた．そして，学校がより効率的・効果的に教育水準の向上を図ることが重要と解された．

これらと同時に，学校評価の限界も考慮された．まず，学校関係者評価についてである．評価者が地域住民や保護者となることから，教育活動に関する専門性を期待することはできず，学校側が配慮して，評価者にも理解しやすい内容を評価対象とすることとされた．さらに，学校関係者を通じて相互理解を深め，相互に協力しながら学校を改善することが求められた．次に，自己評価では，目標の重点化を図る課題指向型の学校評価と，学校運営全体をチェックする全方位型の学校評価とのバランスをとる必要があるとされた．

以上の学校評価の推進に関する調査研究協力者会議では，学校評価制度を具体化するために，学校現場の実態に合うよう様々な配慮がなされた．いい換えると，NPM の性格をおびた学校評価制度と，NPM とは異なる原理や価値観で動いている学校現場との整合性をとるための指針としてガイドラインが示された．つづく「学校の第三者評価のガイドラインの策定等に関する調査協力者会議」では，第三者評価のガイドラインが策定された．学校関係者評価と区別され，専門的視点から評価を行うものとして，評価の在り方が具体化されていった．ここでも，実施体制として学校とその設置者が実施者となり，その責任の下で，必要性が判断された場合に実施することとされた．そして，法令上の実施義務や努力義務も課されなかった．第三者評価を実施するためには，自己評価や学校関係者以上に様々な課題があり，実施すること自体がそもそも容易ではない．そのような学校現場の実態をやはり反映した内容となっているのである．

最後に，「学校評価の在り方に関するワーキンググループ」では，実効性を高めることに焦点を当て，学校評価の到達イメージを示しつつ，各学校における現状を踏まえた上で，実効性に関する具体的な部分について示された．ただし，ここでの大きな特徴は，「『地域とともにある学校』における学校と地域の関わり」を示し，コミュニティ・スクールの構想と学校評価制度とを連結させようとしている点である．コミュニティ・スクールも，学校評価制度も，異なる趣旨の下で制度化されてきたもので（広い意味では共通しているともいえるが），学校評価における議論でも明確な関連性を持たせて意見交換されていない．しかし，ここでは図 7-2 の通り，学校関係者評価を起点にして，学校と地域との関わりを作り出し，相互に協働するこ

とが具体的に描かれているのである.

　以上のことから，学校評価の実質化の過程では，NPM の性格をおびた学校評価の枠組みを，NPM がもつ趣旨をそのまま学校現場に導入しようとするのではなく，学校現場の様々な状況や意向に配慮することで，学校評価の実効性を高めようとした．検討する体制も，学校現場の事情を反映できるようなメンバーが委員となり，文科省の裁量が及ぶ枠組みで検討が進められた．それと同時に，学校評価制度が持つ様々な可能性や多面的な意義について，それらの多面性を残すかたちで具体化していったため，制度としては多義的なものとなった.

　最も顕著なものとしては，学校評価の 3 つの目的や自己評価・学校関係者評価・第三者評価によって学校評価を構成したことである．なぜならば，学校評価の目的や，学校評価を構成する 3 つの評価がもつ目的やねらいは，それぞれが異なる方向性を有しており，性格の異なるものを 1 つにまとめた格好になったためである．その結果，学校評価制度の意図が曖昧になり，学校評価制度について解釈の幅が大きくなりすぎてしまったのである.

　本章のまとめとして，学校評価実質化の過程において政策変容は生じたのだろうか．学校評価制度をめぐる政策として，成果重視の目標管理型マネジメントに取組むことや，ステークホルダーのニーズを学校運営に反映することがあったので，政策の具体化が進んでいるようにみえる．しかし，政策の根底にある考えとして，学校現場への不信感があり，その対応として学校現場を監視していくことが政策であった．また，文科省と日教組との対立の歴史を背景に教師は教育に専念すべきであるという考えも政策にあった．この学校評価実質化の過程では，ガイドラインの作成を通して，学校評価制度の実効性を高めるという名の下に，文科省が中心となり，学校現場が受け入れられるための配慮を施していった．さらには，文科省が推進しているコミュニティ・スクールの取組みと関連させようとした．その結果，見た目としては政策の具体化が進んだが，具体化の内容は，政策とは異なる考えによって支えられた．すなわち，いかにして学校現場を監視していくのか，いかにして教師を教育に専念させるのか，という点に注力するのではなく，いかにして学校現場が学校評価制度に対して教育的意義を見出すことができるのか，という点に文科省は注力していたのである．したがって，政策変容が生じたのである.

　注
　1）以下の情報は「学校評価システム研究会」の WEB ページによる（URL45）．必要に応じて引用元を追加して記す.
　2）本研究会の議事の取扱いについて，本研究会は主に学校評価ガイドラインの案の検討を

第7章　学校評価制度の実質化の過程　　*219*

議題とすることから非公開とし，事務局は，本研究会の議事要旨を作成しこれを公表することとされた.

3）議事録の要旨によると，学校現場に裁量権を渡す，評価結果に基づいて支援を行う，評価結果に応じて指導主事をアドバイザーとして派遣するなどが考えられるという.

4）以下の情報は「義務教育諸学校における学校評価ガイドライン」のWEBページによる（URL46）.

5）以下の情報は「学校評価推進に関する調査研究協力者会議」のWEBページによる（URL48）. 必要に応じて引用元を追加して記す.

6）2006年7月5日における委員名簿があるが，含意のある違いはほとんどないため**表7-3**の通り2008年1月17日の情報を用いた.

7）第3回配布資料「資料6：学校評価の定義と今後の在り方について」を参照.

8）学校評価の実効性の課題について「学校評価の在り方と今後の推進方策について（中間とりまとめ）」は，状況について次の通りに捉えた. 平成17年度間における学校評価の実施状況をみると，自己評価はほとんどの公立学校（幼稚園，小学校，中学校，高等学校，中等教育学校，盲・聾・養護学校）において実施されているが，公表率は6割弱. 外部評価・外部アンケート等については，公立学校の8割強で実施. また，外部評価の実施状況は公立学校の約5割で実施（「学校評価ガイドライン」で「外部アンケート等」が「外部評価」から除かれた）. しかし，8割程度の保護者は学校の自己評価結果を認知していない.

9）ガイドラインの中では「学校関係者評価（外部評価）」と表記されている. これは，従来までのガイドラインが「外部評価」という用語を用いており，学校評価に関わる人々の間では浸透している用語である. しかし，「学校関係者評価」という用語は，従来まで理解されてきた「外部評価」の内容に，修正を加えるものである. そのため，概念の混乱に配慮して「学校関係者評価（外部評価）」と記された. 本書では「学校関係者評価」と単純に示すこととする.

10）第4回の議事録より.

11）第14回配布資料（資料3・学校施設の評価について）より.

12）2007年8月より，学校施設の評価システムの構築に関する調査研究が行われ，①学校施設の評価システムの構築に関する調査研究報告の作成，②学校施設評価に関する事例集の作成，③学校施設評価に係るベンチマーク資料集の作成が，行われた. 検討課題としては，①学校施設の評価の実施状況と課題，②学校施設に係る評価方法，③学校施設の評価体制，④支援・改善の在り方，が挙げられた.

13）以下の情報は「学校の第三者評価のガイドラインの策定等に関する調査研究協力者会議」のWEBページによる（URL49）. 必要に応じて引用元を追加して記す.

14）第2回議事録より.

15）第3回議事録より.

16）以下の情報は「学校運営の改善の在り方等に関する調査研究協力者会議学校評価の在り方に関するワーキンググループ」のWEBページによる（URL50）. 必要に応じて引用元を追加して記す.

17) さらに，こうした過程を通して学校が「大人の学びの場」や「地域づくりの核」となる可能性も提言では示された．

18) 図7-2は，学校運営の改善の在り方等に関する調査研究協力者会議がとりまとめた提言「子どもの豊かな学びを創造し，地域の絆をつなぐ（2011年7月5日）」に付随する資料としてまとめられたものであり，「『地域とともにある学校』における学校と地域の関わり，今後の推進方針」というタイトルが付された（URL51）．

19) 学校評価等実施状況調査（平成20年度間）では，学校関係者評価実施の学校改善への有用性は，確かに「大いに役立った　40.3%」であるが，「ある程度役立った　58.7%」であり，肯定的評価は99.0%であることには注意を要する（URL52）．

20) 以下の情報は「学校の第三者評価の評価手法等に関する調査研究」のWEBページによる（URL53）．必要に応じて引用元を追加して記す．

21) 沖縄県と福岡県においては期待感は低く，鹿児島県・熊本県・佐賀県においては期待感は高かったという．

22) チーム編成の候補は，「大学・教育委員会・地域有識者のチーム」「教育委員会・地域有識者の連携チーム」「大学等の研究者主体チーム」「大学と教育委員会の連携チーム」以上の4つが挙げられた．

第 8 章

事 例 研 究

　中央政府で制度化された学校評価制度は，都道府県や市町村へどのように伝わっていくのだろうか．そして，政策実施過程における変容の実態はいかなるものなのだろうか．これらを明らかにするために，事例研究として三重県を取り上げたい．

　前章で検討した通り，文科省は学校評価ガイドラインを作成し，検討を重ねながら改定を繰り返してきた．各都道府県においても，学校評価制度を普及させる過程において，様々な手引きが作成されたり，学校評価に関する研究を行いその報告書がまとめられたりしている．都道府県版の学校評価ガイドライン，または手引きの存在を確認するために，都道府県教育委員会のホームページ等のインターネット上での公開状況を確認した（2020年3月時点）．その結果，約半数ではインターネット上で公開していなかった．公開している自治体のほとんどは，文科省が作成したガイドラインや学校評価制度をめぐる動向や各種資料を改めてまとめ直した内容であった．独自に研究がなされたものもあるが，文科省が示したものを実践し，そこから得られた知見をまとめたものとなっており，ベースとしては文科省が示した内容なのであり，独自に解釈をして新しく何かを打ち出したわけではなかった．

　これらの状況を踏まえると，事例研究としてどのように検討していくことが良いだろうか．このとき，都道府県への伝わり方を単純に検討するだけでは不十分となる．なぜならば，実施過程における多少の変容はありうるのだろうが，基本的には文科省が示した方向性に沿って学校評価が行われていることには違いないので，文科省が示した内容が変容する余地，または研究すべき価値のある変容が生じる可能性は少ないからである．またそうであれば，なぜ文科省の意向に沿って学校評価を行うこととなったのかという新たな問いを検討する必要がでてくる．ただし，この問いを検討することは，次に述べる独自の取組みを行った三重県を検討することよりも，研究する価値が低い．なぜならば，日本における地方分権の推進はまだ始まったばかりで実質的にも分権の状態が進み成熟しているわけではないからである．つまり，地方分権社会が実現しているにも関わらず，中央政府の意向通りにほとんどの都道府県が動いているのであれば，それは明らかにすべき重要な現象となる．日本の歴史に鑑みると，都道府県や市町村が独自色を出すよりも，まだまだ中央政

府の意向通りに動いていくことの方が自治体にとっては基本路線なのであり，従来までの中央地方関係や行政の実務上の常識から考えればむしろ当たり前といえるからである．他方で，自らの独自のスタイルを明確に示して学校評価を展開した自治体がある．それが三重県なのである．先述した地方分権の現状に鑑みると，三重県が独自のスタイルを打ち出し，実施していく実態を明らかにすることは，政策実施過程の変容の実態を考えるに当たり重要となる．

1 三重県における取組み

まずは，三重県における取組みについて調査を行った．調査方法は，文献調査（ホームページ上の各種資料や情報を含む）とヒアリング調査を行った．ヒアリング調査については，対象者は，三重県教育委員会事務局研修企画・支援課の担当者2名である．調査日時は，2019年10月4日（金）10時から11時，場所は三重県総合教育センターで行った．ヒアリング調査で明らかになった点は本文中でその旨を記している．

(1) 学校評価制度導入の背景[1]

三重県における学校評価の取組みは，学校自己評価システムを構築する段階と，学校自己評価システムから学校経営品質へ移行する段階と，2段階の取組みがある．三重県における学校評価の導入の背景は，改革派知事と称された北川正恭知事による行政改革にある．1995年度からオール県庁での行政改革，1998年度から行政システム改革が進められた（北川 2004；岩見 2000）．北川知事による行政改革には様々な注目すべき取組みがあるが，学校評価制度導入の背景として次の4点を確認しておく．第1に，生活者（サービスの受け手）起点の行政へ転換することを目指した[2]．第2に，予算主義から成果主義へ転換することを目指した．これらの2点を踏まえて，第3に，1996年度には事務事業評価システムが導入され，P-D-Sサイクル（PLAN：戦略策定，DO：戦略展開，SEE：評価）を導入した．そして，第4に，1999年3月に三重県教育振興ビジョンが策定される．この教育振興ビジョンでは，地域住民や保護者の意向を反映させた学校づくりを進めることと，評価指標としての機能を有する指針として具体的な目標を明示することを示した．

2000年1月には，学校自己評価手法構築に関するワーキンググループが設置された．まず，学校における従来の評価活動について，このワーキンググループは，2つの認識を示した．1つめは，抽象的な教育方針や教育目標を掲げ，さらに，反省会では情緒的で一時的な内容となる傾向がある．2つめは，教育活動を具体的か

つ客観的に測る指標等がなく，児童生徒や保護者のニーズを十分に把握することができていない．そのため，継続的な改善を実現するために，評価結果を学校の取組みに反映していくシステムとして，有効に機能しているとはいえない状況がある．以上の2点を踏まえて，学校評価システムを導入するに当たり，各学校が，主体的・計画的に自らの教育活動を評価し，その結果を日常の教育活動の改善に反映させること，さらに，信頼される学校づくりを推進することを目指した．そして，学校評価の取組みは手段であり目的ではないことが確認されたのである．

学校自己評価の進め方として，まず，児童生徒や地域の状況に即した具体的な評価項目や指標を導入したり，到達目標について数値目標を導入したりしている．また，アンケート等を活用しながら，生徒や保護者，地域住民の声を積極的に取り入れた上で，達成状況を評価しようとした．最後に，評価結果を改善活動につなげる重要性が指摘された．学校自己評価を推進していくに当たり①明瞭性，②学校の主体性の尊重，③改善に対する実効性の確保という3つの視点が置かれた．

学校現場への導入については，段階的に行われていった．2000年度では，簡易な方法による試行がなされた．評価項目は各学校の主体性を尊重すること，評価指標を設定すること，中間評価を実施すること，年度末へ向けて改善することを最低限の約束事としながら，「まずは，拙くてもいいので，やってみよう！」というかけ声の下で進められた．また同時に，全管理職を対象に学校マネジメント研修が行われ，目標管理による組織経営の考え方を浸透させることを目指した．2001年4月には，「学校自己評価実施の手引き」が作成されるとともに，学校自己評価の実施と公表を「県立学校の管理運営に関する規則」へ明記され4月1日施行となった．2002年度からは，県立学校の自己評価の取組みをホームページで一括公表することとなる．この一括公表によって，学校自己評価における実践取組み項目を充実することを目指した．また，保護者や地域住民等への積極的な情報発信によって，学校の取組みに対する意見や評価を受け，自己評価活動そのものに対するPDCAサイクルを充実していくことを目指した．

(2)　学校自己評価システムから学校経営品質へ

学校自己評価の取組みについて成果と課題は次の通りに整理された．第1に，個々の教育活動の成果を確認するとともに，評価結果から改善活動に結びつけるという点では一定の成果を上げることができた．第2に，評価項目について，教育目標の実現に向けて学校全体の最適を考える視点に結びついていない．第3に，学校を組織体として捉えることや，教育活動の方向性や重点について，教職員間で共有されていない．

2003年度に，三重県型「学校経営品質」の開発が始まった．それは，日本経営品質賞の考え方を，学校経営になじむ形で導入しようとするものであった．概要は次の通りである．顧客本位（学習者本位）の経営や，継続的な自己改善の推進といった基本的な考え方と，8つのカテゴリーを用いて診断する手法を重視した．そして，「目指す学校像」を明確にして学校全体でその実現に取組む組織経営の仕組みを整えることと，「目指す学校像」を共有したうえで，学校組織の現状を正しく把握し，そのギャップを埋めるための課題や方法を自ら考え，自ら実行しながら継続的な改善を進めることを目指した．これらを推進するにあたって，「対話」と自らの「気づき」に重きを置き，組織力を向上していくことが重要とされた．また，同時に，これまで培ってきた学校自己評価システムにおける改善のサイクルを活用し，学校自己評価システムの充実と発展が期待された．

学校経営品質の導入[3]

三重県教育委員会の中の教育改革室が事務局となり，学校経営品質を推進していくこととなった．学校経営品質は，日本経営品質賞の考え方を学校経営になじむ形で導入しようとするもので，首長部局からのトップダウンによって導入することとなった．日本経営品質賞とは，アメリカのマルコム・ボルドリッジ賞（米国国家経営品質賞）を模範として（財）社会経済生産性本部（※現在の公益財団法人日本生産性本部）が1995年に設立した企業表彰制度である．日本経営品質賞の取組みは，生産性運動の取組みとして「サプライサイドからデマンドサイドへの経営の転換」を目指しており，これまでの経営を体系的に評価し，組織の未来を想像する指針となる具体的な基準を公開し，その基準に基づいて自組織の経営を自己評価すること＝セルフアセスメントを奨励した．

学校経営になじむ形で導入していくために，まず言葉を変える工夫が採られ，学校経営品質と名づけられた．次に，日本経営品質賞では，経営品質を向上させ経営改革を進めるプロセスを推進・支援していく役割を担う人を「セルフアセッサー」と位置づけており，三重県教育委員会では，学校現場における学校経営品質を推進するリーダーを養成するために，セルフアセッサー（以下，アセッサー）を育てることとなった．アセッサー養成のために予算を手当し，高等学校に1人をつけることを目指した．2004年から定期的に教職員，事務局職員をアセッサー研修に派遣し約100名のアセッサーが誕生した．アセッサー研修へは，学校現場の管理職に限定することなく事務職員や事務局職員も参加し，また，学校長の推薦によって学校の中のリーダーとしてまとめ役が期待される教職員が参加していった．

学校経営品質を向上させるにあたり2つのツールがあり，学校プロフィールと，

学校経営改革方針がある．これを，8つの視点からアセスメントする．これらの導入にあたって，学校現場が理解し受け入れるために，2つの難しさがあった．第1に，意味を理解することの難しさがあった．学校現場ではアセスメントという言葉自体に馴染みがなかったため，アセスメントとは何かから説明をする必要があった．そして，三重県の学校経営品質におけるアセスメントの意味や内容を理解していくことが必要であった．アセスメントの理解に関しては，校長からのトップダウンではなく教職員みんなで学校を作っていくことや，教職員同士の対話や気づきを大切にするという，アセスメントの目的となる部分や，学校経営における現状を把握すること，さらに，学校運営を振り返り改善につなげていくというアセスメントの活用となる部分など，従来型の学校経営としては学校現場にまだ十分に理解が浸透していない考え方も含まれていた．第2に，アセスメントを実際に行うことの技術的な（もしくは技能としての）難しさがあった．アセスメントをアセスメントとして機能させるためには，アセスメントを機能させうる技術的な実行力が伴っていなければならない．アセスメントは単なる振り返りではなく，現状を確認し，計画や目標と現状との乖離を可視化していくものであるが，アセスメントへの理解に基づいた現状を見抜く力が必要となる．

　これらの導入を三重県教育委員会が主導した．そして，小中学校へも普及していくために，小中学校を所管する各市町村教育委員会の理解と協力を得ていく必要があった．そこで，協力を得るために，各市町村教育委員会の教育長を訪問し意見交換しながら導入への準備を進めていくこととなった．なかには，県教育委員会がまとめたものをベースにしながら，独自にアレンジする教育委員会もあったという．学校現場におけるアセスメントへの一般的なネガティブな声としては，「教育にはなじまない，そもそも評価する必要があるのか，アセスメントが必要だと思わない，多忙で取組む余裕がない」といったものがあった．他方で，その可能性を感じてくれることもあったという．学校経営品質を普及させるために，三重県総合教育センターでの研修講座に盛り込まれていくとともに，「『学校経営品質』実践事例交流会」が企画され，学び合いの機会が設定された．

　しかし，2011年4月に鈴木英敬氏が三重県知事に就任したことが，1つのターニングポイントとなる．それまで，北川正恭知事，野呂昭彦知事は経営品質を活用した行政改革を進めてきたが，鈴木知事になったことで，今までの三重県庁の取組みをゼロベースで見直すこととなった．これは，北川知事や野呂知事と，鈴木知事とでは行政運営に対するスタンスの違いを表していた．これに伴い，学校経営品質という言葉をなくすこととなった．また，教育委員会にあった教育改革室も2012年に廃止されることとなった．学校経営品質の考え方は学校をより良くしていくた

めに大切であることには変わりがないと三重県教育委員会は考えた．そこで，学校経営品質という言葉をなくすことで行政運営の見直しに対応し，学校現場では今までの取組みの継続性を大切にした．しかし，予算の確保については厳しくなり，さらには学校経営品質の取組みに関するものに限らず教育委員会の全体の予算も減少していった．そのため，新しいアセッサーを育てることが容易ではなくなることや，研修の際の講師を外部講師から内部スタッフへ変更して対応することが増えた[4]．教育委員会の予算が減ってしまったとしても，学校現場では中核となるリーダーを養成する必要があり，それを担う教員にはやはりマネジメント能力が必要だと教育委員会は考えていた．

学校経営品質の進め方

　以下では，具体的な進め方を確認していく[5]．三重県における学校経営品質は，（財）社会経済生産性本部が提唱する「日本経営品質賞」の考え方や手法を三重県の学校経営になじむかたちで導入しようとするものである．このため，基本的な考え方（顧客本位の経営，継続的な自己改善等）と８つのカテゴリー（視点）から評価を行う手法など，日本経営品質賞の中枢部分は大切にしながら[6]，三重県の教育に適合するよう，システム全体を編集している．スケジュールとして，第１期（2003年〜2005年）は学校経営品質に「なじむ段階」，第２期（2006年以降）では発展していく段階として計画が立てられた．なお，三重県の学校経営品質で取組まれる「学校経営の改革方針」と「学校経営品質アセスメント」は，三重県独自のものであり，経営品質の考え方を学校に導入する全国初の試みであった．

　学校経営品質向上活動は，三重県型「学校経営品質」の考え方，理念，仕組みに基づき，公立の小中学校，県立学校の教職員が，「対話」と「気づき」を大切にしながら，児童生徒や保護者，地域住民の視点に立って「目指す学校像」を描き，その実現のために継続的で，各学校の現状に応じた改善を行う活動である．学校経営品質活動の背景として次のことが示された．社会構造の変化に伴い，学校や子どもを取り巻く環境，社会で求められる能力等が大きく変わり，学校に求められる役割や期待も変化している．このような社会状況に適応しながら，学校が子どもの可能性を引き出し，未来を切り拓くとともに他者と支え合って生きる力を育む場でありつづけるためには，教職員の個人の力に頼った従来までの学校経営ではなく，学校の組織力を強化し，教育活動の質を組織として高めることができる学校経営，学校づくりに取組む必要があったのである．そこで，学校は，教育活動を行うことによって「人づくり」という「価値」を提供しているという認識を前提とした．そして，このような価値を提供する相手方の立場と児童生徒を送り出す社会を意識して，

第8章 事例研究　227

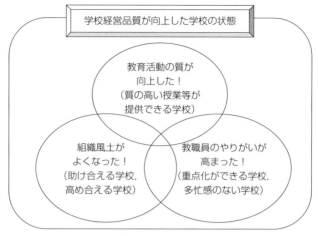

図8-1　学校経営品質活動が目指すもの
（出所）三重県教育委員会「学校経営品質向上活動ガイド」（URL62）を引用．

学校運営や教育活動を見つめ直し，組織力の強化を図るものとした．これらによって図8-1の通り，教職員が助け合い高め合うこと，目標を重点化し教職員のベクトルを合わせること，教職員がやりがいを感じること，教育活動の質を高め続けられることを，学校自らが創りあげることを目指した．

　三重県型「学校経営品質」が大切にする価値観，行動基準を意味するものとしての基本理念は，「学習者本位」「教職員重視」「社会との調和」「独自能力」という4つの要素から構成される．4つの要素は，どれか1つだけ突出して優れていればよいというものではなく，4つの要素のバランスを考え，それぞれを少しずつでも着実にレベルアップしていくことが大切だとされた．

（1）学習者本位

　「学習者」とは，学校として「人づくり」という価値を提供する対象を総称したものであり，児童生徒に留まらず，保護者や地域住民も含まれる．学習者本位とは，「いつも学習者の視点からものを見て，行動することを大切にする」という考え方である．ただし，学習者の要望を全て受け入れることを意味しない．学校の活動が真に学習者のためになっているのかを常に確認することが重要となる．[7]

（2）教職員重視

　教職員重視とは，教職員一人ひとりのやる気と元気を大切にするという考え方である．児童生徒が，いきいきと学校生活を送れるためには，教職員自身のやる気と元気が必要となる．そのためには，学校は，教職員が仕事にやりがいを感じ，自ら

の成長を実感できる組織である必要がある．教職員一人ひとりが何に満足し，何に不満を感じているのかを対話等によって把握し，理解し合い，みんなで改善していくことを目指している．

（3）社会との調和

学校も地域社会の一員として開かれた学校づくりをすすめ，その役割を自覚して地域に役立つことを目指した．また，教職員一人ひとりが，自らの社会における立場と責任を自覚し，学校は地域社会から信頼される活動を目指した．

（4）独自能力

独自能力とは，学校の「独自の強み」を伸ばして「特色ある学校づくり」を進めることが，教育活動の質を高める学校経営につながるという考え方である．特色ある学校づくりを進めるためには，地域の歴史・伝統文化や自然，企業，施設，人材など，地域の教育資源を活用することが重要となる．確かな教育理念のもとに，独自の考え方や方法により，目指す学校像の実現に取組むことを目指す．

学校経営品質の仕組みの全体像は，**図8-2**の通りである．以下では，各内容を紹介していく．

第1に，学校プロフィールである．学校の存在意義とは何か，どのような価値を提供しようとしているのかを示すものである．すなわち，目指す学校像，学校の現状，将来変化への認識を教職員で共有するとともに[8]，それらを踏まえた学校の重要な取組み方針等を導き出すためのツールである．学校経営の改革方針の策定やアセスメントの際に，この学校プロフィールを活用し，全教職員で話し合い確認し合うことで，目指す学校像や具体的な行動について，校務分掌や職種を越えた全員の共通認識を促すことができる．目指す学校像の具体性，現状認識の的確な把握，方針の明朗さ，そしてこれらが教職員全員に共有されていることが，学校経営の改革方針の策定やアセスメントの有効性を大きく左右する．学校プロフィールは三重県型「学校経営品質」の基本となる最も重要なツールである．

第2に，学校経営の改革方針である．学校プロフィールで合意したことを具体的な行動に落とし込むためのツールである．学校プロフィールで掲げた「目指す学校像」の実現に向けて，学校の現状と課題や学校が取組むべき中長期的重点目標，そして本年度の具体的な行動計画を示す．また，これに基づいて学年や分掌等の目標や計画を策定することとなる．

第3に，アセスメントである．アセスメントは，学校の組織の状態を診断するためのツールである．教育活動全般について，目指す学校像の実現という観点から，

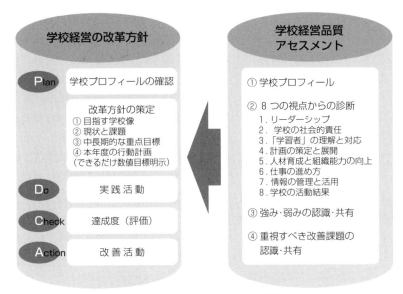

図 8-2　学校経営品質の全体像
（出所）三重県教育委員会ホームページ「平成27年度までの三重県型『学校経営品質』について」
（URL63）を引用．

8つの視点（カテゴリー）で診断する[9]．これにより，学校の強みと弱みを把握し，重点となる改善点を明らかにする．三重県では，活動評価（一般的な自己評価）と，このアセスメントによる組織の診断結果を合わせたものを学校の「自己評価」と位置づけている．

第4に，学校関係者評価である．これは，学校の自己評価の質を高めるツールである．保護者や地域住民などの学校関係者により構成された学校関係者評価委員会が，学校の自己評価等を評価することを通じて，次の3点を目的としている．

（1）学校経営の改革方針や自己評価等の質を高め，改善につなげる．
（2）学校運営や教育活動への学校関係者の協力や参画を促し，地域に開かれた信頼される学校づくりを進める．
（3）設置者は，学校関係者評価結果をもとに適切な支援をする．

(3) 学校経営品質から学校マネジメントシステムへ[10]

2003年から導入された三重県型「学校経営品質」は，2015年度では，10年余りが経過し，考え方や基本理念は浸透・定着し，対話の大切さが認識されてきた．今後も，これまでの三重県型「学校経営品質」の考え方や基本理念を継承し，各校で

の改善活動の充実を図る必要があった．学校経営品質向上活動の成果と課題について，次の通りにまとめられた[11]．効果があったものとして，「学校経営品質向上活動の考え方・基本理念，対話と気づき」，「学校経営の改革方針」の2点が挙げられた．課題があるものとしては，「アセスメントシート」が挙げられた．

　成果としては，5点に整理された．第1に，各学校では，管理職のリーダーシップのもと，学校経営の改革方針等により，目指す学校像や学校の現状を教職員全体で共有し，PDCAサイクルを意識しながら，継続的な改善活動が進められた．第2に，対話と気づきの意義や大切さの理解が深まった．その結果，教職員との対話を通して目指す学校像や学校教育目標の設定が行われることで，教職員の意識の方向性をそろえ，目標達成を組織として取組む認識が広がった．第3に，学習者本位の学校経営が進められた．児童生徒や保護者へのアンケート，また，授業力向上のための研究授業が定着するなど，学習者の期待に応えようとした．第4に，地域との連携を図り，開かれた学校づくり，学校の特色（独自能力）を活かした取組みが進められた．第5に，学校経営は，管理職だけでなく教職員全員で行うものであることへの理解が進むなど，広く教職員に学校経営品質向上活動の考え方や基本理念についての理解が図られた．

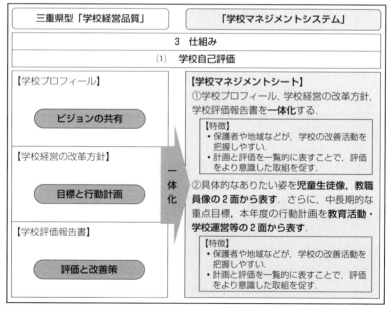

図8-3　学校経営品質から学校マネジメントシステムへ
（出所）三重県教育委員会「学校マネジメントシステム説明会資料」（URL65）を引用．

課題としては，第1に，評価結果を改善活動へ効果的につなげる必要があった．第2に，アセスメントシートについて，効果的な改善活動に結びつけにくかったり，多くの時間を要したりしてしまうため，改善の必要があった．第3に，開かれた学校づくりをより推進するために，地域の声を取り入れ，学校運営に反映させる必要がある．第4に，組織力の向上や教職員の能力・意欲の向上を目的とする人事評価制度と，各校における改善活動との関連性を明確にすることが求められた．

そこで，三重県型「学校経営品質」の考え方や基本理念を継承するとともに，「学校プロフィール」「学校経営の改革方針」「アセスメントシート」は，取組みやすく，効果的なものへと見直すこととなった．学校経営品質から学校マネジメントシステムへの移行は図8-3の通りである．

2　四日市市における取組み

県として，学校経営品質という考えの下で学校評価が行われることとなった．そこで，高等学校などの県立の学校では，学校経営品質の取組みが行われていった．他方で，小中学校は市町村の管轄となる．県で構想された学校評価制度は，市町村ではどのように伝わっていったのだろうか．このことを確認するために，三重県四日市市を事例に取り上げる．三重県内の市や町において，学校評価のガイドラインに相当するものをインターネット上で公開している自治体は四日市市と松阪市であった（2020年3月時点）．松阪市では，三重県教育委員会指定平成22年度学校評価システム構築事業として「小中学校における学校評価システム構築のための実践研究事業」に取組んでおり，その成果がまとめられていた．しかし，さらなる発展的な展開は確認できなかった．他方で，四日市市では，さらに，四日市市における教育施策との連動を意識した展開が行われており，この取組みは，四日市市独自のものであることから，学校評価制度を理解すると同時に独自の解釈を加えていることを示している．この動向は，実施過程における変容の実態を捉える上では，重要な動きである．

そこで，四日市市における学校評価制度の取組みについて調査を行った．調査方法は，文献調査（ホームページ上の各種資料や情報を含む）とヒアリング調査を行った．ヒアリング調査については，対象者は，四日市市教育委員会指導課の担当者1名である．調査日時は，2020年3月24日（火）11時から12時，電話による聞取りにて行った．本ヒアリング調査では，主にホームページ上で公開されている情報を正確に理解するための説明を得たものである．したがって，本文中ではヒアリング調査によって明らかになった点を特段記していない．

以下では，四日市市における学校評価制度の取組みを確認していく．四日市市の学校評価は，2011 年 3 月に四日市市教育委員会が作成した「四日市市学校評価ガイド（平成 23 年 3 月）」にまとめられている（URL66）．第 2 次四日市市学校教育ビジョンの策定にともない，学校評価が学校経営の改善と発展を目指すための取組みとして機能することを目指して，四日市市学校評価ガイドは策定された．四日市市学校評価ガイドでは，① 前年度の振り返りを活かして改善し，ビジョンを達成すること，② 重点課題に学校が組織的・継続的に取組むこと，③ 家庭や地域が学校と情報を共有し協働することを視点に，「四日市市学校評価システム」のさらなる浸透を目指した．そのために，① より良い学校づくりにつながるものであること，② 目に見える学校改善につながるものであること，③ わかりやすく使いやすいものであること，という学校評価を実施する際の基本的な考え方がおかれた．

(1)　学校づくりビジョン

四日市市における学校評価は「学校づくりビジョン」を策定することから始まる．学校づくりビジョンとは，中長期的な学校経営の方針であり，めざすべき姿と具体的方策を明らかにするものである．四日市市では，四日市市学校教育ビジョンを踏まえながら，学校の現状や課題，地域の実状に応じ，保護者や地域住民などから信頼される教育の推進を図るため，各学校は学校づくりビジョンを策定し，具体的な教育活動を展開してきた．策定した学校づくりビジョンは，教職員に加えて，保護者・地域住民等へも広く発信して，学校づくりビジョンを共有することが必要となった．学校評価は学校づくりビジョンを達成していくことを目指しているので，学校づくりビジョンの実現に向けた組織づくりと連動してくる．そこで，学校評価を通じて，学校の現状や改善の方向性を話合い，教職員一人ひとりの知を結集していけば，学校の組織力は大きく高まると考えられた．学校づくりビジョンの実現に向けた組織づくりとして組織力を高めるためには，次の 4 点が重要だとされた．第 1 に，学校長は「学校づくりビジョン」を明らかにし，教職員がそれに向けて取組めるようにリーダーシップを発揮すること．第 2 に，ミドル層の教職員が，取組みの意義を理解し，自らの役割と責任の自覚を促すこと．そのために，ミドル層の教職員は，教職員間の連絡調整や若手教職員の支援を担うことで，組織運営のキーパーソンとしての役割とやりがいを持ち，学校経営への参画や貢献意欲の向上が重要となる．第 3 に，各部会・委員会・分掌等の役割を明確にした組織であること．その上で，組織再編に取組むなど，従来の方法や仕組みにとらわれず，職務遂行の意欲が高まるように常に見直しを行うこと．第 4 に，教職員一人ひとりが自由闊達な対話ができる職場の雰囲気をつくること．日常の教職員間での活発なコミュニケー

第 8 章 事 例 研 究　　*233*

ションは組織力を高める土台となる.

(2)　四日市市学校評価システム

　四日市市における学校評価は「四日市市学校評価システム」と名づけられた. 四日市市学校評価システムとは, 自己評価と学校関係者評価をあわせたものである. 四日市市学校評価システムでは, 学校づくりビジョンの達成を目指した学校経営を推進していくためには「経営」の視点が必要であるという認識の下, 学校経営手法の診断に示された視点で学校評価を行うことで, 組織の在り方について共通理解を図り, 組織体としての取組みを充実させることを期待した. なお, 第三者評価については, 自己評価（法令上の義務）と, 学校関係者評価（法令上, 努力義務）が十分に行われていることが重要であり, それらを補完し学校評価全体をより充実させるものであることが望まれた. そのため, 第三者評価の在り方は, 今後も検討を進めることとなった.

(3)　自己評価

　自己評価は, 教職員が設定した目標等に照らして行うものであり, 学校評価の最も基本となることから重要なものと位置づけられた. 四日市市の自己評価は, 2011年から2015年の期間（第2次四日市市学校教育ビジョン）と, 2016年から2020年の期間（第3次四日市市学校教育ビジョン）とでは, 内容に少し変更が加えられている. 2011年から2015年の期間では,「学校づくりビジョンの重点目標に基づく評価」, 学校教育指導方針に基づく「学校教育活動の評価」, 学校経営の在り方を診断する「学校経営手法の診断」という3点で構成していた. 評価項目は次の9点である. ① 教育課程の状況, ② 各教科等の指導, ③ 生徒指導, ④ 人権教育, ⑤ 健康教育, ⑥ 特別支援教育, ⑦ 現代的な課題に対応した教育活動, ⑧ 校内研修の推進, ⑨ 教育活動の総括または改善方向. この9つの評価項目は, 第2次四日市市学校教育ビジョンの重点項目と重なる部分を持ちながらも, 学校現場における具体的な教育活動を整理したもので構成された. 他方で2016年から2020年の期間では,「学校づくりビジョンの重点目標に基づく評価」, 学校教育指導方針に基づく「学校教育活動の評価」と「学校経営の評価」で構成されることとなった（学校経営品質に基づいた評価が無くなった）. さらに, 学校教育指導方針に基づく「学校教育活動の評価」は, 第3次学校教育ビジョンに示された基本目標1～6を評価項目として, 各学校の改善点を次年度の教育活動へ反映させ, 学校づくりビジョンの達成に向けて取組みを進めることとした. 学校教育指導方針とは, 四日市市学校教育ビジョンに掲げる子どもの姿の実現に向けて具体的な方向性を示すものである. そして, この方針

に基づく評価では，四日市市として評価項目を統一し，各学校が共通の評価項目で評価を行うこととされた．

自己評価の留意点としては次の4つを挙げている．第1に，評価項目・指標等の設定は，重点目標の達成に即した具体的で，教職員が意識的に取組めるものに精選すること．第2に，様々なデータを総合的に分析して，目標の達成状況や取組みの適切さを評価すること．第3に，評価項目次第では，教職員，児童生徒，保護者の3者の意識のずれに注目すること．第4に，両極端の結果が出た場合，平均化してまとめるのではなく，たとえ一部の声であったとしても背景を分析すること．

（4）　学校経営手法による診断

学校経営手法による診断は，「学校の何を変えればよいか」という話合いにつなげることをねらいとした．そのために，学校経営品質の7つの視点から診断し，取組みが「うまくいっているのか，うまくいっていないのか」を検討する．また，話合いによって，組織体としての学校の「強み」と「弱み」を確認し，「学校として大切にしていきたい取組み」や「重点的に改善に取組むべきこと」を明確にすることで，学校全体で改善活動を継続的に進めようとするものである．この学校経営手法による診断は，経営責任のある各校長が，学校経営の改善方策を探るものである．それと同時に，教職員においても，学校全体が組織体として教育活動を進められているのかを見直すものでもある．この診断を行う主体は，各学校の裁量によるのだが，「学校経営委員会」や従来の「運営委員会」「企画委員会」などを中心に，全教職員が関わることが望ましいとされた．

（5）　学校関係者評価

学校関係者評価は，自己評価の結果をもとにして，学校関係者である保護者・地域住民が行う評価である．目的は3つ示された．第1に，自己評価の客観性・透明性を高めること．第2に，学校と保護者・地域住民等とが相互理解を深めること．第3に，学校と保護者・地域住民等がともにより良い学校をつくるために取組むこと．学校関係者評価の実施にあたっては，まず，「学校づくりビジョン」を通して学校関係者評価の委員と学校の現状や方向性を共有するとともに，日常的に学校は情報発信を積極的に行うこととされた．評価の内容では，学校運営の詳細について網羅的な評価をしたり，専門的に分析・評価をしたりすることは現実的ではないとされた．また，保護者・地域住民等からの信頼を高めたり，「より良い学校づくり」への協力や支援を受けたりするために，評価結果を真摯に受け止め，迅速に改善方針に反映させることを学校に求めた．評価方法については，学校関係者評価の各委

員へのアンケートの実施や個別の意見聴取だけで済ますことは適当ではなく，委員を含めた関係者が集まり話し合うことが重要とされた．

　四日市市における学校評価制度は，学校評価制度だけで独立して存在しているのではなく，各種計画・報告書を背景に行われている．具体的には，四日市市総合計画，四日市市学校教育ビジョン，四日市市学校教育白書，四日市市教育委員会の点検・評価報告書と，さらには 2015 年からは四日市市教育大綱と連動して存在している．ゆえに，四日市市における学校評価制度の機能や役割を理解し，その実態を捉えるためには，これらの連動について理解する必要がある．そこで以下では，まず，地方教育行政における計画と体系について基本的な整理を行った後，各種計画・報告書との関係を確認することとする．

(6)　計画と体系

　ここでは地方教育行政における計画と体系について，具体的には総合計画と教育振興基本計画との関係を確認したい (川北 2018)．市町村における教育政策，特に学校教育の分野に関しては，市町村教育委員会の役割は非常に大きい．公立の小中学校は市町村が管理しており，管理主体が市町村教育委員会であることに留まらず，執行機関多元主義により行政委員会であることから，教育委員会は首長ないしは首長部局から一定程度独立した地位・権限を有している．他方で，市町村教育委員会は，教育行政における政策や計画，方針に基づいている．市町村の教育行政において拠り所となるものが，市町村が作成する総合計画と教育振興基本計画である．総合計画も教育振興基本計画も策定は義務化されていないが，策定することは一般的となっている (URL67)．

　教育振興基本計画は，教育基本法第 17 条に規定がある．教育の振興に関する施策の総合的かつ計画的な推進を図るために，国は策定義務を負い，また，国の教育振興基本計画を参考に地域の実情に応じて，自治体は努力義務とされている．教育基本法を受けて，都道府県や市町村はそれぞれに教育振興基本計画を策定している．教育基本法の条文では国の計画を自治体は参考にすればよいのであるが，現状として中央地方関係をふまえ，国，都道府県，市町村の教育振興基本計画は非常に緩やかな縦の関係があるといえよう．文部科学省の調査によると，2019 年 3 月末の時点では，47 都道府県と政令指定都市はすべて教育振興基本計画を策定しており，45 中核市を含む全国の 1718 市区町村は 1421 市区町村（全体の 82.7％）で策定が行われている (URL68)．教育振興基本計画が扱う領域は，教育委員会が扱う領域が中心となるが，[13] 昨今では複雑かつ高度化する教育をめぐる様々な諸課題や今日的課題に対応するために，首長部局と連携した取組みを行うことを前提としたテーマも

取り上げられるようになっている[14]．他方で，教育振興基本計画の策定に関わる主体は統一されていないため[15]，教育委員会が策定の主体であると単純に理解することには留意を要する．

　また，地行法の改正により，「教育に関する大綱（以下，大綱）」を策定することとなった．地行法第1条の3第1項により，地域の実情に応じて，教育，学術，文化の振興に関する総合的な施策の大綱を定めなければならない．ただし，首長が，総合教育会議において教育委員会と協議・調整し，教育振興基本計画をもって大綱に代えることと判断した場合には，別途，大綱を策定する必要はない（URL55）．したがって，大綱については，教育委員会は協議主体として必ず検討を行うこととなっている．現行では，教育振興基本計画を大綱に代えることができるため，教育振興基本計画についても，教育委員会は協議主体として検討を行わなければならない事態が生じているといえる．

　教育振興基本計画の上位計画として，総合計画がある．総合計画は，市町村にとって最上位の計画であり，計画の体系上，さらには行政の各種施策・事業の方向性を示すものとして，最も重要な計画である．総合計画が扱う領域は，すべての行政分野を網羅している[16]．昨今では国の地方創生の取組みに伴い，各自治体で総合戦略を策定し，地方創生の枠組みの中で各自治体における重点課題について戦略を立てることが行われた．総合計画と異なり，すべての行政分野を網羅する必要がない点が特徴であるが，総合計画と総合戦略との関係は各自治体に委ねられている（川北 2016）．総合計画の策定主体は，首長部局であり，企画や政策に関する部署が主として担当となる．すべての行政分野を網羅し，計画に体系性を持たせることから，教育委員会を含めた庁内のすべての部局が策定に関係し，庁内調整が進められる．以上のことは図8-4のように整理できよう．

(7)　四日市市における計画と体系

　四日市市では，四日市市学校教育ビジョン，四日市市学校教育白書，四日市市教育委員会の点検・評価報告書は図8-5の関係になっており，このサイクルの下で学校評価は行われている（URL71）．

　四日市市学校教育ビジョンとは，学校教育が目指す子どもの姿を明らかにするとともに，その実現に向けた教育の方向性を示したものである．第1次学校教育ビジョンは2005年，第2次学校教育ビジョンは2011年に策定された．第2次学校教育ビジョンについては，同年に策定された「四日市市総合計画」（計画期間：2011年度〜2015年度）で掲げた教育に関する基本的な政策を受けて[17]，総合計画の計画期間のうち前半の5年間における学校教育分野の基本計画とされた．第3次学校教育ビ

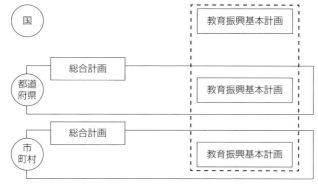

図8-4　総合計画と教育振興計画の関係
（出所）川北（2016：55）を引用．

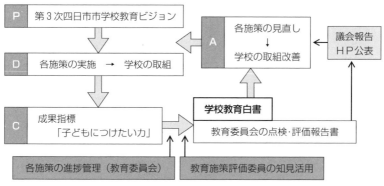

図8-5　四日市市学校教育ビジョンとPDCA
（出所）四日市市教育委員会「第3次四日市市学校教育ビジョン」（URL71）を引用．

ジョンは2016年に策定され，総合計画の計画期間後半5年間の学校教育分野の基本計画とされた．同時に，教育基本法第17条第2項に基づく，四日市市における教育振興基本計画として位置づけられた．

　四日市市学校教育白書とは（URL72），第1に，市民に対して四日市市の学校教育の実情を広く情報発信するものである．第2に，四日市市学校教育ビジョンの諸施策の評価資料である[18]．これに基づいて，教育委員会の点検・評価報告書を作成している．

　四日市市教育委員会の点検・評価報告書とは（URL71），四日市市学校教育ビジョンを基盤とした教育施策及び学校評価システムを点検・評価するものである．2009年度から四日市市教育施策評価委員を委嘱し，専門的・客観的な立場から指導や提言を受ける形態を採っている．また，2013年度からは，より効果的に点検・評価

を行うために，学校教育ビジョンの諸施策の中から重点評価項目を選定し，教育現場における施策の具体的な実施状況を把握するとともに，その成果や課題を検証している．さらに，教育委員と教育施策評価委員との懇談によって検討された内容を両者で再協議する場を新たに設け，課題解決に向けた方向性を明確にするなど，より充実した評価となるよう工夫が行われている．四日市市教育委員会の点検・評価報告書や四日市市教育施策評価委員は，学校評価システムを点検・評価することが目的の1つとされているが，2009年度と2010年度では学校評価について直接的に意見交換がなされ記録が掲載されているが，2011年度以降はみられない．むしろ，学校教育ビジョンの達成状況や展開に関する検討が一貫してなされている．

(8)　学校教育ビジョンと振り返り

　四日市市の場合，学校教育ビジョンの中に学校評価制度が位置づけられている．四日市市学校教育ビジョンは，第1次（2005年～2010年），第2次（2011年～2015年），第3次（2016年～2020年）まで作られている（URL71）．これらの取組みの振り返りは，上述の通り，四日市市学校白書，四日市市教育委員会の点検・評価報告書に記されている（URL66；URL71；URL75；URL76）．また，四日市市における学校評価システムの全体像は，**図8-6**の通りである．以下では，学校教育ビジョンの概要と振り返りをレビューしていく．

　第1次学校教育ビジョンでは，重点項目が15項目掲げられ，その1つとして「学校経営の充実」を示した．各学校が学校経営評価により継続的に診断・評価し，めざす学校像実現に向けて取組みを進めた．各学校では，四日市市学校教育ビジョンを基に，学校づくりビジョンの策定と自己評価を実施した．自己評価とは，「学校づくりビジョンの重点への取組の評価」，学校教育指導方針に基づく「学校教育活動の評価」，学校経営の在り方を診断する「学校経営手法の診断」の3つを組み合わせたものとした．また，これらの取組み全体を「学校経営手法の診断」によって経営手法の課題を明らかにして改善することを目指した．この「学校づくりビジョン策定と自己評価のサイクル」と「学校経営手法の診断」をあわせて「学校経営評価」と呼んだ（**図8-7**）．学校経営評価を全ての小・中学校で進めるために，まずはリーダーである校長・教頭の理解が必要で，さらに教務主任等の学校の中核となる教職員にも浸透させることが重要となる．また，自己評価結果や改善方策を公表することにより，保護者や地域からの学校への理解を求め，信頼される開かれた学校づくりを目指した．

　第1次学校教育ビジョンの取組みの振り返りとして，「学校づくりビジョンの重点への取組の評価」，「学校教育活動の評価」，「学校経営手法の診断」の3つの評価

第8章 事例研究

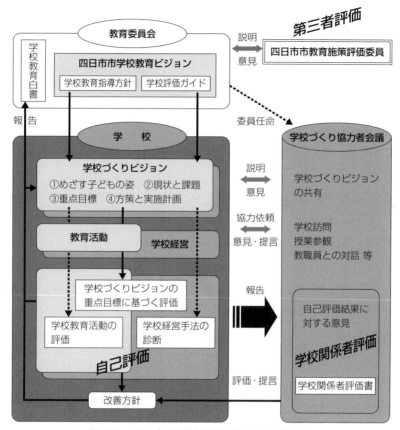

図 8-6　四日市市学校評価システムの全体像
(出所) 四日市市教育委員会「四日市市学校評価ガイド」(URL66) を引用.

についての整合性が取れていないケースがあるため，それぞれの評価を相互に関連づける必要があった．他方で，学校づくりビジョンは，ホームページや学校だより等を通して，家庭・地域への浸透度も上がっているという．今後の方向性として，2011年度から実施する「第2次四日市市学校教育ビジョン」の策定にともない，「学校評価ガイド」を策定したことを受け，学校評価が学校経営の改善・発展の取組みとして機能すること，学校評価にかかわる課題解決の一助となることが期待された（図8-8）．また，学校評価の取組みを通して，学校と保護者や地域が相互に理解を深めて，連携・協力することで，地域に開かれた学校づくりを推進していくこととされた．

第2次学校教育ビジョンでは，子どもの成長過程の連続性を重視すること，連続

図 8-7 学校経営評価の全体像

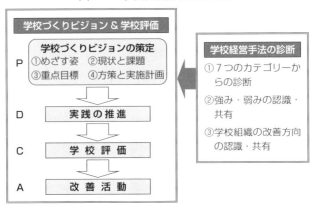

（出所）四日市市教育委員会「四日市市学校評価ガイド」（URL66）を引用．

性のある支援を行うこと，地域とともに学校をつくることが根底に置かれた．また，重点項目が8項目掲げられ，保護者・地域住民が学校づくりに主体的に参画する「地域とともにつくる学校」の実現と，家庭・地域の教育力の向上を目指し，「家庭・地域との協働の推進」を重点項目として示した．そして，取組みとして「地域とともにつくる学校の推進」「特色ある学校づくりの推進」「家庭・地域の教育力の向上」という3点を掲げた．「特色ある学校づくりの推進」の中では，「学校・園づくりビジョンに基づく学校経営の充実」「学校評価の充実」という2つの施策が学校評価と直接的に関係してくる．「学校・園づくりビジョンに基づく学校経営の充実」では，各学校の学校づくりビジョンを作成し，教職員の共通理解の下，組織的な教育活動の取組みにより，保護者・地域住民に広く理解を求め，特色ある学校・園づくりを推進することを目指した．「学校評価の充実」では，自己評価や学校関係者評価の取組みの充実に向けた研修会を行い，保護者・地域住民の学校評価への理解を深め，連携・協力しながら，ともに学校運営や教育活動の改善に努め，信頼される開かれた学校づくりを目指した．また，第三者評価の在り方も検討することとされた．

　第2次の取組みの振り返りは次の通りである．各学校の学校づくりビジョンは教職員に深く浸透し，全教職員の共通理解の下で計画的かつ具体的な教育活動を進めてきた．その結果，特色ある活動を継続的に行い，積極的に公開することで保護者や地域の理解も得られて，学校と地域・保護者が一体となって取組む体制が整いつつあるという．学校運営においては「四日市市学校評価ガイド」を活用し，PDCAサイクルを定着させることと，自己評価で明らかになった成果と課題を各学校の学

第 8 章　事例研究　241

図 8-8　学校評価フロー図

P

「学校づくりビジョン」の策定・見直し
- 「めざす子どもの姿・めざす学校の姿」を具体化する．
- 前年度の成果と課題，学校の状況や取り巻く環境について認識する．
- 重点目標と目標達成に向けた具体的方策を検討する．
- 具体的な達成目標について検討する．

「学校づくりビジョン」の共有
- 全教職員で「学校づくりビジョン」の内容を共通理解する．
- 重点目標の達成に向けて，組織的にどう取り組むかを明らかにする．
- 取組の結果をどのように評価をするのか，評価指標を設定する．

「学校づくりビジョン」の保護者・地域への発信
- 学校だよりや学校ホームページ等を活用する．
- PTA 総会等で「学校づくりビジョン」を説明する時間を設定する．
- 協力者会議（運営協議会）を開催し「学校づくりビジョン」を説明する．

D　学校づくりビジョン達成のための実践

C

自己評価の実施
- 年度末だけではなく，中間評価など評価結果が有効に働くように時期を考慮して実施する．内容によっては，できるときに評価活動を行い，その結果をファイルしておく．
- 児童生徒アンケートや保護者アンケートを活用する．
- 担当者等で評価を実施し，成果と課題を検討する．
- 組織として機能しているかを検証するため，「学校経営手法の診断」を実施する．
- 評価結果を全職員で共有し，分析・考察して改善方針を検討する．

学校関係者評価の実施
- 協力者会議（運営協議会）へ自己評価書等を提出して評価を受ける．

改善方針の見直し
- 学校関係者評価の結果を踏まえ，次年度の改善方針の見直しを行う．

評価結果の公表
- 学校ホームページや学校だより等で保護者・地域住民等に知らせる．
- 教育委員会へ，様式 1 ～様式 4 を提出する．

A　学校づくりビジョンの見直し・改善へ

（出所）四日市市教育委員会「四日市市学校評価ガイド」（URL66）を引用．

校づくりビジョンに反映させて，教育活動を改善していくこととされた．

　第3次の学校教育ビジョンでは，策定にあたり2つの政策的動向があった．まず，国が策定した第2期教育振興基本計画である（2013年に策定）．この計画では「自立・協働・創造に向けた一人一人の主体的な学び」が求められていると示し，これからの社会で適応できる学びの重要性を提起した．次に，2015年4月に「地方教育行政の組織及び運営に関する法律の一部を改正する法律」が施行され，教育委員会制度が大きく変更された．制度変更の1つとして，教育における「大綱」を策定し，教育の目標や施策の根本的な方針を示すこととなった．四日市市では「四日市市教育大綱」を策定し，5つの理念を定めた．第3次学校教育ビジョンは，この理念の実現と，第2次までの取組みをさらに充実させることを目指した．そこで，連続性・系統性を重視すること，学校教育力を基盤とした地域とともにある学校づくり，地域資源を生かした四日市市らしい学びの実現を根底に置いた．

　施策の体系として6つの基本目標を設定し，学校評価については，「基本目標4学校教育力向上」の「① 学校経営の充実」の中で扱われることとなった．学校経営の充実の中では，各学校が教育目標達成のために策定した学校づくりビジョンの実現に向け，組織マネジメントの充実や教職員個人の資質・能力の向上を目指した．また，「チーム学校」の取組みを推進し，子どもの実態や地域の特色を生かした教育の充実を図ることを提起した．そこで，次の施策を示した．

　第1に，学校づくりビジョンの点検と検証である．主体性・独自性を生かした学校経営について指導・助言を行うこと，また，学校自己評価・学校関係者評価の取組みに，第三者評価の在り方の検討を加えて，学校評価システムの取組みを推進することを掲げた．第3次学校教育ビジョンにおける学校評価では，自己評価について変更が加えられた．第2次学校教育ビジョンの自己評価は，「学校づくりビジョンの重点目標に基づく評価」，「学校教育指導方針に基づく「学校教育活動の評価」，学校経営品質に基づく「学校経営手法の診断」という3つの評価で構成されていた．第3次学校教育ビジョンでは，「学校づくりビジョンの重点目標に基づく評価」，学校教育指導方針に基づく「学校教育活動の評価」と「学校経営の評価」で構成されることとなった（学校経営品質に基づいた評価が無くなった）．さらに，学校教育指導方針に基づく「学校教育活動の評価」は，第3次学校教育ビジョンに示された基本目標1～6を評価項目として[19]，各学校の改善点を次年度の教育活動へ反映させ，学校づくりビジョンの達成に向けて取組みを進めることとした．また，学校教育指導方針に基づく「学校経営の評価」では，現在の手法や手段の適切さや改善点について組織としての強み・弱みを学校自らが認識することを目標に，9つの評価項目を設けることとなった[20]．

第8章　事例研究　　243

　第2に，組織マネジメントの推進である．組織マネジメントとは，学校内外の能力や資源を開発・活用して，学校に関与する人たちのニーズと適応させながら学校教育目標を達成していく活動のことをいう．そこで，具体的な取組みとして4点示した．① 人事評価制度の効果的活用である．人事評価制度を活用し，個人面談等の対話を重視し，教職員の能力・意欲，主体性の向上や組織力の向上につなげる．② 教職員研修の充実である．学校経営・組織マネジメントに関する研修を設定し，主体性を生かした学校経営を支援する．③ カリキュラム・マネジメントの充実である．組織的・計画的な教育活動の質向上を目指す．特に，新学習指導要領の「社会に開かれた教育課程」に対応することが盛り込まれた．④ 学校と地域とをつなぐ体制づくりを進め，安心・安全な学校を実現する．市のガイドラインに基づいた取組みと同時に，各学校では特色ある活動が行われており，こうした取組みの継続を目指した．

3　羽津小学校の取組み

(1)　分析対象としての学校現場

　都道府県や市町村の教育委員会を経由し，学校評価制度は学校現場でどのように受け止められ，取組まれているのだろうか．学校現場はまさに，学校評価制度を具体的に実施する現場である．よって，学校評価制度の実態を捉える上で，この問いに応えることは最も重要な点の1つである．しかしながら，先行研究において学校評価の実践報告は多数存在しているものの，学校評価に関する学校現場における動態やメカニズムなどを明らかにした研究は管見の限りでは見当たらない．このような状況はいくつかの理由が考えられる．実践報告は主に現役の教員によるものであるが，彼らの関心は職場で明日にでも活かせるような知見である．日々の業務の中で，様々な答えのない課題に対応していくことに迫られているため，この状況に応える知見が必要なのである．また，学校現場の実態を明らかにする難しさがある．学校現場の実態といっても，現場の教員にとっては日々の日常であり当たり前のことである．そのような当たり前の日常にわざわざ研究上の関心を寄せる必然性がないのである．他方，学校外の研究者が学校現場に入り込むことは様々な事由から難しく，調査を行うことは容易ではない．研究遂行にかなりのコストがかかってしまい，効率的かつ効果的な研究戦略の障害となってしまうのである．本研究ではこれらの課題を克服することが目的ではないのだが，少しでも実態を明らかにするためにヒアリング調査を行った．

　ヒアリング調査にあたって，分析対象となる学校を特定しなければならない．結

論を先に示すと，本研究では，学校評価に関する一般的な学校の実態を明らかにしようとするものであることから，市町村立の小学校を分析対象としたい．まず，設置形態として，公立か私立かを考える必要がある．私立の場合，建学の精神に基づいて設置されており，日本の学校制度の下で様々な考え方による独自の教育を展開することができる．公立の場合，国立なのか都道府県立なのか市町村立なのかといった3つの設置形態がある．次に，学校種別を考える必要がある．学校種別は，文科省の管轄であり，学校評価制度の対象であることに鑑みると，幼稚園，小学校，中学校，中等教育学校，高等学校，特別支援学校が検討対象候補となる．また，学校の種類が異なるだけでなく，組織形態も同時に違いが生じる．小学校は基本的に，担任となる教員が全ての科目を担当し，児童の生活面の指導も責任を持って担うこととなる．また，学校内の組織の階層は，校長をトップとして，一般の教員は学年ごとのグループを形成することとなる．中学校と高等学校と中等教育学校では教科担任制であるため，教科を担任する教員とクラス運営を担当する教員は異なる．よって，学校内の組織の階層は校長をトップとして，一般の教員は学年ごとのグループと，担当学年を問わない教科ごとのグループを形成することとなり，小学校よりも組織階層はやや複雑になる．さらに，多くの公立校は，高等学校は県立，中学校は市立であり，都道府県が教員を採用している．したがって，高等学校の場合は，学校も教員も都道府県によって管理・運営をすることができるが，中学校の場合は，学校と教員とを同じ主体（つまりは，都道府県または市町村）によって管理・運営することができない．今日までのさまざまな教育改革によって，地域の特色も出しながら学校の運営方法は柔軟に多様化する傾向にあるため，全ての学校がこの限りではないが基本的な構造は以上の通りである．特別支援学校は，特別な目的をもった学校であるから（学校教育法第72条）[22]，他の学校と同じように扱うことはできない．幼稚園は，学校教育法第1条に規定される学校である点は，他の学校と同じであるが，教員になるための資格制度や教育内容は大きく異なるため，小学校以上の学校段階と同じように扱うことはできない．また，中等教育学校はいわゆる中高一貫校であるが，学校教育の主流になれるほどまだ普及も一般化もしていないため，特別な存在といえる．

　本研究の関心に照らして検討してみると，政府や文科省が示す政策は都道府県や市町村を経由してどのように実施されていくのか，その実態を明らかにすることに関心があるため，市町村立の学校，つまり小学校か中学校が候補となる．小学校と中学校との違いは，上述の通り，組織の階層や構造である[23]．小学校よりも中学校の方が複雑な組織となる．同時に，学校のアクターで誰に着目するのかも重要になる．つまり，誰にとっての学校評価制度であるのかが重要となる．なぜならば，学校に

おける立場や役割によって，学校評価制度の意味や意義が変わりうるためである．
ただし，学校評価制度は制度上，誰のための学校評価制度なのかは明確にしていな
い．この点，学校評価制度は学校運営の改善と発展を目指しており，一義的には自
己評価を行い組織的かつ継続的に改善していくことを期待している．このような学
校の改善は，全ての教職員が当事者意識をもって相互に協力しながら取組んでいく
ことによって実現され得る．しかし，教職員全員が円滑に取組めるよう，この改善
の取組みの全体のマネジメントの第一義的な担い手は校長である．校長は，教育目
標やめざす子ども像など学校が進むべき方向性を示し（たとえ，ボトムアップによる
としても），その方向性に向かって学校全体が進んでいけるようにマネジメントする
ことが基本的な役割である．ゆえに，校長のマネジメント次第で学校の組織として
の性格（特色）が大きく規定されるのである．よって，校長が学校評価制度をどの
ように認識し理解するのか，そのことが学校評価制度に対する学校の基本的スタン
スを決めるものとなる．

　この時，中学校よりも小学校の方が校長の意向は伝わりやすいと考えられる．中
学校よりも小学校の方が組織の階層や構造が簡素であり，中学校よりも小学校の方
が組織の規模が小さい場合が多いためである．上述の通り，中学校では教科担任制
であるため，教科を担当する教員と学級運営を担当する教員は異なる．この場合，
学校の中で，学年を単位としたグループと，教科を単位としたグループが生じる．
どちらのグループも，教育を展開していくためには核となる，非常に重要で影響力
の大きいグループである．したがって，1つの組織の中に2重構造が生じることと
なる[24]．また，多くの場合，中学校の学区は複数の小学校区によって構成されている．
ゆえに，小学校よりも中学校の方が学校の規模が大きくなることが多い（もちろん
地域事情による）．組織の規模が大きくなれば，組織内で分担する事象も増えていく．
組織の階層が増えたり，構造が複雑になればなるほど，または組織の規模が大きく
なればなるほど，組織内の調整コストが増すとともに，トップからの発信が組織の
末端まで伝わりにくくなったり，誤って伝わってしまったり，または伝わるまでに
時間を要してしまう．組織が適切に作動しない要因は様々に存在するが，これらの
事態は，校長の意向が学校全体に伝わらない要因の1つとなってしまう．

　これらの学校内部の複雑さを含めた学校の動態を捉えることは重要な研究課題な
のであるが，本研究の主眼は，政策が実施過程でどのように変容していくのかとい
う点である．つまり，政府が打ち出した学校評価制度は各学校に到達した時に，そ
の一連の伝達過程（もしくは具体化の過程）においてどのように変容していくのかと
いう点にある．よって，学校に焦点をあて，学校が学校評価制度に取組む際の，学
校内部の組織的メカニズムを明らかにすることではない．組織的な構造がより単純

な小学校を分析対象とし，そこから知見を得ることができれば，その知見は，中学校や他の学校段階を検討する際の基礎的知見となり，重要な意味を持つ.[25]

　以上のことから，市町村立の小学校を対象とし，学校評価制度を校長はどのように受け止めているのか，校長にとっての学校評価制度とはいかなるものなのかについて，調査し検討してみる.

　四日市市には 37 の小学校がある．各小学校が学校づくりビジョンを掲げ，その中で重点目標を設けている．37 の全ての小学校を確認すると，学校づくりビジョンの中で，学校評価について言及している小学校は，羽津小学校，四郷小学校，大矢知興譲小学校，楠小学校，中央小学校，泊山小学校，日永小学校，富洲原小学校，八郷小学校，富田小学校，下野小学校，河原田小学校，縣小学校，以上の 13 校であった（2020 年 1 月時点）．もちろん，学校評価の取り扱い方は，学校によって様々である.

　学校評価制度の趣旨に鑑み，学校評価制度の特徴である，学校が組織的・継続的に自己改善していくことに着目し，この点を学校づくりビジョンの中で重点目標として掲げているか否かを確認した．13 校の小学校の中で，羽津小学校だけが，学校評価を通した PDCA サイクルによる学校づくりと明記しており，重点目標としての表現も丁寧に記述されていた．そこで，羽津小学校における学校評価について，校長先生の理解や受けとめについて調査することとした.

　調査方法は，文献調査（ホームページ上の各種資料や情報を含む）とヒアリング調査を行った．ヒアリング調査については，対象者は，四日市市立羽津小学校の校長 1 名である．調査日時は，2019 年 12 月 6 日（金）11 時から 11 時 30 分，電話による聞取りにて行った．以下の内容は，文献調査とヒアリング調査の調査結果の内容である.

（2）　羽津小学校

　全校児童が 553 名（2020 年 4 月時点），1 学年 3 クラスで教職員は 48 名（調理員 7 名を含む）の小学校である（URL77）．2019 年度の学校づくりビジョンを概観する（URL78）．学校教育目標に「豊かな心で学び，支え合い高め合う児童を育てる」と，また，目指す子どもの姿に「進んで課題を見つけ，よく考え，学び合う子．よさを認め合い，力を合わせ最後までがんばる子．安全に心がけ，自ら体づくりに取組む子．」を掲げ，満足感・充実感がある学校，確かな学力と居場所がある学校を目指した教育活動を推進している.

　重点目標として，① 確かな学力の定着，② 心の教育の充実，③ 健康・体力と安全意識の向上，④ 家庭や地域とつながる学校，⑤ 学校の教育力の向上，以上の 5

点がある．重点目標4の「家庭や地域とつながる学校」の中では，「開かれた学校づくりの推進」として，① 教育活動アンケートをもとに，学校づくり協力者会議と連携した学校評価を行い，PDCAサイクルを活用した学校づくりを進めること，② 学校だよりや学年だより，ホームページ等による情報発信の充実を図ることが示された．また，重点目標5の「学校の教育力の向上」の中では，「教職員の学校づくりへの参画」として，① 学校づくりビジョン推進に向けた具体的な取組みの焦点化と責任の明確化を図ること，② 各指導部の改善活動に取組むことが示された．

　学校評価に取組むことは，学校運営に役立っているという．学校評価は，学校がどのような価値を提供できているのかを知るために活用されている．そして，学校評価によって，教職員，子どもたち，保護者がそれぞれにどのように感じているのかを比較することができるという．

　学校には子どもに関する様々な責任や責務があり，その数や種類や範囲は広がっており，昨今の学校は多忙な状況にある．つまり，やらなければならない事柄や業務は増えており，そして，減ることがない状況に学校はさらされているのである．やらなければならない業務には，今すぐに対処しなければならない出来事に限るものではなく，特定の出来事が生じた際に対処しなければならないものも含まれる．そのような業務に関して当然，学校は取組むのであり，日常の業務の中でも常に意識をしていくこととなる．なぜならば，事前に心構えができていたり，事態を想定できていたりすれば，学校で何かが起きた場合や問題やトラブルが起きた場合に対処しやすくなるためであり，このような意識で業務に当たることは，円滑な学校運営を実現するだけでなく危機管理としても要となる．他方で，全ての業務について全力を出し尽くしてしまうと，学校は消耗してしまい，様々な事態への対応力が落ちるとともに持続的に質の高い学校運営ができなくなってしまう．やはり，業務の整理や軽重をつけることも重要となってくる．学校運営として，機能している部分では余力をもって運営し，課題のある部分や強化したい部分に重点をおき取組むことが必要となる．この，学校運営の重点を何にするのかを検討するにあたって，学校評価が参考になる．

　学校評価を行った際に，学校として一生懸命取組んでいるにも関わらず，評価が低い場合がでてくる．このとき，子どもが求めていることと，保護者が求めていることと，学校として身に着けてほしいこととの3点をよく考えてみる必要がある．理想としては，三者の思いが一致していることが望ましい．または，学校という性格上，子どもや保護者が求めていなくても，学校として取組まなければならないこともあり，その際は三者の思いを一致させることが難しいので一定の折り合いをつ

ける場合も出てくる．学校評価は，保護者にとっては，保護者の思いを学校に伝えるためのツールであり，子どもにとっては，意思表示として子どもの声を学校に伝えることができるのである．

　このように考えるため，学校づくりビジョンの重点目標4「家庭や地域とつながる学校」の中では，「教育活動アンケートをもとに，学校づくり協力者会議と連携した学校評価を行い，PDCAサイクルを活用した学校づくりを進める」と掲げられた．PDCAサイクルという言葉を用いた理由は，少しでも保護者の声も反映しながら学校をつくっていきたいという学校の気持ちを知ってほしかったためで，そのことを保護者や地域へアピールする意味も込められた．ただし，学校評価を本当の意味で機能させるためには，地域の状況を学校は十分に理解しなければならない．学校評価を通じて子どもたちや保護者から上がってくる評価や声に関して，何をもって評価や声が挙げられているのか，その意味するところは何なのか，という点を理解するために必要だからである．地域における子どもたちや保護者の背景を理解することが重要で，表面的な部分を見ているだけでは，評価結果の本当の意味を知ることはできないのである．そのため，一年間を通じて，様々な機会で学校の考えを地域に伝えていくとともに，日常的に地域の情報をキャッチしようと，保護者や地域の声に耳を傾けていかなければ，地域への理解が深まっていかないのである．

4　ま　と　め

　三重県では，北川県政をきっかけに，学校経営品質の取組みとして学校評価が行われた．ここでは，経営品質というビジネスで用いられているマネジメント手法を学校現場へ導入することが強力に行われた．まさに，教育分野におけるNPMの具現化といえる．そして，知事が変わった後も，学校経営品質の考え方は継承されていった．四日市市では，独自に学校評価ガイドラインを作成するとともに，首長部局の行政運営とうまく連動させながら，独自のマネジメントシステムを構築していった．内容としては，NPMを具現化するようなものではなかった．形式としては，NPMを具現化するようなものではなく，より，従来までの学校の実態に寄り添うようなかたちになっていった．小学校での受け止めでは，学校評価は行われているものの，その受け止めは学校ごとでばらつきがあった．他方で，子どもや保護者の声を知ることや，学校運営における重点を知るための参考として学校評価が捉えられている一面もあった．

　三重県の学校経営品質の導入では，独自の問題意識をもって取組みが進んでいった．やはり，北川知事による三重県の行政改革の取組みが大きく，この流れの中に

学校経営品質も位置づけられている．この流れを受けていることから，学校評価ガイドラインを文科省が作成した時に生じた，NPMの考え方と学校現場の考えかたのすり合わせを行い妥協点をさぐるようなことは起きなかった．つまり，新しい考え方である学校経営品質の考え方に学校現場が合わせることが要求されたのである．そして，この導入・定着のために，相応の予算措置も行われた．ただし，鈴木知事に代わってからは，今までの強力な推進体制をとれなくなってしまった．学校経営品質の考え方を継承しながらも，やはり，推進体制としては弱まってしまったといえる．これは，まさに政治的要因によるものである．北川知事による行政改革は，他方で政治イシューとなってしまっていたのである．したがって，北川知事との政治的な違いを示すために，行われてきた行政改革の手法を見直すこととなってしまったのである．しかし，教育委員会の対応は冷静であった．真摯に学校経営品質のエッセンスを理解していたことから，その意味と意義を継承し，学校を改善し，教育の質を向上していくことを継続したのであった．

　四日市市では，独自に学校評価ガイドラインをまとめるだけでなく，首長部局を含めた既存の取組みとの連動が図られた．特に，総合計画とのつながりを持たせたことは，政策的意義は大きい．ただし，四日市市では学校教育白書を元々作成していた等，教育施策を独自に展開できる土台が既に蓄積されていたともいえる．また，その独自な展開は行政実務として極めてベーシックである点が特徴である．国や他の自治体に先駆けて新しい試みを展開するようなものではなく，既存の各種の行政運営を的確に調整し体系化を試みているのである．したがって，学校評価の内容にも総合計画とのつながりがあり，この調整の成果がうまく反映されている．他方で，県が示した学校経営品質に関しては，考え方や観点は取り入れられているものの，学校経営品質の考え方に学校現場を適応させるようなものとはなっていない．むしろ，学校現場の目線に立ったものとなっている．この点については，県教育委員会と市教育委員会との関係性が影響している．つまり，市町村における教育施策は市町村によって立案されるものであり，県が関与するものではないからである．よって，県が学校経営品質を強く打ち出したとしても，市はあくまで県に協力する立場なのであり，どのように協力するのかは市に委ねられているのである．

　小学校での取組みでは，校長の受け止め方に着目した．学校現場では，学校評価を中心に学校運営がなされているわけではなかった．授業やクラス運営を中心とした日常的な学校運営があり，それに付随した管理運営業務がある．これらは学校の核となるものである．これらの取組みを顧みるツールとして学校評価が活用されていた．NPMによる目標管理型のマネジメントや，PDCAサイクルによる改善が想定していることは，これらのフレームを組織運営の中心に据え，計画的に管理し，

経済的合理性を追求することである．しかし，たしかに目標を管理し PDCA サイクルによるマネジメントは行われているものの，学校現場の実態としては，学校運営の中心は日々の教育活動なのであり，学校評価は学校運営にとってのサブツールなのである．さらに，学校をより良く改善していくためには，学校にだけ目を向けるのではなく，学校や子ども，保護者が置かれている地域の状況を捉える必要があった．つまり，子どもや保護者の背景までも理解しなければ，子どもの成長にとって本当に必要な学校の取組みは見えてこないのである．これは，学校評価制度が想定していない部分であると同時に，学校現場の教員らは，意識的に，または無意識的に，読み取ろうとしていることなのである．

注

1）以下の，三重県における学校評価制度導入の背景については，「学校評価の推進に関する調査研究協力者会議（第2回）」の議事要旨と配布資料を参照している（URL59；URL60）．

2）三重県教育委員会経営企画分野教育改革室長の山口氏は，生活者をサービスの受け手と説明している（URL60）．他方で，北川知事は生活者起点について，「主権者である県民に対してどのようにすればアカウンタビリティ（説明責任）を果たせるか」と述べ（北川 2004：15），生活者を主権者と捉えた．三重県型「学校経営品質」では，公益財団法人日本生産性本部が提唱する「経営品質向上プログラム」をベースにしているため，このようなニュアンスの違いを生み出していると考えられる．これらの点は，留意が必要である．

3）以下の，学校経営品質の導入については，ヒアリング調査の結果と提供資料に基づいている．

4）全体的に校内研修はがんばって取組んでおり，みんなで児童・生徒のためになることをしていこうという雰囲気があるという．ヒアリング調査より．

5）以下の，学校経営品質の内容については，三重県教育委員会のホームページの「三重県型『学校経営品質』関係資料」による（URL61）．

6）三重県教育委員会が作成した資料「『経営品質』のいろは」では経営品質を次のように紹介した（URL61）．「経営品質」とは，「組織運営」の「質」を意味し，「組織が長期にわたって顧客の求める価値を創出して，市場での競争力を維持するための仕組みの良さ」を表す．この背景として，モノだけではなく組織全体が顧客に信頼されることが重要であるという考え方がある．そこで，「経営品質に取り組む」とは，「経営品質向上活動」を行うことを意味し，①日本経営品質賞審査基準を活用して，自らの組織の成熟度をアセスメントし，②「強み」と「弱み」を明らかにして，③「強み」を伸ばし，「弱み」を改善する活動を継続的に進めることを目指す．

7）したがって，児童生徒の将来を考えた場合，受け入れられないことがあったり，要望がなくても取組まなければならなかったりすることもある．

8）具体的には，どのような学校にしたいのか，どのような期待・要求を児童生徒や保護者は抱いているのか，学校の重要課題は何か，どのような方針で取組むのか，といった点を

共有することが重要となる.

9) 8つの視点とは，① 人材育成と組織能力の向上，② 情報の管理と活用，③ 学校の社会的責任，④ リーダーシップ，⑤ 学習者の理解と対応，⑥ 仕事の進め方，⑦ 計画の策定と展開，⑧ 学校の活動結果，以上の8点である.

10) 以下の情報は，三重県教育委員会ホームページ「学校マネジメントシステムの充実」を参照している（URL63）.

11) 平成26年に三重県教育委員会が実施した，「県立学校長への『学校経営品質向上活動の総括に関するアンケート』結果」より.

12) 以下の情報は，「四日市市学校評価ガイド（平成23年3月）」を参照している.

13) 例えば，長野市の場合，〈学校教育・家庭教育・社会教育〉の3つの作業部会をつくり検討を行っている．また，「長野市生涯学習推進計画」「長野市立図書館基本計画」「長野市子ども読書活動推進計画」「長野市文化芸術振興計画」「しなのきプラン29」「長野市乳幼児期の教育・保育の指針」「長野市子ども・子育て支援事業計画」「長野市スポーツ推進計画」を包含する計画として，長野市教育振興基本計画は位置づけられている（URL69）.

14) 例えば，小学校へ入学するまでの子どもの支援などが挙げられる.

15) 全国的な傾向を明らかにすることも教育政策の研究課題であると筆者は考えている.

16) 総合計画の歴史や構造については新川（1995）を参照.

17) 四日市市総合計画の基本目標5「心豊かな"よっかいち人"を育むまち」で，教育に関する基本的な政策を掲げた.

18) 2005年より，四日市市学校教育ビジョンの進捗を確認する機能が付与された（URL59）.

19) 6つの基本目標は次の通りである．① 確かな学力の定着，② 豊かな人間性とコミュニケーション能力の育成，③ 健康・体力の向上，④ 学校教育力の向上，⑤ 地域とともにある学校づくり，⑥ 四日市ならではの地域資源を生かした教育の推進.

20) 9つの評価項目は次の通りである．① 教育課程の状況，② リーダーシップ，③ 人材育成と組織能力の向上，④ 情報の管理と活用，⑤ 学習者の理解と対応，⑥ PDCAサイクル・仕事の進め方，⑦ 安全安心・危機管理，⑧ 地域連携，⑨ 社会的責任.

21) 次の3つの視点から取組みが行われた．① 教科横断的視点で組織的に学校教育目標の達成を目指す．② 教育内容の質向上に向けてデータに基づいたPDCAサイクルを確立する．③ 教育内容や教育活動に必要な人的・物的資源を地域などの外部の資源も含めて活用しながら効果的に組み合わせる.

22) 学校教育法第72条は次のように規定している．特別支援学校は，視覚障害者，聴覚障害者，知的障害者，肢体不自由者又は病弱者（身体虚弱者を含む．以下同じ．）に対して，幼稚園，小学校，中学校又は高等学校に準ずる教育を施すとともに，障害による学習上又は生活上の困難を克服し自立を図るために必要な知識技能を授けることを目的とする.

23) もちろんその他の特徴の違い，例えば，卒業後の進路などがあることを無視している訳ではない.

24) 校務分掌として委員会が存在していることも留意したい.

25) 三重県が展開した学校経営品質の取組みについて，校長の認識（取組みの現状と工夫，導入後の効果，課題や問題点）を調査した織田（2013）の研究があり参考になる.

第9章

政策変容による政策の修正

　学校評価における政策について，学校現場（学校や教師）を監視（モニタリング）することと，成果重視の目標管理型マネジメントに取組むことで，学校現場の閉鎖性・独善性を防ぐとともにステークホルダーのニーズを学校運営に反映すること，また，教育の仕事に教師が専念することを求めている，と定めた．

　本研究で立てた仮説として，政策変容を利用して政策を修正することを示したが，仮説を検討するために前提として，政策は変容したのかどうかを確認する必要がある．政策は変容したのだろうか．変容は生じたと本研究では結論づけたい．変容の在りようとして，学校評価という取組み形式そのものについては変容しているわけではないが，学校評価の取組みがもつ意味やニュアンスが変容したのである．以下では，政策変容の実態はいかなるものだったのかについて考察していく．政策変容を捉える上では，図9-1の通り，2段階で捉えることができる．1つめの段階は，中央政府レベルにおける変容である．2つめの段階は，教育の実施主体における変容である．

　1つめの段階の中央政府レベルでは，政府与党を背景とする官邸で形成された政策を文科省が具体化するという構図があり，この具体化において変容が生じるのである．具体的には，官邸は学校現場に対する不信感から学校評価を制度化しようとしたが，文科省は教育的な文脈からより良い教育を実現することを意図した．

　まず官邸では，2つの政策的意向を持っていた．第1に，日本全体の政策動向としての，地方分権社会への対応と，NPMの潮流である．この2つは，全ての政策分野で共通するものであり，教育政策に限った動向ではない．地方分権については，

図9-1　教育政策における政策変容の2段階

（出所）筆者作成．

今日ではもはや時代の流れとなっており無視できないものとなっている．そのため，地方分権につながることを念頭においた政策展開をしなければならなかった．また，NPMの潮流は，効率的で効果的な政策を立案・実施することで，社会の問題をより良く解決していくことや財政難への対応として，世界中で注目されていた．日本においても懐疑的な立場もありながら，その可能性に多くの期待が寄せられていた．第2に，学校現場に対する疑念があった．学校評価が制度化された時の政権与党は自民党であり，森首相，小泉首相，安倍首相と，政治的イデオロギーが明確な総理大臣の時に制度化の動きや制度改定があった．自民党といえども，様々な政治的考え方の政治家がいるのであるが，森首相，安倍首相は保守色が強く，また小泉首相は新自由主義的な性格が強い政権であった．自民党における保守色の強い政治家らは，教員は聖職であるから労働組合活動などせずに教育に専念するべきであり，文科省や国の教育政策にしっかりと従うべきであると考える．日教組との対立の歴史から，学校や教員は必ずしも教育に専念しているわけではない，または，学校の閉鎖性から独善的になっているという疑念が常に向けられている．また，新自由主義的な考えを支持する政治家らは，経済的効率性や費用対効果を重視し，経済性の基準を用いて政策の良し悪しを考えることを重視する．このとき，学校教育は成果が上がっているのか上がっていないのかが不明瞭な極めて経済的効率性の悪い対象とされたのである．これらのことから，「学校や教職員は，適切な教育を行っているのだろうか（いや，適切に教育を行っていない）」という疑いの視点を持つこととなる．そして，学校評価はこの疑いに応えるためのツールとしての意味をもつこととなった．ゆえに，学校現場を監視（モニタリング）することと，成果重視の目標管理型のマネジメントに取組む背景として，学校現場に対する不信感があった．

　他方で，官邸と各省庁との関係から，官邸の意向に沿って政策を具体化していくことは中央政府における組織の姿としては当然のことであり，教育政策の場合は，一般的に文科省が政策の具体化を担うこととなる[1]．学校評価の制度化はここで変容が生じたのである．すなわち，先に示した2つの政策的動向は，教育的な文脈の中で次のように翻訳された．まず，地方分権の推進では，地域の特色を出すために積極的に学校は特色を出すべきだと捉えられた．このことは，一律の基準に従って一律に学校を運営するのではなく，学校が自ら考えて地域の特性に応じた学校運営を行うことを文科省は意図している．しかし，この文科省の意図は慎重な理解が必要である．地方分権の推進は，中央政府がもつ権限を地方に移譲することで，地域事情に合わせたまちづくりの取組みについて地域で主体的に決定し取組むことを目指している．この趣旨を踏まえると，学校の運営についても，地域特性を反映した学校運営の在り方を主体的に考えていくこととなるのだが，主体的に考え決定し取組

む主体は地域となるはずである．そして，主体としての地域は曖昧に示されているが，地方自治体や住民，そして学校も含まれるものである．しかし，文科省の翻訳によって，学校運営の在り方を主体的に考える主体は，学校，もしくは，各学校の責任者である校長がその中心を担うこととなった．そして，学校の裁量や権限をより積極的に容認し，学校自らが考えることが強調された．地域が地方分権を検討した結果として，学校運営の在り方について学校の裁量や権限を大きくする決定をしたのであれば，地方分権の趣旨と合致するのだが，文科省の翻訳はそうではない．学校の特色を出す主体はあくまで，学校であり，地域事情を学校運営にどれくらい反映させるのかは学校の裁量に拠るのである．学校が主体的に考える際は，当然，保護者や地域から声を聞くこともあるのだろうが，あくまで学校運営を検討する主体は学校に置かれているのである．そして，大きくなった学校の裁量や権限をコントロールするためのツールとして学校評価が考えられていた．これらに関して，学校が特色を出すことは学校現場にとっても理想の姿を意味し，また同時に，学校におけるトップマネジメントの導入を意味した．トップマネジメントの導入背景として NPM の潮流があるが，文科省による学校の管理体制を強化することとなる．なぜならば，責任の所在が明確になるためである．また，NPM の潮流では，業績・成果による統制という点は学校評価の評価形式に反映されていったが，顧客主義という点は地域や保護者の声を聞いたり，地域や保護者とともに子どもや学校を支えていくと翻訳された．ここでは，地域や保護者を顧客と捉え，顧客のニーズに応え，顧客満足度を高めていくために，地域や保護者の声を聞いていくという意味ではない．地域や保護者は，教職員とともに子どもを育んでいく存在であり，学校・地域・保護者がみんなで子どもを見守り，みんなで学校を支えていくことを意味している．このことは，NPM の考え方を学校現場でも受け入れ可能な内容へと文科省が修正したことを意味している．

　学校が特色を出していくことや，地域・家庭・学校が協力していくことは，より良い教育を提供していくために学校現場においては一般的に共有されている大切にしたい事柄である．このことは，次のことを意味する．官邸では学校現場に対する不信感があったが，文科省では，子どもたちのためにより良い教育を実現していくこと，教育の質を上げていくことを目指していた．すなわち，教育の質を上げるために学校評価を活用しようとしたのであり，教育ツールとしての意味をもつこととなった．このとき，学校現場が自らの取組みを振り返り，成果と反省点を顧みながら教育の改善につなげていくことは，より良い教育を実現する上では自然な取組みでもある．

　これらの官邸と文科省との間で生じた変容はどのように解釈することができるの

だろうか．教育の実施主体である学校を全国に抱える文科省は，学校現場への配慮は欠かすことはできず，教育政策には慎重さと安定が常に求められる．官邸は時の総理大臣や政治状況によって，政治的または政策的イシューは優先度が変わることもあり不安定である．この時，文科省は官邸の意向をくみ取り政策に反映しなければならないが，他方で，そうすることで学校現場に混乱をもたらすような事態は回避しなければならないという難しい調整役を担うこととなる．官邸の意向や官邸が抱える政治イシューは，必ずしも教育的であるとは限らないことから，学校現場にとっての防波堤のような役割を文科省は時として担うこととなる．今回の学校評価の制度化については，政策変容を分析・利用して政策を修正することを通して，政治的意向によって学校現場が混乱することを回避するための防波堤として文科省は立ち振る舞ったと解することができる．なぜならば，文科省にとって学校現場は疑いの対象ではなく，応援の対象であるからである．疑いの対象として学校現場を捉え，文科省の指示に従うようなかたちで学校現場が教育に取組んだとしても，教育の質はあがらないことは文科省は当然理解している．学校現場では，教員と児童・生徒，さらには保護者や地域との人間的な関わりも含めたうえでの教育の取組みであり，子どもたちの成長を願う教員の自発性と創意工夫がより良い教育につながっていくことも大切な教育的要素だと文科省は理解しているのである．したがって，官邸から発せられた学校評価というアイディアを，文科省は学校現場が受け入れられるものへ翻訳し直さなければならない．学校現場における教育としての文脈で翻訳し直し，学校現場が受容できる意味やニュアンスを与えたことが，文科省による政策の修正点であった．

　また，この変容を理解する上で，3つの動きを捉えておきたい．第1に，学校評価はそれ自体は主たる政治イシューとはなっていない．官邸もしくは政治の側で，「学校評価を導入するべきだ」と政治イシューとして直接的に取り上げるまでには至っていないのである．そのため，学校評価制度を具体化していく過程において官邸や政治が関心を寄せることはみられなかった．もし政治的に重要なイシューであれば，官邸や政治がより直接的に介入してくるが，そのような動きはみられなかった．第2に，学校評価の制度化には十分な時間がかけられている．制度化を検討する段階から努力義務となり義務化されるまで，約10年の時間が費やされており，第三者評価の在り方などの検討はさらに続けられ結論は未だに出されていない．政策形成に文科省が時間をかけることは，文科省の政策の進め方としては一般的である．つまり，学校評価の制度化は，文科省のペースで行われたのである．第3に，コミュニティ・スクールの構想である．学校が保護者や地域からも協力を得ながら相互に連携して子どもを支えていくことの重要性は，学校教育の歴史の中で一貫し

て指摘されてきたことである．しかしこのことに関して，中央政府が政策として明確に打ち出し始めたものがコミュニティ・スクールである．コミュニティ・スクールは論者によって様々なニュアンスをもって言及されているが，文科省では「学校運営協議会を設置した学校」をコミュニティ・スクールと呼んでいる．学校運営協議会は，2004 年に地方教育行政の組織及び運営に関する法律が改訂されて設けられた制度であり，学校運営協議会の設置を促進する必要性が法律の中で示されていたが，2017 年の法改正により努力義務となった．2018 年時点での所掌から，学校評価は初等中等教育局初等中等教育企画課が担当しているが，コミュニティ・スクールは総合教育政策局地域学習推進課が担当しており，より総合的な視野をもって文科省全体で推進しようとしているものである．したがって，コミュニティ・スクールを前提として学校評価を推進していくこと，または，コミュニティ・スクールに連動した学校評価の推進が求められているといえる．

　2 つめの段階は，教育の実施主体における変容である．中央政府による政策が地方政府へ届けられる際に，中央地方関係としての側面がある．また同時に，地方政府は政策の実施主体であるので，教育政策の実施主体としての側面もある．これらの 2 つの側面をもちながら，中央政府から届けられた政策は地方政府においても変容が生じたのである．地方政府といえども，都道府県と市町村という 2 階層構造となっており，文科省による政策は都道府県教育委員会，市町村教育委員会，市内の小中学校へと順に伝えられていく構造となっている．この〈文科省－都道府県教育委員会－市町村教育委員会－小中学校〉という縦の関係は，文科省の意向を学校現場へ伝達するものとしてしばしば批判されるが，他方で，単純な指揮命令系統として存在しているわけではない実態も軽視できない．地行法など法規上では示されていないが，現場の自主性・自発性を尊重するような姿勢ももっており，このことは地方分権の流れともつながっている．文科省は都道府県教育委員会に対して，また，都道府県教育委員会は市町村教育委員会に対して，自主性や現場の意向，地域事情を尊重しようとしているのである．また，市町村教育委員会では，小中学校の設置主体が市町村教育委員会であることから，各学校の特色を尊重するとともに，当該市町村としての一体感や共通性も大事にしている．また，都道府県教育委員会は教員の採用，人事，研修を担っているものの小中学校へ直接的に関わることはない．以上のことから，地域の意思を尊重していくことが，上述の縦の関係において認められているため，文科省から発された政策が地域事情によって変容することは，特別な事象というわけではない．

　また，教育政策としては，中央政府から届く政策を，地方政府は地域事情や地方政府の意思を反映させて地方政府として咀嚼し直して政策を実施していく．地方政

府が政策を実施するとしても，具体的な取組みは学校現場が担うので，学校現場が創意工夫と主体性を持てるように，また，学校が置かれている地域事情に対応できるように，地方政府は基本方針や大綱，最低基準として大枠を示し，個別具体的なことは学校が担っていくことが多い．これらの場合でも，政策の実効性を高めるために，地方政府によって政策が変容することを文科省が予め想定して政策を作ることは特別な事象というわけではないのである．

　以上の中央政府から地方政府へ政策が届くことについて，文科省は政策変容を容認してきた．しかし，変容を容認する理由は，地方政府における地域性に由来する空間的要因とは性格はやや異なる．国の方針に沿って教育政策に取組むとしても，地方政府や学校現場には地域事情に対応していかなければならない状況や，それぞれの想いや考えがある．例えば，総合計画や教育振興基本計画などの各種計画は地域の意思として，地域の特色を生かしたまちづくりや教育の展開に地方政府は取組んでいたり，または民意を得た首長の想いもある．学校現場においても，専門性に基づいた教育の取組みがある．したがって，たとえ中央政府が発する政策だとしても，地方政府や学校現場は必ずしも納得するとは限らないし，相互の考えが一致するとも限らない．このとき，文科省は地方政府や学校現場の反応を確認して必要に応じて政策を修正することができる．さらに，地方政府や学校現場の主体性と裁量の余地を認めることで政策に対する不満（または，中央政府への不満）を抑制することができるとともに，地方政府や学校現場の主体的な取組みとして前向きな理解を得られる余地が生まれるのである．

　本研究では三重県に着目し，学校評価制度の変容の実態を捉えようとした．結論を先に述べると，三重県では，首長部局によるNPMを積極的に取り入れた行政改革の中で，県教育委員会は学校改善を確かなものとするための教育ツールとして位置づけた．四日市市では，県教育委員会が示した学校経営品質の取組みを基本的に採用しながら学校経営の改善と発展を目指した．それと同時に，学校評価の取組みを，市教育委員会の計画である四日市市学校教育ビジョンや上位計画である四日市市総合計画と連動させ，四日市市における施策や計画を具現化するためのツールとしても活用した．小学校では，羽津小学校を事例として取り上げたが，学校を改善するためのツールとして活用されると同時に，危機管理に対応しながら限られた資源の中で効果的な学校経営を展開するためのマネジメントツールとして活用されていた．

　三重県では，官邸や文科省の動向とは異なる事情から学校評価にいきついた．改革派知事と称された北川正恭知事による行政改革が，学校評価導入の背景であった．NPMの潮流を受けていることは，中央政府レベルと共通しているが，三重県の行

政改革の特徴は NPM を全面的に具現化しようとした点である．北川知事が生活者起点を掲げ，首長部局では事務事業評価を導入するなど民間企業の手法を取り入れながら成果に着目し効率的な行政運営を目指した．この行政改革の取組みは，教育委員会に対しても例外なく行われることとなった．またこの行政改革は，北川知事の思い入れの強さから政治的，政策的イシューとしての性格を強く帯びていた．

この首長部局の動きの中，首長部局の取組みをそのまま導入するのではなく，三重県教育委員会では，学校現場でも受け入れられ，かつ，役立つように，学校経営品質の取組みとして，公益財団法人日本生産性本部が提唱する「経営品質向上プログラム」をベースに学校評価制度を構築した．従来型の教職員個人の力量に頼った学校経営では，学校に求められる対応の質も量も増している状況に対応できなくなっており，学校の組織力を高め，教育活動の質を組織として高める必要性を教育委員会は認識していた．そこで，学校経営品質の取組みを「対話」と「気づき」を学校現場にもたらすツールとして活用し，理想とする学校像の実現のために継続的な改善を促すことを目指したのである．つまり，首長部局と同様に，民間企業のマネジメント手法を導入しながらも，運用の部分では教育的に運用することで，学校現場でも受け入れられるよう教育委員会が調整を図ったのである．

四日市市では，県教育委員会が示した学校経営品質の取組みを基本的に採用しながら，四日市市では独自の展開がみられた．四日市市は市教育委員会の計画である四日市市学校教育ビジョンや上位計画である首長部局による四日市市総合計画と学校評価の取組みとを連動させ，学校経営の改善・発展を目指すとともに，四日市市における施策や計画を具現化するためのツールとして活用したのである．最上位計画である総合計画を各種計画によって具体化し総合計画の実効性を高めることで，あるべきまちの姿を実現していくことは，計画に基づいた行政運営として理想的な姿ともいえる．ただし，実態としては，総合計画と下位の計画との計画相互の表面的な整合性をとることは庁内調整により成し得ることができるが，それを実務の現場まで連動させることは容易ではない．

小学校の事例として，羽津小学校の場合では，校長は学校評価を前向きに捉え，学校経営のためのマネジメントツールとして活用しようとしていた．文科省から伝わってきた学校評価制度は基本的に目標管理型の PDCA サイクルによる改善を念頭においている．もちろん四日市市教育委員会が作成した学校評価ガイドラインに沿って学校評価を行うので，PDCA サイクルによる改善に取組むこととなる．それに加えて，羽津小学校では，学校経営における重点課題を発見し，それに対応していくための学校経営上の参考とされていた．これは，単に，重要な課題を発見するという点に主眼がおかれているのではない．昨今の学校を取り巻く状況から，子

第9章　政策変容による政策の修正　　259

どもが安全かつ安心して学校生活を過ごすことや，子どもが成長を遂げるためには，学校が対応しなければならない事柄や案件が一方的に増加していることから，（教員の増配置がないまま）教職員がどんどん多忙になっており，学校経営における経営資源（ヒト・モノ・カネ・情報）に余裕がない状況に学校現場は陥っている．このとき，危機管理を含めて学校現場が課題に直面した場合に，いかにして課題に対応していくのかが問題となるのであるが，学校経営に余力が残されていなければ十分な対応を採ることができなくなってしまう．そのため，学校経営全体のバランスを取りながら経営資源を最適に配分し，危機管理も含めて課題に対応していこうとしたのである．つまり，課題に対応していくためのツールとされたのである．

　ただし，この羽津小学校での事例は学校評価を前向きに捉えた優良事例であるといえる．学校評価制度は法律で定められた義務であるため，基本的には全ての小学校で実施されているが，前向きに活用できている学校ばかりではなく，学校評価の有用性は認めながらも学校評価の効果的な活用について悩みながら模索している学校も少なくない．本研究では校長に着目したが，学校評価の活用方法は，校長の学校経営方法，もしくは校長のマネジメントの在り方に大きな影響を受けると考えられる．校長は学校の責任者であるが，学校経営のやり方やどのように学校をマネジメントするのかは，校長によって様々に異なり，決して一様ではない．むしろ，校長の性格や資質であり，個性ともいえる．この時，学校評価そのものは，ガイドライン等で定められた通りの手順で進めていくことは可能であるが，学校評価をどのように活用していくのかは，校長のマネジメントの在り方次第なのである．また，学校評価制度は法制化により義務となったことから，学校現場では，もしくは校長としては，対応しなければならない新しいルールとなってしまった．法律上の義務となってしまった以上，学校評価制度は学校が学校であるための条件となった．ゆえに，学校として成り立たせるためには学校評価を実施しなければならなくなった．反対に，学校評価さえ実施していれば，学校評価の義務化へ対応していることとなる．したがって，全国に様々に存在する学校評価の先進事例や優良事例は，学校評価制度にとっては，前向きに取組んだプラスアルファの取組みだといえる．

　本研究では，学校評価制度の制度設計の段階から，学校現場で実施する段階までを1つずつ確認し，その都度，政策変容の有無とその実態を明らかにしようとしてきた．学校評価の制度そのものについては変容は生じていないが，その中身や意味，ニュアンスはその時々で変容があった．中央政府レベルでは，官邸が示した政策の具現化に対処しながら，学校現場でも受け入れられるように政策変容を利用して政策を修正していった．また，文科省自らの意図に合うように，時の政権の意向を文科省はうまく取り入れていった．中央政府から地方政府や学校現場に政策を具体化

する場面では，地方政府や学校現場の各主体は各々で政策を解釈し政策を具体的に実施していき，中には全国のお手本となるような取組みも行われ，文科省もそれらの多様な動向を認めていた．これらのことから何がいえるのだろうか．

　第1に，教育政策においては首相官邸のような政治レベルで形成された政策，または政治的に形成された政策は変容が生じる．政治レベルで形成された政策，または政治的に形成された政策は，どのような背景があったとしても，実施段階である学校現場を想定して，学校現場でも受け入れ可能な政策へと翻訳する必要があるからである．この政策変容を経なければ，学校現場から反発を受けてしまう，もしくは学校現場は適切に作動しない可能性が高くなってしまうのである．教育的であるかどうか，子どもの成長につながるかどうかといった，いわゆる教育の論理によって学校現場は動いている．さらに，学校現場を支える教職員は，子どもの成長を願って仕事をしている．ゆえに，立案された政策は「子どものためになる」と学校現場の教職員が納得できることが，教育政策における政策の失敗を生み出さないための前提条件となる．したがって，立案された政策は，教育の論理に置き換えなければならない．しかしながら，日本の教育政策の歴史を振り返ってみると，この政策変容の必要性を理解した上で政策が立案されてきたわけではない．なぜならば，従来までの教育政策の多くは，政治問題として制度を変更することに主眼が置かれ，また，その実効性が問われることはなかったからである．政策に込められた意図やねらいを政策実施段階で具現化し，教育における政策課題を現実的に解決していくためには，政策実施主体は学校現場であり，学校現場は教育の論理によって動いていることを前提として，政策形成を行う必要がある．

　第2に，学校評価制度の曖昧さによって，より良い学校にするために学校を改善していくという学校評価の制度として表面上の体裁を保つことができるようになり，あたかも政策の変容が起こっていないように見せたことが挙げられる．学校評価制度の趣旨や目的は極めて曖昧なものであった．学校評価の評価方法は，ガイドラインの役目を果たすために具体的な手順などが記述されたが，学校評価の目的は判然としない．大きな方向性として学校運営の改善と発展を目指し，3つの目的として，組織的・継続的な改善，説明責任の確保と家庭や地域との連携，教育の質保証が示されているものの，これらの3点は性格の異なるものであり相互に整合性が取れているとはとうていいえない．政策として考えると学校を改善するために必要と考えられるものを並べただけという状態なのである．

　なぜ，このような制度設計となってしまったのだろうか．この理由を明らかにするために，学校評価制度の制度化の過程と実質化の過程を確認した．要因は2点挙げられる．1つめは，審議会の特性である．制度化の過程では様々な立場から様々

な意見が出されているものの，現状や言葉の意味について一定の合意に基づいて議論している訳ではなかった．ゆえに，同じ言葉を用いていても，その意味するところは異なっているので，議論としては実質的に成立していなかった．また，実質化の過程では，意見交換はなされているが議論と呼べるようなことは行われていなかった．これらの状況に関して，日本における審議会の実態に鑑みると，審議会の場では議論によってなんらかの結論や妥協点を見出すようなこともあるが，多様な視点から意見交換を行うことで新しい視点や見落としに気づくこと，または，幅広くステークホルダーから意見を聴取することも一般的といえる．今回の場合は，後者の多様な視点を得ることに主眼があったと考えられる．この時，文科省は審議会の事務局として，多様な意見をまとめていくサポートをしなければならないのだが，事務局の立場上，事務局の裁量と判断で多様な意見を取捨選択することはできない．そうなると，審議会が承認するような報告書原案を作成していくために，多様な意見を吸収できるような曖昧さを作っておくことが審議会事務局運営の技術として必要となってくるのである．

　要因の2つめは，調整役としての文科省の役割である．教育政策の場合，制度化の過程は主として中教審がその舞台となる．中教審といえども，政治状況や官邸主導による政権運営によって当然ながら政治的影響力が強くなる場合もあり，学校現場を抱える文科省としては，政権の意向と学校現場との間の調整役として立ち振る舞うことが必要となってくる．制度化の過程である程度の曖昧さを残しておかなければ，実質化の過程で学校現場の実態を反映させながら調整を図ることができず，政策を実現していくいくことが困難となってしまうのである．また，実質化の段階では，地方による裁量や自主性を確保するために，地方に裁量の余地を作っておく必要がある．さらに，学校評価の実効性を高めるとともに学校現場の主体性を引き出すためにも，状況に応じた対応ができるよう学校現場による裁量の余地を作っておく必要がある．以上の2つの要因から，学校評価制度を総花的に曖昧にしておくことは，文科省にとっては政策を実施していくうえで一定の妥当性があったと考えられる．そして，この曖昧さを利用して，学校評価の制度として表面上の体裁を保つことができるようになり，あたかも政策の変容が起こっていないようにみせたのである．

　第3に，政策実施過程における政策の成熟である．自民党政権にとっては学校評価制度をめぐる政策変容は，自民党政権の期待とは異なる方向へ変容したといえる．文科省にとっては想定した範囲での変容だったといえる．政治，官邸，文科省，都道府県や市町村，学校現場と様々な立場から，様々な考えが学校評価へ向けられてきた．文科省は政治的，政策的動向へ配慮するとともに，学校現場へ配慮し，学校

現場の自主性を尊重し学校評価制度の変容を許してきた．自民党政権が発した政策を大きな混乱なく学校現場へ伝え学校評価の取組みを学校現場へ浸透させたことは，文科省の成果といえる．政策実施過程において生じる政策変容を利用して，文科省は政策を修正してきた．この政策の修正はただ単に，政策的に不都合な部分を妥当な状態へ適合させただけではない．曖昧に示された政策を翻訳し具体化させていくという政策実施過程の目的から，むしろ政策実施過程において政策をブラッシュアップし，政策を成熟させていった．ここでは，政策実施過程で得られた情報や知見を政策実施過程の中でフィードバックし政策実施過程へ反映させていくことを意味しており，また，政策を変更することを意図していない．そして，政策を修正しながら政策を成熟させていくことは，政策を実施していくための政策手法であり，文科省を取り巻く制度的な制約や政治的，行政的，政策的な環境から，文科省の政策の特徴といえるのである．

注

1）建前としては官邸の意向に従っているものの，官僚によって実質的な部分で官邸の意向を骨抜きにしたり，自らの省庁の意向とのバランスをとる場合があることは，各メディアの報道や官僚経験者のコメントなどから知られているところでもある．

終　章

学校教育行政における政策実施過程

　本研究の結論として，次のことが明らかになった．日本の教育政策は曖昧な形で表出することが多く，実施現場での融通性をあえて残している．曖昧な政策は，実施過程での政策変容を生じさせることになりやすいが，文科省が実施過程を積極的にコントロールすることなく，しばしば変容を許容してきた．なぜなら，日本の教育行政システムは中央集権的な統制を行いにくくすることを基本に制度設計されたこと，時々の政権が独自の教育政策を持ち込もうとすること，そして学校現場が教育の専門性に基づいて独立性を主張するという政策環境が存在するからである．曖昧な政策は，文科省がこのような教育政策を取り巻く環境にうまく対処しながら政策展開をする戦略であるといえよう．文科省のこのような戦略の根底には，教育行政のヘッドクォーターとして，教育現場に対する管理体制を確立するという目的があることは疑いない．実際，本論が取り上げた学校評価についても，時間がかかっているが，気がつくと学校現場に対する文科省による管理体制強化のツールになってきているのである．

　学校評価は時間をかけて制度化と制度の導入がなされていた．1998 年の中教審答申「今後の地方教育行政の在り方について」での提言をきっかけに，2004 年に学校評価の自己評価が努力義務となり，2007 年に自己評価は義務化され，2008 年に学校関係者評価も「できる限りすべての学校において実施されることを目指す」と示され，2010 年に第三者評価の記述がガイドラインに追加された．約 10 年をかけて，学校評価は制度化され，少しずつ制度の適用範囲を広げていった．文科省とともに，都道府県教育委員会や市町村教育委員会，各学校も時間をかけ，むしろ無理をした学校評価の導入を避けながら動いていた．都道府県教育委員会では，県内の各教育委員会が学校評価に取組めるようにガイドラインを作成したり，研修を開いたりしながらサポートに取組むとともに，中には三重県の事例のように独自色を打ち出す都道府県もあった．これを受けて市町村教育委員会では，都道府県教育委員会が示したガイドラインを参考にしながら，そして各市町村の状況を考慮しながら，時には四日市市の事例のように独自の運用を構築しながら，学校評価の普及に取組んだ．各学校では，校長を中心に学校評価に取組むこととなり，自らの学校の

状況に見合った運用を模索すると同時に，効果的な学校評価の在り方を試行錯誤しながら取組むこととなった．また，学校評価の中の第三者評価については先進事例も報告されるなど，一部の地域や学校では取組みが行われているものの，制度設計としては積極的に推進していく状況がまだ整っておらず，未だ検討段階におかれている．

このように，学校評価は曖昧に制度化され実施されていった．学校評価は制度そのものが曖昧に作られており，目的と手段の関係が明確ではなく，論理を組み立てて整合性のとれた目的や内容とはなっていない．また，制度化の過程でも，細かい指摘は様々にあり，特に，民間企業の発想によるマネジメント手法を取り入れることを強く求める声が一部にあったものの，それらの直接的な具体化は留保し，審議に関わったメンバーの意見を巧く包括し，方向性を示すものとして制度化を進めた．時々の政権としては，学校評価を制度化することは政治的な関心の中心であることはなく，地方分権の推進やNPM型の行政改革，教育基本法の改正など大きな政治的，政策的テーマの中で取り扱われた．また，文科省がガイドラインを作成する際には，各学校現場の事情に合わせて学校評価に取組むこととし，学校評価の中で自己評価については義務化されたが，自己評価をどのように運用するのかに関しては，学校現場の判断に委ねる姿勢を文科省はとった．学校現場では，学校評価の趣旨を学校現場に合うように読み替えて，従来までの教育活動とつなげることで，学校評価を導入していった．学校現場の視点から学校評価を解釈して取組んでいるため，学校現場にとっては学校評価に取組んでいることとなる．しかし，学校評価制度が期待していることを，学校現場で実現できているのかについては定かではない．なぜならば，学校評価制度の目的やねらいがそもそもはっきりしていないためである．これらの状況，つまり学校現場が学校評価に取組んでいるという事実の下で，制度設計と運用の中心的な役割を担っている文科省は，改善や変更を求めるような姿勢をとっていない．行政としては，制度を円滑に実施していくことが仕事であり，何か問題があれば対応しないわけにはいかないのだが，これらの状況を概して文科省は静観するという対応をしてきているのである．

しかし，文科省が何もしていないというわけではない．学校評価の制度化とその運用に関して，さまざまな評価や指摘を得ることができるが，本研究では，学校現場に対して文科省の管理体制が強化されたことに着目したい．これまで既に記してきた通り，学校評価の制度化は少しずつ進められていった．学校評価は自己評価，学校関係者評価，第三者評価の3つで構成されるが，中教審の提言をきっかけに学校評価の制度化が始まり，一定の期間を経て，まずは自己評価が努力義務となり義務化された．また，学校評価制度の検討の初期には，自己評価と外部評価という区

終　章　学校教育行政における政策実施過程　*265*

別がなされ，外部評価は多様な実施形態を包括していた．その後，外部評価は学校
関係者評価と第三者評価とに区別され概念整理がなされる．学校関係者評価は，努
力義務と規定されていないが「できる限りすべての学校において実施されることを
目指す」と示されている．第三者評価は，先進事例を蓄積している途上である．こ
のように，学校評価が全国的に導入され実施されているという実績を積み重ね，上
からの押しつけではなく地方の教育委員会や学校現場の主体的な取組みとして定着
しているという印象づけに成功している．学校評価の実態には相当のバリエーショ
ンが生じているが，その中の文科省にとって良い部分と，文科省の意に添わない部
分をうまく抽出しながら，既成事実を制度化するように政策修正を加えてきたので
ある．

　仮に「より良い教育」の実現を目指すにあたり，「教育の質」向上を実現しよう
とするならば，学校の教育を中心とした様々な取組みが質的に向上していく必要が
ある．そのためには，学校の組織力を高めて，教職員がお互いに協力しながら1つ
の方向を目指して学校全体が組織的に良くなっていくことと，個々の教員が質の高
い教育を提供していくこととの両方を実現する必要がある．この時，文科省にとっ
ては，学校の取組みが質的に向上しているのかどうかを知るための方法がなく，教
育の質向上を管理することができない．特に，学校が学校として（もしくは教育機関
として）機能しているのかを把握し管理することができない．現状では，学校現場
の教職員の善意による主体性に期待をするしか方法がないのである．そこで，学校
評価制度を導入し，各学校が自らを省みた結果の可視化が進めば，学校内部の動向
の可視化につながり，文科省にとって管理の余地が生じてくる．自己評価が義務と
なったことで，すべての学校に対して文科省は管理の余地を持ったことになるので
ある．また，文科省にとっては，間接的に学校を管理する手段を得たといえる．直
接的に，学校に関与・介入するのではなく，学校現場に自己評価を義務づけること
で学校現場が自己改善していくことを強く求め，間接的な関わりによって学校を
より良くしようとしたのである．また，自己評価に加えて，学校関係者評価を推進し
たり第三者評価を検討したりしたことは，学校自らの自己管理に加えて，外部から
の視点に学校をさらすことにより学校に対する管理体制を強化したのである．

　さて，曖昧な政策を時間をかけて実施していくことは，戦後日本の教育政策の動
向を確認してみると，繰り返し行われてきたことである．今回の学校評価の制度化
においても同様の動きをして政策を実施していった．つまり，日本の教育政策の中
で，とりわけ学校教育に関する政策では，政策を曖昧にしておき，実施過程で時間
をかけて修正していくことは確立された1つの政策手法であるといえる．また，こ
の政策手法の特徴は，政策変容を生じさせながら政策を修正していくことにあるが，

このことが教育政策を実施する際の困難にうまく対処することにつながるのである．このような政策手法を用いなければならない要因は，学校現場がいかに動いていくのかが教育政策を実施していく上での要であるにも関わらず，文科省を含めた政府は学校現場に直接的に介入し，政府の意向に従わせることが困難であり，社会的にもやってはいけないという暗黙の了解があるからである．日本では，教育が戦争に加担してしまったことへの反省と，戦後日本が平和国家を目指すためのあるべき民主主義の姿への思い入れが，教育の世界に目に見えない姿でどことなく存在しており，無視することもできないとする特別な雰囲気がある．日常の学校現場では明確に意識されているわけではなく，これらの考えが何か具体的に影響を及ぼしているわけでもない．しかし，時として関心が集まり政府に対する大きな反対の声となることもある．したがって，制度上の指揮命令系統やヒエラルキーの中に明確に確認できるものではなく，教育界に蓄積された文化のようなものといえる．教育政策を実施する際には，行政委員会制度を採っていることや教員の専門性や専門職としての側面に配慮することに加えて，これらの背景にまで配慮しなければならない．これらの事情や制度上の制約から，政府にとっては間接的にしか教育に携わることができず，学校現場の活動に託すほかないことが多いのである．

　他方で，行政としては，国が責任をもって子どもたちの安全と安心を守るためにも，学校現場や教育に課題や問題が生じた際には，責任をもって直接的に対応をしなければならない．このとき，文科省は学校現場に対する一定の管理体制を整え，文科省が学校現場を管理できる状態を構築しておかなければならない．したがって，文科省が管理体制を強化することについて，社会や教育界ではもっぱら批判されるところであるが，行政の立場で考えてみると，教育行政を遂行するために必要なことでもある．実際，戦後日本の教育政策を振り返ると，文科省は旧文部省時代も含めて，管理体制を強化してきた．文科省の立場からすれば，実際に大きな問題が発生する前に，このような要請に応えるための制度や体制を整えておく必要があるのだ．

　最後に学校評価制度の今後の動向として，２つの可能性を指摘しておくことにする．１つめは，学校評価の制度化が進み，文科省による管理体制がさらに強化されることである．具体的には，学校関係者評価は義務化され，また，第三者評価は制度化され義務化されるであろう．また，大学評価においては認証評価機関という第三者による評価が導入されているが，より強固な学校現場の今日的監視体制としては第三者評価を導入することはありうることである．

　２つめは，まだ見ぬ未来の教育政策と今日の学校評価制度は連動していくことである．政治状況や社会情勢は早いスピードで変化しており，それらの変化に柔軟に

対応して政策を形成し実施していかなければならない．そのために，文科省は，新しい考え方や変化に対し消極的な学校現場を動かしていかなければならない．学校現場ができるだけ円滑に変化していくためには，既存の政策を土台に修正を加えたり，既存の政策を発展させたりするようなアプローチが有効である．歴史的にも戦後日本の教育政策は，そのように実施されてきた．また，文科省は未来の政策形成と実施のための布石となるようなものを，現行の政策に潜り込ませている．学校評価制度はその典型例である．起こり得る未来として，例えば，コミュニティ・スクールの発展のために学校評価制度がその一翼を担っていくことは十分ありうる．現実にそのような運用は少しずつ始まっている．以上のことから，学校評価制度は日本の教育制度を理解することにおいても今後も目が離せないものなのである．

あとがき

　本書は，2022 年 3 月に同志社大学から博士（政策科学）の学位を授与された博士論文「学校教育行政における政策変容」を基に刊行するものである．刊行にあたっては，清泉女学院大学・清泉女学院短期大学教育文化研究所から研究成果出版助成を受けた．厚く御礼申し上げたい．

　本研究では，文部科学省の政策の特徴として，政策変容を利用して政策を修正することを論じた．ここで改めて本研究の立ち位置や問題関心を確認しておきたいのであるが，「文部科学省の政策の特徴とは何か」を検討したことに留まる．その是非について論じようとしていないことは，確認しておきたい．日本の教育政策や日本の学校教育の在り方，文部科学省に対して，悪い印象を持っている人々が少なくない．それも，保護者，実務家，研究者，政治家，企業経営者と幅広い人々から，さらに，政治，経済，経営，教育，心理，工学，理学，芸術など様々な分野から，批判にさらされ，否定されることもしばしばある．しかし，本研究の視座は，真山達志『政策形成の本質』で述べられている，行政の職員について，多くの職員は「まじめで職務に対して真剣に取り組んでいる」こと，そして「潜在的な意欲や能力は高い」ことに筆者は同意している点にある．よって，日常的に散見される文部科学省や日本の教育政策を批判する言説とは一線を画していることは，強調しておきたい．

　さて，本研究は未熟な部分が多分にあるため，それらは今後の課題として取組んでいきたい．本研究を通して，筆者自身，様々な知見を得たのであるが，筆者が感じたことを 1 つ挙げたい．本研究では，文部科学省の政策の特徴を問い，教育政策の実施過程を検討した．筆者が調査した限りでは，市町村や都道府県レベルでは，教育政策は主としていわゆる学校関係者によって語られているようである．しかし，政策として語られているならばまだ良いほうで，そもそも政策として捉えようという認識や関心は依然として高くない．特に，学校教育の分野では，教員免許を有する教員は教育の専門家であるが，教育政策の専門家ではなく，ましてや教育行政の専門家でもない．したがって，教育政策が教育政策足り得るためには，克服しなければならない課題は少なくない．他方で，国レベルにおいても，教育政策らしいものは存在するが，その内実を詳細に確認してみると，閉じられたコミュニティに属する限定されたアクターによる内輪の論理であったり，政策実施や学校現場の事情や想いを無視した声だけ大きな威勢のよいアクターからの外圧が強く影響していることが少なくない．よって，課題や問題がそもそも何であるのかについて多角的かつ慎重に検討するという，政策形成の基本に取組むことはまだ十分ではないようで

ある．時代の変化は早く，社会の課題や問題が複雑化しているため，一方では機動力をもった対応が必要であるものの，他方では問題の本質を捉え，より良い政策の立案，実施，評価を実現していくことが望まれる．そのためにはどうすれば良いのかについて，微力ながら筆者も引き続き研究していきたい．

研究を遂行するためには，苦労はつきものであるが，筆者も長く行き詰まり苦しんでいた．しかし，幸運に恵まれた．縁もゆかりもない信州で勤務することになった．豊かな信州の文化や自然を味わう余裕はなかったが，お世話になっている清泉女学院大学は地域に根差した大学である．そのため，大学と地域社会や自治体との心理的な距離は近く，また，信州の人々の優しさから，多くの地域の方々や自治体職員の方々と接する機会を筆者は得ることができた．自治体の組織としての問題意識や認識，職員の視点など，まちづくりの実状や行政の実務と実態について，かなり肌身で感じることができた．これらの信州での経験は，行政組織の在り様を理解することについて，大きな助けとなった．

本書の刊行にあたり，まず指導教員である同志社大学大学院総合政策科学研究科の真山達志先生に深い感謝の気持ちを申し上げたい．筆者が大学3年生の時にゼミへの所属を認めて頂いて以来，約20年もご指導を頂くこととなった．優秀な諸先輩が多い中，筆者は不出来なために博士論文を書き上げるまでにかなりの時間を要してしまった．しかし，政策の現場を見るまなざし，真の実態を正確に理解することや人々の本音の想いに寄り添う大切さ，研究成果を社会に役立てていくことの重要性，といった研究の本質を学ばせて頂いた．そして，真山先生の大学院の公共政策研究会のみなさまからも温かいご指導を頂いた．見守って頂けたことは本当に幸せなことである．さらに，同志社大学大学院総合政策科学研究科の先生方からも様々な場面でご指導を頂き導いてくださった．また，勤務している清泉女学院大学・清泉女学院短期大学の教職員のみなさまからも支えて頂いた．近江高等学校でご指導を頂いた吉川基広先生にも深い感謝の気持ちを申し上げたい．

最後に私事で恐縮ではあるが，家族に感謝を述べたい．妻は筆者を支えるとともに家庭も支えてくれた．さらに，妻のご両親・兄弟姉妹・親戚にも支えてもらった．本当にありがとうございました．また，筆者が大学院に進学することを想定していなかった母には，心配ばかりかけてしまった．そんな状況なので，中学生の時に他界した父も天から心配していたにちがいない．これからはしっかり親孝行し，祈りを捧げたい．筆者には，父の足跡を感じるものが残されていなかったが，本書を通して，3人の子供には筆者のあしあとを感じ，筆者よりも大きく成長してくれることを願っている．

2024年9月　　　　　　　　　　　　　　　　川北泰伸

参考文献および URL リスト

【日本語文献】

秋吉貴雄・伊藤修一郎・北山俊哉（2010）『公共政策学の基礎』有斐閣.

安倍晋三（2006）『美しい国へ』文芸春秋.

――――（2013）『新しい国へ　美しい国へ』文芸春秋.

阿部齊ほか（2005）『地方自治の現代用語第 2 次改訂版』学陽書房.

飯尾潤（2007）『日本の統治構造』中央公論社.

石川真澄・山口二郎（2010）『戦後政治史第三版』岩波書店.

石村雅雄・藤森弘子（2015）「現在の学校評価の問題点」『鳴門教育大学学校教育研究紀要』29, 133-38.

今村都南雄（1997）『行政学の基礎理論』三嶺書房.

――――（2006）『官庁セクショナリズム』東京大学出版会.

今村都南雄ほか（1999）『ホーンブック行政学（改定版）』北樹出版.

伊藤修一郎（2010）「公共政策の実施」, 秋吉貴雄・伊藤修一郎・北山俊哉『公共政策学の基礎』有斐閣, 203-22.

――――（2020）『政策実施の組織とガバナンス』東京大学出版会.

伊藤光利（2007）「官邸主導型政策決定システムにおける政官関係」『年報行政研究』42, 32-59.

稲垣文則（2006）「米国アクレディテーションの取得に向けて」『大学時報』309, 104-07.

伊藤大一（1979）「諸外国の行政管理　イギリス」, 行政管理研究センター『社会経済の変化と行政の対応に関する調査研究』, 57-116.

岩見隆夫（2000）『朝令暮改でいいじゃないか〜北川正恭の革命〜』PHP 研究所.

上田誠（2010）「中心市街地活性化における政策意図の変容」『公共政策研究』10, 78-82.

宇野二郎（2007）「政策評価」, 藤井浩司・縣公一郎編『コレーク行政学』成文堂, 167-92.

大住荘四郎（1999）『ニュー・パブリック・マネジメント』日本評論社.

大橋洋一編（2010）『政策実施』ミネルヴァ書房.

大田直子（2010）『現代イギリス「品質保証国家」の教育改革』世織書房.

大森彌（1979）「管理評価方式の特色」, 行政管理研究センター『社会経済の変化と行政の対応に関する調査研究』, 313-20.

岡部史郎（1967）『行政管理』有斐閣.

沖清豪（2003）「OFSTED におけるインスペクション（監察）とそのアカウンタビリティ」『早稲田大学大学院文学研究科紀要』49, 95-109.

小川正人（2002）「教育行政研究における教育政策過程研究レビューと課題設定」『東京大学大学院教育学研究科教育行政学研究室紀要』21, 117-25.

――――（2010）『教育改革のゆくえ』筑摩書房.

織田幸泰（2013）「三重県型『学校経営品質』実践に対する校長の認識：校長に対する聞き取

り調査を中心に」『三重大学教育学部研究紀要』64，373-83.

貝塚茂樹（2018）『戦後日本教育史』放送大学教育振興会.

梶田叡一・武泰稔編（2001）『「学校力」を培う学校評価』三省堂.

加藤一明（1985）「行政管理総論」，加藤一明・加藤芳太郎・佐藤竺・渡辺保男『行政学入門（第2版）』有斐閣，15-68.

金子郁容（2000）『コミュニティ・スクール構想』岩波書店.

─────（2002）『新版 コミュニティ・ソリューション』岩波書店.

─────（2005）『学校評価』筑摩書房.

─────（2008）『日本で「一番いい」学校』岩波書店.

川北一伸（2017）「戦後日本の教育政策の予備的考察」『清泉女学院大学人間学部研究紀要』14，87-97.

─────（2018a）「学校評価の制度化に関する考察」『同志社政策科学研究』20(1)，147-61.

─────（2018b）「学校評価と教育委員会に関する予備的考察」『清泉女学院大学人間学部研究紀要』15，51-62.

河野和清（2000）「学校組織論」，日本教育経営学会編『教育経営研究の理論と軌跡』玉川大学出版部，171-88.

木岡一明（2000）「学校評価論」，日本教育経営学会編『教育経営研究の理論と軌跡』玉川大学出版部，189-204.

─────（2001）「教育委員会アセスメントと学校評価」，堀内孜編『開かれた教育委員会と学校の自律性』ぎょうせい，131-58.

─────（2004）『学校評価の「問題」を読み解く』教育出版.

─────（2019）「エビデンス・ベースの学校評価への転換の模索」『日本教育政策学会年報』26，72-81.

北川正恭（2004）『生活者起点の「行政革命」』ぎょうせい.

喜多村和之（1993）『新版 大学評価とはなにか』東信堂.

窪田真二・木岡一明編（2014）『学校評価のしくみをどう創るか』学陽書房.

城山英明（2006）「内閣機能の強化と政策形成過程の変容」『年報行政研究』41，60-87.

佐藤克廣（1991）「政策評価の理論」，新川達郎・宇都宮深志編『行政と執行の理論』東海大学出版会，237-62.

佐貫浩（2003）『イギリスの教育改革と日本』高文研.

静屋智・長友義彦（2015）「学校評価にかかる学校の組織的な取組について」『教育実践総合センター研究紀要』40，89-98.

杉原誠四郎（2003）『教育基本法の成立（新訂版）』文化書房博文社.

戦後教育の総合評価刊行委員会編（1999）『戦後教育の総合評価』国書刊行会.

善野八千子（2004）『学校評価を活かした学校改善の秘策』教育出版.

土持ゲーリー法一（1993）「米国教育使節団」，明星大学戦後教育史研究センター編『戦後教育改革通史』明星大学出版部，91-106.

戸田浩史（2010）「昭和29年の教育二法の制定過程」，参議院事務局『立法と調査』305，43-57.

高橋克紀（2014）『政策実施論の再検討』六甲出版販売.

─────（2021）『政策実施論の再起動（第2版）』デザインエッグ.

田口富久治（1980）『行政学要論』有斐閣.

田中守（1976）「管理の動向」, 辻清明編『行政学講座3 行政の過程』東京大学出版会, 221-64.

寺脇研（2013）『文部科学省』中央公論新社.

中曽根康弘（2017）『自省録』新潮社.

─────（1998）『日本人に言っておきたいこと』PHP研究所.

新川達郎（1995）「自治体計画の策定」, 西尾勝・村松岐夫『講座行政学第4巻』有斐閣, 235-69.

新川達郎編（2013）『政策学入門』法律文化社.

西尾勝（1974）「行政国家における行政裁量」, 渓内謙他編『現代行政と官僚制（上）』東京大学出版会, 81-118.

─────（1976a）「政策評価と管理評価」『行政管理研究』2, 1-5.

─────（1976b）「効率と能率」, 辻清明編『行政学講座3』東京大学出版会, 167-219.

─────（1995）「議院内閣制と官僚制」『公法研究』57, 26-43.

─────（2001）『行政学（新版）』有斐閣.

西岡晋（2017）「政策実施過程の構造的文脈」『公共政策研究』17, 26-39.

西村文男・天笠茂・堀井啓幸編（2004）『新・学校評価の論理と実践』教育出版.

日本教育経営学会編（1986）『教育経営研究の軌跡と展望』ぎょうせい.

日本児童教育振興財団編（2016）『学校教育の戦後70年史』小学館.

原田久（2016）『行政学』法律文化社.

古川貞二朗（2005）「総理官邸と官房の研究」『年報行政研究』40, 2-23.

福山嗣朗（2006）『NPM実務の考え方・進め方』学陽書房.

細野助博・城山英明編（2002）『続・中央所長の政策形成過程』中央大学出版部.

堀内孜編（2000）『地方分権と教育委員会制度』ぎょうせい.

マイケル・ウィルショー（2019）「教育の質の向上とOfstedの役割そして今後の展望」『日本教育政策学会年報』26, 58-67.

前川喜平（2006）「わが国における教育委員会制度の変遷」『法律文化』261, 8-11.

─────（2018）『面従腹背』毎日新聞出版.

─────（2019）「日本にはなぜOfstedがないのか」『日本教育政策学会年報』26, 68-71.

前田早苗（2003）『アメリカの大学基準成立史研究』東信堂.

前原隆志（2016）「小中連携による学校評価システムの構築について」『教育実践総合センター研究紀要』41, 31-40.

待鳥聡史（2013）「民主党政権下における官邸主導」, 飯尾潤編『政権交代と政党政治』中央公論新社, 75-102.

─────（2015）「官邸権力の変容」『選挙研究』31(2), 19-31.

松岡京美（2014）『行政の行動』晃洋書房.

松本清治（2014）「学校評価の取組をとおした信頼される学校づくりの在り方」『教育実践総合センター研究紀要』38, 49-58.

三好皓一（2008）「評価とは何か」，三好皓一編『評価論を学ぶ人のために』世界思想社，4-22.
真山達志（1986）「行政研究と政策実施分析」『法学新報』92(5・6)，97-162.
─── （1991）「政策実施の理論」，宇都宮深志編『行政と執行の理論』東海大学出版会，209-36.
─── （1992）「行政と政策研究」，山梨学院大学行政研究センター編『政策研究と公務員教育』第一法規，113-32.
─── （1994）「実施過程の政策変容」，西尾勝・村松岐夫『講座行政学第 5 巻』有斐閣，33-69.
─── （1998）「総合政策科学と公共政策」，大谷實・太田進一・真山達志編『総合政策科学入門』成文堂，15-36.
─── （2013）「政策実施過程での政策の変容」，新川達郎編『政策学入門』法律文化社，30-43.
真山達志編（2012）『ローカル・ガバメント論』ミネルヴァ書房．
─── （2016）『政策実施の理論と実像』ミネルヴァ書房．
明星大学戦後教育史研究センター（1993）『戦後教育改革通史』明星大学出版部．
森田朗（2000）「政治的任命職の拡大と行政の中立性」『人事院月報』607，14-17.
森利枝（2005）「アメリカアクレディテーション体験記」『IDE 現代の高等教育』476，71-76.
─── （2010）「米国における高等教育機関・アクレディテーション団体・連邦政府の関係について」『大学評価研究』9，41-9.
─── （2012）「アメリカの連邦高等教育政策とアクレディテーション団体の機能」『IDE 現代の高等教育』538，36-40.
─── （2016）「米国アクレディテーションの動向」『IDE 現代の高等教育』583，45-9.
森均（2015）「大阪府立学校における学校評価等の変遷に関する考察：5 校の校長経験をもとに」『大阪女学院短期大学紀要』45，19-40.
森喜朗・田原総一朗（2013）『日本政治のウラのウラ 証言』講談社．
村上芳夫（2003）「政策実施論」，足立幸男編『公共政策学』ミネルヴァ書房，145-59.
文部省（1972）『学制百年史』帝国地方行政学会．
─── （1992）『学制百二十年史』ぎょうせい．
読売新聞戦後史班編（1982）『教育のあゆみ』読売新聞社．
安田隆子（2007）「教育委員会」『調査と情報』566，1-10.
山崎政人（1986）『自民党と教育政策』岩波書店．
山住正己（1987）『日本教育小史』岩波書店．
山下晃一（2016）「高度経済成長と教育の大衆化」，日本児童教育振興財団編『学校教育の戦後 70 年史』小学館，52-53.
山田寛（1979）『人材確保法と主任制度』教育社．
山谷清志（1997）『政策評価の理論とその展開』晃洋書房．
─── （2006）『政策評価の実践とその課題』萌書房．
─── （2012）『政策評価』ミネルヴァ書房．
─── （2013）「政策評価」新川達郎編『政策学入門』法律文化社，44-59.

ヤング・H. パーク（1983）「教育行政における自民党と文部省」，新堀通也・青井和夫編『日本教育の力学』有信堂，49-78.

米澤彰純（2005）「欧米を中心としたアクレディテーションを巡る議論の展開」『IDE 現代の高等教育』476，61-66.

【外国語文献】

Baker, K., and Stoker, G. (2015) "A Comparison of State Traditions and the Revival of a Nuclear Power in Four Countries," *Journal of Comparative Policy Analysis*, 7(2), 140-56.

Bali, A. S., and Ramesh, M. (2015) "Health Care Reforms in India: Getting It Wrong," *Public Policy and Administration*, 30(3・4), 300-19.

Bardach, E. (1977) *The Implementation Game: What Happens After a Bill Becomes a Law*, The MIT Press.

Barrett, S., and Fudge, C. (1981) *Policy and Action*, Methuen.

Beere, J. (2013) *The Perfect Ofsted Lesson*, Independent Thinking Press.

Berman, P. (1978) "The Study of Macro-Implementation and Micro-Implementation," *Public Policy*, 26, 157-84.

Froestad, J., Grimwood, S., Herbstein, T., and Shearing, C. (2015) "Policy Design and Nodal Governance: A Comparative Analysis of Determinants of Environmental Policy Change in a South African City," *Journal of Comparative Policy Analysis*, 7(2), 174-91.

Hargrove, E. C. (1975) *The Missing Link: The Study of the Implementation*, Urban Institute.

Helgøy, I., and Homme, A. (2015) "Path-Dependent Implementation of the European Qualifications Framework in Education. A Comparison of Norway, Germany and England," *Journal of Comparative Policy Analysis*, 7(2), 124-39.

Howlett, M., and Wu, M. R. (2015) "Understanding the Persistence of Policy Failures: The Role of Politics, Governance and Uncertainty," *Public Policy and Administration*, 30 (3・4), 209-20.

Hupe, P. (2014) "What Happens on the Ground: Persistent Issues in Implementation Research," *Public Policy and Administration*, 29(2), 164-82.

Hupe, P., and Sætren, H. (2014) "The Sustainable Future of Implementation Research: On the Development of the Field and Its Paradoxes," *Public Policy and Administration*, 29(2), 77-83.

Hupe, P., Hill. M., and Nangia, M. (2014) "Studying Implementation Beyond Deficit Analysis: The Top-Down View Reconsidered," *Public Policy and Administration*, 29 (2), 145-63.

Hupe, P., and Sætren, H. (2015) "Comparative Implementation Research: Directions and Dualities," *Journal of Comparative Policy Analysis*, 7(2), 93-102.

Kells, H. R. (1988) *Self-Study Processes*, Macmillan（喜多村和之・館昭・坂本辰朗訳『大学

評価の理論と実際』東信堂，1998 年).

Kenneth, E. Y., Charles, M. C., Kells, H. R., and Associates (1983) *Understanding Accreditation*, Jossey-Bass.

Kenneth, E. Y. (1983) "Prologue: The Changing Scope of Accreditation," in Kenneth, E. Y., Charles, M. C., Kells, H. R., and Associates eds, *Understanding Accreditation*, Jossey-Bass, 1-18.

May, P. J. (2015) "Implementation Failures Revisited: Policy Regime Perspectives," *Public Policy and Administration*, 30(3・4), 277-99.

McConnell, A. (2015) "What is Policy Failure? A Primer to Help Navigate the Maze," *Public Policy and Administration*, 30(3・4), 221-42.

Newman, J., and Head, B. W. (2015) "Categories of Failure in Climate Change Mitigation Policy in Australia," *Public Policy and Administration*, 30(3・4), 342-58.

Peters, B. G. (2014) Implementation Structures as Institutions. *Public Policy and Administration*, 29(2), 131-44.

——— (2015) "State Failure, Governance Failure and Policy Failure: Exploring the Linkages," *Public Policy and Administration*, 30(3・4), 261-76.

Pressman, J. L., and Wildavsky, A. (1973) *Implementation*, University of Clifornia Press.

Rossi, P. H., Lipsey, M. W., and Freeman, H. E. (2003) *Evaluation: A Systematic Approach*, SAGE Publications (大島巌・平岡公一・森俊夫・元永拓郎監訳『プログラム評価の理論と方法』日本評論社，2005 年)

Rykkja, L., and Hope, S. N. (2014) "Implementation and Governance: Current and Future Research on Climate Change Policies," *Public Policy and Administration*, 29(2), 106-30.

Sabatier, P. A., and Mazmanian, D. A. (1980) "The Implementation of Public Policy: A Framework of Analysis," *Policy Studies Journal*, 8(4), 538-560.

Sætren, H. (2005) "Facts and Myths about Research on Public Policy Implementation: Out-of-Fashion, Allegedly Dead, But Still Very Much Alive and Relevant," *The Policy Studies Journal*, 33(4), 559-82.

——— (2014) "Implementing the Third Generation Research Paradigm in Policy Implementation Research: An Empirical Assessment," *Public Policy and Administration*, 29(2), 84-105.

——— (2015) "Crucial Factors in Implementing Radical Policy Change: A Comparative Longitudinal Study of Nordic Central Agency Relocation Programs," *Journal of Comparative Policy Analysis*, 7(2), 103-23.

Schoppa, L. J. (1991) *Education Reform in Japan - A Case of Immobilist Politics*, Routledge (小川正人監訳『日本の教育政策過程』三省堂，2005 年).

Steen, M. V. D., Scherpenisse, J., Twist, M. V., and Hart, P. (2015) "How to See Failure: Attempts by the Inspectorate of Education to Detect and Disarm Failure in Dutch Education Policy," *Public Policy and Administration*, 30(3・4), 320-41.

Stones, S., and Glazzard, J.（2020）*The New Teacher's Guide to OFSTED: The 2019 Education Inspection Framework,* Learning Matters.

Vancoppenolle, D., Sætren, H., and Hupe, P.（2015）"The Politics of Policy Design and Implementation: A Comparative Study of Two Belgian Service Voucher Programs," *Journal of Comparative Policy Analysis,* 7（2）, 157-73.

Van Meter, D. S., and Van Horn, C. E.（1975）"The Policy Implementation Process: A Conceptual Framework," *Administration and Society,* 6（4）, 445-88.

Weiss, C. H.（1997）*Evaluation: Methods for Studying Programs and Policies, 2nd Edition,* Prentice Hall（佐々木亮監修『入門評価学』日本評論社，2014 年）.

Zittoun, P.（2015）"Analysing Policy Failure as an Argumentative Strategy in the Policymaking Process: A Pragmatist Perspective," *Public Policy and Administration,* 30（3・4）, 243-60.

【新聞・雑誌】

朝日新聞（1955）「自由民主党の政策」1955 年 11 月 19 日朝刊，1 面.

─────（1973）「行悩む教員給与改善 "自民苦戦" 日教組もジレンマ」1973 年 3 月 19 日朝刊，2 面.

─────（1999a）「共産『日の丸・君が代』新見解」1999 年 2 月 19 日朝刊，1 面.

─────（1999b）「日の丸・君が代 法制化検討」1999 年 3 月 2 日夕刊，1 面.

─────（1999c）「教育基本法，見直す意向」1999 年 9 月 18 日朝刊，2 面.

─────（1999d）「社会保障，財源先送り」1999 年 9 月 30 日朝刊，2 面.

─────（1999e）「株価・北朝鮮・教育，『3K』で巻き返し」1999 年 11 月 26 日朝刊，2 面.

─────（1999f）「教育改革国民会議の発足」1999 年 12 月 31 日朝刊，3 面.

─────（2000b）「教育改革国民会議，担当室きょう発足」2000 年 3 月 15 日朝刊，6 面.

─────（2000）「小渕首相の施政方針演説（全文）」2000 年 1 月 28 日夕刊，3 面.

─────（2006a）「教育基本法改正案を閣議決定」2006 年 4 月 28 日夕刊，1 面.

─────（2006b）「安倍氏の政権公約〈要旨〉」2006 年 9 月 2 日朝刊，4 面.

─────（2006c）「北朝鮮の拉致問題に対策本部」2006 年 9 月 27 日朝刊，1 面.

─────（2006d）「仕切るか補佐官」2006 年 9 月 29 日朝刊，1 面.

─────（2006e）「この人に聞きたい安倍新体制」2006 年 10 月 5 日朝刊，4 面.

─────（2006f）「片山氏『二重行政だ』」2006 年 10 月 4 日朝刊，4 面.

─────（2006g）「教育再生会議，安倍色薄い人選」2006 年 10 月 11 日朝刊，2 面.

─────（2006h）「この人に聞きたい安倍新体制」2006 年 10 月 18 日朝刊，4 面.

─────（2006i）「伊吹文科相，主導権を強調」2006 年 10 月 21 日，朝刊，4 面.

─────（2006j）「官邸側の思惑とズレも」2006 年 10 月 23 日朝刊，30 面.

─────（2006k）「教育再生会議って何をするの？」2006 年 10 月 31 日朝刊，37 面.

─────（2013a）「教育改革，顔ぶれ安倍色」2013 年 1 月 11 日朝刊，1 面.

─────（2013b）「安倍流教育改革，スタート」2013 年 1 月 16 日朝刊，38 面.

─────（2013c）「中教審新委員決まらず空白期間」2013 年 2 月 1 日朝刊，37 面.

―――― （2013d）「中教審委員に桜井よしこ氏」2013 年 2 月 16 日朝刊，37 面．

―――― （2013e）「安倍首相の施政方針演説〈要旨〉」2013 年 2 月 28 日夕刊， 2 面．

週刊朝日（2006）「『密室』批判噴出で前途多難？な船出」2006 年 11 月 3 日 134 頁．

URL リスト

1 ．文部科学省（2016a）「学校評価ガイドライン［平成 28 年度改訂］」文部科学省ホームページ（2017 年 9 月 1 日閲覧，http://www.mext.go.jp/a_menu/shotou/gakko-hyoka/1295916.htm）．

2 ．文部科学省（2016b）「学校評価等実施状況調査（平成 26 年度間）結果概要」文部科学省ホームページ（2017 年 9 月 1 日閲覧，http://www.mext.go.jp/a_menu/shotou/gakko-hyoka/1369130.htm）．

3 ．文部科学省（2012）「学校評価等実施状況調査（平成 23 年度間調査結果)」文部科学省ホームページ（2017 年 9 月 1 日閲覧，http://www.mext.go.jp/a_menu/shotou/gakko-hyoka/1329301.htm）．

4 ．学校運営の改善の在り方等に関する調査研究協力者会議（2012）「地域とともにある学校づくりと実効性の高い学校評価の推進について（報告）」文部科学省ホームページ（2017 年 9 月 1 日閲覧，http://www.mext.go.jp/a_menu/shotou/gakko-hyoka/05111601/1318815.htm）

5 ．U.S. Department of Education（2021）The Federal Role in Education（Last Modified: 06/15/2021），*U.S. Department of Education homepage*（Browsed on May 13, 2022, https://www2.ed.gov/about/overview/fed/role.html）．

6 ．U.S. Department of Education（2011）Mission（Last Modified: 10/20/2011），*U.S. Department of Education homepage*（Browsed on May 13, 2022, https://www2.ed.gov/about/overview/mission/mission.html）

7 ．U.S. Department of Education（2018）An Overview of the U.S. Department of Education（Last Modified: 05/14/2018），*U.S. Department of Education homepage*（Browsed on May 13, 2022, https://www2.ed.gov/about/overview/focus/whattoc.html）．

8 ．U.S. Department of Education（2018）What Is the U.S. Department of Education?（Last Modified: 05/14/2018），*U.S. Department of Education homepage*（Browsed on May 13, 2022, https://www2.ed.gov/about/overview/focus/what.html#whatis）．

9 ．Cognia（2021a）Activate the Power of Community with Cognia Membership, *Cognia homepage*（Browsed on May 13, 2022, https://www.cognia.org/membership/）．

10. Cognia（2021b）All Services Dynamic Improvement Guided by Knowledge, *Cognia homepage*（Browsed on May 13, 2022, https://www.cognia.org/services/）．

11. Cognia（2021c）Our Mission, *Cognia homepage*（Browsed on May 13,2022, https://www.cognia.org/the-cognia-difference/our-mission/）．

12. Cognia（2021d）The Cognia Difference Global Perspective, Local Solutions, *Cognia homepage*（Browsed on May 13, 2022, https://www.cognia.org/the-cognia-difference/）．

13. Cognia（2021e）Pillars of Continuous Improvement, *Cognia homepage*（Browsed on

May 13, 2022, https://www.cognia.org/the-cognia-difference/standards/).

14. Cognia（2021f）Our History, *Cognia homepage*（Browsed on May 13, 2022, https://www.cognia.org/the-cognia-difference/history/）.

15. Cognia（2022）Performance Standards（Effective July 1, 2022）, *Cognia homepage*（Retrieved on May 13, 2022, https://www.cognia.org/the-cognia-difference/standards/）.

16. ACS WASC（2022）ACS WASC Overview, *ACS WASC homepage*（Browsed on May 13, 2022, https://www.acswasc.org/about/acs-wasc-overview/）.

17. Ofsted（2011）Ofsted Strategic Plan 2011 to 2015, *Ofsted homepage*（Retrieved on May 13, 2022, https://www.gov.uk/government/publications/raising-standards-improving-lives-ofsted-strategic-plan-2014-to-2016）.

18. Ofsted（2014）Ofsted Strategic Plan 2014 to 2016, *Ofsted homepage*（Retrieved on May 13, 2022, https://www.gov.uk/government/publications/raising-standards-improving-lives-ofsted-strategic-plan-2014-to-2016）.

19. 文部科学省（2017）「教育基本法制定の経緯」文部科学省ホームページ（2017年2月22日閲覧，http://www.mext.go.jp/b_menu/kihon/about/003/a003_01.htm）.

20. 文部科学省（2007）「人材確保法について」文部科学省ホームページ（2022年3月5日閲覧，https://www.mext.go.jp/b_menu/shingi/chukyo/chukyo0/toushin/07062816/006/005.htm）.

21. 文部科学省（1992）「学制120年史　主任制度の創設」文部科学省ホームページ（2022年3月5日閲覧，http://www.mext.go.jp/b_menu/hakusho/html/others/detail/1318372.htm）.

22. 文部省（1988）「昭和63年度教育白書」文部科学省ホームページ（2022年3月5日閲覧，https://warp.ndl.go.jp/info:ndljp/pid/11293659/www.mext.go.jp/b_menu/hakusho/html/hpad198801/index.html）.

23. 文部省（1991）「平成3年度教育白書」文部科学省ホームページ（2022年3月5日閲覧，https://warp.ndl.go.jp/info:ndljp/pid/11293659/www.mext.go.jp/b_menu/hakusho/html/hpad199101/index.html）.

24. 首相官邸（1997）「『変革と創造』——橋本内閣6つの改革」首相官邸ホームページ（2022年3月5日閲覧，http://www.kantei.go.jp/jp/kaikaku/index.html）.

25. 首相官邸（2002）「制度・政策改革集中審議」首相官邸ホームページ（2019年10月2日閲覧，https://www.kantei.go.jp/jp/koizumispeech/2002/07/19siji.html）.

26. 内閣府（2002）「経済財政諮問会議」内閣府ホームページ（2022年3月5日閲覧，https://warp.da.ndl.go.jp/info:ndljp/pid/11670228/www5.cao.go.jp/keizai-shimon/index1.html）.

27. 文部科学省（2007）「中央教育審議会（第58回）議事録」文部科学省ホームページ（2022年3月5日閲覧，https://warp.ndl.go.jp/info:ndljp/pid/11293659/www.mext.go.jp/b_menu/shingi/chukyo/chukyo0/gijiroku/1263555.htm）.

28. 文部科学省（2018）「文部科学省の組織再編（平成30年10月16日）」文部科学省ホームページ（2022年3月5日閲覧，https://www.mext.go.jp/a_menu/other/1410212.htm）

29. 全国知事会（2005）「平成 17 年 05 月 25 日『中央教育審議会義務教育特別部会（第 12 回）』への対応について」全国知事会ホームページ（2022 年 3 月 5 日閲覧，http://www.nga.gr.jp/data/activity/kyoikubunka/h17/1395926596666.html）．

30. 首相官邸（2012）「安倍内閣総理大臣就任記者会見（平成 24 年 12 月 26 日）」首相官邸ホームページ（2022 年 3 月 6 日閲覧，https://warp.ndl.go.jp/info:ndljp/pid/8833367/www.kantei.go.jp/jp/96_abe/statement/2012/1226kaiken.html）．

31. 文部科学省（2018）「文部科学省の組織再編（平成 30 年 10 月 16 日）」文部科学省ホームページ（2022 年 3 月 5 日閲覧，https://www.mext.go.jp/a_menu/other/1410212.htm）．

32. 首相官邸（2000）「教育改革国民会議」首相官邸ホームページ（2022 年 3 月 5 日閲覧，https://www.kantei.go.jp/jp/kyouiku/index.html）．

33. 首相官邸（2012）「安倍内閣総理大臣就任記者会見（2012 年 12 月 26 日）」首相官邸ホームページ（2020 年 5 月 8 日閲覧，https://www.kantei.go.jp/jp/96_abe/statement/2012/1226kaiken.html）．

34. 中央教育審議会（1998）「今後の地方教育行政の在り方について（答申）」文部科学省ホームページ（2018 年 1 月 8 日閲覧，http://www.mext.go.jp/b_menu/shingi/chuuou/toushin/980901.htm）．

35. 中央教育審議会（1997）「中央教育審議会（第 214 回）議事録」文部科学省ホームページ（2018 年 1 月 8 日閲覧，http://www.mext.go.jp/b_menu/shingi/old_chukyo/old_chukyo_index/gijiroku/1309368.htm）．

36. 中央教育審議会（1998）「今後の地方教育行政に関する小委員会議事要旨・議事録・配付資料」文部科学省ホームページ（2018 年 1 月 8 日閲覧，http://www.mext.go.jp/b_menu/shingi/old_chukyo/old_chukyo_index/bunkabukai/bukaiiinkai/giji_list/1311833.htm）．

37. 教育改革国民会議（2000a）「教育改革国民会議議事録・議事要旨」首相官邸ホームページ（2018 年 1 月 8 日閲覧，https://www.kantei.go.jp/jp/kyouiku/）．

38. 教育改革国民会議（2000b）「分科会の議事概要・議事録・配付資料」首相官邸ホームページ（2018 年 1 月 8 日閲覧，https://www.kantei.go.jp/jp/kyouiku/bunkakai-dex.html）．

39. 中央教育審議会（2005）「中央教育審議会（第 47 回）配布資料　中央教育審議会義務教育改革に関する検討体制について」文部科学省ホームページ（2018 年 1 月 8 日閲覧，http://www.mext.go.jp/b_menu/shingi/chukyo/chukyo0/gijiroku/1266064.htm）．

40. 中央教育審議会（2004）「中央教育審議会（第 41 回）配布資料　資料 ⑦ これまで出された論点と主な意見」文部科学省ホームページ（2018 年 1 月 8 日閲覧，http://www.mext.go.jp/b_menu/shingi/chukyo/chukyo0/gijiroku/1266059.htm）．

41. 教育制度分科会（2004）「教育制度分科会（第 14 回）配布資料　資料 ⑦ これまで出された論点と主な意見」文部科学省ホームページ（2018 年 1 月 8 日閲覧，http://www.mext.go.jp/b_menu/shingi/chukyo/chukyo1/gijiroku/1266011.htm）．

42. 地方教育行政部会（2004）「地方教育行政部会　議事要旨・議事録・配付資料」文部科学省ホームページ（2018 年 1 月 8 日閲覧，http://www.mext.go.jp/b_menu/shingi/chukyo/chukyo1/003/giji_list/index.htm）．

43. 教育制度分科会（2005）「教育制度分科会（第 15 回）議事録」文部科学省ホームページ

（2018 年 1 月 8 日閲覧，http://www.mext.go.jp/b_menu/shingi/chukyo/chukyo1/gijiroku/1263491.htm）.

44. 義務教育特別部会（2005）「義務教育特別部会　議事要旨・議事録・配付資料」文部科学省ホームページ（2018 年 1 月 8 日閲覧，http://www.mext.go.jp/b_menu/shingi/chukyo/chukyo6/giji_list/index.htm）.

45. 文部科学省（2009）「学校評価システム研究会」文部科学省ホームページ（2022 年 3 月 13 日閲覧，https://warp.da.ndl.go.jp/info:ndljp/pid/286184/www.mext.go.jp/b_menu/shingi/chousa/shotou/033/index.htm）.

46. 文部科学省（2006a）「『義務教育諸学校における学校評価ガイドライン』の策定（2006 年 3 月 30 日）文部科学省ホームページ（2022 年 3 月 13 日閲覧，https://warp.da.ndl.go.jp/info:ndljp/pid/286184/www.mext.go.jp/b_menu/houdou/18/03/06032817.htm）.

47. 文部科学省（2006b）「パンフレット『学校評価——文部科学省「学校評価ガイドライン」より——』（2006 年 7 月）」文部科学省ホームページ（2022 年 3 月 13 日閲覧，https://www.mext.go.jp/a_menu/shotou/gakko-hyoka/pamph/06080205.htm）.

48. 文部科学省（2008）「学校評価の推進に関する調査研究協力者会議」文部科学省ホームページ（2022 年 3 月 13 日閲覧，https://www.mext.go.jp/b_menu/shingi/chousa/shotou/037/index.htm）.

49. 文部科学省（2010a）「学校の第三者評価のガイドラインの策定等に関する調査研究協力者会議」文部科学省ホームページ（2022 年 3 月 13 日閲覧，https://www.mext.go.jp/b_menu/shingi/chousa/shotou/059/index.htm）.

50. 文部科学省（2012）「学校運営の改善の在り方等に関する調査研究協力者会議 学校評価の在り方に関するワーキンググループ」文部科学省ホームページ（2022 年 3 月 13 日閲覧，https://www.mext.go.jp/b_menu/shingi/chousa/shotou/078_1/index.htm）.

51. 文部科学省（2011）「子どもの豊かな学びを創造し，地域の絆をつなぐ～地域とともにある学校づくりの推進方策～」文部科学省ホームページ（2022 年 3 月 13 日閲覧，https://www.mext.go.jp/b_menu/shingi/chousa/shotou/078/houkou/1307976.htm）.

52. 文部科学省（2010b）「学校評価等実施状況調査（平成 20 年度間　調査結果）」文部科学省ホームページ（2022 年 3 月 13 日閲覧，https://www.mext.go.jp/a_menu/shotou/gakko-hyoka/05111601/1295145.htm）.

53. 文部科学省（2010c）「学校の第三者評価の評価手法等に関する調査研究」文部科学省ホームページ（2022 年 3 月 13 日閲覧，https://www.mext.go.jp/a_menu/shotou/gakko-hyoka/1296184.htm）.

54. 九州大学学校評価支援室（2010）「学校評価コンサルテーション事例報告」九州大学大学院人間環境学研究院教育学部門学校評価支援室ホームページ（2022 年 3 月 13 日閲覧，https://motokane-lab.com/~schoolleaders/~schoolsupport/home/）.

55. 文部科学省（2010d）「株式会社三菱総合研究所」文部科学省ホームページ（2022 年 3 月 13 日閲覧，https://www.mext.go.jp/a_menu/shotou/gakko-hyoka/05111601/1297647.htm）.

56. 文部科学省（2010e）「株式会社野村総合研究所」文部科学省ホームページ（2022 年 3 月 13 日閲覧，https://www.mext.go.jp/a_menu/shotou/gakko-hyoka/05111601/1297652.htm）.

57. 文部科学省（2010f）「有限責任監査法人トーマツ」文部科学省ホームページ（2022 年 3 月 13 日閲覧，https://www.mext.go.jp/a_menu/shotou/gakko-hyoka/05111601/1297657.htm）．

58. 首相官邸（2000）「教育改革国民会議」首相官邸ホームページ（2022 年 3 月 13 日閲覧，https://www.kantei.go.jp/jp/kyouiku/index.html）．

59. 文部科学省（2006a）「三重県における学校評価の取組」文部科学省ホームページ（2022 年 3 月 13 日閲覧，https://www.mext.go.jp/b_menu/shingi/chousa/shotou/037/shiryo/06092508/001.htm）．

60. 文部科学省（2006b）「学校評価の推進に関する調査研究協力者会議（第 2 回）議事要旨」文部科学省ホームページ（2022 年 3 月 13 日閲覧，https://www.mext.go.jp/b_menu/shingi/chousa/shotou/037/giji/06112206.htm）．

61. 三重県教育委員会（2012a）「三重県型『学校経営品質』関係資料」三重県教育委員会ホームページ（2022 年 3 月 13 日閲覧，https://www.pref.mie.lg.jp/KYOKAI/HP/keihin/14361016915.htm）．

62. 三重県教育委員会（2012b）「学校経営品質向上活動ガイド（平成 24 年 4 月）」三重県教育委員会ホームページ（2022 年 3 月 13 日閲覧，https://www.pref.mie.lg.jp/KYOKAI/HP/keihin/14361016915.htm）．

63. 三重県教育委員会（2015）「平成 27 年度までの三重県型『学校経営品質』について」三重県教育委員会ホームページ（2022 年 3 月 13 日閲覧，https://www.pref.mie.lg.jp/KYOKAI/HP/keihin/14356016914.htm）．

64. 三重県教育委員会（2019）「学校マネジメントシステムの充実」三重県教育委員会ホームページ（2022 年 3 月 13 日閲覧，https://www.pref.mie.lg.jp/KYOKAI/HP/keihin/index.htm）．

65. 三重県教育委員会（2016）「学校マネジメントシステム説明会」三重県教育委員会ホームページ（2022 年 3 月 13 日閲覧，https://www.pref.mie.lg.jp/KYOKAI/HP/keihin/index.htm）．

66. 四日市市教育委員会（2020）「四日市市学校評価ガイド」四日市市教育委員会ホームページ（2022 年 3 月 13 日閲覧，https://www.city.yokkaichi.lg.jp/www/contents/1001000002437/index.html）．

67. 大塚敬（2017）「基本構想策定義務付け廃止から 5 年　自治体総合計画の最新動向」三菱UFJ コンサルティングホームページ（2018 年 2 月 16 日閲覧，http://www.murc.jp/thinktank/rc/column/search_now/sn170512）．

68. 文部科学省（2019）「各都道府県・政令指定都市・中核市の教育振興基本計画の策定状況（平成 31 年 3 月 31 日現在）」文部科学省ホームページ（2022 年 3 月 13 日閲覧，https://www.mext.go.jp/a_menu/keikaku/doc.htm）．

69. 長野市教育委員会（2022）「第三次長野市教育振興基本計画」長野市教育委員会ホームページ（2022 年 3 月 13 日閲覧，https://www.city.nagano.nagano.jp/site/kyouiku/701928.html）．

70. 文部科学省（2014）「地方教育行政の組織及び運営に関する法律の一部を改正する法律に

ついて（通知）26 文科初第 490 号平成 26 年 7 月 17 日」文部科学省ホームページ（2022年 3 月 13 日 閲 覧, https://warp.ndl.go.jp/info:ndljp/pid/11293659/www.mext.go.jp/b_menu/hakusho/nc/1350135.htm）.

71. 四日市市教育委員会（2021）「第 3 次四日市市学校教育ビジョン」四日市市教育委員会ホームページ（2022 年 3 月 13 日閲覧, https://www.city.yokkaichi.lg.jp/www/contents/1001000002438/index.html）.

72. 四日市市教育委員会（2020a）「学校教育白書（令和元年度）」四日市市教育委員会ホームページ（2022 年 3 月 13 日閲覧, https://www.city.yokkaichi.lg.jp/www/contents/1603324564622/index.html）.

73. 四日市市教育委員会（2020b）「令和元年度点検・評価報告書」四日市市教育委員会ホームページ（2022 年 3 月 13 日閲覧, https://www.city.yokkaichi.lg.jp/www/contents/1001000002424/index.html）.

74. 四日市市教育委員会（2020c）「学校教育白書（平成 22 年度）」四日市市教育委員会ホームページ（2022 年 3 月 13 日閲覧, https://www.city.yokkaichi.lg.jp/www/contents/1001000002443/index.html）.

75. 四日市市教育委員会（2018）「学校教育白書（過去分）」四日市市教育委員会ホームページ（2022 年 3 月 13 日 閲 覧, https://www.city.yokkaichi.lg.jp/www/genre/1597630321523/index.html）.

76. 四日市市教育委員会（2020d）「教育委員会の点検・評価」四日市市教育委員会ホームページ（2022 年 3 月 13 日閲覧, https://www.city.yokkaichi.lg.jp/www/contents/1001000002424/index.html）.

77. 四日市市立羽津小学校（2020）「四日市立羽津小学校」四日市市立羽津小学校ホームページ（2020 年 4 月 20 日閲覧, http://www.yokkaichi.ed.jp/~hazu/cms2/htdocs/）.

78. 四日市市立羽津小学校（2019）「学校づくりビジョン」四日市市立羽津小学校ホームページ（2019 年 11 月 6 日 閲 覧, http://www.yokkaichi.ed.jp/~hazu/cms2/htdocs/?page_id=56）.

索　　引

〈ア 行〉

愛国心　114, 127
アカウンタビリティ　40, 172, 175
アクレディテーション　44
新しい歴史教科書をつくる会　131
安倍能成　59
因果推論　20
インスペクション　49
AO 入試　81
エージェンシー・スラック　121

〈カ 行〉

外部評価　155, 156, 167, 184, 186
学力低下論争　96
学歴主義　68
学校運営協議会　87, 97
学校関係者評価　37, 190
学校教育ビジョン　238
学校教育法　34
　——施行規則　35
学校経営品質　224
学校自己評価システム　224
学校評価ガイドライン　180
学校評価制度　32
学校評議員　82, 154
　——制度　157
学校マネジメントシステム　231
ガバナンス　19
官邸主導　121
管理評価　42
議院内閣制　119
期待される人間像　69
義務教育特別部会　88
義務教育費国庫負担金　87
教育委員会制度　161
　——改革　93
教育改革国民会議　82
教育基本法　60
教育行政　56
教育再生会議　88, 126
教育再生懇談会　90
教育再生実行会議　93, 126
教育刷新委員会　60
教育振興基本計画　91, 135, 156, 235
教育政策ネットワーク　114

教育制度　56
教育勅語　60
教育二法　62
教科書無償問題　69
行政委員会　3
　——制度　266
行政改革会議　81
行政の隠れ蓑　109
業績測定　176
教頭　6
協力者会議　181
勤務評定反対闘争　64
経済財政諮問会議　122
後期中等教育　68
工業高等専門学校　67
校長会　112
高等教育局　113
国民所得倍増計画　66
55 年体制　105
コミュニティ・スクール　83, 161, 199, 217,
　　218, 267

〈サ 行〉

三党合意　128
三位一体改革　87
視学官制度　49
自己評価　36, 184, 185, 190
市場原理　173
市場メカニズム　147
実証研究　20
指定管理者制度　12
シニオリティ・ルール　136
主任制問題　72
生涯学習
　——局　95
　——社会　95
　——政策　110
　——政策局　95
　——体系　95
生涯教育　95
小選挙区比例代表並立制　121
職員会議　5
初等中等教育局　113
四六答申　70
新教育基本法　88
人材確保法　73

人生 100 年時代　94
聖域なき構造改革　95
政権交代　92
政策過程　10
政策官庁　113
政策決定　10, 12
　　——システム　121
政策デリバリー　12
政策の失敗　11
政策評価　11, 29, 41
政策分析　13
政策変容　7, 24, 176, 218, 255, 259-261, 265
政党システム　121
制度官庁　114
専修学校制度　73
総合教育会議　93
総合教育政策局　95, 110
総合調整機能　117
族議員　121

〈タ　行〉

第一線職員　12
大学評価　154, 196
第三者評価　37, 182, 191, 195
大臣官房　112
田中耕太郎　60
地方分権改革　84
地方分権推進法　84
中央省庁再編　113
中央・地方関係　13
中選挙区制　121
調査研究協力者　109
超スマート社会　94
道徳心　127
遠山プラン　86
独立行政法人制度　81

トップダウン・アプローチ　15
飛び入学　81

〈ナ　行〉

内閣官房　123
内閣制度　116
内閣府　125
ナショナリズム　114
ナショナル・スタンダード　88, 163
南原繁　59
日本教職員組合　62
ニューパブリックマネジメント　19, 142, 165
人間力戦略ビジョン　86

〈ハ　行〉

開かれた学校　154
品格ある国家　96
副校長　6
米国教育使節団　58
ボトムアップ・アプローチ　15

〈マ　行〉

マクロ・インプリテーション　17
マニュフェスト　92
ミクロ・インプリテーション　17
民営化　12
民間委託　12
民間人校長　82
目標管理型マネジメント　148, 252
モニタリング　148, 252
文部科学省　83

〈ラ　行〉

立憲君主制　119
臨時教育審議会　76, 126
レイマン（layman）コントロール　63

《著者紹介》

川 北 泰 伸（かわきた　やすのぶ）

1982 年　滋賀県生まれ.
2020 年　同志社大学大学院総合政策科学研究科博士後期課程　満期退学.
2023 年　博士（政策科学）取得.
現　在　清泉女学院大学人間学部　専任講師.

主要業績

「学校評価と教育委員会の予備的考察」（『清泉女学院大学人間学部研究紀要』
　　15，2018 年）.
「戦後日本の教育政策の予備的考察」（『清泉女学院大学人間学部研究紀要』14，
　　2017 年）.
「住民自治協議会における政策形成の考察」（『清泉女学院大学人間学部研究紀
　　要』13，2017 年）.
『政策実施の理論と実像』（共著，ミネルヴァ書房，2016 年）.
「地方創生における自治体の現状と政策実施」（『同志社政策科学研究』20 周年
　　記念特集号，2016 年）.

学校教育行政における政策変容

2025年3月10日　　初版第1刷発行　　＊定価はカバーに
　　　　　　　　　　　　　　　　　　　　　表示してあります

著　者　　川　北　泰　伸©

発行者　　萩　原　淳　平

印刷者　　田　中　雅　博

発行所　株式会社　晃　洋　書　房

〒615-0026　京都市右京区西院北矢掛町7番地
電話　075(312)0788番(代)
振替口座　01040-6-32280

装丁　尾崎閑也　　　　　　　印刷・製本　創栄図書印刷㈱

ISBN 978-4-7710-3905-6

JCOPY　〈(社)出版者著作権管理機構　委託出版物〉
本書の無断複写は著作権法上での例外を除き禁じられています.
複写される場合は，そのつど事前に，(社)出版者著作権管理機構
（電話 03-5244-5088，FAX 03-5244-5089, e-mail: info@jcopy.or.jp）
の許諾を得てください.